공양간의 수행자들

공양간의
수행자들

구미래 지음

사찰 후원의 문화사

담앤북스

십여 년 전 미얀마 만달레이의 한 사원에서 일행을 놓친 적이 있었다. 1천여 명의 스님들이 수행 중인 마하간다용 사원의 대규모 탁발행렬이 장관을 이루었는데, 내 발걸음은 탁발한 발우를 안고 돌아가는 스님들을 따랐다. 뒷길로 접어들어 도달한 곳에는 지붕을 두른 커다란 야외 부엌에서 재가자가 채소를 볶고, 몇몇 스님은 수조에서 발우를 씻었으며, 수많은 스님이 승방 곳곳에 빼곡히 앉아 공양하는 모습이 펼쳐졌다.

보물 같은 후원의 모습에 감탄하면서, 외부인이 머물러선 안 되는 영역이라 얼른 그곳을 빠져나오는 길에 또 다른 풍경과 마주하게 되었다. 골목길 곳곳에 앉아 있던 노인과 여성과 아이들이 발우를 안은 스님에게 두 손으로 빈 그릇을 내밀었고, 스님들은 자신이 탁발한 몫을 덜어 그릇에 담아 주었다. 당시에는 그 상황이 이해되지 않아 멍했지만, 돌아오는 길은 '필요한 곳에 물 흐르듯 가는 탁발'이 자연의 섭리임을 깨닫는 시간이었다. 덕분에 나를 찾아 헤매던 일행을 진땀나게 만들고 말았다.

만달레이에서 나도 모르게 스님들을 따라갔듯이, 수행자의 일상과 만나는 일은 늘 가슴 설레는 일이다. 함부로 다가가선 안 되는 영역이건만 '부처님과 제자들은 어떻게 살았을까?'라는 궁금증이 내겐 언제나 현재진행형이어서, 사찰 후원을 기웃거리기 일쑤였던 것이다. 그러한 호기심이 불교민속이란 전공과 연동되어 '후원'을 본격적인 연구 주제로 삼게 되면서 그 문을 조심스레 두드리기 시작했고, 스님들의 일상과 만남을 이어 오면서 마침내 책을 펴내기에 이르렀다.

마하간다쿠티 사원 골목에서 환희로운 섭리를 경험했듯이, '공양 간 수행자들'과의 만남은 학문적 영역뿐만 아니라 내 삶에도 소중한 거름이 되었다. 신심이 끝도 없던 시절, 행자로 학인으로 수행하며 일했던 노스님들과의 면담은 피상적이었던 출가수행자의 대중생활이 얼마나 귀한 것인지 절감하는 시간이었다. 스님들은 대중의 눈에 비친 서로의 모습에서 수행자의 면모를 가다듬었고, 그러한 대중생활의 중심에 '후원'이 있었다. 힘든 시절일수록 먹는 일이 삶의 중심에 놓일 수밖에 없었기에, '후원문화'의 프리즘을 거치며 출가수행자들의 삶은 보석처럼 빛을 발했다.

그렇기에 이 책은 옛 시절의 경험과 기억을 회상하며 기꺼이 후원의 삶을 들려주신 스님들 한 분 한 분의 따뜻한 배려와 진심으로 만들어졌다. 마주 앉아 옛 시절 이야기로 함께 웃음꽃을 피우고 때로 안타까워했던 시간을 떠올리면서, 늘 감사한 마음을 간직하고 있다. 근현대 승가의 소중한 후원문화를 다룬 결실이기에 이 책이 새롭고 실증적인 역사 기록의 발판이 되었으면 하는 바람이다.

아울러 책이 나오기까지 '사찰음식원형발굴 원로인터뷰조사'를 주관한 불교문화사업단을 비롯해 대한불교조계종 문화부, 불교문화재연구소, 진관사산사음식연구소와 그 밖에 여러 사찰의 큰 도움에 깊이 감사를 드린다. 촉박한 일정과 많은 분량에도 불구하고 원고도 보지 않은 채 흔쾌히 출간을 맡아, 불교 전문가들이 포진한 편집팀의 치밀한 검토가 함께했던 출판사 담앤북스를 만나게 된 것은 행운이었다. 감사할 따름이다.

2022년 시월 **구미래**

목차

공양간의
수행자들

01

불교와 후원문화

。

후원문화에 대한 주목

사찰 후원後院은 부엌을 중심으로 음식과 관련된 수행자들의 생활문화가 펼쳐지는 곳이다. 좁은 의미로는 공양간供養間과 같은 말로 쓰이나, 공양간이 부엌의 의미로 한정되는 데 비해 후원은 대방·식당·곳간·장독·우물 등 식생활이 이루어지는 영역을 포괄하는 개념이다. 관련 소임을 맡은 승려들의 거처 또한 이곳에 두게 마련이어서, 후원을 중심으로 출가자들의 거대한 생활 영역이 자리하고 있음을 알게 된다.

　사찰은 같은 목표를 지닌 출가자들이 함께 살아가는 곳이기에, 후원은 이러한 대중생활의 특성이 가장 뚜렷하게 드러나는 영역이다. 대중공양을 위한 노동을 수행 정진으로 삼는 출가자의 일상이 담겨 있을 뿐만 아니라, 그들의 통과의례로서 삶이 전개되는 곳이기도 하다. 식생활은 삶의 근원을 이루는 것이기에 후원의 소임을 한 단계씩 거치며 정식 승려로 거듭나고, 새로운 단계에서 또 다른 후원의 삶을 열어 가게 되기 때문이다.

이러한 후원문화는 식생활에 필요한 보편성을 공유하는 가운데, 대중생활·신앙생활을 기반으로 뚜렷한 독자성을 지녔다. 이를테면 일상의 공양도 다각적·입체적인 양상으로 전개된다. 정성 들여 밥을 지어 각 법당의 불보살께 마지摩旨를 올리고, 대중은 대방에 둘러앉아 일정한 법식에 따라 공양한다. 이어 굶주린 아귀와 생명들에게도 청수와 헌식을 베풀어, 성속聖俗과 명양冥陽의 모든 존재와 함께 공양을 나누는 것이다. 계절마다 돌아오는 명절과 크고 작은 재齋에는, 각 전각의 존재들을 모시고 승려와 신도들이 함께 절식과 재물齋物을 나누며 종교 공동체의 전통을 이어 간다.

그런가 하면 사찰의 후원은 전통 민가와 다를 바 없는 고유의 삶이 전승되어 온 곳이기도 하다. 아궁이에 솥을 걸고 나무를 해서 불을 때며, 장을 담그고 김장을 하여 장독대를 꾸리는 살림살이의 장場을 그대로 갖추었다. 민가의 부엌과 사찰의 공양간에 조왕竈王을 나란히 모시면서, 생명과 건강을 지켜 주는 존재에게 감사하는 소박한 신앙 또한 공유하고 있다. 이러한 모습은 오랜 역사를 지닌 전통 종교이자 문화로서 불교의 가치를 말해 준다. 사회 일반에서 효용가치를 잃어 가는 전통문화가 사찰에 전승되는 것은, 재가자와 함께하는 종교 공동체의 삶이 이를 지탱하는 튼실한 기반이 되었기 때문일 것이다.

이처럼 사찰 후원문화는 수행자들의 삶이 어떠한 토대 위에 이루어져 왔는지 실증적으로 살펴볼 수 있는 소중한 장場이라 할 수 있다. 후원문화는 단지 음식을 만들어 먹는 문제만이 아니라 승가僧伽의 경제적 기반과 직결되고, 수행과 대중생활의 또 다른 모습이자 신도들과 교류하는 소중한 발판이기도 한 것이다.

특히 자급자족하는 전통적 삶의 구조 속에서, 수행을 목표로 규범을 정해 함께 살아온 한국 승려들의 대중생활은 어느 불교국가보다 뚜렷한 독자적 가치를 지닌다. 작물을 경작하고 음식을 만들어 먹는 일은 범인凡人과 다를 바 없는 일상의 영역이다. 그러나 이를 수행자 스스로 도맡아 온 종교 공동체가 드물뿐더러, 대중생활 속에서 이루어진 식생활의 양상은 규범과 다채로움이 공존하는 다면적 양상을 보여 주고 있다. 후원문화는 행자에서부터 고승에 이르기까지 누구나 깊이 개입되어 있을뿐더러, 이러한 경험의 축적은 큰스님일수록 깊고 방대하게 마련이다.

따라서 후원에서 전개되는 일들은 여러 가지 담론을 생성하기에도 매우 적합해 보인다. 귀감이 되는 사례들이 이야기로 전승되고, '가장 궂은 일이 가장 수행과 가까운 일'이라는 사실 또한 강조되어 왔다. 출가자는 재가자의 사표師表가 되는 존재이기에, 이러한 승려들의 삶은 제자들은 물론 민간에도 중요한 가치로 수용되었을 것이다.

후원문화에 반영된 출가자의 일상은 지금까지 당연하게 여겨 주목하지 못했던 승려들의 삶이 그 자체로 소중한 세계임을 절감케 한다. 그들이 원융살림을 지향하며 함께 모여 살아온 조화로운 일상의 하루하루는 범접할 수 없는 가치를 지녔다. 그러나 지금까지 이러한 영역에 대해서는 학술적으로 거의 관심을 기울이지 못하였다. 불교문화의 연구 대상은 대부분 유형의 자산에 집중되어 있고, 무형에 대한 논의는 문화유산 지정이나 문화산업과 직결되는 분야에 한정되어 있었기 때문이다.

특히 후원문화는 무형문화 가운데서도 특정 시공간에서 행하는 의례나 행사가 아니라 일상을 다루는 것이어서, 전승 양상을 제대로 포착하여 기록하고 연구하기가 그만큼 힘이 든다. 또한 그 대상이 수행자라는 점에서 연구 대상으로 삼을 엄두를 내지 못했던 것도 사실이다. 이로 인해 지금까지 사찰의 후원문화·식문화 영역의 연구는 음식 자체에 치중되어 왔다. 실증적인 삶의 양상에 대한 체계적 연구와 정리가 이루어지지 못한 채 실체 없는 자산으로 존재해 온 것이다.

따라서 '최종 결과물로서 음식' 뒤편에 자리한 거대하고 소중한 삶의 영역을 조명하는 일이 절실한 시점이라 하겠다. 학문적으로뿐만 아니라 문화를 향유하고 전승하는 주체들과 전통 자산의 가치를 공유하는 일은 무엇보다 중요하다. 이에 사찰 후원문화에 대한 보다 실증적이고 체계적인 조명을 통해, 음식과 관련된 한국불교와 전통문화의 심층적·다면적 이해를 위한 기반을 마련하고자 한다.

○

연구의 주요 관점과 내용

식생활을 포함한 승가 공동체의 다양한 삶의 모습은 기록되지 않은 소중한 역사이다. 이에 대한 인문학적 접근은 2000년대 들어 시작되었고, 본격적으로 관심의 대상이 된 것은 2010년대부터이다. 이들 연구는 율장律藏 · 청규淸規 등을 중심으로 한 역사적 접근이 주를 이룬다. 율장에 근거한 초기불교의 식생활, 청규를 중심으로 한 중국불교의 식생활 연구는 시대를 막론하고 승가의 생활 규범과 후원문화를 이해하는 데 기반이 되는 것이라 하겠다.

이에 비해 오늘날 한국사찰 후원문화의 연결고리인 근현대에 대한 주목은 턱없이 부족한 실정이다. 근대불교가 다면적 · 역동적으로 전개되어 왔지만, 사건 · 제도 · 인물 중심의 거시적 역사가 대부분을 차지하고 생활과 의례 등 무형 영역의 기록은 거의 축적되지 못하였다. 이는 근대불교사의 연구와 복원이 문자 자료 중심으로 이루어지면서, 눈에 보이지 않는 영역에는 상대적으로 무관심했기 때문일 것이다.

따라서 문헌·기록 중심의 연구방법론에서 벗어나 현장을 중시하는 다변적 관점이 절실하다. 이를테면 민속학·문화인류학·구비문학 등은 문자 중심의 연구가 힘든 분야로, 구비전승口碑傳承과 일상의 삶이 일찍부터 주된 연구 대상으로 자리하고 있다. 불교문화 또한 기록되지 않은 영역에 대해서는, 이러한 관점으로 새로운 역사를 구축해 가는 작업이 지금보다 훨씬 폭넓게 적용될 필요가 있다. 이 연구는 그러한 관점과 연구방법론에 따라 이루어졌다.

당대를 겪어 온 원로 승려들은 그들의 경험과 기억 속에 '살아 있는 기록'을 지닌 주체들이다. 따라서 이전 세대의 후원문화를 실증적으로 파악하려면 문헌과 각종 자료는 물론 전승 현장과 전승 주체를 연구의 중심에 두어야 한다. 따라서 이 책의 2장 「불교 후원문화의 역사」를 제외한 모든 장은 현장론적 연구가 중심을 이룬다. 일상의 식생활이 펼쳐지는 전국 여러 사찰의 후원을 방문하고, 승려들과 구술면담으로 축적된 자료를 통해 후원문화를 분석하였다. 일대기·신문·잡지 등에 실린 원로 승려의 기록 또한 공백을 메우는 소중한 자료로 삼았다.

책에서 다룬 후원문화의 시기는 현재를 도달점으로 하여, 이르게는 1950년대부터 시작하나 1960~1980년대가 주축을 이룬다. 일제강점기를 구술해 줄 원로들은 우리 곁에 거의 없지만, 1950년대 이후 1980년대 무렵까지 30~40년의 근현대는 전통적 삶의 모습을 이어 온 소중한 시기이다. 주거문화 변화는 사회 전반의 삶에 큰 영향을 미쳤고, 사찰은 변화의 속도가 가장 느렸으나 1980년대를 기점으로 본격적인 변화가 전개된 것으로 여겨진다. 따라서 이 무렵의 후원문화는 전통과 현대를 잇는 다양한 모습을 담고 있어, 승가 공동체의 근현대가 담긴 소중한 삶의 역사라 할 수 있다.

이에 대한 본격적인 답사와 면담은 7년 전부터 이루어졌다. 전국 여러 사찰의 후원을 답사하고 원로 승려들의 구술을 채록했으며, 재가자가 볼 수 없는 승려들의 발우공양 또한 10여 곳의 사찰에서 참관할 수 있었다. 특히 석남사·송광사·운문사·진관사·통도사 등은 대방에서 발우공양을 이어 가는 곳이자 출가부터 지금까지 사찰을 지키는 노스님들이 주석하며, 대부분 전통 공양간이 남아 있다. 따라서 사찰 일반의 총체적인 식생활 양상을 파악하는 데도 큰 도움이 되어 여러 차례 방문하였다.

노스님들과의 면담은 특정 사찰과 무관하게 행자 시절, 학인 또는 사미·사미니 시절, 후원 직책을 맡아보던 시절, 선방을 다니던 시절 등 수행자의 궤적 속에서 후원과 관련된 대중생활에 대한 내용이었다. 그 속에서 시대적 상황도 읽을 수 있어, 책이나 자료에 간략히 기록된 역사를 풍요로운 경험과 함께 확인하는 작업이기도 하였다. 아울러 면담 내용은 일시와 대상을 일일이 밝힐 수 없어 주제의 흐름에 녹여서 서술했고, 중요한 경우에는 이를 밝혔다.

연구 내용

책의 주제는 크게 여섯 가지로 나누어 다루었다. 2장 「불교 후원문화의 역사」는 초기불교·중국불교·한국불교로 구분하여 불교의 전개 과정에 따른 식생활의 전반적 흐름을 살폈다.

초기불교에서는 수행승으로 살아가면서 지켜야 할 승가 공동체의 계율을 정립해 나갔다. 율장律藏의 성립은 문제가 발생할 때마다 하나씩 만들고, 이 또한 끊임없이 수정하는 가운데 이루어졌다. 탁발托鉢에 의존하면서, 출가자의 수행에 부합하는 동시에 재가자의 부담을 최소화하기 위함이었다. 특히 율장은 사소하고 지엽적인 일들까지 광범위하고 상세하게 다루고 있다. 엄연한 악행이라면 누구나 쉽게 인지할 수 있고 관습법에 따라 처벌 받지만, 사소하고 애매한 일들에 대해서는 명확한 기준을 세워 두지 않으면 행위가 반복되면서 승가의 청정함과 화합을 깨뜨릴 수 있기 때문이다.

이에 식생활과 관련된 율장의 조항을 '먹을 수 있는 시간과 횟수, 먹을 수 있는 음식, 공양의 장소와 제공 방식, 공양 예절'로 나누어 내용을 살피고 주요 계율의 성립 배경과 변화 과정을 다루었다. 초기불교 율장을 오늘날의 승가에 직접 적용하기는 어렵지만, 2천 년이 지난 지금도 각 조항이 지닌 의미는 현재를 비추는 거울이 되고 있다. 본사本師인 석가모니가 제자들에게 남기고자 한 출가정신이 명징하게 담겨 있기 때문일 것이다.

중국불교에서는 율장의 기본정신을 이어 여법한 수행생활을 모색하는 가운데, 대승불교의 독자적 식생활 문화를 정립시켜 나갔다. 중국불교는 왕실과 지배층의 영향력 아래 성장했고, 한편으로는 정주생활을 하면서 음식의 취사 선택이 가능해져 엄격한 금기 음식을 적용하게 된다. 특히 7세기 율종律宗에서 제정한 승가의 생활규범은 200여 년 뒤에 정립된 선종禪宗 청규의 토대가 된 것이자, 오늘날 발우공양의 주요 내용을 담고 있어 주목된다.

이어 9세기에 중국불교를 대표하는 종파로 역사의 전면에 등장한 선종에서는 자급자족의 경작 노동을 식생활의 근간으로 삼았다. 경작에서부터 공양을 준비하고 먹는 과정이 수행으로 자리 잡아 선불교 특유의 음식문화를 형성하게 되었고, 동아시아 선종 사찰의 식생활에 지대한 영향을 미치게 된다. 이에 『선원청규』의 식생활 관련 조항을 '공간, 소임, 음식과 시간, 의식'으로 나누어 분석함으로써 이후 '대승불교·선불교'의 범주 속에서 펼쳐지는 한국불교의 식생활을 살피는 데 유용한 준거로 삼았다.

한국불교에서는 통일신라부터 고려에 이르기까지 사찰에 대한 왕실과 지배층의 지원이 이어져 경제적 기반이 확고하였고, 고려 때는 국가행사에 승려를 청해 공양 올리는 대규모 반승飯僧이 이어졌다. 조선시대에 들어와 토지 몰수 등으로 사원경제가 붕괴하면서 사찰계 조직, 생산활동 등 다양한 자구책을 마련하게 된다. 15세기에는 오늘날 발우공양의 기반이 되는 『승가일용식시묵언작법』이 정립되었는데, 이는 중국 청규에 기반을 두었으나 한국불교의 독자적 내용을 풍부하게 담은 것이었다.

근대불교의 식생활은 일제강점기 대처식육의 강제적 허용과 함께, 선불교 중흥 및 불교 개혁운동의 일환으로 자급자족의 선농불교禪農佛敎를 실천하는 일련의 양상이 전개되었다. 광복 이후 율장과 청규의 가르침을 결합해, 탁발과 함께 완전한 경제적 자급자족을 추구한 1947년의 봉암사결사는 후대의 후원문화에 큰 영향력을 미쳤다.

3장 「사찰의 살림살이 공간」에서는 후원을 구성하는 물리적 요소들을 중심으로 다양한 삶의 양상을 다루었다. 전통 후원 영역은 공양간과 대방이 나란히 자리하였고, 대방은 승려들이 함께 머물며 수행과 숙식을 하는 대중생활의 핵심을 이루었다. 공양간을 생명과 건강을 다루는 신성한 공간으로 여기며, 하나의 구조로 묶인 '아궁이 · 부뚜막 · 가마솥' 앞에서 다양한 방식으로 불을 운용하는 가운데 수행자에게 적합한 음식을 만들었다. 특히 물은 식생활의 핵심을 이루어, 계곡에 흐르는 물을 경내로 끌어들이거나 우물 · 펌프로 땅속의 물을 길어 올리는 자연수를 사용하였다.

대중이 많으니 곡식 · 식재료 · 음식을 저장하는 공간도 다양하여 2층 고루庫樓로 지은 곳간에서부터 수백 개의 항아리를 보관하는 장독대, 자연 암벽을 이용한 김치광, 여러 개의 널빤지로 문을 끼워 만든 뒤주 등은 슬기롭게 쓰임새를 발휘하였다. 농사지은 곡식의 껍질을 벗겨 알곡을 만들고 떡과 두부 등을 장만하기 위해 사찰마다 방아 · 절구 · 맷돌을 비치한 간이방앗간을 경내에 두었다. 이러한 영역에 소임자들의 요사를 마련해 후원 살림이 긴밀하고 원활하게 돌아가도록 최선을 다했다.

4장 「식량 마련하기」에서는 20세기 중후반까지 사찰 후원의 최대 과제였던 양식 마련의 근간과 여러 방편을 다루었다. 한국불교에서 1960~1970년대 무렵까지 탁발이 성행한 것은, 수행의 일환이자 대중의 양식을 장만하고 자비량自費糧을 구하기 위한 자구책이기도 하였다. 사찰마다 편차가 커서, 직접 논농사ㆍ밭농사를 지어 곡식과 채소를 수확하고 산나물을 채취하여 자급자족할 수 있으면 최선의 삶이었고, 이러한 형편이 되지 못하는 사찰이 더욱 많았다. 승려들은 법랍이 쌓일수록 수행의 깊이와 함께 훌륭한 농사꾼의 자질도 더해 갔다. 아울러 신도들의 불공과 시주가 사찰경제의 중요한 부분을 차지한 것은 예나 지금이나 다를 바 없다.

이 외에도 대중의 양식을 마련하기 위한 다각적인 활로가 모색되었다. 잉여의 수확물이나 별도의 작물을 재배하여 판매하는가 하면, 고시생과 수학여행을 온 학생들에게 숙식을 제공하고 쌀을 받아 식량에 보태는 일이 사찰마다 이어졌다. 그런가 하면 인적 없는 토굴에서 홀로 수행할 때도 식생활의 해결은 중요한 것이어서, 저마다 최소한의 수행식ㆍ고행식으로 토굴 정진에 힘썼다.

5장 「수행정진의 일상사로서 후원문화」에서는 출가수행자의 일상과 일생 속에서 전개되는 후원생활의 양상을 다루었다. 승려의 하루는 삼시예불三時禮佛과 삼시공양三時供養으로 이루어지며, 사시巳時에 부처님께 올리는 마지를 가장 소중하게 다루었다. 명절이나 형편에 따라 떡국 마지ㆍ팥죽 마지ㆍ국수 마지ㆍ생미 마지 등으로 종류도 다양할뿐더러, 시대와 사찰에 따라 각단에 마지를 올리는 양상도 조금씩 다르다.

승려의 일생은 후원과 뗄 수 없는 관계를 지녀, 후원은 그들의 통과의례로서 삶을 상징하는 영역이기도 하다. 출가하여 후원의 허드렛일로 수행자의 삶을 익혀 나가는 행자생활을 마치면, 강원에서는 별좌·공양주·채공 등의 소임을 돌아가며 맡고 발우공양의 행익行益을 전담하는 가운데, 사찰음식의 전승 주체로 성장해 가게 된다. 구족계를 받고 나면 후원과 관련된 여러 직책을 맡아 다양한 울력에 동참하며 대중생활을 해 나간다. 안거 철이면 방부를 들인 수좌들이 선방에 모여 각자 소임을 짜서 한 철 용맹정진을 하는 가운데 각지의 다양한 음식으로 선방 음식문화가 펼쳐지기도 하였다.

6장 「수행자의 일상식, 발우공양」에서는 공양과 발우의 의미, 발우공양의 전승과 내용을 두루 다루었다. 한국불교에서 공양은 경배의 대상에게 올리는 공물供物이자 식사를 뜻하는 이중의 의미로 사용되어 왔다. 발우는 목발우가 주를 이루는 가운데 초기불교 당시를 본받아 철발·와발의 사용이 한동안 이어졌고, 사합뿐만 아니라 오합의 전통도 두루 살필 수 있다.

오늘날 『석문의범』 「소심경」에 따라 행하는 일상의 발우공양은 조선시대 『승가일용』의 「묵언작법」을 정비한 것으로, 게송 없이 행하는 발우공양과 게송·가사袈裟·생반生飯 등을 갖춘 법공양으로 전승되고 있다. 발우공양은 1970~1980년대까지만 해도 대부분 사찰의 일상 식사법이었으나 근래에는 크게 줄어들었고, 법공양의 경우 안거에 주로 행하는 공양으로 자리를 잡았다. 가장 여법한 발우공양이 전승되고 있는 송광사 사례를 통해 의식 절차에 따른 내용과 의미를 살펴보았다.

7장「후원의 민속과 세시 음식문화」에서는 사찰 후원에 전승되는 민속과, 세시歲時에 따른 다양한 음식문화에 대해 다루었다. 공양간을 지키는 조왕은 오늘날에도 대부분 사찰에서 빠짐없이 모시는 신격으로, 매일 합장배례와 조왕마지를 올리는 데서부터 매달 그믐과 섣달그믐에 이르기까지 사찰마다 다양하게 조왕을 섬긴다. 또한 '조왕보 갈기'와 같은 새로운 민속신앙이 생겨나는가 하면, 쌀 한 톨도 소홀함 없이 다루었던 옛 승려들의 철두철미함이 '제석천의 눈물'과 같은 새로운 담론을 만들어 내기도 하였다.

　불교의 세시 음식은 정초의 설 · 입춘 · 대보름에서부터 동지와 섣달그믐에 이르기까지, 신도들과 함께 각단에 불공을 올리며 세시풍속을 전승하는 핵심 매개물이 되고 있다. 특히 민간에서 점차 사라져 가는 명절 절식을 사찰에서 맛보는 기쁨을 주고 있으며, 명절에 소외된 이웃과 음식을 나누는 문화를 확산해 가고 있다. 아울러 승려들은 사계절의 흐름에 따라 한 해의 농사를 철저히 설계하여 봄 · 여름 · 가을 · 겨울의 계절마다 씨를 뿌리고, 수확물을 거두어 저장음식을 준비하며 다채로운 후원문화를 이어 오고 있다.

。불교 후원문화의 역사

。

초기불교

불교의 역사는 탁발托鉢과 함께한다. 탁발 걸식은 생산 노동에 종
사하지 않는 수행자가 재가자의 공양 보시에 의존해 살아가는 것
으로, 고대 인도 수행자들의 보편적인 생활방식이기도 하였다. 석
가모니 또한 제자들과 함께 탁발에 의지하면서, 불교사상과 수행
정신이 집약된 출가자의 생활양식으로 정착시켜 나갔다.

　탁발은 발우[鉢]에 의지한다[托]는 뜻이다. 이는 산스크리트어
'piṇḍa pāta'에서 온 말로 빈다파다賓茶波多라 음역하였고, 탁발 · 걸
식乞食 · 행걸行乞 · 분위分衛 · 단타團墮 · 지발持鉢 · 봉발捧鉢 등이라
번역하였다. 'piṇḍa'는 덩어리[團]라는 뜻으로 형체 있는 음식[團食]
을 말하고, 'pāta'는 떨어뜨린다[墮]는 의미를 지녔다.[1] 따라서 탁발

---

1 "탁발(托鉢)" · "단식(團食)" · "단식(段食)", 弘法院編輯部 엮음, 『佛敎學大辭典』(弘法院, 1988)

은 출가자의 발우에 재가자가 단식을 담아 주는 모습을 형상화한 데서 비롯된 말임을 알 수 있다.

비구比丘 또한 팔리어 '비쿠bhikkhu'를 음역한 말로 '걸식하는 자'라는 뜻을 지녔다. 이처럼 재가자가 수행하는 출가자에게 재보시財布施를 하고 출가자가 재가자에게 법보시法布施를 하여 상호 공덕을 쌓는 것은 인류 보편의 수수授受 관계이다. 그 가운데서도 탁발은 무소유를 실천하며 스스로 가장 낮은 자리에 처하는 수행자의 생활양식이라 할 수 있다. 석가모니는 이러한 탁발 걸식으로써 깨달음을 향한 실천적 수행을 정립해 나갔다.

여러 경전에, 아침이면 가사를 갖추고 발우를 든 채 제자들과 함께 마을로 내려가 탁발하는 석가모니의 모습이 담겨 있다. 석가모니는 탁발에 대해 제자들에게 다음과 같이 일렀다.

> 어떤 것이 비구가 배워야 할 걸식하는 법인가? 이른바 비구는 목숨을 지탱하는 것을 취지로 삼아, 얻어도 기뻐하지 않고 얻지 못해도 걱정하지 않는다. 음식을 얻었을 때는 생각하여 먹고 탐착하는 마음이 없다. 그래서 다만 그것으로써 내 몸을 보존하여 묵은 병을 고치고 새 병이 나지 않게 하며 기력을 충족하게 한다. 비구들아, 이것을 걸식이라고 하느니라.[2]

최소한의 음식에 감사하며 의식주에 대한 집착을 없애고, 오로

---

2 김월운 옮김, 『증일아함경 4』 '49. 放牛品②'(동국역경원, 2007), p. 268.

지 몸을 잘 보존하여 수행에 힘쓰는 것이 출가자가 지켜야 할 본분임을 강조한 것이다. 율장律藏에 '수행승으로서 자기 마음대로 입에 넣을 수 있는 것은 물과 버들가지뿐'[3]이라 한 것도, 출가자는 오로지 재가자가 발우에 담아 주는 음식물에 의지해 살아가야 함을 단적으로 드러낸 표현이라 하겠다. 석가모니는 또한 다음과 같이 제자들에게 말했다.

> 수행자들이여, 탁발이란 삶의 바닥이다. 세상에는 '발우나
> 들고 돌아다니거라!'는 저주가 있다. 그러나 수행자들이여,
> 훌륭한 이들은 타당하고 합리적인 이유로 그러한 삶을 선택
> 한 것이다. 왕이 강요한 것이 아니고, 강도의 강압 때문도
> 아니다. 빚을 졌거나 두려움 때문도 아니며, 목숨을 연명하
> 기 위함도 아니다. 수행자들은 오로지 태어남, 늙음, 죽음,
> 슬픔, 비탄, 고통, 근심, 절망에 떨어져 괴로움에 둘러싸인
> 인간 삶의 일대사一大事를 해결하기 위해 그리한 것이다.[4]

"발우나 들고 돌아다니거라."는 말이 저주로 쓰인 것은, 안락한 속세를 떠나 살아가는 수행자의 삶이 당대 사람들에게 얼마나 선택하기 힘든 고행의 길로 비쳤는지 말해 준다. 그러한 길이기에

---

3 전재성 역주, 『빅쿠비방가: 율장비구계』 제5장 '속죄죄법'(한국빠알리성전협회, 2015), pp. 1532~1536. 이때의 버들가지는 양치질 도구로 쓴 것을 말한다.

4 전재성 역주, 『쌍윳따니까야』 제3권 22장 '80(3-8). 탁발의 경'(한국빠알리성전협회, 2014), p. 663.

수행자를 존경하고 위대한 존재로 여기지만, 자신의 의지와 무관하게 발우를 드는 일은 더없는 고통일 것이기 때문이다. 그러나 걸식하는 수행자라 하여 모두 같지는 않으니, 이에 대해 석가모니와 바라문이 나눈 대화가 전한다.

한 바라문이 석가모니를 찾아와서 "나도 걸식자이고 그대도 걸식자인데, 우리 사이에 어떤 차이가 있습니까?" 하고 물었다. 이에 석가모니는 "다른 이에게 걸식한다고 하여 걸식수행자가 아니며, 악취 나는 가르침을 따르는 이라면 걸식수행자가 아닙니다. 악함을 버리고 공덕마저 버려 청정하고 지혜롭게 사는 자가 참된 걸식수행자라오."라고 답하였다.[5] 걸식하며 수행자인 양 인간 보편의 진리와 거리가 먼 가르침을 설파한다면 중생을 현혹하는 자에 불과할 것이다. 이처럼 깨달음을 구하며 참된 하심下心으로 행하는 탁발 걸식은, 안락한 삶을 포기하고 위대한 선택을 한 출가수행자의 상징이었다.

아울러 초기불교에서는 당시 인도 수행자들이 주로 택했던 고행적 수행을 멀리하였다. 석가모니 또한 깨달음을 얻기 전에 극단의 고행으로 6년간 심신을 닦았으나, 몸이 쇠약해져 건강을 해쳤을 뿐 스스로 괴롭히는 고행이 해탈에 도움되지 않음을 알게 되었다. 이에 음식의 금기와 제한에 중점을 두기보다 수행에 적합한 음식으로 건강한 몸을 지탱하는 것을 우선으로 삼게 된 것이다.

---

5 위의 책, p. 207.

그러나 수행자의 자발적 의사에 따른 두타행頭陀行은 받아들였다. '두타'는 산스크리트어 'dhūta'를 음역한 것으로 '버린다ㆍ씻는다ㆍ닦는다' 등의 뜻을 내포하고 있다. 이에 출가수행자가 세속의 욕심과 속성을 떨쳐 버리고 심신을 깨끗이 닦으며, 참기 어려운 고행을 능히 참아 행하는 것을 두타 또는 고행자라고 한다.[6] 석가모니 당시 허용한 13가지의 두타행을 체계화해 놓은 내용이 상좌부불교의 대표적인 논서『청정도론淸淨道論』에 전한다.[7]

두타행의 내용은 재가자들이 버린 낡은 누더기를 기워서 입는 분소의糞掃衣, 오로지 탁발로 음식을 구하는 걸식, 지붕 있는 주거지가 아닌 동굴ㆍ무덤가ㆍ나무 아래 등에 머물며, 앉기만 하고 눕지 않는 수하좌樹下坐 등의 엄격한 의식주를 실천하는 것이었다.[8] 이처럼 두타행은 삶의 기본을 이루는 의식주에 대해, 인간의 근원적 욕망과 이로 인한 번뇌를 제어하고자 했던 엄중한 실천행이라 할 수 있다. 따라서 수행자의 필수요건은 아니었지만 두타행을 실천하는 수행자들은 이를 어기면 두타행이 파기되는 것으로 여겼다.

탁발을 포함해 초기불교의 식생활과 관련된 전반적인 생활규범은 율장에 구체적으로 담겨 있다. 이에 빨리Pali 율장을 중심으로 관련 계율의 내용, 계율이 성립된 인연담, 변천 과정 등을 살펴본다.

---

6 이종익, "두타행(頭陀行)",『한국민족문화대백과사전』(한국학중앙연구원, 1991)

7 공만식,『불교음식학: 음식과 욕망』(불광출판사, 2018), p.96.

8 붓다고사 지음, 대림 옮김,『청정도론 1』(초기불전연구원, 2004), pp.220~264.

식생활과 관련된 율장 규범

속가에서 살던 이들이 출가하여 수행자로 살아가노라면 크고 작은 문제들이 생기게 마련이다. 이는 출가자들 사이에서만이 아니라 재가자들과의 관계에서도 발생하니, 불교의 계율은 이러한 문제가 발생할 때마다 승가僧伽의 질서를 세우는 방편으로 하나씩 만들어졌다.

아울러 석가모니는 점차 재가자들이 집으로 청해 공양을 대접하는 청식請食 등을 수용하게 된다. 승가의 규모가 커지면서 음식을 준비해 공양 올리며 법문을 청하는 재가자들이 많아지자, 탁발을 원칙으로 하되 이를 허용한 것이다. 따라서 식생활의 경우 공양의 방식이 확장되면서 이에 대한 계율 적용도 다양하게 전개되었다.

이러한 계율 제정과 관련해 육군비구六郡比丘에 주목할 필요가 있다. 석가모니 당시에 여러 악행을 일삼던 여섯 명의 비구가 있어 이를 육군비구라 했는데,[9] 사방으로 몰려다니며 승가를 어지럽

---

9 중국 전승에서는 육군비구가 6명이라는 인식이 강하지만, 실제로는 두 명의 대표 비구가 이끄는 세 개의 무리였고 전체 규모는 1,500명 정도였다. 빨리 율장대품(律藏大品)인『마하박가』에 나타난 육군비구의 에피소드를 분석했을 때 다음과 같은 시사점을 얻을 수 있다. 첫째, 1,500명 이상을 한꺼번에 지칭하는 '육군비구'라는 용어를 사용함으로써 그들이 저지른 악행은 불특정 다수가 저지른 것이고, 따라서 누구나 저지를 수 있다는 가능성을 내포한다는 점이다. 둘째, 실제로 일어난 사건을 토대로 한 현실적인 내용이라는 점이다. 셋째, 육군비구의 에피소드는 동일한 사건에 대해 조금씩 내용을 바꾸어 반복되는 서술방식을 지니면서 해당 계율의 취지를 더욱 강하고 효과적으로 전달한다는 점이다. : 안필섭,「마하박가(Mahāvagga)에 나타난 육군비구의 재검토」,『불교문화연구』11(동국대학교 불교사회문화연구원, 2010), pp. 131~142.

혔기에 그들로 인해 많은 계율이 새로 제정된 것이다. 여섯 비구의 구체적인 이름이 전할 뿐만 아니라, 그들이 실제 저지른 허물을 중심으로 유사한 여러 인연담이 율장에 거듭 등장하여 범계犯戒를 경계토록 하고 있다.

이에 초기 승가에서는 출가자들이 지켜야 할 의무계율과 학습계율을 정립하였다. 이러한 계율을 모아 놓은 계본戒本을 빠띠목카 Pātimokkha라 하여, 한자로는 '바라제목차波羅提木叉'라 부른다. 빨리 율장의 분별부分別部[10]에는 이러한 바라제목차로 비구 227계, 비구니 311계[11]와 함께 각 계율의 성립 인연담이 담겨 있다. 계율의 분별分別은 위중한 죄의 정도에 따라 비구 8가지, 비구니 7가지 범주로 구분하였으며, 식생활과 관련된 조항은 비구 52개, 비구니 54개이다. 비구의 계율은 비구니에게 적용되는 내용을 대부분 포함하고 있어, 이를 중심으로 바라제목차의 구성과 식생활 관련 조항을 정리하면 〈표 2-1〉[12]과 같다.

바라제목차에서 승단추방죄법과 승단잔류죄법은 무거운 죄에 해당하고, 부정죄법 · 상실죄법 · 속죄죄법 · 고백죄법 · 중학죄법 · 멸쟁죄법의 6개 범주는 상대적으로 가벼운 죄에 해당한다. 위반할 경우 승단추방죄법은 승단에서 추방되는 가장 엄중한 죄이고, 승단잔류죄법은 격리와 참회를 거쳐 승단에 남는 것이 허용되는

---

10 분별부(숫따비방가)는 율장 비구계(빅쿠비방가)와 율장 비구니계(빅쿠니비방가)로 구분되어 있다.

11 대승불교권의 율장 『사분율(四分律)』에는 비구 250계, 비구니 348계로 구성되어 있다.

12 전재성 역주, 『빅쿠비방가: 율장비구계』, 앞의 책을 참조하여 작성함.

분별分別 : 227개		식생활관련	참조	
승단추방죄법 = 바라이波羅夷	4개		승단에서 추방됨	重罪
승단잔류죄법	13개		승단에 남아 있으나 격리 · 참회 처벌을 받음	
부정죄법不定罪法	2개		증언에 따라 죄가 결정됨	
상실죄법喪失罪法 = 사타捨墮	30개	3개	상실되어야 할 물건을 내놓은 뒤에, 참회함	小罪
속죄죄법贖罪罪法 = 바일제波逸提	92개	15개	대중 앞에서 참회함	
고백죄법告白罪法 = 제사니提舍尼	4개	4개	고백을 통해 참회함	
중학죄법衆學罪法	75개	30개	1인 앞에서 참회하거나 마음 속으로 참회함	
멸쟁죄법滅諍罪法	7개		승가에 분쟁이 생겼을 때 해결하는 방식	

표 2-1. 비구 바라제목차의 구성

죄이다. 소죄에 해당하는 계율을 위반했을 때는 정해진 규정에 따라 대중 앞에서 또는 스스로 참회하는 방식을 취하고 있다.[13] 이를테면 사타 · 바일제 · 제사니는 모두 대중 앞에서 참회하는 죄이지만, 중학죄법은 훈계나 주의에 해당하는 것으로 잘못의 정도가 가장 가볍다. 이에 중학죄법을 고의로 저질렀을 때는 한 사람의 비구 앞에서, 고의가 아니면 스스로 진심으로 참회하도록 하여 죄의 경중에 따라 위계를 두었다.

이 가운데 식생활과 관련된 조항은 비교적 가벼운 계율에 해당

---

13 『摩訶僧祇律 1』(한글대장경 191, 동국역경원, 1995), pp. 12~17.

상실 죄법 (사타)	▪ 21조 : 여분의 발우는 최대 열흘까지만 지닐 수 있고, 열흘이 지나면 상실죄를 범하는 것이다. ▪ 22조 : 발우를 다섯 번 수리하기 전에 새 발우를 구하면 상실죄를 범하는 것이다. ▪ 23조 : 병이 났을 때 먹는 '버터기름, 신선한 버터, 기름, 꿀, 당밀'의 약을 받으 면 최대 7일까지 보관해서 먹을 수 있고, 이를 초과하면 상실죄를 범하 는 것이다.
속죄 죄법 (바일제)	▪ 29조 : 비구니가 알선한 탁발 음식을 들 경우, 이전부터 재가자가 준비한 것을 제외하고 속죄죄를 범하는 것이다. ▪ 31조 : 환자가 아닌 한, 급식소의 음식은 하루 한 번만 먹어야 하고 그 이상을 먹으면 속죄죄를 범하는 것이다. ▪ 32조 : 특별한 상황 이외에 무리 지어 식사하는 별중식別衆食은 속죄죄를 범하는 것이다. 특별한 상황은 아플 때, 옷을 보시할 때, 옷을 만들 때, 여행할 때, 배를 탈 때, 대중집회가 있을 때, 수행자들을 위한 시식이 있을 때이 다. ▪ 33조 : 연속하여 식사하는 것은 속죄죄를 범하는 것이다. 아플 때, 옷을 보시할 때는 예외이다. ▪ 34조 : 재가자가 집에 초대하여 음식을 권유할 때 원하면 두세 발우를 받을 수 있으나 그 이상을 받으면 속죄죄를 범하는 것이다. 두세 발우를 채워서 받은 것은 가지고 나와 다른 비구들과 나누어 먹어야 한다. ▪ 35조 : 식사를 흡족하게 마친 뒤에, 남은 것이 아닌 식사나 간식을 먹으면 속죄 죄를 범하는 것이다. ▪ 36조 : 식사를 흡족하게 마친 뒤에, 식사나 간식을 청하며 고의로 계율을 어기 게 만들어 음식을 먹게 하면 속죄죄를 범하는 것이다. ▪ 37조 : 때가 아닌 때에 식사나 간식을 먹으면 속죄죄를 범하는 것이다. ▪ 38조 : 저장해 놓은 밥이나 간식을 먹으면 속죄죄를 범하는 것이다. ▪ 39조 : 버터기름, 신선한 버터, 기름, 꿀, 당밀, 생선, 육류, 우유, 응유와 같 은 음식은 미식美食이다. 병중이 아닌데도 자신을 위해 이러한 미식을 부 탁하여 먹으면 속죄죄를 범하는 것이다. ▪ 40조 : 물과 버들가지를 제외하고, 주지 않은 음식을 입에 넣으면 속죄죄를 범 하는 것이다. ▪ 41조 : 벌거벗고 다니는 나형외도와 이교도에게 식사나 간식을 주면 속죄죄를 범하는 것이다. ▪ 42조 : 다른 비구에게 탁발하러 가자고 한 다음, 그와 함께 하는 것이 불편하다 고 떼어 버린다면, 특별한 동기가 없는 한 속죄죄를 범하는 것이다. ▪ 43조 : 식사 중인 재가자의 집에 들어가서 자리를 차지하면 속죄죄를 범하는 것 이다. ▪ 51조 : 곡주나 과일주 등의 취기 있는 것을 마시면 속죄죄를 범하는 것이다.

고백 죄법 (제사니)	▪ 1조 : 탁발을 하는 친척 아닌 비구니의 손에서 자신의 손으로 음식을 받아 먹었 　　　다면, 고백죄를 범하는 것이다. ▪ 2조 : 재가자의 집에 초대받아 식사할 때, 비구니가 있어 '여기에 어떤 음식을 주 　　　도록' 지시한다면, 비구가 공양을 마칠 때까지 기다리도록 통제해야 한다. 　　　그런 말을 하지 않았다면, 고백죄를 범하는 것이다. ▪ 3조 : 환자가 아니면서 학지인정가정(學地認定家庭)의 초대를 받거나 음식을 받아 먹 　　　으면 고백죄를 범하는 것이다. ▪ 4조 : 위험과 공포가 따르는 숲속의 처소에 있을 경우, 그 사실을 사전에 알리지 　　　않고 재가자로부터 승원 안에서 음식을 받아 먹으면 고백죄를 범하는 것이 　　　다. 환자인 경우는 예외이다.
중학 죄법	▪ 30개 조항 : 27조에서 56조까지 신입 비구가 일상생활 속에서 지켜야 할 식생 　　　　　　활 관련 규범 30가지로, 특히 재가자와의 관계 속에서 지켜야 할 　　　　　　일들이 중심을 이룬다.

표 2-2. 바라제목차 식생활 관련 조항의 내용

하나, 수행자의 구체적인 일상생활과 밀접하게 연관되어 있어 그 중요성을 간과할 수 없는 조항들[14]이다. 관련 조항을 요약하면 〈표 2-2〉[15]와 같다.

이들 조항은 먹을 수 있는 시간과 횟수, 먹을 수 있는 음식, 공양의 장소와 제공 방식, 공양 예절 등 수행자의 식생활 지침을 광범위하게 다룬 것으로 율장에는 상세한 설명을 함께 덧붙여 두었다. 특히 속죄죄법(바일제) 31조에서 43조에 이르는 조항은 '식사'로 분류되어 있어, 식생활과 관련된 계율의 핵심에 해당한다. 이들 식생활 관련 계율을 몇 가지 주제로 나눈 다음, 승가의 제도와 규

---

14 공만식, 앞의 책, pp. 143~144.

15 전재성 역주, 『빅쿠비방가: 율장비구계』, 앞의 책을 참조하여 핵심을 요약 정리함.

범을 광범위하게 다루고 있는 율장의 다른 자료들과 함께 살펴본다.

—

먹을 수 있는 시간과 횟수

석가모니와 제자들은 매일 아침 가사와 발우를 갖추고, 인근 마을에 탁발을 나가는 것으로 하루를 시작하였다. 탁발한 음식은 정오가 되기 전까지 한 번에 공양을 마쳐야 했다.

바일제 37조와 31조는 이러한 공양의 시간과 횟수에 대해 언급한 규정이다. 37조에서 '때 아닌 때에 먹어서는 안 된다[不非時食, 時後不食].'는 말은, 정오를 지나면 먹지 않는다는 오후불식午後不食을 뜻한다. 따라서 '하루에 한 번을 초과하여 급식소의 음식을 먹어서는 안 된다.'는 31조와 함께, 오전 중 한 차례만 먹을 수 있음을 말한 것이다.

석가모니는 먹을 수 있는 음식이나 음식의 제공 방식에 대해서는 비교적 열려 있었던 데 비해, 오후불식을 반대하는 의견에 대해서는 양보하지 않았다. 한 끼 공양으로 만족하지 못하는 수행자들이 많았기에 어느 날 석가모니는 손끝으로 흙을 집어 들고, 오후불식을 하는 이들이 대지 중에서 자신이 든 흙만큼밖에 되지 않는다고 말했다.

> 수행승들이여, 때 아닌 때에 음식을 먹는 것을 삼가는 뭇 삶들은 매우 적고, 때 아닌 때에 음식을 먹는 것을 삼가지 않는 뭇 삶들은 매우 많다. 그것은 무슨 까닭인가? 네 가지 거룩

한 진리[四聖諦]를 보지 못하기 때문이다.[16]

흙을 집어 들고 비유하는 표현은 여러 계율을 말할 때마다 반복적으로 등장하면서, 뒤이어 사성제와 연결하는 방식을 취한다. 따라서 오후불식의 계율은 깨달음을 구하는 수행자라면 반드시 지켜야 하는 것임을 강조하였다.

아울러 『사분율[四分律]』에는 오후불식을 승가의 원칙으로 정하게 된 계기를 밝히고 있다. 이는 폭우가 내리고 천둥이 치는 날 저녁에 한 비구가 탁발을 나갔다가 임신한 장자의 부인이 비구를 보고 놀라 낙태하게 된 일이다.[17] 이처럼 오후에 마을로 내려가 탁발할 때 생길 수 있는 폐해와 함께, 하루 한 차례 이상의 탁발은 여러 가지로 재가자에게 폐가 되는 일임이 거론되었음직하다.

이 외에도 여러 경전에서는 오후불식의 이점을 강조하였다. 『처처경[處處經]』에서는 오후불식을 하면 음욕이 적어지고, 잠이 적어지고, 일심을 얻고, 방귀가 없고, 몸이 편안해져 병이 생기지 않는 다섯 가지 복을 얻는다고 하였다.[18] 『십이두타경[十二頭陀經]』에는 "한 끼 밥을 구하는 것도 방해됨이 많거늘 하물며 아침·점심·저녁밥이겠는가? 스스로 줄이지 않으면 반나절의 수행을 잃고, 한결같은 마음으로 도를 행할 수 없을 것이다."[19]라는 석가모니의 말이

---

16 전재성 역주, 『쌍윳따니까야』 제5권 56장 '79(8-9). 때 아닌 때의 경', 앞의 책, p.2710.

17 김월운 옮김, 『증일아함경 4』, 앞의 책, pp.264~271.

18 『佛說處處經』(한글대장경 162, 동국역경원, 1995), p.362.

19 『佛說十二頭陀經』(한글대장경 163, 동국역경원, 1995), p.33.

기록되어 있다. 잦은 탁발이 수행에 장애가 되는 점을 제자들에게 이르는 장면이다.

이러한 오후불식은 '긴급한 경우를 제외하고, 때가 아닌 때 마을에 들어가면 안 된다.'는 바일제법 85조와도 관련되어 있다.[20] 여기서 '때 아닌 때[非時]'란 정오부터 다음 날 새벽까지를 말한다. 따라서 정오가 지나면 마을에 들어갈 수 없다는 규정(85조)은, 탁발을 오전에 마치고 오후불식을 하도록 한 규정(37조)과 서로 연동되어 정해졌으리라 짐작된다. 오후부터 마을 출입을 금한 계기는 여러 초기 경전에 조금씩 다르게 기술되어 있지만, 공통점은 육군비구가 마을에 들어가 재가자들과 어울려 비난을 받게 된다는 내용이다. 이들은 대개 음식 · 음료 · 술 등을 주제로 세속사를 함께 이야기하는 경우가 가장 많고, 때로 도박하거나 살해당하는 내용까지 등장한다. 수행자가 오후 늦게 마을에서 재가자들과 어울릴 때 겪을 수 있는 다양한 문제를 다루는 가운데, 이를 방지하는 장치로서 계율조항이 생겨났을 것이다.[21]

이처럼 초기 승가에서 오후불식을 중시한 이유는 크게 세 가지로 정리할 수 있다. 첫째는 음식 자체에 대한 문제로, 음식에 대한 집착과 욕망을 경계하고 제어하기 위함이다. 둘째는 재가자와의 관계에서 비롯된 문제로, 하루 한 차례 이상의 탁발은 재가자에게 부담을 줄 뿐만 아니라 여러 가지 문제를 일으킬 수 있다는 점이

---

20 전재성 역주, 『빅쿠비방가: 율장비구계』, 앞의 책, pp. 1697~1702.
21 공만식, 앞의 책, pp. 177~181.

다. 셋째는 물리적으로 탁발에 많은 시간을 쓰는 것이 수행에 방해가 되기 때문이다.

음식은 생명을 이어 가기 위한 필수요소이자 인간의 욕망과 깊이 관련되어 있기에, 출가자라면 음식을 둘러싼 세속과 일정한 거리를 둠으로써 수행에 전념할 수 있을 것이다. 이러한 기조는 이후의 여러 규범에 일관되게 적용되고 있다.

—

먹을 수 있는 음식

일반적으로 출가수행자의 식생활을 다룰 경우, '먹을 수 없는 음식'에 대한 관심이 가장 크게 마련이다. 먼저 바일제 39조를 보면 수행자가 먹을 수 없는 품목으로 버터기름, 신선한 버터, 기름, 꿀, 당밀, 생선, 육류, 우유, 응유를 제시하였다. 이러한 음식을 미식美食이라 표현하면서 수행자가 추구하는 음식에 적합하지 않다고 본 것이다.

여기서 아홉 가지 식품은 크게 ①유제품 ②꿀·기름 ③생선·육류의 세 가지 군으로 묶을 수 있다. 버터기름·버터·우유·응유[酪]는 동물의 젖으로 만들어 영양이 뛰어난 유제품이고, 꿀·기름·당밀은 음식의 맛을 부드럽고 좋게 만드는 첨가물이며, 생선과 육류는 동물의 고기로 구분할 수 있기 때문이다.

그런데 이러한 음식을 완전히 금하는 것은 거의 불가능한 일이었다. 우선 계목에서도 밝히고 있듯이, 병이 들거나 몸이 약한 수행자에게는 이들 음식이 필요할 수 있기 때문이다. 상실죄법 23조에서 '병이 났을 때 약으로 먹을 수 있는 음식'으로 든 버터기름, 신선한 버터, 기름, 꿀, 당밀의 5종은 모두 ①유제품과 ②꿀·기름에 속한다. 석가모니는 병이 든 수행자에게 이러한 '5종의 약'을 허용하였고, 병의 종류에 따라 점차 당대의 풍조에 따른 다양한 식품을 약으로 쓸 수 있도록 허용[22]하기에 이른다.

또한 이러한 음식은 병자뿐만 아니라 일반 수행자에게도 엄격하게 적용할 수 없었다. 음식을 직접 만들지 않고 탁발·청식 등으로 재가자에게 의존하는 상황에서는, 주는 대로 먹을 수밖에 없기 때문이다. 무엇보다 6년 고행을 마친 석가모니는, 당시 인도 사회의 일반 수행자들이 음식에 대해 가졌던 극단의 엄격함에서 벗어나 있었다. 따라서 그는 '얼마나 적게 먹는가.', '어떤 음식을 먹는가.', '어떻게 음식을 구하는가.' 등에 근거하여 누군가를 존경하거나 명예롭게 여기는 것을 경계하였다.

> 만약 내가 적게 먹어 그것을 칭찬하여 나를 존경하고 명예롭게 생각한다면, 나의 제자 가운데 한 공기나 반 공기의 음식 혹은 빌바 열매 하나 또는 반쪽을 먹는 이들이 있다. 그러나 나는 때때로 발우 가득 음식을 채워 먹거나 더 먹기도 한다. …만약 내가 어떤 음식에도 만족하는 것을 칭찬하여 나를 존경하고 명예롭게 생각한다면, 탁발 음식만 받아들이고

---

22 전재성 역주, 『마하박가: 율장대품』, '제6장 약품의 다발'(한국빠알리성전협회, 2014), pp. 515~540.

탁발을 기뻐하며 그들이 들어간 집에서 앉기를 청해도 청식
을 거부하는 나의 제자들이 있다. 그러나 나는 때때로 공양
청을 받아 맛있는 밥과 다양한 반찬과 커리를 먹는다.[23]

석가모니는 스스로 발우를 가득히 채워 먹기도 하고, 재가자가
음식을 장만해 초대할 때는 이에 응할뿐더러, 다양한 반찬이 제공
되면 그것을 먹는다고 말하였다. 재가자가 주는 음식에 대해서는
수용할 수 없을 정도의 것이 아닌 이상 유연하게 받아들였고, 이
러한 양상이 정착되어 가는 과정 또한 율장에 잘 나타나 있다.

죽과 밀환을 허용하는 내용이 담긴 『율장대품』을 보자. 바라나
시에 머물던 석가모니와 1,250명의 제자가 안다까빈다로 유행을
떠날 때, 마을 사람들이 소금·기름·쌀과 단단한 음식을 수레에
싣고 승가의 뒤를 따랐다. 그때 두 달 동안 따라다닌 한 바라문이
공양 올릴 차례를 얻지 못하다가, 식당[24]을 살펴보고 죽과 밀환蜜丸
이 없는 것을 안 뒤 아난존자에게 이를 공양으로 바치겠다고 말했
다. 석가모니의 허락을 얻어 많은 죽과 밀환을 준비해 제자들에게
제공하자, 제자들이 주저하며 받지 않았다. 이에 석가모니가 들도
록 허락하자 모두 공양을 하였다. 공양과 법문을 마친 석가모니는
제자들에게 '죽과 밀환을 허용함'을 알렸다.[25] 같은 이유로 다섯 가
지 소의 산물인 우유·응유·버터우유·버터·버터기름을 허용

23 대림스님 옮김, 『맛지마니까야 3』(초기불전연구원, 2012), pp.174~176의 내용을 요약 정리함.
24 급식소·복덕사(福德舍)를 뜻한다.
25 전재성 역주, 『마하박가: 율장대품』, 앞의 책, pp.548~551.

하기에 이른다.[26]

이상의 내용에서 알 수 있듯이, 바일제 39조의 금기 음식이라 하더라도 재가자로부터 제공받을 경우에는 허용되었다. 따라서 이러한 미식의 음식을 스스로 구하거나 청하거나 탐하는 것을 경계하는 의미가 가장 큰 것이라 하겠다.

이러한 중도적 유연함은 ③생선·육류에서도 적용되었다. 석가모니가 죽과 밀환을 허용했다는 말을 듣고, 한 대신이 '1,250명의 수행자들에게 1,250발우 분의 고기를 조리해서 바치면 어떨까.' 하는 마음을 내어 공양을 준비해 올린 기록[27]은 그 과정을 잘 말해 준다.

또 다른 상황은 삼정육三淨肉이 생겨난 계기를 담고 있다. 어느 날 자이나교도인 씨하 장군이 석가모니의 위대함에 이끌려, 자이나교 교조의 반대를 무릅쓰고 승원으로 찾아갔다. 석가모니와 만나 대화를 나누고 법문을 들은 장군은 깊이 감명하여 재가불자로서 불도에 귀의하게 된다. 그는 석가모니에게 다음 날 제자들과 함께 자신의 처소에서 공양을 받아 줄 것을 청하여, 당일 신선한 고기와 갖가지 음식을 준비해 일행을 맞았다. 이때 밖에서 자이나교도들이 "오늘 장군 씨하가 커다란 짐승을 죽여서 수행자 석가를 위해 음식을 준비했다. 석가는 그 사실을 알고도 나누어 준 고기를 먹었으니 그 업보를 받아야 한다."고 비방하였다. 이에 씨하 장

---

26 위의 책, pp.588~589.
27 위의 책, p.551.

군은, "그들은 오랜 세월 공허한 거짓으로 부처님과 가르침을 비방하고 있다."며 일축한 뒤 음식을 대접하였다. 공양을 마치고 가르침을 설한 뒤 석가모니는 제자들에게 다음과 같이 말하였다.

> 수행자들이여, 자기를 위하여 살생한 것임을 알고 고기를 먹어서는 안 된다. 이 경우 먹으면, 악작죄惡作罪가 된다. 수행자들이여, 자기를 위하여 살생한 것이라고 보지 못했거나, 듣지 못했거나, 의혹이 없는 세 가지 관점에서 청정한 물고기와 고기는 허용한다.[28]

삼정육을 상세히 살펴보면 첫째는 불견살육不見殺肉으로, 죽이는 것을 직접 보지 않은 고기를 말한다. 살생 장면을 직접 봤다면 그 고기를 먹을 수 없다. 둘째는 불문살육不聞殺肉으로, 그 동물의 살생과 관련된 소리를 듣지 않은 고기를 말한다. 동물의 죽어 가는 소리는 물론, 어떻게 죽었다는 말을 들었다면 그 고기는 먹을 수 없을 것이다. 셋째는 불위아살육不爲我殺肉으로, 나를 위해서 살생한 의심이 없는 고기를 말한다. 누군가 자신을 대접하려고 살생했다면 그 고기는 먹을 수 없다. 이처럼 삼정육에 한정해 허용함으로써 재가자에게 불편을 끼치지 않으면서 살생을 금하는 불제자로서 지킬 규범을 분명히 하였다.

이러한 삼정육의 개념은 오늘날 상좌부 불교권과 북방 고원지

---

28 위의 책, p. 577.

대에서 따르고 있다. 부처님 당시의 탁발 전통을 이어 가는 스리랑카 · 태국 · 라오스 · 미얀마, 유목 국가로 채소가 귀하고 육식을 주식으로 삼아 온 티베트 · 부탄 · 몽골 등은 육식을 조건적으로 허용하는 나라들이다.

아울러 삼정육에 해당하지 않는 동물 또한 분명히 밝혔다. 이는 인간, 코끼리, 말, 개, 뱀, 사자, 호랑이, 표범, 곰, 승냥이의 열 가지이다. 인육人肉의 경우, 아무리 극한 상황에서 자신의 살을 보시하더라도 결코 먹어서는 안 된다는 뜻이다. 코끼리 · 말의 경우는 '왕의 표상'으로 나라의 군사력과 직결되기 때문이며, 개 · 뱀은 '혐오'라는 표현으로 당시 개고기와 뱀고기에 대한 사회적 관념을 반영하였다. 사자 · 호랑이 · 표범 · 곰 · 승냥이 등의 야생 맹수는 '고기 먹은 자의 냄새를 맡고 공격한다.'는 표현으로 안전과 연결 지었다.[29]

지금까지 살펴본 것처럼 초기불교의 '먹을 수 있는 음식'은 어느 정도 열려 있었다. 당시 불교 승가에서는 자이나교도 등과 같이 극단의 고행적 의식주를 강요하지 않았고, 적절한 환경에서 수행에 전념하는 데 출가의 목적을 두었다. 그러나 '먹을 수 없는 음식' 종류를 바라제목차에 그대로 두었던 데서 알 수 있듯이 출가자의 신분에서 벗어나는 일을 철저히 경계하였다. 먹을 수 있도록 허용한 원칙을 따르면서, 재가자가 제공하여 먹게 되더라도 탐하거나 집착하거나 구하지 않도록 새기고자 한 것이다.

---

29 위의 책, pp. 542~548.

공양의 장소와 제공 방식

당시 수행자들의 공양은 장소와 관련해 크게 ①탁발을 중심으로 하여, ②청식請食 ③공공급식公共給食 ④유행식遊行食의 네 가지 방식으로 이루어졌다. 이러한 각 방식에 따른 공양 장소를 살펴보면 〈표 2-3〉과 같다.

①탁발은 재가자의 집을 찾아 음식을 구하는 것이니, 공양 장소는 거리 또는 처소가 된다. 수행자들은 마을로 내려가 음식을 얻은 다음, 돌아오는 길의 적당한 장소나 처소에서 정오가 되기 전에 먹었다. 탁발할 때 수행자가 지켜야 할 의무를 상세하게 적은 율장의 내용이 전한다.

일부를 추려 보면, "몸을 잘 추스르고 눈은 아래로 하며, 웃음소리를 내지 않고 소리 없이 재가자의 집에 들어가야 한다. 너무 성급하게 들어가거나 나오지 말고, 너무 멀리 서 있거나 가까이 서 있지 말며, 너무 오래 서 있거나 빨리 나오지 않아야 한다. 서 있을 때는 음식을 주려는지 주지 않으려는지를 생각하며 살펴야 한다. 음식을 받을 때는 양손으로 발우를 잡고 받되, 주는 자의 얼굴을 쳐다보지 않아야 한

공양 방식	공양 장소
탁발托鉢	거리 또는 처소
청식請食	재가자의 집
공공급식公共給食	급식소(복덕사·식당)
유행식遊行食	거리 또는 급식소

표 2-3. 초기 승가의 공양 방식과 장소

다."[30] 등이다. 수행자로서 위의를 지키고 재가자와의 접촉에서 생길 수 있는 문제를 차단하는 가운데, 효율적으로 음식을 얻기 위한 지침들이다. 수많은 체험과 시행착오를 거쳐서 마련한 실제적 규범임을 알 수 있다.

②청식은 재가자들이 집으로 청해 공양을 대접하는 것으로, 탁발과 함께 승가의 중요한 공양 방식이었다. 율장에서는 청식이 이루어지는 전형을 다음과 같이 기록하였다.

> 바라문은 부처님께 말했다. "존귀한 고따마께서는 내일 수행승들과 함께 저의 공양을 받아 주십시오." 부처님은 침묵으로 허용했다. 그러자 바라문은 부처님이 허락하신 걸로 알고 그곳을 떠났다. 바라문은 이튿날 훌륭하고 단단하고 부드러운 음식을 준비하여 부처님께 알렸다. "고따마여, 때가 되었습니다. 공양이 준비되었습니다."
>
> 그러자 부처님은 아침 일찍 발우와 가사를 수하고 바라문의 처소를 찾았다. 가까이 다가가서 마련된 자리에 수행승들과 함께 앉았다. 바라문은 부처님을 비롯한 수행승들에게 음식을 손수 대접한 뒤, 부처님이 공양을 마치고 발우에서 손을 떼자 한쪽으로 물러나 앉았다. 부처님은 그 바라문을 법문으로 교화하고 격려하여 기쁘게 한 뒤 자리에서 일어나 그

---

30 전재성 역주, 『쭐라박가: 율장소품』, '제8장 의무의 다발'(한국빠알리성전협회, 2014), pp.920~921.

곳을 떠났다.[31]

　재가자의 초청에 석가모니가 침묵으로 응하면, 재가자는 승가의 인원을 파악해 음식을 준비한 다음, 정해진 날 다시 승가를 찾아 모시러 오게 된다. 이에 석가모니와 제자들이 가사를 갖추고 발우를 든 채 재가자의 집을 방문하면, 재가자가 직접 음식을 나누며 대접한다. 공양을 마치면 재가자는 한쪽으로 물러나 앉아 말씀을 들을 준비를 하고, 석가모니는 법문으로 공양에 보답하는 것이다. 이처럼 청식을 받으면 공양을 마친 뒤 법문과 축원을 하는 전통 또한 오늘날까지 이어지고 있다.

　③공공급식은 재가자들이 별도의 시설을 만들어 유행遊行하는 수행자에게 공양을 제공하는 것을 말한다. 대개 식사와 숙박을 겸하는 시설로 이를 급식소·휴게소라 부르며, 수행자에게 보시함으로써 복덕을 쌓는다는 뜻으로 한역 경전에서는 복덕사福德舍라 하였다.[32] 복덕사에서는 재가자들이 상주하면서 수행자가 오면 그들을 맞이해 숙식을 안내하게 된다. 처음 수행자가 들어오면 예를 표한 뒤 따뜻한 물로 발을 씻겨 주고 기름을 발라 주었으며 여러 가지 음식을 제공하였다.[33]

　④유행식은 수행자들이 다른 지역으로 멀리 떠날 때 재가자들이 식량과 음식 재료를 수레에 싣고 뒤따르며 공양을 제공하는 방

31 전재성 역주, 『마하박가: 율장대품』, 앞의 책, pp. 536~537.
32 『高僧法顯傳』(한글대장경 248, 동국역경원, 1998), p. 515.
33 공만식, 앞의 책, p. 149.

식이다. '유행식'은 이에 대한 별다른 명칭이 없어 임의로 붙인 것으로, 이동 중의 공양이라는 뜻이다. 아울러 지나가는 길에 복덕사가 있으면 그 시설을 이용했으리라 짐작된다. 앞서 살펴봤듯이, 두 달 동안 승가를 따라다닌 한 바라문이 자신의 공양 차례를 얻지 못하다가 '식당을 살펴보고 죽과 밀환이 없는 것을 안 뒤 이를 공양으로 바쳤다.'고 한 데서 알 수 있다.

유행식은 공공급식과 유사한 방식이지만, 공공급식이 수행자라면 누구나 찾아와 공양할 수 있는 고정시설인 데 비해, 유행식의 경우 승가의 이동 경로를 따라 옮겨 다니며 직접 공양을 제공하는 차이를 지닌다. 이때 재가자들이 묵으며 음식을 장만하는 곳은 승가와 다소 거리를 두고 따로 정해진 장소만 사용할 수 있도록[34] 하였다. 아울러 수행자는 처소 바깥에서 음식을 받아먹도록 하여 임시처소 등에서 음식과 관련된 모든 일은 처소 밖에서만 이루어졌다.

이외에도 율장에는 승가에 제공하는 여러 공양방식에 대한 내용이 나온다. 부처님과 제자들이 라자가하에 도착해 숲속 공원에 머물 때, 그곳은 기근이 있어 재가자들이 순조롭게 음식을 제공할 수 없었다. 이에 그들은 승가에 '승차식僧次食 · 별청식別請食 · 초대식 · 행주식行籌食 · 15일식 · 포살식布薩食 · 월초일식月初日食'을 제공하기를 원했다.[35] 초대식은 청식을 말하고, 승차식은 승가에서 차

---

34 전재성 역주, 『마하박가: 율장대품』, 앞의 책, pp. 578~581.
35 전재성 역주, 『쭐라박가: 율장소품』, '제6장 처소의 다발', 앞의 책, p. 820.

례에 따라 보내는 것이며, 별청식은 특정 수행승을 지정하는 경우이다. 행주식은 산가지 표찰標札로 제비를 뽑아 당첨된 자가 공양에 응하는 방식이다. 그 외에 달이 차는 보름간과 달이 기우는 보름간에 월초일 · 포살일을 제외한 날을 정하는 15일식, 보름 · 그믐의 포살일로 정하는 포살식, 월초의 특정 날짜에 제공하는 월초일식이 있었다.

이때 석가모니는 음식을 승가로 가져올 경우, 산가지나 나뭇잎에 묶어 덩어리로 만들어 배식하도록 했다. 아울러 여러 무리의 수행자들이 스스로 최상의 음식을 취하고 저열한 음식을 나머지 수행자들에게 준 사실을 알게 되었다. 이에 수행자 가운데 식사배식인, 창고 관리인, 죽 분배인, 과일 분배인, 작식嚼食 분배인, 용품 분배인, 발우 분배인, 정인淨人 관리인 등을 두었다.[36] 유행을 하던 중에 잠시 머무는 처소에서도 이러한 일들이 필요하게 되면서, 후원과 관련된 소임들이 자연스럽게 생기게 된 것이다. 따라서 석가모니 입멸 이후 점차 정사精舍에서 음식을 만들게 되면서 소임 또한 복잡해졌을 것이다.

이러한 내용을 참조하여 공양 장소 및 제공 방식과 관련된 바라제목차를 살펴보자.

첫째, 공양의 대상에 대한 것이다. 바일제법 32조에 '적절한 때 이외의 별중식別衆食은 바일제'라 하였다. 별중식은 대중식 · 별청식이라고도 하여 재가자가 수행자를 지정하는 경우를 말한다. 이

---

36 위의 책, pp.820~829.

러한 별중식을 악용해 석가모니의 사촌인 데바닷타가 자신을 따르는 무리를 이끌고 집집이 다니며 좋은 음식을 요청하는 일이 반복적으로 발생하게 된다. 이에 석가모니는 두서너 명 이상[37]의 비구가 무리 지어 먹는 별중식을 금하면서, 그 이유는 '재가자를 보호하고 승가 분열을 막기 위한 것'[38]임을 분명히 하였다.

이처럼 의도적·습관적인 경우가 아니라면, 특별한 상황의 별중식을 허용함으로써 계율을 지키고자 무리하게 공양을 피하지 않도록 하였다. 특별한 상황은 수행자가 병들었을 때를 비롯해 재가자가 옷을 보시하고자 음식을 준비해서 청할 때, 옷을 만드는 수행자들을 청해 음식을 대접하면서 옷을 만들고자 할 때, 여행할 때, 배를 타고 갈 때, 대중집회가 있을 때, 수행자들을 위한 시식이 있을 때 등이다.

아울러 고백죄법(제사니) 3조에, 환자가 아니면서 학지인정가정 學地認定家庭의 초대를 받거나 음식을 받아먹지 못하도록 한 점이 주목된다. 석가모니가 싸밧티에 머물 때, 신심 깊은 부부가 있어 음식이 생기면 수행자들에게 모두 나누어 주고 자신들은 굶기 일쑤였기에, 믿음이 증가할수록 재물이 줄어들었다. 사실을 알게 된 석가모니는 이러한 가정을 '학지인정가정'이라 명명하고 탁발과 청식을 금함으로써 그들을 보호한 것이다.[39]

---

37 전재성 역주, 『빅쿠비방가: 율장비구계』, 앞의 책, p.1504. 경전에 따라 이를 '4명 이상'으로 번역한 것은 오류라고 보았다.

38 공만식, 앞의 책, pp.158~159.

39 전재성 역주, 『빅쿠비방가: 율장비구계』, 앞의 책, p.1728.

둘째, 공양의 횟수와 양에 대한 것이다. 바일제법 33조에 '한곳에서 공양을 받고 또 다른 곳에서 공양을 받으면 바일제'라 하였다. 이는 청식의 경우를 말하는 것으로, 율장에는 이와 관련된 계기가 전한다. 내용을 요약해서 살펴보면 다음과 같다.

어느 때 석가모니와 제자들이 대신의 청식에 응하게 되었다. 그 대신은 새로 신심을 얻어 훌륭한 음식을 정성껏 준비했는데, 수행자들이 모두 발우에 음식을 조금만 달라고 하였다. 그 이유를 알고 보니 수행자들이 아침 일찍 다른 재가자가 제공한 죽과 밀환을 먹고 왔기 때문이었다. 이에 대신은 분개하여 '어찌 자신의 초대를 받아 놓고 다른 이가 제공한 음식을 먼저 먹을 수 있는지' 비난했다. 뒤에 자신의 행동을 뉘우친 대신이 찾아오자, 석가모니는 그가 많은 수행자에게 공양을 대접해 큰 공덕을 쌓았음을 칭찬하고, 제자들을 나무라며 위와 같은 규범을 세웠다.[40] 여러 곳의 청식에 응하는 일은 재가자와의 관계에서 문제가 발생할 뿐 아니라, 음식에 대한 집착을 일으킬 수 있는 것이다.

바일제법 34조·35조·36조는 모두 음식의 양과 관련된 계율이다. 청식으로 재가자의 집에 갔을 때 음식을 권유해도 두세 그릇 이상을 받지 않아야 하고, 음식이 남으면 돌아와서 나눠 먹도록 하였다. 또한 식사를 마친 뒤에 다시 식사하거나 간식을 먹는 일, 식사를 마치고 음식 받기를 거절한 비구에게 더 먹도록 하여 계율을 어기게 만드는 일 등은 모두 바일제에 해당한다. 맛있는

---

40 전재성 역주, 『마하박가: 율장대품』, 앞의 책, pp. 551~553.

음식과 양에 대한 탐착을 없애고, 수행자로서 세간의 비난을 받을 일이 없도록 경계하는 규범임을 알 수 있다.

셋째, 음식의 저장에 대한 것이다. 바일제법 38조에 '저장해 놓은 밥이나 간식을 먹으면 바일제'라 하였고, 상실죄법 23조에도 병이 났을 때 먹는 5종의 약 또한 7일 이상 저장해서 먹으면 계율에 어긋난다고 하였다. 석가모니는 음식을 저장했다가 먹는 것, 여분의 발우나 가사를 지니는 것 등을 엄격히 금지하였다. 따라서 음식이 남는 경우 버려야 했고, 다음 날까지 남겨 둘 수 없었다. 그렇지 않으면 한꺼번에 많이 받아서 두고두고 먹으려는 습성이 생기고, 저장된 음식물에 집착하는 마음이 생기기 때문[41]이다. 이처럼 음식 저장은 탁발정신과 어긋나는 것이자, 모든 물품과 재화를 비축하는 발단이 된다고 여겼다.

바일제법 38조의 성립 인연담은 비구 벨라타씨싸가 탁발을 하면서 맨밥을 승원으로 가져와 말린 다음 저장해 둔 데서 비롯되었다. 그는 음식이 필요할 때면 말린 밥을 물에 축여서 먹곤 하였다. 이러한 사실은 다른 비구들이 그가 한참 만에 탁발하는 걸 보고, 음식을 저장해 두었다가 먹는지 질문하여 밝혀졌다. 이를 알게 된 석가모니는 음식을 저장했다가 먹을 수 없도록 하였다.[42] 아울러 음식의 저장과 요리 등에 대해 다음과 같이 말하였다.

---

41 원영스님, 『부처님과 제자들은 어떻게 살았을까』(불광출판사, 2011), pp.68~69.
42 전재성 역주, 『빅쿠비방가: 율장비구계』, 앞의 책, pp.1526~1529.

옥내에 보관하는 것도 옳지 않고, 옥내에서 요리하는 것도 옳지 않고, 자신이 요리하는 것도 옳지 않다. 그것은 아직 청정한 믿음이 없는 자를 청정한 믿음으로 이끌거나, 이미 청정한 믿음이 있는 자를 더욱더 청정한 믿음으로 이끄는 것이 아니다. 그것은 오히려 아직 청정한 믿음이 없는 자를 불신으로 이끌고, 이미 청정한 믿음이 있는 자 가운데 어떤 자들을 타락시키는 것이다.[43]

이처럼 원칙적으로 초기 승가에서는 음식의 저장을 허용하지 않았다. 그런데 기근이 들거나 자연재해 등으로 음식을 얻는 일이 힘들게 되면서, 저장은 물론 요리를 일시적으로 허용한 시기도 있었다.

라자가하에 기근이 들었을 때 사람들이 소금·기름·쌀·단단한 음식 등을 승원에 가져와 바깥에 보관했는데, 벌레가 먹거나 도둑이 가져가는 등의 문제가 발생한 것이다. 이에 승원 안에 음식을 보관하는 것을 허용하게 된다. 따라서 안에 보관한 음식을 밖에서 요리했는데, 남는 음식을 먹으려고 기다리는 고행자들에게 둘러싸이는 일이 거듭되었다. 이로 인해 승원 안에서 요리하는 것을 허용하였다. 아울러 재가자로부터 물건을 받아서 바치는 정인淨人이 많이 가져가고 수행자들에게 적게 주는 일이 발생하자, '집안에 저장하고, 집안에서 데워 먹고, 스스로 요리하는 것을 허

---

43 전재성 역주, 『마하박가: 율장대품』, 앞의 책, p. 534.

용한다.'는 결정을 내리기에 이른다.[44]

이처럼 일시적으로 저장과 조리가 허용되는 과정을 보면, 수많은 수행자가 끼니를 거르지 않고 수행에 힘쓸 수 있도록 음식을 안정적으로 확보하는 문제와 관련되어 있음을 알 수 있다. 이는 그 뒤 석가모니 스스로 "내가 수행승들에게 음식이 부족하고 곡식이 모자라고 탁발하기 어려울 때 옥내에 저장하는 것, 옥내에서 요리하는 것, 자신이 요리하는 것 등을 허용했는데, 나는 오늘부터 그것들을 폐기한다."[45]고 말한 데서도 잘 알 수 있다.

—

공양 예절

율장에서는 음식을 어떻게 받고 먹는지에 대한 세부지침도 상세하게 다루었다. 바라제목차의 중학죄법 가운데 30개 조항은 탁발·청식 등으로 가정을 방문하는 수행자들의 행의작법行儀作法에 대한 것이다. 이를 크게 음식을 받을 때, 음식을 먹을 때, 음식을 먹고 난 뒤의 세 가지로 나누어 살펴보면 〈표 2-4〉[46]와 같다.

내용을 보면 음식에 대한 탐욕을 제어하고, 수행자로서 품위를 지키며 공양하는 데 중점을 두었음을 알 수 있다. 먼저 음식을 받고 먹을 때 시주의 은혜에 감사하는 마음을 새기도록 하여, 이후

---

44 위의 책, pp. 533~536.

45 위의 책, p. 578.

46 전재성 역주, 『빅쿠비방가: 율장비구계』, 앞의 책, pp. 1781~1833의 각 조항 핵심 내용을 요약 정리함.

음식을 받을 때	▪ 27조: 감사하는 마음으로 음식을 받기 ▪ 28조: 발우를 주시하면서 음식을 받기 ▪ 29조: 적정량의 커리를 받기 ▪ 30조: 적정량의 음식을 받기 ▪ 36조: 커리나 양념을 더 받기 위해 밥으로 덮지 않기 ▪ 37조: 자신을 위해 밥이나 커리를 더 부탁하여 먹지 않기
음식을 먹을 때	▪ 31조: 감사하는 마음으로 먹기 ▪ 32조: 발우를 주시하면서 먹기 ▪ 33조: 순차적으로 음식을 먹기 ▪ 34조: 적정량의 커리를 먹기 ▪ 35조: 꼭대기부터 짓이기지 않고 먹기 ▪ 38조: 불만스러운 표정으로 타인의 발우를 바라보지 않기 ▪ 39조: 지나치게 큰 음식 덩이를 만들어 먹지 않기 ▪ 40조: 음식 덩이를 둥글게 만들어 먹기 ▪ 41조: 음식을 입 가까이 가져왔을 때 입을 벌리기 ▪ 42조: 손을 통째로 입에 넣지 않기 ▪ 43조: 음식을 입에 넣은 채 말하지 않기 ▪ 44조: 음식을 입에 던져 넣지 않기 ▪ 45조: 음식을 한입 가득 넣고 갉아먹지 않기 ▪ 46조: 볼을 가득 채워 먹지 않기 ▪ 47조: 손을 털면서 먹지 않기 ▪ 48조: 밥 덩이를 흩뜨리면서 먹지 않기 ▪ 49조: 혀를 내밀며 먹지 않기 ▪ 50조: 쩝쩝 소리를 내며 먹지 않기 ▪ 51조: 후룩후룩 소리를 내며 먹지 않기 ▪ 52조: 손을 핥으면서 먹지 않기 ▪ 53조: 발우를 핥으면서 먹지 않기 ▪ 54조: 입술을 핥으면서 먹지 않기 ▪ 55조: 음식 묻은 손으로 물병을 만지지 않기
음식을 먹고 나서	▪ 56조: 밥알이 있는 발우 씻은 물을 민가에 버리지 않기

표 2-4. 바라제목차 중학죄법에 제시된 공양법

의 모든 행동에서 수행자의 본분을 잃지 않게 하였다.

그 외에 대부분을 차지하는 내용이 음식의 양에 대한 문제, 공양할 때 지켜야 할 예절에 관한 문제들이다. 이를테면 밥과 커리를 적정량으로 담되, 밥은 발우에 평평하게 채울 정도이고 커리는 밥의 4분의 1 정도라 하였다. 음식을 먹을 때도 볼이 가득 차게 먹거나, 음식이 입 가까이 오기 전에 입부터 벌리거나 혀를 내밀거나, 먹는 소리를 내거나, 손·발우·입술을 핥으며 먹는 등 맛을 탐하는 행위를 경계하였다. 아울러 입에 음식을 넣은 채 말하거나, 밥을 흩뜨리면서 먹거나, 음식 묻은 손으로 물병을 만지는 행위 등을 금하여 예절을 지키도록 하였다. 공양을 마치고 발우를 씻을 때 밥알이 있는 물을 민가에 버리지 않도록 함으로써 시주 음식을 함부로 다룬다는 비난도 막고자 하였다.

이처럼 재가자들 앞에서 어떻게 음식을 받고 먹어야 하는지 상세한 규범을 제시함으로써 수행자의 품위를 지키고 나쁜 평가를 받지 않도록 한 것이다. 실제 이러한 중학죄법의 각 조항이 성립된 인연담 또한 대개 재가자들이 육군비구의 행위를 보고 비난한 데서 비롯되었다. 조항마다 일정한 패턴이 적용되는데, 이를테면 중학죄법 28조인 '발우 주시에 대한 학습계율'이 만들어진 인연담은 다음과 같다.

어느 날 육군비구가 발우가 넘치는 것도 모른 채 두리번거리며 탁발 음식을 받는 모습을 보고 사람들이 분개하며 비난했다. "어찌 석가족의 아들인 수행자들이 여기저기 두리번거리면서 쌓이고 넘치는 것도 모르고 음식을 받을 수 있단 말인가? 마치 감각적 쾌

락의 욕망을 즐기는 재가자와 같다." 이 말을 들은 수행승들이 석가모니에게 알리면, 승가 모임에서 육군비구를 불러 사실 확인과 견책을 하고 나서, 다음과 같은 학습계율이 송출되기에 이른다. "'나는 발우를 주시하면서 탁발 음식을 받겠다.'라는 규율을 지켜야 한다."[47]

아울러 모든 조항마다 '의도하지 않았거나, 새김을 잃었거나, 알지 못했거나, 환자이거나, 사고가 난 경우이거나, 정신이 착란한 자이거나, 처음 범한 자인 경우는 무죄'라고 하였다. 중학죄법은 가벼운 죄로 이를 어기면 마음속으로 참회하도록 했듯이, 각자 잘 새겨서 수행자의 품위를 지키도록 이끄는 데 목적을 두었기 때문이다.

재가자와 함께한 계율

살펴본 것처럼 율장의 내용은 매우 섬세하고 체계적인 내용으로 구성되어 있음을 알 수 있다. 불교가 성립되기 전부터 고대 인도의 출가수행자들은 세속의 생활방식과 완전히 결별했고, 이를 전제로 재가자들은 그들의 수행을 돕기 위해 의식주를 지원했다. 석가모니는 이러한 배경 속에, 수행승으로 살아가면서 지켜야 할 것들에 대한 승가 공동체의 계율을 하나씩 정립해 나갔다. 율장에서

---

47 위의 책, pp.1783~1785.

는 특히 흔히 일어날 수 있고 사소해 보이는 일들에 대해 광범위하고 상세하게 다루고 있다. 재가자에게도 적용되는 엄연한 악행이라면 누구나 쉽게 인지할 수 있고 관습법에 따라 처벌받지만, 사소하고 애매한 일들에 대해 명확한 기준을 세워 두지 않으면 이러한 행위가 반복되면서 승가의 청정함과 화합을 깨뜨릴 수 있기 때문이다.

음식과 관련된 계율을 살펴볼 때, 불교 승단에서는 극단의 고행적 관점을 취하지 않았다. 계율의 목적은 의식주 생활을 제한하는 것이 아니라 적절한 환경에서 수행에 전념할 수 있도록 하는 것이기 때문이다. 따라서 규제한 것을 허용하기도 하고 다시 규제하기도 하면서 상황에 따라 융통성을 지니되, 출가자의 신분을 벗어난 데 대해서는 용납하지 않았다.

환경과 여건이 달라지면서 원칙을 고수하기 힘들 때는 이러한 문제를 해소하기 위해 정법淨法을 활용하였다. 정법이란 계율을 어기는 행동을 해야 할 때, 특정한 방편을 써서 이를 범계犯戒로 만들지 않도록 허용하는 것을 말한다. 따라서 율장은 훼손되지 않고 지속된다. 율장을 현실에 맞게 고치지 않고 이러한 방편을 쓰는 것은, 율장에 기록된 조문이 참된 출가자의 정신이고 자세임을 잊지 않기 위함일 것이다.

정법은 다양한 방식으로 활용되어 정인淨人, 정지淨地, 정어淨語, 정육淨肉 등의 여러 유형이 있었다. 이를테면 출가자가 직접 음식을 분배하거나 만드는 것이 금지되어 있기에 정인의 손을 빌리고, 원활하게 음식을 공급하기 위해 어쩔 수 없이 식량을 보관하게 될 때는 정지라는 창고를 사용하였다. 탁발이 힘들어 과일 등으로 식사를 해결해야 할 때도 직접 따지 않고 재가자에게 부탁하여 뜻을 전달하는 정어를 사용하였다.

무엇보다 이러한 계율은 재가자와 밀접하게 관련되어 성립되었다는 점이 중요하다. 음식과 관련된 계율을 ①먹을 수 있는 시간과 횟수 ②먹을 수 있는 음식 ③공양 장소와 제공 방식 ④공양 예절로 나누어 살펴보았을 때 명확하게 드러난 것이기도 하다. 이러한 내용이 모두 출가자의 바른 수행을 향한 것임은 물론, 재가자의 입장을 우선으로 고려한 것이기 때문이다.

율장에서는 ①먹을 수 있는 시간과 횟수에 가장 엄격하였다. 이는 수행에 장애가 될 뿐 아니라, 계율을 지키지 않았을 때 재가자에게 큰 피해를 줄 수 있는 성격의 것이다. 하루에 두세 번 탁발하거나 늦은 오후에 탁발승이 집을 방문할 경우, 재가자의 경제적·심리적 부담이 클 뿐만 아니라 여러 가지 문제가 발생할 수 있다.

이에 비해 ②먹을 수 있는 음식 ③공양 장소와 제공 방식의 경우에는 비교적 유연한 입장을 지녔다. 먹을 수 있는 것과 없는 것을 까다롭게 제시한다면, 출가자를 위한 음식을 따로 장만해야 하는 문제가 발생하게 된다. 따라서 주는 대로 받아 공양하되, 반드시 피해야 할 음식 재료에 대해서는 재가자가 인지하는 상황 속에서 이루어졌다. 재가자 또한 수행승의 지계持戒를 지켜보고 판단하는 이들이기에, 어느 정도 출가자가 먹어도 되는 음식의 기준을 어기지 않았다고 볼 수 있다.

공양 장소와 제공 방식 또한 탁발과 함께 상황에 맞는 다양한 방식을 열어 두었다. 이 또한 승단에서 정한 것이 아니라 재가자 집단에서 의논을 거쳐 청하거나, 상황에 따라 자연스럽게 정립된 것이다. 다양한 장소와 방식은 출가자를 위한 것인 동시에 공양을 제공하는 재가자의 편의를 위한 것이었고, 출가자는 그러한 각각의 상황 속에서 수행자의 규범을 지키는 데 주력하였다.

마지막으로 ④공양 예절과 관련된 계율은, 재가자들 앞에서 어떻게 음식을 받고 먹어야 하는지에 대한 것으로 이루어져 있다. 따라서 재가자의 평가를 염두에 둔 출가자의 품위와 관련된 규범들이다. 아울러 계율이 성립되는 인연담에서도 재가자의 의견과 비판이 중요하게 작용하는 경우가 많았다.

출가자의 신분에 어울리는 행동인가 아닌가를 결정하는 중요한 판단기준의 하나가 바로 재가자의 평가였다는 점은 주목할 만하다. 이에 승단에서는 재가자의 목소리에 항상 귀 기울이고 그들의 판단을 존중하며, 그들에게 존경받는 모습을 갖추기 위해 최선을 다하였다. 이상적인 출가생활의 기준을 명확하게 제시하기 어렵지만, 율장을 통해 이해하는 한 재가자의 눈에 비친 모습과 그 판단이 중요한 기준이 되고 있음은 분명하다.[48]

이처럼 음식과 관련된 계율은 재가자와 함께 만들어 온 것이라 해도 무방할 정도여서, 교단은 출가자 · 재가자가 두 기둥을 이룬다는 당연한 사실을 확인하게 된다. 출가자는 오로지 수행하여 깨

---

48 이자랑, 「초기불교 교단의 종교의식과 생활」, 『불교평론』 14(만해사상실천선양회, 2003), p.87.

달음을 구하는 데 목적을 두었고, 재가자는 이들을 지원하고 보시함으로써 그에 상응하는 공덕을 얻는다고 여겼다. 음식과 관련된 계율은 욕망을 통제하고 하심下心을 갖추는 출가자의 문제와 함께, 재가자에게 폐를 끼치지 않고 수행자의 품위를 잃지 않는 것이 무엇보다 중요하였다. 남방불교권에서 재가자에게 율장 교육을 하는 이유 또한 계를 잘 지킬 수 있도록 수행승을 보호하기 위함이다.

그 뒤 석가모니 사후 100년이 못 되어 계율의 완화 문제를 두고 논쟁이 벌어졌고, 보수적인 상좌부와 진보적인 대중부로 나뉘는 부파불교部派佛敎의 시대로 접어들게 된다. 탁발과 관련해서는 금지되어 있던 금·은·금전 등의 보시를 허용하자는 주장, 탁발로 공양을 마친 다음 다시 마을에서 공양을 받는 것이 정당한지 등에 대한 논의가 있었다. 특히 중요한 변화는 승가에 주방이 등장한 것으로, 이는 곧 음식의 조리와 저장이 시작되었음을 뜻한다. 1천여 년 동안 불교철학을 꽃피운 부파불교시대의 교리 연구는 안정된 정사 생활이 아니었다면 불가능했을 것이다. 그러나 출가자들이 연구에 매진하기 위해 정사에 깊이 안주하고 탁발이 줄어듦에 따라, 재가자와 교감하는 자리가 적어지면서 그들과 멀어지게 되었다. 재가자들은 함께 호흡할 수 있는 성인을 원했으므로 자연스럽게 대승불교가 탄생하기에 이른다.[49]

이처럼 초기불교의 엄격한 탁발수행도 시대의 흐름에 따라 조

49 이상호, 「붓다는 왜 걸식을 했는가 : 탁발의 수행적·사회적 의미」, 『불교평론』39(만해사상실천선양회, 2009), pp. 189~190.

금씩 바뀌었으며, 각국으로 전파되면서 그 나라의 상황에 맞추어 변화를 거듭하게 된다. 특히 남방불교 계통에서 상좌부불교를 계승하고 있다면, 중국·한국·일본으로 대표되는 동북아권에서는 대승불교가 핵심 사상으로 전개되면서 승려의 식생활에도 큰 변화를 가져왔다.

중국불교

불교의 전개와 식생활

중국에 불교가 전래한 시기에 대해서는 여러 설이 있으나 기원후 1세기로 보는 것이 학계의 통설이다. 불교를 받아들인 중국에서는 석가모니의 가르침을 계승하는 가운데, 서로 다른 풍토와 문화 등을 극복하며 자국에 적합한 제도와 규범을 마련하게 된다. 중국 불교는 비교적 이른 시기부터 국가와 지배층의 지원을 받아, 사원을 세우고 안정된 정주생활이 이루어졌다.

구마라집鳩摩羅什을 주축으로 한 여러 승려의 불경 번역이 온전히 이루어지기까지는 율장 내용을 상세히 알지 못해, 서역에서 온 승려들에게 의존할 수밖에 없었다. 따라서 공양과 관련된 불교 초기의 규범은 율장의 기본정신을 이어 여법한 수행생활을 모색하는 단계였고, 그 과정에서 점차 대승불교의 독자적인 식생활 문화를 정립시켜 나갔다. 승려들의 수행 규범을 정해 운영한 기록은

4세기 무렵부터 등장하기 시작한다.

중국불교의 기반을 구축한 도안道安(312~385)은 계를 철저히 지켰고, 그를 따르는 이들이 많아 365년 양양의 단계사檀溪寺에 머물 때 수백 명의 제자들과 함께 지냈다. 도안은 이곳에서 문도를 이끌 규범으로「승니궤범僧尼軌範」을 제정하게 된다. 이는 지금까지 알려진 중국불교 최초의 규범이라 할 수 있으며, 현재 전하지 않고 6세기 혜교慧皎의『고승전』에 일부가 기록되어 있다.[50]

그 가운데 '상일육시행도음식창시常日六時行道飮食唱時의 법'을 따랐다[51]는 내용이 나온다. 구체적으로 알 수 없으나 '육시행도'는 하루 여섯 차례 이루어진 예불을 뜻하고, '음식창시'는 공양의식과 관련된 것으로 주목된다. '창시唱時'라는 표현으로 보아 부처님의 가르침을 따르며 재가자의 시주에 의존하는 출가자의 공양이기에, 이에 적합한 염송이 함께했음을 알 수 있다. 따라서 이후 12세기 초에 성립되어 오늘날까지 전승되고 있는 공양의식의 요소들이 이 무렵부터 조금씩 갖추어졌을 가능성이 크다.

중국불교를 대표하는 승려들은 계율에 철저했고, 특정 음식에 대한 금기가 초기불교보다 엄격하였다. 오늘날 대승불교권에서 육식과 오신채를 금하며 율장이나 남방불교권보다 음식 규제가 철저한 경향은 이른 시기부터 시작된 것이었다. 육식의 경우, 당시 중국불교의 일반적 흐름은 초기불교와 마찬가지로 삼정육三淨

---

50 김보과,「廬山 慧遠의 大乘敎團 硏究」(동국대학교 대학원 석사학위 논문, 2018), p.74.
51 『高僧傳』권5 '義解'(한글대장경 248, 동국역경원, 1988), p.157.

肉이 허용되었다. 그러다가 여러 불교 내적 동인動因과 함께 6세기, 불교를 숭상한 양 무제가 승려들에게 술·육식을 엄격히 금하도록 칙령을 시행한 결과 육식 금지가 정착된 것[52]이다.

한편 육조 시기에 사원경제는 이미 상당한 발전을 이루어 점차 승려 지주 계층이 형성되고, 큰 사원은 불교의 경제적 중심지가 되었다.[53] 이러한 성장은 왕실과 지배층의 지원 없이는 불가능한 것이었다. 중국불교가 국가와 밀접한 관계 속에 성장해 온 것은 4세기 이후 성립된 승관제僧官制에서 비롯되었다. 이전에도 왕실과 지배층의 후원이 컸지만, 북위(386~534) 때 태조가 승려 법과法果를 도인통道人統으로 임명해 승려들을 감독·통제하도록 한 것이 본격적인 시초이다. 이후 북위 태무제의 '폐불廢佛'과 문성제의 '복불復佛'을 겪으면서, 승려들은 교단의 존망이 군주의 의사에 따라 좌우되는 상황을 체감하게 된다. 승관제는 국가의 비호 아래 불교를 발전시킬 수 있는 동력이 되었지만, 교단이 독립된 지위를 누리기 어려운 한계를 지니고 있었다. 북위와 다른 양상으로 전개되었던 남조의 불교 또한 북조의 영향을 받게 되고, 수당 대를 거치면서 이러한 경향은 공고해졌다.[54]

식생활에 주목했을 때 5~6세기 이후 다양한 모습으로 전개되어 간 중국불교의 단면을 살펴볼 수 있다. 이 시기는『십송율十誦律』·

---

52 중국사회과학원 세계종교연구소 불교연구실 편, 남현옥 옮김,『중국불교와 불교문화』(우리출판사, 1993). pp.122~124.

53 孫昌武 지음, 禹在鎬 책임번역,『중국불교문화』(중문, 2001), p.205.

54 원영만,「北魏 僧官制 성립과 변천에 관한 연구」,『한국불교학』55(한국불교학회, 2009), pp.69~89.

『사분율四分律』등 율장 계율이 번역되어 활발하게 유통된 시기이
기도 하다. 아울러 율장의 내용을 그대로 따르기에는 중국의 풍속
과 맞지 않거나 자연환경 때문에 지킬 수 없는 내용도 있어,[55] 수행
자의 식생활 규범은 현지 실정에 맞도록 변화되었다. 이에 대해
율장의 가르침을 고수하려는 승단 또한 양립하는 시기가 한동안
이어졌는데, 먼저 북위가 분열된 이후 20년간 존속하였던 서위(535~
557) 시대가 주목된다.

서위西魏의 승제僧制가 기록된 돈황사본『교단제규敎團制規』를 보
면 당시 일반 교단과의 차이를 확인할 수 있다. 국가통제를 거부
하며 교단의 자율적 운영을 지향했고, 율장을 인용해 조문을 제정
함으로써 율장에 따른 여법하고 청정한 교단을 꾸리고자 했기 때
문이다.[56]『교단제규』의 조문 가운데 식생활과 관련된 18조의 '포
살 및 정지를 세우는 것에 대한 법布薩立淨法'에 다음과 같은 내용이
있다.

> 음식은 몸을 살찌우게 하여, 자신의 몸을 지탱하고 도를 기
> 르게 한다. 부정한 음식으로는 정명淨明할 수 없으니 승려의
> 주처住處에는 마땅히 정淨을 맺어야 한다. 정을 결하지 않고
> 음식을 먹는다면 먹을 때마다 죄를 짓게 되므로, 모든 수행

---

55 차차석,「선문청규(禪門淸規)의 교단사적 의의(意義)와 승려의 역할」,『선문화연구』20(한
국불교선리연구원, 2016), pp. 79~80.

56 김보과,「서위시대 불교교단의 일면(一面): 교단제규(敎團制規)의 분석을 중심으로」,『한국
불교학』92(한국불교학회, 2019), pp. 169~171, p. 188.

자는 깊이 새기고 그것을 삼가야 한다.[57]

이 조문에서 '정淨을 맺는다.' 함은 정지淨地의 구획을 정하는 결계結界로, 곡물의 저장이나 음식을 조리하는 공간이 사원에 있었음을 뜻한다.[58] 정지란 정법淨法의 일종이다. 율장에 따르면 음식물의 저장이 금지되어 있지만, 승가의 규모가 커지고 정주생활을 함에 따라 양식의 저장이 불가피해졌다. 이에 사원의 경계에 속하지 않는 정지를 설정함으로써, 여기서 저장 조리된 음식은 먹어도 율에 저촉되지 않는 것이다. 이는 율의 규정을 관념적·상징적인 것으로 여기지 않고 실생활에서 지켜야 할 규범으로 이해했음을 잘 보여 준다.[59]

만약 율장에 어긋나는 행위들이 아무런 전제조건 없이 하나둘 늘어나게 되면 율은 유명무실한 것이 되고, 이후에도 상황에 따라 이전 시대의 규범은 늘 바뀔 가능성이 커지게 된다. 따라서 출가 수행자의 일상생활 가운데 가장 많은 규제를 지닌 식생활과 관련해, 『교단제규』는 정법을 사용해 중국불교의 식생활을 율장에 맞게 확장해 나간 초기 사례라 하겠다.

아울러 14조 '승려 강유의 행법[僧綱維行法]'에서는 사원의 관리와 운영을 맡는 삼강三綱으로 상좌上座·사주寺主·유나維那를 두었다.

---

57 『敎團制規』: 한수진, 「律藏 戒律에 나타난 食文化 硏究: 인도·중국·한국에서 전개양상을 중심으로」(동국대학교 대학원 박사학위 논문, 2020), p. 254에서 재인용.

58 위의 논문, p. 254.

59 김보과, 앞의 논문(2019), pp. 187~188.

삼강을 중심으로 구성원의 통솔과 재산 관리 등 교단에서 일어나는 다양한 업무를 운영토록 한 자율적 모습을 살필 수 있다. 이 시기의 일반상황은 불교 교단이 국가의 통솔하에 있으면서 양적으로 엄청난 성장을 이루었으나, 계행戒行이 적절치 못한 승려들이 늘어나는 등 사회적 폐단이 컸다. 따라서『교단제규』는 이러한 상황 속에서, 율장에 따른 교단 운영을 실천하며 국가의 통제를 거부했던 불교도 존재하였음을 보여 주고 있다.[60]

또한 이 시기에 율장의 규범을 충실히 이행하면서 민중불교의 성격을 지닌 삼계교三階敎가 등장하였다. 삼계교는 수당 시기에 끊임없는 전쟁과 두 차례의 폐불사건, 불교의 쇠퇴와 교단의 부패 등 격동의 혼란기에 신행信行(540~594)을 중심으로 형성되었다. 신행은 이러한 상황을 말법시대라 규정하고, 도탄에 빠진 중생을 구제하기 위한 이타적·실천적 신행활동에 주력하였다.

이를 위해 탁발 걸식으로 1일 1식을 하고, 사원에 보시물을 보관하는 무진장無盡藏을 설치하여 절의 수리와 불교활동, 빈민구제 등을 위해 사용하였다. 삼계교의 무진장은 정지淨地와 같은 개념을 지녔지만, 사원 대중뿐만 아니라 일반 사회를 위한 복지 기능도 겸하는 특성을 가졌다.[61] 신행은 교단의 규율로 20항목으로 된『제법制法』을 만들어 사용했다.[62] 그 가운데 식생활과 관련된 11조 '걸식법乞食法'을 요약해서 살펴보면 다음과 같다.

---

60 위의 논문, pp. 178~190.

61 한수진, 앞의 논문, p. 226.

62 朴芙子,「三階敎의 實踐修行思想 研究」(동국대학교 대학원 박사학위 논문, 2018), pp. 157~158.

- 걸식은 춘하추동을 불문하고 집집이 빠짐없이[次第] 행하며, 병이 난 경우가 아니면 청을 받아 바깥에서 하는 사식私食이나 승식僧食을 금한다. 이를 위반하면 승단에 머물 수 없다.
- 국수·멥쌀밥[粳米]을 받을 수 없고, 좁쌀밥[粟米]·두시豆豉 및 채소 한 가지만 걸식하며, 맛있는 반찬을 걸식하면 안 된다. 갱죽·소금·된장을 줄 형편이 되면 임의대로 받고, 그렇지 못하면 한 가지만 받아야 한다.
- 함께 음식을 먹을 때 발우를 부딪쳐 소리를 내어서는 안 된다. 발우는 한 개만 사용하고 다른 그릇을 사용해서는 안 되며, 이를 어기면 벌칙으로 100배拜를 해야 한다.
- 걸식하러 오갈 때는 일렬로 가면서 혼자 염송해야 하고, 나란히 걷거나 팔을 흔드는 행위, 잡담·험담을 하거나 시비를 논하는 등의 행위를 하면 100배의 벌칙을 가한다.
- 중주衆主와 유나 등은 매일 밥·갱죽·채소·소금·장의 유무를 파악하고, 대중이 걸식하여 얻는지 점검해 법에 따라 처분하며 대중에게 모자라도록 해서는 안 된다. 소금과 장은 필요 여부와 무관하게 상비해 두어야 한다.[63]

아울러 18조의 '근신소담勤愼小膽'에서는 마을에 걸식하러 가는 방법을 설명하였다. 이에 따르면, 걸식은 혼자서 할 수 없고 유나

---

63 위의 논문, pp. 185~186 ; 한수진, 앞의 논문, pp. 227~229.

의 점검하에 최소 2명부터 최대 5명까지 함께 하며, 유나가 재가자의 집 밖에서 사람을 부르고 나서 다 같이 들어가도록 하였다.[64]

이처럼 삼계교에서는 탁발을 주된 식생활 수단으로 삼았다. 개인의 선택으로 걸식하는 승려들이 있었지만, 삼계교는 걸식만을 공양 수단으로 삼은 중국불교의 유일무이한 교단이었다. 발우는 하나만 사용하고, 미식을 탐하지 말며, 걸식을 나가거나 식사할 때 필요한 예절을 밝힌 점 등은 율장의 내용을 그대로 따르는 부분이다.

율장과 다른 점들도 살펴볼 수 있다. 먼저 초기불교에서 허용했던 청식請食을 엄금하여, 이를 어기면 추방에 해당하는 중죄로 여긴 점이다. 수행자의 탁발과 청식이 사회 전반에 보편화되었던 인도와 달리, 중국문화에서는 출가자가 재가자의 집을 방문해 공양에 응하는 것이 자연스럽지 않았을 법하다. 삼계교에서 이를 철저히 금한 것도 이러한 분위기에서 형성된 것이라 여겨진다.

또한 걸식할 때 더 엄격한 통제가 이루어졌음을 알 수 있다. 혼자 하는 걸식을 금한 것은 물론, 유나가 통솔자로 함께 다니면서 걸식 행위를 점검하고, 먼저 집밖에서 주인을 부른 뒤에 대중이 들어가도록 하였다. 이것이 신참자를 위한 규범인지는 알 수 없으나, 탁발 상황에서 여러 문제가 발생하여 많은 계율이 정해졌던 점을 고려할 때 이를 철저히 방지하기 위해 마련한 지침이라 하겠다. 걸식 때 오가며 염송을 하는 점도 중국불교의 특성이 드러나

---

64 한수진, 앞의 논문, p.227.

는 부분이다.

특히 받을 수 있는 음식의 가짓수나 종류를 제한한 점이 눈에 띈다. 초기불교에서는 탁발에서 음식 종류를 크게 제한하지 않고 '주는 대로 받는 것'을 재가자에게 폐를 끼치지 않는 것으로 여겼다. 이에 비해 삼계교에서는 음식의 종류를 제한함으로써 출가자 스스로 더욱 절제하고자 했다. 아울러 중국 식문화의 특성에 따라 사원으로 돌아와서 공양할 때 간을 맞출 수 있는 소금과 장 등이 중요하게 다루어졌음을 알 수 있다.

삼계교는 약 400년간 유지되었지만, 철저히 하층민의 입장에 기반을 둔 행동양식이 지배계급의 통치에 장애가 되어 탄압을 받았다. 특유의 교리와 혁신적 실천을 주창함으로써 불교계 내부에서도 타 종파로부터 배척받아 끝내 소멸하기에 이르렀다.[65] 그러나 수행자 스스로 더욱 엄격해지는 반면 중생구제에 중점을 둔 삼계교의 수행방식은 시대를 막론하고 시사점이 크다. 특히 율장의 정신을 그대로 따르면서 중국불교의 상황에 맞추어 『제법』이라는 독자적 · 체계적인 승제를 운영한 사례로 주목된다.

---

65 강경중, 「신행의 삼계교에 대한 고찰」, 『인문학연구』 106(충남대학교 인문과학연구소, 2017), pp. 2~3, pp. 26~27.

대표종단의 규율

—

천태종의 『입제법』

천태종天台宗은 선종보다 이른 시기에 수나라 천태지의天台智顗(538~
597)를 종조로 형성된 교단이다. 천태종은 천태산 국청사國淸寺를 중
심으로 대중생활을 하였는데, 그곳에는 조정에서 하사하거나 신
도들이 보시한 대량의 토지가 있었다. 이러한 경제적 잉여의 계승
은 종법식宗法式 전승관계를 수립하는 데 결정적 원인으로 작용하
였다.[66] 따라서 대규모 교단을 이끌어 나가기 위한 생활규율이 필
요하여『입제법立制法』을 제정하게 된다. 『입제법』은 10개의 조항
으로 구성되어 있으며, 그 가운데 식생활과 관련된 것은 다음의 6조
와 7조이다.

> 6조 : 두 차례의 식사[二時食]는 병이 없거나, 병이 있어
> 도 몸져눕지 않을 정도거나, 병이 나은 이는 모
> 두 식당[堂]에 나와서 먹어야 하며, 대중방[衆]에서
> 음식을 청할 수 없다. 식기는 철제 · 질그릇을 사
> 용하고, 사발과 주발은 기름으로 훈熏한다. 수저
> 는 뼈 · 뿔 · 대나무 · 나무로 만든 것은 사용할
> 수 없고, 옻칠하거나 자개 입힌 바가지를 가지고
> 식당에 들어갈 수 없다. 발우를 부딪치거나, 마

---

66 孫昌武, 앞의 책, p. 205.

시고 먹는 소리를 내거나, 음식물을 입에 넣은 채 말해
선 안 된다. 사사로이 장과 채소를 구해 대중 가운데서
혼자 먹어서는 안 된다. 범한 자는 벌칙으로 세 번 절
하며 참회한다.

7조 : 가까운 곳이나 먼 곳을 가거나 절 안에서나 밖에서나,
모두 생선 · 고기 · 오신채 · 술을 몰래 구해 먹으면 안
되며, 때가 아닐 때[非時食] 먹어서는 안 된다. 이러한 일
이 드러나면 함께 머물 수 없다. 병이 위독하여 의원이
절 밖에서 치료하는 경우는 제외한다.[67]

이들 조문에서 몇 가지 주제가 관심을 끈다.

첫째, 먼저 승당과 별개로 대중이 함께 모여 공양하는 식당이
있었다는 점이다. 병이 든 경우를 제외하고 '식사는 중衆에서 청할
수 없고 당堂에 나와서 먹어야 한다.'는 조문은 이를 잘 나타내 준
다. 따라서 이후 선종 청규에서, 승방의 앉은 자리에서 공양이 이
루어진 모습과 대조를 이룬다.

둘째, 이시식二時食과 비시식非時食으로, 하루 두 차례의 식사를
하고 오후불식을 했다는 점이다. 때가 아닌 때 먹지 않는 오후불
식을 지킴으로써 율장을 따르는 한편으로, 식사 횟수는 율장과 달
리 하루 두 차례를 허용하였다. 오후불식을 지키며 두 끼의 식사

---

67 『國淸百錄』「立制法」: 김종두(혜명), 「선종의 청규(淸規)와 천태의 「입제법(立制法)」에 관
한 고찰」, 『한국불교학』82(한국불교학회, 2017), pp.242~243에서 재인용.

를 한 것은, 이른 아침에 죽을 먹고 정오 이전에 밥을 먹었음을 뜻한다.

셋째, 식기의 재질을 중요하게 다루었다는 점이다. 율장에서도 발우는 쇠와 흙으로 구운 것만 허용하고 이외의 재질은 금했는데, 특히 '목발우 금지'는 나무가 귀한 고대 인도의 자연환경이 반영된 것이었다. 중국에서도 이를 지켜 쇠발우·흙발우를 쓸 수 있었던 것은 당시 이들 재료가 많이 생산되고 저렴했던 요인도 있었을 것이다. 아울러 수저 등에 당시 고가의 사치품이었던 재질을 사용하지 못하도록 하였다.

넷째, 생선·고기·오신채·술의 오신주육五辛酒肉을 엄격히 금했다는 점이다. 육식 금지의 경우, 중국불교에서는 이른 시기부터 이를 철저히 지키는 승려들이 많았고 삼정육까지 엄격하게 적용되었다. 마늘·파·부추 등 오신채는 인도에서 성립된 대승경전에서부터 등장한 요소들이다. 율장에서는 마늘만 금기로 규정했지만, 마늘을 중심으로 이와 유사하게 냄새가 많이 나고 매운맛의 채소를 금한 것이다. 특히 이러한 금기 음식을 먹으면 '승단 추방'에 해당하니, 율장보다 죄목이 엄격하게 적용되었음을 알 수 있다.

『입제법』은 삼계교의『제법』과 비슷한 시기에 만들어진 것으로 보인다.『제법』이 걸식을 전제로 한 규율인 데 비해,『입제법』은 정주생활을 기반으로 성립된 것이다. 따라서 식생활에 국한해서 볼 때, 천태종의『입제법』은 간략하고 소박한 내용이지만 오늘날 청규와 유사한 기반 위에 형성된 최초의 규율이라 할 수 있다.

율종의 『교계율의』

중국의 율종은 당나라의 도선道宣(596~667)이 『사분율』에 의거하여 세운 종단이다. 율학에 정통한 도선은 중국의 풍토에 맞도록 『교계신학비구행호율의敎誡新學比丘行護律儀』(이하『교계율의』)라는 규율을 만들었다. 『교계율의』의 법식은 200여 년 뒤에 정립된 『백장청규』의 토대가 된 것으로, 중국불교 고유의 승제와 선종 청규에 미친 영향이 지대하다. 내용은 율장의 규정을 기준으로 하고 있지만, 중국의 전통 예법에 기초한 것도 살필 수 있다. 특히 신학新學 비구의 교계敎誡를 목적으로 한 것이기에, 『교계율의』에 나타난 제자의 행위작법은 상하관계의 예의가 뚜렷한 점이 특징이다.[68]

전체는 23개 조항에 465개의 상세한 항목으로 구성되어 있으며, 그 가운데 식생활과 관련된 것은 4개 조항에 100개 항목을 차지한다. 각 조항은 두 때에 공양하는 이시식법二時食法, 공양을 마치고 식당을 나오는 식료출당법食了出堂法, 발우를 닦는 세발법洗鉢法, 발우를 보호하는 호발법護鉢法이다. '이시식법'이라 하여 오후불식으로 하루 두 차례의 공양을 한 것은 6세기 무렵 중국불교의 보편적인 경향임을 짐작할 수 있다. 100개의 항목 가운데 주요 내용을 중심으로 정리해 보면 〈표 2-5〉[69]와 같다.

표에서 알 수 있듯이, 『교계율의』에는 지금까지 접할 수 없었던

---

68 지명(智明) 스님, 『발우』(생각의 나무, 2002), pp.130~135.

69 『敎誡新學比丘行護律儀』: 위의 책, pp.136~147에서 재인용. 중요한 내용의 항목을 요약 정리함.

이시식법 二時食法 – 두 때에 공양하는 법 60개 항목	– 공양을 알리는 삼하三下의 종소리가 나면 손을 씻은 다음, 장삼과 가사를 입고 승당에 보관된 발우를 법식에 맞도록 갖춰 들고 있다가, 검종劍鐘이 울리면 승당을 나와 안행雁行을 지어 나란히 식당으로 걸어간다.
	– 식당에 들어가 상 앞의 앉을 자리에 발우를 놓고, 검종 소리가 남아 있으면 좌구를 꺼내 예불을 올리고, 향공양을 올릴 때는 합장을 한다. 만약 절차에 따라 창례唱禮·범패梵唄를 할 때면 인원이 적더라도 찬불 게송을 생략하지 않고 다 한다. 예불을 마치면 가사를 수습한 뒤 의자에 앉고, 입은 채 앉아서는 안 된다.
	– 정인이 분배하는 음식을 받을 때는 발우나 그릇을 든 채 받고, 스스로 주걱을 잡아 퍼 담으면 안 된다. 상좌上座가 있으면 먼저 먹지 않는다. 먹을 때는 발우를 들어 입을 가리며 공양하고, 한 입의 밥도 숟가락으로 세 번 떠서 먹는다. 밥에 뉘가 있으면 껍질을 벗긴 다음 먹고, 떨어진 음식은 주워 먹지 않고 모아 두었다가 정인에게 준다.
	– 출생식出生食을 할 때 밥알은 상의 가장자리에 두어 정인이 가져가게 하고, 죽은 출생용 숟가락을 사용해 정인의 출생기出生器에 떠 놓는다. 양은 일곱 알을 넘기지 않고, 그 밖의 음식도 조금씩만 놓는다. 출생하는 음식과 상에 떨어져 버려야 할 나쁜 음식은 신선한 음식물 가운데 이르게 하지 않는다.
	– 먹을 때는 참괴심慚愧心을 내어 항상 관법을 지어야 한다. 죽을 먹으면 열 가지 이익이 있고, 음식을 베풀 때 오상五常이 있음을 알아야 한다. 발우에 음식이 남아도 방에 가져가지 못하며, 가지고 가면 배상해야 한다.
식료출당법 食了出堂法 – 공양을 마치고 식당을 나오는 법 10개 항목	– 공양을 마치고 입을 헹굴 때 소리를 내면 안 된다. 공양을 마치고 단심丹心을 지으면 침을 삼킬 수 없다.
	– 시주 음식에 감사하는 달친達嚫을 외는 범패 소리가 나면 합장하고 게송을 생각한다.
	– 일어나서 옷을 수습하고, 승당으로 돌아올 때 위의를 갖추어 안행하여 질서를 지킨다. 승방에 이르지 않으면 침을 뱉지 못한다.
세발법洗鉢法 – 발우 닦는 법 17개 항목	– 승방에 돌아오면 발우를 물에 담그고, 세제를 사용해 기름때까지 모두 씻어서 깨끗이 한다. 하룻밤 지난 물에는 벌레가 생길 수 있으니 다시 거른 뒤에 발우를 씻는다.
	– 발우를 놓는 선반이 부족하면 상좌에게 양보해야 한다. 여름철에는 발우를 씻고 난 뒤 깨끗한 곳에 엎어서 말린다.
	– 입을 헹굴 때는 양지楊枝와 재를 사용하되, 벽을 향해 양치하고 상좌를 향하지 않는다.

| 호발법護鉢法
－
발우를
보호하는 법
13개 항목 | – 발우를 보관하는 곳은 아래위에 횟대·난간·물건 등이 없는 곳이어
  야 한다.
– 과일나무 아래 발우를 두거나, 과일나무 아래서 발우를 씻어서는 안
  된다.
– 사미에게 발우의 음식을 주어서는 안 된다. 이는 부처님의 가르침을
  크게 어기는 것이며, 발우를 깨뜨릴 우려가 있으니 삼가야 한다. |

표 2-5. 『교계율의』의 식생활 관련 조항과 주요 내용

다양한 내용이 담겨 있다. 이를 몇 가지 주제로 나누어 살펴보면
다음과 같다.

첫째, 당시 율종의 승당과 식당의 구조에 대한 것이다. 공양을
알리면 승당에서 식당으로 이동한 것은『입제법』에도 등장하여,
승당과 식당의 분리는 당시 사원의 보편적 경향이었음이 짐작된
다. 식당의 구조는 긴 상을 두고 각자 의자에 앉는 공양 공간과, 가
운데 불상을 모신 곳을 향해 의식을 올리는 예불 공간으로 구분되
어 있음을 알 수 있다. 따라서 예배는 바닥에 좌구를 깔고 행하며,
공양은 가사를 벗어 등받이에 걸어 놓고 의자에 앉아 행하였다. 아
울러 승방 내에는 발우를 보관하는 선반과 발우를 씻는 급수시설
이 있었다.

이러한 구조는 9세기에도 살펴볼 수 있다. 일본의 승려 엔닌圓仁
이 838년부터 847년까지 당나라에 유학하며 기록한『입당구법순
례행기』에는, 838년 12월 29일 양주 개원사開元寺에서 보낸 섣달그
믐의 모습이 담겨 있다. "자정이 지나 종을 치면 승려들이 식당에
모여 예불을 드린다. 이때 대중은 모두 상에서 일어나 땅바닥에

좌구를 깔고 앉았다가 예불을 마친 다음 다시 상에 앉는다."[70]고 하였다. 입식의 식당 구조에 좌식의 예불 공간이 공존한 모습이 지속되고 있음을 알 수 있다.

둘째, 공양 시의 의식에 대한 것이다. 특별한 날의 경우 공양 전에 창례唱禮·범패梵唄로써 게송을 염송하고, 공양을 마치면 시주 음식에 감사하는 범패 소리에 따라 합장한 채 게송을 생각하도록 하였다. '특별한 날'이란 재齋가 있어 시주자가 동참하는 경우 등이 짐작되며, '범패 소리가 나면'이라는 표현으로 보아 범패를 하는 승려를 따로 두었던 듯하다. 먹을 때는 참괴심을 내어 관법을 지어야 한다는 것은, 수행자로서 공양을 받을 자격이 있는지 스스로 부끄러이 여기는 마음을 내어야 한다는 뜻으로, 오늘날의 발우공양 오관게五觀偈에도 이러한 내용이 나온다. 이는 도선이 오관게를 정립한 인물[71]이기 때문이다.

아울러 출생식出生食은 귀신으로 총칭되는 뭇 생명에게 공양을 베푸는 의식이다. 각자의 밥과 죽에서 조금씩 떼어 놓는 방식을 상세하게 규정하였고, 내용 중에도 '출생하는 음식은 일일이 여법하게 해야 한다.'고 하여 5개 항목에 걸쳐 비중을 두어 다루었다. 이류중생異類衆生을 위해 베푸는 헌식獻食이 공양의식의 주요 절차로 자리한 것 또한 도선에 의한 것임을 알 수 있다.

---

70 『入唐求法巡禮行記』開成 3년(838) 12월 29일.

71 한수진, 「한국불교 공양의례의 연원과 실제」, 『동아시아불교문화』 40(동아시아불교문화학회, 2019), pp.494~495. 오관게는 도선이 지은 『사분율산번보궐행사초(四分律刪繁補闕行事鈔)』에 기록되어 있다.

셋째, 공양 분배와 세발洗鉢 방식에 대한 것이다. 음식을 분배하고 출생식을 거두어 가는 등 공양에 필요한 수발은 정인淨人이 맡았다. 승려 스스로 음식을 더는 행위를 금한 것은 중국불교의 공양의식에서 오랫동안 지속되었던 듯하다. 아울러 공양을 마치면 승방으로 돌아와 발우를 씻음으로써, 공양한 자리에서 발우를 씻는 방식은 후대에 정립되었음을 알 수 있다.

넷째, 물리적·관념적 청정에 대한 것이다. 전반적인 내용 가운데 공양 전후에 손과 발우를 깨끗하게 다룰 것을 거듭 강조하고 있다. 특히 주목되는 것은 수행자의 공양과 출생식의 경계를 분명히 한 점이다. 출생식의 죽을 뜰 때 깨끗한 숟가락을 사용하지 말고 출생용 숟가락을 사용토록 하고, 출생식이나 상에 떨어진 나쁜 음식을 신선한 음식물 가운데 이르지 못하도록 하였다. 이는 수행을 위해 승려가 섭취하는 공양과, 귀신에게 베푸는 출생식을 '청정'이라는 기준으로 뚜렷이 구분한 것이라 하겠다.

다섯째, 예절과 상하관계에 대한 것이다. 『교계율의』는 신학 비구를 주 대상으로 한 것이기에 예절과 관련된 내용이 공양 전후에 걸쳐 대부분의 항목을 차지하고 있다. 특히 공양할 때 품위를 지키도록 규제한 내용은 율장의 '중학죄법'과 유사한 점이 많다. 이에 비해 상하관계에 대한 예절은 중국불교의 특성이 비교적 뚜렷하다. 이를테면 상좌와 나란히 걸어가지 않고, 공양할 때 상좌가 있으면 먼저 먹지 않고, 양치할 때 상좌가 있는 곳과 마주하지 않고, 발우 놓는 선반이 모자랄 때 상좌에게 양보하는 내용 등이다.

이처럼 『교계율의』의 공양의식은 발우공양의 주요 내용을 담고 있다. 공양 전후에 게송을 염송하고, 출생식을 갖추었으며, 발우공양의 핵심인 오관게를 정립·반영하고 있기 때문이다. 이는 선종의 공양의식이 7세기 율종에서 이미 그 기반을 갖추어 둔 것임을 의미한다.

—

선종과 청규의 탄생

오늘날 한국을 비롯한 동아시아불교의 식생활은 중국 선종禪宗에서 사상적·규범적 기틀이 갖추어졌다. 중국의 선종은 5세기 후반 인도에서 건너온 달마達磨에서 비롯되었으며, 4조 도신道信 (580~651)과 5조 홍인弘忍(601~674) 무렵부터 두각을 나타내기 시작하였다. 이들의 문하에 500명의 대중이 수행하면서 선종 최초로 본격적인 정착생활을 하게 되었다. 일정한 지역의 토지를 보시받고 그 땅에서 직접 농사를 짓는 자급자족의 전통이 출현하게 된 것[72]이다.

이러한 모습은 5조와 6조의 만남에서도 잘 드러난다. 혜능慧能 (638~713)이 5조 홍인을 찾아갔을 때 홍인은 나무 장수의 비범함을 단번에 알아봤으나 짐짓 무시하면서, 후원에서 방아를 찧으며 행자생활을 하게 했다. 여덟 달이 지난 어느 날 후원을 찾아가 보니, 행자는 힘이 부족하여 등에 큰 돌을 진 채 열심히 방아를 찧고 있었다. "쌀은 다 찧었느냐?"는 스승의 물음에 혜능은 "쌀 찧은 지는

---

72 김호귀, 「중국불교의 계율과 청규의 출현」, 『불교평론』 53(만해사상실천선양회, 2013), p.70.

오래이나 아직 키질을 못했습니다."라고 답했다. 공부가 다 되었느냐는 물음에, 공부는 되었으나 인가를 받지 못했다는 답을 후원 생활에 비추어 주고 받은 것이다.[73] 이는 땔나무를 하고 방아를 찧는 등 일상의 노동을 수행으로 여기는 선종의 가르침을 잘 보여 주고 있다.

그러나 8세기 후반까지 선승들은 대부분 율종 사원에서 함께 생활하거나 암자에서 독거하며, 독립된 교단으로 자립하지 못한 상태였다. 선종은 율종과 추구하는 바가 달랐으나, 별도의 규범을 마련하지 못한 채 율사律寺의 제도를 준수하면서 당우만 달리하여 생활하고 있었다. 그러다가 백장회해百丈懷海(?~814)에 이르러 최초의 선종사원인 대웅산 백장사를 창건함으로써 하나의 교단으로 자리매김하게 되었다. 이어 청규淸規를 제정하여 선원의 운영과 수행 방법, 각종 제도와 가람 구조 등 대원칙을 명문화하기에 이른다.[74]

백장회해가 처음 제정한 『백장청규百丈淸規』는 전하지 않고 몇몇 기록에서 단편적인 내용을 엿볼 수 있다. 그 가운데 양억楊億이 정리해 펴낸 『선문규식禪門規式』에 백장회해의 보청법普請法이 실려 있는데, 이는 청규의 핵심을 담고 있다. '보청'이란 상하 대중이 평등하게 노동하는 것으로, '보청법은 위와 아래가 힘을 균등히 합치는 것'이라 하였다.[75] 백장회해는 지배층에 의존했던 당시 중국불교

---

73 鄭性本 譯註, 『돈황본 육조단경』(민족사, 2002 증보판), pp.69~75 ; 구미래, 「불교 후원생활의 수행이야기」, 『종교민속학과 이야기』(민속원, 2021), pp.79~80.

74 윤창화, 『당송시대 선종사원의 생활과 철학』(민족사, 2017), pp.21~24.

75 김월운 옮김, 『禪門規式』『傳燈錄 1』, 동국역경원, 2008), p.428.

의 보편적 경향과 달리, 권력자들의 후원을 거부하고 그 대안으로 보청법을 제정하여 경제적 자립을 이루고자 하였다. 지위의 구분 없이 수행자 모두 직접 경작함으로써 총림의 생활경제 문제를 해결하고자 한 것이다.[76]

아울러 하루 두 차례 공양하면서, "밥과 죽[齋粥]을 두 때에 고루 나누는 것은 근검절약에 힘쓰고, 법과 음식[法食]을 함께 운용함을 나타내는 것"[77]이라 하였다. 두 때란 새벽과 정오 이전을 말하여 오후불식을 전제한 2식이 본격 정착되었음을 알 수 있다. 후원의 업무 분장과 관련해서는 밥을 짓는 반두飯頭와 나물을 만드는 채두菜頭가 등장하여, 승려가 직접 밥과 반찬을 만드는 소임을 맡았음을 확인할 수 있다.

이처럼 승려의 일상과 수행의 삶을 관통하는 보청법은 교단 역사에 비추어 볼 때 혁명적인 내용이라 할 만하다. 중국에서 수행자의 경작 노동이 없었던 것은 아니지만, 율장에 근거한 사회적 비판으로 직접 농사에 참여하지 않고 소작을 맡기는 방식으로 변화[78]되었다. 그러다가 선종에 이르러 다시 『백장청규』로 명문화되어, 노동이 수행과 다르지 않음을 천명한 것이다. 이에 "하루 일하지 않으면 하루 밥 먹지 않는다[一日不作 一日不食]."는 말로 대표되는 백장회해의 사상은 중국 선불교를 특징짓는 것이 되었고, 나아가 선농일치禪農一致의 사상으로 발전하게 되었다.

---

76 윤창화, 앞의 책, p. 28.

77 김월운 옮김, 『禪門規式』, 앞의 책, p. 428.

78 한수진, 앞의 논문(2020), pp. 240~242.

이는 율장과 정면으로 배치되는 것이지만, 인도와 크게 다른 중국 풍토에서 불교의 가르침을 벗어나지 않는 가운데 새로운 문화에 부합하는 승제를 정립한 것이라 할 수 있다. 『선문규식』에서도 백장회해는 "대승·소승에 국한하지도, 대승·소승에 차등을 두지도 않으면서 두루 섭렵하고 절충하여 마땅한 규범을 만든 것"[79]이라 하였다. 이처럼 생활기반의 근원적 변화와 함께 각지에 총림을 세우고 수행과 교화에 힘쓴 결과, 도시형·귀족형 불교와 차별화되는 선불교가 역사의 전면에 등장하여 중국불교를 대표하는 종파로 성장하기에 이른다.[80]

『백장청규』는 제정 후 널리 실천된 것으로 보이지만, 북송에 이르면 많은 변화로 본래의 모습을 상당 부분 상실해 갔다. 이에 1103년에 자각종색慈覺宗賾이 백장의 뜻을 되살리고자『중첨족본선원청규重添足本禪苑淸規』(이하『선원청규』)를 제정하게 된다. 종색은 5년간 각지의 선종 총림을 방문하고, 그곳의 여러 규범을 참고해 이를 편찬한 것으로 보인다. 기본입장은『백장청규』와 다르지 않고 시대와 주변상황의 변화에 따른 세부 차이를 보일 뿐이다. 이후『선원청규』는 중국은 물론 동아시아 선림禪林에서 생겨난 수많은 청규의 근원을 이루는 것으로 중요한 의미를 지니게 된다.[81]

<hr />

79 김월운 옮김,『禪門規式』, 앞의 책, p.427.

80 윤창화, 앞의 책, pp.29~32.

81 이자랑, 「『선원청규』로부터 본 총림의 식생활: 율장과의 비교를 중심으로」,『동아시아불교문화』32(동아시아불교문화학회, 2017), pp.258~261.

선종사원의 식생활

선종사원에서는 자급자족을 지향하는 경작노동으로 식생활의 근간을 삼고, 수확한 생산물은 사원에 저장해 두었으며, 음식을 장만하는 일 또한 출가자의 몫이었다. 이처럼 경작에서부터 공양을 준비하고 먹는 과정이 수행으로 자리 잡아, 선불교 특유의 음식문화를 형성하게 되었다.

중국 선종의 식생활은 오늘날 중국불교는 물론 동아시아 대승불교권의 기반이 되었고, 한국사찰의 공양문화에 대한 논의 또한 1103년에 편찬된『선원청규』가 핵심을 이룬다. 따라서『선원청규』의 내용을 중심으로 삼되 이에 없는 내용은 관련 자료와 연구를 참고하여, 중국 선종사원의 식생활을 몇 가지 주제로 나누어 폭넓게 살펴보고자 한다.『선원청규』는 여러 이본異本이 남아 있으나 그 가운데 고형을 가장 잘 유지하고 있는 것이 고려판본으로,[82]『선원청규』에 대한 내용은 이를 참조하여 살펴본다.

—

칠당가람의 승당과 고원

선종의 가람 구성

선종의 사원 구조는 시대에 따라 중요한 변화를 거듭했다. 백장회해가 독립하여 세운 사원에는 부처를 모시는 불전佛殿을 세우지 않

---

82 위의 논문, p. 259.

왔다. 당시 전통 사원은 탑을 중심으로 뒤에 불당佛堂(불전)을 두는 전탑후당前塔後堂의 형식이었으나, 탑과 불전을 폐지하고 법당만 세움으로써 선의 법은 언어나 형상을 초월한 곳에 있음을 분명히 한 것이다.[83] 또한 백장회해는 "불전을 세우지 않고 오직 법당法堂만을 두는 것은, 불조佛祖로부터 법을 전해 받아서 당대의 존중받는 곳임을 표시하기 위함이다."[84]라고 밝혔다. 법당은 주지가 부처를 대신해 설법하는 곳이니 부처를 모시는 당우가 별도로 필요하지 않다며, 성聖에 대한 권위를 배격하고 법法의 중요성을 강조한 것이다. 아울러 당대唐代의 사원이 의례 중심으로 치우쳐 불전 또한 기도와 축원 기능이 주를 이룬 데 대해, 수행중심 도량으로 바꾸어 나가기 위한 것[85]이기도 하였다.

그런데 전통적으로 선종의 사원은 7개의 핵심 당우로 구성되어 있다고 하여 '칠당가람七堂伽藍'이라 부른다. 이는 불전·법당·산문山門·승당僧堂·고원庫院·욕실浴室·동사東司(화장실)를 말한다〈그림 2-1〉[86].『백장청규』의 상황과 비교할 때 칠당가람 중 변화된 것은 '불전'이 들어가 있다는 점이다.

당나라 이후 작은 규모의 불전이 세워지기 시작했으나 북송 때도 불전의 위상은 여전히 낮았다. 북송 말『선원청규』의 불전은 주

---

83 윤창화, 앞의 책, pp.56~57.
84 김월운 옮김,『禪門規式』, 앞의 책, p.428.
85 허훈,「唐代 禪宗寺院에 대한 考察:『禪門規式』을 中心으로」,『韓國禪學』7(한국선학회, 2004), pp.208~212.
86 허훈,「淸規에서의 生活文化硏究: 衣食住를 中心으로」(동국대학교 대학원 박사학위 논문, 2007), p.138.

법당法堂

승당僧堂　　불전佛殿　　고원庫院

동사東司　　　　　욕실浴室

산문山門

그림 2-1. 선종의 칠당가람도

로 행자들이 가서 예배와 염불을 하는 곳이었고, 승당의 납자들은
그쪽으로 눈도 돌리지 않았다. 따라서 칠당가람이라는 말이 정형
화된 것은 남송 때로 보인다.[87]『선원청규』에는 이보다 훨씬 많은
당우의 명칭이 나오지만, 불전은 핵심 공간으로 인식되지 않은 것
이다.

　선종의 식생활과 관련해 주목되는 것은 승려들의 생활 공간으
로, 칠당 가운데 승당과 고원이 이에 해당한다. 승당僧堂은 승려들
이 좌선과 숙식을 하는 곳으로, 선종사원을 대표하는 당우이다.
선당禪堂·좌선당坐禪堂·운당雲堂·승원僧院이라고도 부른다. 고원
庫院은 고당庫堂·주고廚庫라고도 하며, 음식을 만드는 부엌과 재료
를 보관하는 창고 등이 포함된 후원 영역에 해당한다.

　중국 사원의 전형적인 당우 배치는 남북 일직선상에 주요 건물

87　윤창화, 앞의 책, pp.69~70.

을 배치하고 부속건물은 동서 양쪽에 두는 것이 일반적이다.[88] 남송의 선종 칠당가람은 중심축을 중심으로 승당과 고원이 서쪽과 동쪽에 배치되어 있다. 이처럼 '서승당 동고원'의 배치 방식은 당대唐代에 성립된 것으로 보인다. 선종이 독립 사원을 갖추기 전까지 일반 불교사원에서도 '서선원'이라 하여 선원을 서쪽에 배치했고, '동고원' 또한 보편적이었다. 이는 당나라 도선이 인도 기원정사祇園精舍의 가람과 계단戒壇을 글과 그림으로 기록해 펴낸 자료들과 일치한다. 따라서 이상적 사원으로서 기원정사의 구성이 사원 건립에 영향을 미친 것으로 보인다. 이러한 배치방식이 9세기 선종사원 가람배치의 토대가 되었고, 나아가 송대 선종사원에까지 이어졌을 것이다.[89]

『선원청규』에는 승당과 고원뿐만 아니라, 이들 영역을 중심으로 다양한 부속건물을 갖추었다. 승당 외에 중료衆寮를 따로 두기도 했고, 고원에는 주방·창고와 함께 각종 요사와 동행당童行堂·마원磨院·유방油坊 등이 있었다〈표 2-6〉. 아울러 이러한 선종사원의 가람구성 내용을 주요 전각 위주로 도식화하면 〈그림 2-2〉[90]로 나타낼 수 있다.

---

88 바이화원 지음, 배진달 옮김, 『중국사원 문화기행』(예경, 2001), p.54.

89 한지만, 「송대 선종사원의 승당과 고원 배치 전통」, 『건축역사연구』 25-4(한국건축역사학회, 2016), pp.48~56.

90 한지만, 「북송대 선종사원의 가람구성 특징에 관한 연구」, 『건축역사연구』 25-3(한국건축역사학회, 2016), p.60.

승당 영역	**승당**僧堂	좌선과 숙식을 하는 주거 공간
	중료衆寮	독서를 하고 차를 마시는 휴식 공간
고원 영역	**고원**庫院	부엌 · 창고 · 숙소 · 부속 공간 등으로 구성된 후원
	요사寮舍	감원 · 전좌 · 직세 등 소임자의 숙소
	동행당童行堂	행자들이 수행하며 숙식하는 주거 공간
	마원磨院	정미 · 제분 시설(방앗간)
	유방油坊	기름 짜는 시설

표 2-6. 『선원청규』에 등장하는 식생활 관련 주요 당우

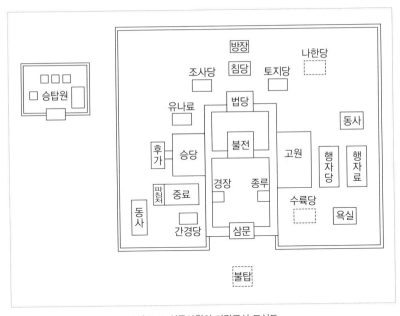

그림 2-2. 선종사원의 가람구성 모식도

승당은 대중이 함께 좌선과 숙식을 하는 주거 공간이다. 가운데 복도를 중심으로 사방이 벽과 맞닿은 평상마루로 연결되어 있고, 이 마루를 장련상長連床 · 연상連床 · 장상長床 등이라 부른다. 수행자는 가로 1m · 세로 2m 정도의 공간에서 각자 방석을 깔고 좌선하며, 발우를 펴고 공양한다. 취침은 벽 쪽 갈포를 깔아 놓은 곳을 사용한다. 규모가 큰 곳에서는 이러한 장련상을 여러 줄 설치하게 된다. 중앙에는 성승상聖僧像을 모시는데, 문수보살이 대부분을 차지하며 달마 · 가섭존자 · 포대화상을 모시기도 한다. 벽 아래에는 상하 두 칸의 사물함인 함궤函櫃가 있어, 위에는 잡화를 넣고 아래에는 침구를 넣게 된다. 당대唐代 승당에는 이러한 사물함이 없어 개인용 도구를 걸망에 넣어 벽에 걸어 두었다. 따라서 새로 들어온 수행승의 방부榜付가 허락되면 걸망을 벽에 걸어 두었기 때문에 입방을 '괘탑掛搭'이라 불렀다.[91]

천태종의『입제법』과 율종의『교계율의』에서 살펴봤듯이, 이들 사원에서는 고원 근처에 식당을 따로 두어 수행하는 거처와 공양하는 곳이 구분되어 있었다. 이는『입당구법순례행기』에서도 마찬가지여서 6~9세기 중국 불교사원의 일관된 모습이었다. 그러다가 선종사원의 경우 좌선하는 자리에서 공양을 행하여, 일상생활의 대부분이 승당을 중심으로 이루어지기 시작하였다. 따라서 수행과 공양과 취침을 하는 한국사찰의 대방은 당송시대 승당과

---

91 윤창화, 앞의 책, pp. 117~119.

기능이 같고, 우리의 경우 온돌에 적합한 내부구조를 갖추었다는 점이 다르다. 이후 명대明代가 되면 선종에서도 승당과 식당이 다시 분리되기에 이른다.

중료衆寮는 승당에 부속된 요사로, 『선원청규』에는 상료上寮 · 본료本寮라고도 하였다. 승당이 좌선수행의 공간이라면, 중료는 경전과 어록을 읽고 쉬면서 차를 마시는 휴식 공간이었다. 중료의 구조도 승당과 유사하나, 앉아서 책을 읽을 수 있는 간독상看讀床이 있다는 점이 다르다. 이곳에는 요주寮主가 머물며 관리했고, 중료와 승당 옆에는 바느질 · 세탁 · 이발 등을 하는 부속 공간으로 파침처把針處가 마련되어 있었다.[92]

고원 영역

고원은 음식을 조리하는 주방과 식자재를 보관하는 창고뿐만 아니라 지사의 요사와 동행당, 부속시설 등 총림의 살림이 집결된 복합 건축 공간이었다. 『선원청규』에는 주지 아래 요직으로 4지사知事를 두었는데, 이 가운데 유나의 요사만 따로 두고 전좌典座를 비롯한 3지사의 요사는 고원 안에 두었다.[93] 그리고 주방 앞에는 소종小鐘 · 운판雲版 · 목어木魚 · 북을 걸어 두고 대중의 기상, 식사, 노동 등의 때와 진퇴를 알렸다.[94] 이러한 구성은 식생활의 편리를 위

---

92 한지만, 앞의 논문(2016, 25-3), p.52.

93 『禪苑淸規』제3 「請知事」 : 최법혜 역주, 『고려판 선원청규 역주』(伽山佛敎文化硏究院, 2001), pp.148~153.

94 한지만, 앞의 논문(2016, 25-3), p.53.

한 것으로, 한국사찰에서도 마찬가지이다. 후원 영역에 부엌·식당·곡물창고는 물론 원주·행자 등 후원 소임자들의 요사가 집결되어 있고, 공양을 알리는 종이나 목탁을 두고 있다.

이와 관련해 9세기『입당구법순례행기』에는 당나라의 고원에 대한 정보들이 담겨 있다. 엔닌이 개원사에 머물 때 고두庫頭에서 시주로 들어온 쌀과 밀가루로 공양하고, 지방 관리들과 차를 마시기도 하였다. 또 60명이 넘는 승려가 동참하여 재를 치르고 나서 재문을 읽은 승려와 감사監寺·강유綱維·시주승 등 10여 명의 승려가 고두에서 공양하고, 그 밖의 승려와 사미들은 식당에서 공양했다고 기록하였다. 대화엄사에 갔을 때는 고원에 들어가서 묵기도 하였다.[95] 이처럼 고원 영역은 여러 기능을 지녀, 전체 대중을 위한 식당과 소규모 식당을 따로 두었고, 손님이 방문했을 때 접대와 숙식 제공까지 가능하였다.『입당구법순례행기』에 묘사된 고원의 모습은, 같은 기능을 지닌 당송시대『선원청규』의 고원 영역이 이른 시기부터 운용된 것임을 알려 준다.

한편 우리나라의 공양간에는 조왕竈王을 모시는 데 비해, 선종사원의 주방에는 호법신장의 하나인 위타천韋陀天을 모시는 곳이 많았다. 이는 당나라 때 위타천이 도선율사에게 귀의했다고 본 데서 시작된 것으로, 선원이 독립하기 전까지 율종사원에 의탁해 있었기에 율종의 영향을 받은 것[96]이다.

---

95 『入唐求法巡禮行記』開成 3년(838) 11월 24일, 開成 5년(840) 3월 4일, 5월 16일.
96 윤창화, 앞의 책, p.238.

동행당童行堂은 행자들이 수행하며 숙식하는 공간으로 행자료行者寮라고도 부른다. 동행당에서도 간경이 이루어져 중료에 준하는 내부구조를 갖춘 것으로 보인다.[97] 공양과 관련된 허드렛일은 행자의 주된 소임이니, 행자 처소는 사원마다 후원 근처에 배치하는 것이 보편적이다.

아울러 물리적 거리와 무관하게 고원과 관련된 다양한 시설이 존재하였다. 대표적인 것으로 방앗간에 해당하는 마원磨院을 들 수 있다. 마원은 사원과 멀리 떨어진 곳에 세워졌으며, 관리는 마두磨頭·마주磨主가 맡았다. 마원의 정미·제분 시설을 연애碾磑라 하여 여마驢馬로 돌리는 육연애陸碾磑와 수차로 돌리는 수연애水碾磑를 두었다. 이는 연자방아와 물레방아를 말하며, 물레방아는 당대부터 대부분 사원에서 운영된 것이기도 하다. 아울러 누사漏篩와 진사塵篩의 도정 설비를 갖추어, 누사는 곡식을 곱게 빻으면서 돌을 제거하고 진사는 거칠게 빻으면서 먼지를 제거하는 데 사용하였다.[98] 국수의 품질을 여러 등급으로 나눈 것으로 보아 수행자의 소비뿐만 아니라 시중에 판매도 이루어졌을 것이라 짐작된다.[99] 그 외에 기름을 짜는 시설로 유방油坊에 대한 언급도 보여,[100] 자급자족의 식생활에 필요한 설비들을 대부분 갖추었음을 알 수 있다.

아울러 청규에는 40개 이상의 다양한 직책명이 등장한다. 소

---

97 『禪苑淸規』제9「訓童行」: 최법혜 역주, 앞의 책, pp. 364~379.
98 『禪苑淸規』제4「磨頭園頭莊主廨院主」: 최법혜 역주, 앞의 책, p. 169, pp. 191~194.
99 한수진, 앞의 논문(2020), p. 263.
100 『禪苑淸規』제3「直歲」: 최법혜 역주, 앞의 책, p. 168.

임을 맡은 이들의 요사 또한 다양한 형태로 존재했을 것이다. 이 가운데 후원 관련 소임의 사례로 장주(庄主·莊主)·해원주解院主에 대해 살펴보면, 장주는 사원에서 관장하는 토지[莊園]와 소작인을 관리하는 소임이다. 선종에서는 장원을 경작하는 소작인을 장객莊客이라 하고, 장주가 머물며 관리하는 요사를 장사莊舍라 불렀다.[101] 또한 해원주는 사원의 곡식 매매, 행각승의 숙식 제공, 시주물의 수취, 원거리에서 오는 시주의 영접 등 외부와 관련된 일체를 맡아 보는 소임이다. 따라서 이들이 머물며 직무를 보는 요사를 '해원解院'이라 불렀다.[102] 『선원청규』가 편찬된 송대에 이르러 화폐경제가 활성화되는 상황과 맞물리면서 사원경제 또한『백장청규』당시의 자급자족으로만 이끌어 나가기 힘들었음이 짐작된다.

―

후원과 관련된 소임

『선원청규』의 직제

『선원청규』에는 주지(방장) 아래에 대중을 통솔하는 직책으로 4지사知事 6두수頭首를 두고, 다시 수십 개의 소두수小頭首를 배치하였다. 그 아래 일반 대중이 있고, 이들과 구분되는 사미·행자를 두었으며, 그 외에 재가자들이 역인役人으로 일하였다. 아울러 각각의 직책과 이에 따른 업무분장·직무수칙 등을 체계적으로 갖추

---

101 『禪苑淸規』 제3「直歲」, 제9「訓童行」: 최법혜 역주, 앞의 책, pp. 168~169, pp. 376~379.
102 『禪苑淸規』 제4「磨頭園頭莊主解院主」: 최법혜 역주, 앞의 책, pp. 190~191, pp. 197~198.

어 두었다.

후대에는 직제가 동서東序·서서西序로 자리 잡아, 이를 양반兩班·
양서兩序라 불렀다. 주로 동서의 직책을 지사, 서서의 직책을 두수
로 두었다. 동쪽은 주인의 자리이고 서쪽은 객의 자리를 뜻하여,
서서의 직책은 주로 절에 방부를 들인 선객이 맡고, 동서는 본채
의 대중이 맡은 것이다. 이러한 동서 개념은 후대에 적용한 것이
고,『선원청규』에서는 양반·양서의 구분 없이 지사와 두수의 직
책으로 구분하였다.[103] 아울러 지사·두수의 수와 소임의 종류 또
한 시대에 따라 달라져, 여기서는『선원청규』에 따라 살펴본다.

후원의 우두머리, 전좌

주지 아래의 최상위직인 4지사는 감원監院·유나維那·전좌典座·
직세直歲이며, 이 가운데 전좌는 음식과 주방의 모든 일을 관장하
는 소임이다. 따라서 한국사찰의 원주院主와 별좌別座를 통합한 개
념에 해당한다. 전좌의 요사는 주방 인근에 두었으며『선원청규』
에서는 그 업무 내용을 다음과 같이 구체적으로 밝혔다.

전좌의 소임은 대중의 죽과 밥[粥飯]을 맡는 일이다. 모름지
기 도심道心을 움직여 때에 따라 조리를 바꿈으로써 대중을
안락하게 해야 한다. 재료를 낭비하지 말고, 주방을 점검하

---

103 鄭在逸(寂滅),「慈覺宗賾의『禪苑清規』研究」(동국대학교 대학원 박사학위 논문, 2006),
p.237.

며, 행자를 잘 간택하여 여법하게 지도해야 한다.

재료의 종류와 가짓수를 정할 때는 고사庫司·지사와 미리 의

논하고, 간장과 식초[醬醋]·장 담그기[淹醬]·나물 간수[收菜] 등

은 모두 전좌가 전담하되 때를 잃지 말아야 한다.

행자가 당중堂中의 행익行益을 하거나 요사에 공양물을 가져

갈 때는 하나하나 지도하여 명료하게 알도록 한다.

전좌는 주방에서 재죽을 공양할 때 대중이 먹는 것과 달리

하지 말며, 두 때의 음식이 준비되면 먼저 승당을 향해 분향

예배를 마친 후에 보내야 한다.[104]

전좌는 매일의 음식을 정하고 만드는 일, 장류와 나물을 시기
에 맞춰 갖추는 일, 주방을 점검하고 관리하는 일, 조력 행자를 선
택해 마음가짐과 습의習儀를 가르치는 일 등 전반적인 업무를 맡고
있다. 이 가운데 음식의 종류와 수를 정할 때는 창고를 관장하는
고사와 대중을 통솔하는 지사와 의논해, 확보된 재료와 대중의 요
구를 반영토록 하였다.

특히 전좌가 지녀야 할 마음가짐에 대해 분명히 드러낸 점이
주목된다. 도심道心으로 음식을 적절히 바꾸어 대중을 안락하게 하
고, 음식이 준비되면 먼저 승당을 향해 분향 예배하도록 하였다.
이는 깨달음을 향해 정진하는 대중에게 음식을 올리는 일이 수행
과 다를 바 없고, 공경심을 갖추어야 하는 소중한 책무임을 새기

---

104 『禪苑淸規』 제3 「典座」 : 최법혜 역주, 앞의 책, pp. 165~167.

게 한다.

『입당구법순례행기』에도 전좌에 대한 기록이 나온다. 838년 섣달그믐 자정이 지나자 승려들이 식당에 모여 예불을 마친 뒤, 고사庫司와 전좌가 대중들 앞에 나와 한 해 살림살이의 갖가지 씀씀이와 비용을 적은 장부를 읽어서 대중에게 알려 주었다.[105] 또한 『불과격절록佛果擊節錄』에 따르면, 당나라 말의 유명한 선승 설봉의존雪峰義存은 행각行脚할 때 조리와 주걱을 메고 다니면서, 가는 곳마다 자임해 전좌가 되었다.[106] 설봉의 사례는 자급자족의 노동과 대중을 위한 음식 장만이 수행으로 체화된 선불교의 특성을 말해 준다. 이처럼 전좌는 『선원청규』가 제정되기 전부터 시주물을 관리하고 대중의 음식을 만드는 소임으로 전승되어 왔다.

일본 조동종의 개조인 도겐道元(1200~1253)은 송나라의 영파 천동사天童寺에서 유학할 때, 전좌가 승당을 향해 9배하고 음식을 보내는 모습에 충격을 받게 된다. 또한 이곳에서 노老 전좌 두 명을 만났다. 한 명은 61세의 아육왕사 전좌로 수십 리 길을 걸어 영파항까지 왔는데, 단오를 맞아 대중에게 국수 공양을 올리려고 버섯을 구하기 위함이었다. 한 명은 활처럼 등이 굽은 68세의 천동사 전좌로, 땀이 쏟아지는 한여름에 삿갓도 쓰지 않고 지팡이를 짚은 채 표고버섯을 말리고 있었다. 도겐이 "왜 행자나 인부를 시키지 않느냐."고 묻자 "타인은 자신이 아니다."라고 답했다. 이어 "햇볕

---

105 『入唐求法巡禮行記』開成 3년(838) 12월 29일.

106 윤창화, 앞의 책, p.161.

이 뜨거운데 어찌 이렇게 일하느냐."고 묻자 "다시 어느 때를 기다리겠는가."라고 하였다. 깊은 감동과 함께 전좌의 소임이 얼마나 중요한지 깨달은 도겐은 귀국한 뒤 유명한『전좌교훈典座敎訓』을 펴냈다.[107]

　중국 선종에서 후원 소임 중에 깨달음을 얻었던 여러 선승의 오도悟道 인연담을 전하고 있듯이, 한국불교에서도 대중공양의 뒷바라지가 무량한 공덕을 지니는 것이라 여겨 왔다. 부엌일을 하다가 깨달음을 얻고, 도를 이룬 뒤에도 노동 정진하는 고승들의 이야기와 함께 공양주를 자청하는 분위기도 팽배하였다. 이처럼 선종사원에서『선원청규』의 전좌 등을 통해 후원 소임에 부여한 의미는, 동아시아 선불교에 중요한 파급력을 미친 것으로 보인다.

6두수와 소두수

6두수頭首는 수좌首座 · 서장書狀 · 장주藏主 · 지객知客 · 고두庫頭 · 욕주浴主이다. 이들 중 식생활과 관련된 소임은 수좌와 고두이다.

　수좌는 두수의 우두머리이자 중승衆僧을 대표하는 직책이다. 수좌의 임무 가운데 승당에서 밥과 죽을 먹는 일, 발우를 다루는 일, 재죽과 행익 등의 일에서 여법함을 살피는 내용이 포함되어 있다. 따라서 "수좌는 공양할 때 너무 급하게 하지 말고 중승과 맞추되, 먼저 끝나면 손을 모으고 전체를 살펴 대중을 다급하게 하지 말

107 윤창화, 「도겐(道元)의『영평청규』의 의의(意義)」, 『일본불교사연구』 10(일본불교사연구소, 2014), pp. 27~34.

라. 만약 밥과 죽이 잘 지어지지 않았거나, 음식 분배가 여법하지 않으면 책임자에게 설명해 주어 대중이 편히 공양할 수 있게 하라."고 하였다.[108] 고원에서 조리하여 올라온 음식이나, 정인淨人의 재죽 분배 등이 원만하지 않을 때 담당 상급 직책과 의논하여 개선해 나가도록 한 것이다.

고두는 전곡錢穀의 들고 남과 세입 세출을 관장하는 소임이다. 따라서 "들어온 전물錢物은 바로 장부에 올리고 명세를 분명히 한다. 쌀·보리 등 식량의 양을 늘 파악하며, 때가 되면 확인하고 수매한다."고 하였다. 또한 식량과 더불어 약·꿀·차, 병자를 위한 물품 등도 빠짐없이 준비하고, 사중의 재물을 엄중히 다루도록 하였다.[109] 후일 동서 직제로 개편되면서 고두는 6두수에서 중간 직책으로 바뀌게 된다.

다음으로 소두수小頭首는 총림을 이끌어 가는 중간 직책으로, 어렵고 힘든 일을 직접 감당하는 총림의 일꾼이라 할 수 있다.[110] 『선원청규』의 목차에 등장하는 소두수의 직책은 24개이지만, 실제 내용 중에 등장하는 소임은 더욱 많다. 이 가운데 식생활과 관련된 직책은 가방·화엄두·마두·원두·장주·해원주 등이다.

가방街坊은 가방화주街坊化主의 약칭으로, 총림의 생필품이나 필요한 물자를 보충하기 위해 시가에 나가 탁발하거나 변통해 오는 소임이다. 가방 중에는 죽·미맥米麥·야채·장醬 등 특정 물품의

---

108 『禪苑淸規』제4「首座」: 최법혜 역주, 앞의 책, pp. 174~177.

109 『禪苑淸規』제4「庫頭」: 최법혜 역주, 앞의 책, pp. 185~187.

110　鄭在逸(寂滅), 앞의 논문, p. 249.

이름을 붙인 죽가방·미맥가방·야채가방·장가방 등도 있는데, 이는 그때그때 필요한 것을 구하기 위해 임시 배속된 직책이라 하겠다.[111]

화엄두華嚴頭 또한 화주의 일종으로, 시가에 나가 속강俗講으로 포교하면서 보시를 도모하는 소임이다. 화엄두는 화엄경을 설법하는 역할을 맡았으며, 이 외에 반야두般若頭·미타두彌陀頭·경두經頭도 있었다.[112] 반야두는 반야경, 미타두는 아미타경, 경두는 불경을 포괄적으로 설법함을 나타내는 말이다.

마두磨頭는 방앗간에서 정미·제분의 일을 보는 소임이다. 당나라 이전부터 중국에는 사원에 방앗간이 있었고, 당대에는 서역으로부터 혁신적인 제분기술을 들여와 사원에서 다량의 밀가루 생산과 함께 국수 제조업까지 겸하게 되었다.[113] 이러한 체제는 선종에 이르러 더욱 발달한 것으로 보인다. 자급자족을 지향하는 선종의 식생활에서 가장 중요한 것은, 많은 수행자의 주식인 곡식을 재배·수확하고 이를 도정·제분하는 일이기 때문이다. 따라서 마두는 수확한 곡식을 도정하고 제분하는 책임을 맡아, 여러 마두행자와 일꾼을 거느리고 대중의 수요와 함께 판매를 위한 밀가루와 국수 등을 만들었다.

원두園頭는 채소밭을 관리하며 채소의 재배·경작을 맡은 소임이다. 땅을 놀리지 않고 때에 맞춰 경작하되 전좌와 의논하여 행

---

111 『禪苑淸規』 제4 「街坊水頭炭頭華嚴頭」 : 최법혜 역주, 앞의 책, pp. 190~191.

112 위의 책, p. 190.

113 한수진, 앞의 논문(2020), pp. 262~263.

하도록 하였다. 따라서 "초봄에는 상추·순무·근대, 한식 전에는 가지·박·오이·결명·아욱·난향, 오월 중순에는 무, 유월 중순에는 가을 오이, 칠월 중순에는 유채·시금치를 파종한다."고 하였다. 아울러 수확한 채소가 남으면 마을에 팔도록 하여, 노동과 함께 잉여에 대한 경제활동을 유연하게 수용하였다.

그 외에 앞서 살펴본 장주莊主·해원주解院主 등이 있다.

—

금기 음식과 공양 시간

중국불교에서는 초기부터 금기 음식에 대한 규범이 비교적 엄격하게 지켜졌다. 재가자가 주는 대로 먹어야 하는 탁발이 아니라 자급자족의 대중생활을 하면서 음식의 취사 선택이 가능해졌기 때문이다. 따라서 초기에는 어느 정도 허용되던 삼정육이 자취를 감추게 되었고, 율장의 미식美食에 해당하는 '버터기름, 신선한 버터, 기름, 꿀, 당밀, 생선, 육류, 우유, 응유' 또한 적극적으로 멀리하게 되었다.

『선원청규』의 「호계護戒」는 수계를 받은 뒤 목숨처럼 계율을 잘 지킬 것을 강조한 내용이다. 이 가운데 공양과 관련된 것은 '불응식不應食'과 '비시식非時食'으로, 각각 먹어서는 안 될 음식과 오후불식에 대해 밝혔다. 불응식에 대해서는 다음과 같이 말하였다.

불응식으로 파[蔥]·부추[韭]·염교[薤]·마늘[蒜]·고수[園荽], 술, 고기, 생선, 토끼, 유병乳餅, 소락酥酪, 굼벵이, 달걀, 돼지와 양의 기름은 모두 불응식이다. 병을 만났을 경우 목숨을 버릴지라도 끝내 술과 고기의 속된 맛으로 금계를 깨뜨리지 말라.[114]

이 가운데 원유圓荽는 고수의 일종이다. 고수는 승려들이 좋아하는 채소이지만 특유의 강한 향으로 인해 한때 금기로 다루었던 셈이다. 오신채 금지는 6세기『입제법』에도 등장하는 것으로, 시대나 문헌에 따라 조금씩 차이가 보이지만 '냄새가 강하고 매운맛의 채소'라는 공통점을 지녔다. 여러 대승경전에서는 오신채에 대해 '청정하지 않아 수행에 방해가 되는 채소'로 규정하였다. 이를테면『능엄경楞嚴經』에서는 "중생이 삼매를 구하고자 하면 마땅히 세간의 오신채를 끊어야 한다. 오신채는 익혀서 먹으면 음란한 마음이 일어나고 생으로 먹으면 노여움이 커지게 된다."[115]고 하였다.

율장에서 매운 냄새가 나고 청정하지 못한 훈채葷菜로 '마늘'에 엄격한 태도를 취했다면, 중국불교에서는 마늘에 버금가는 다섯 가지 훈채를 수행에 지장을 주는 음식으로 확장한 것이다. 이러한 오신채로 각국의 특성에 따라 '한국에서는 마늘·파·부추·달래·양파, 일본에서는 마늘·파·부추·달래·염교'[116]를 꼽는다.

그 밖에 어육류를 포함한 일체의 유제품, 알류, 동물성기름 등

---

114 『禪苑淸規』제2「護戒」: 최법혜 역주, 앞의 책, p.72.
115 오진탁 옮김, 『楞嚴經 2』(시공사, 2000), pp.73~74.
116 김미숙,「동아시아 불교의 음식 특징 비교: 한국·중국·일본, 3국을 중심으로」,『동아시아불교문화』28(동아시아불교문화학회, 2016), p.429.

을 불응식으로 규정해 채식주의 중에서도 가장 엄격한 비건주의 veganism를 실천하고자 했다.[117] 율장에서는 삼정육의 경우 허용했을 뿐만 아니라 미식을 뜻하는 유제품과 꿀 또한 탐착하지 않도록 경계했으나, 탁발의 특성상 금한 것은 아니었다. 따라서 중국 선종에서는 동물성 식품을 전면 금지함으로써 율장보다 훨씬 강력하고 명확한 채식주의의 기틀을 갖추었다.

또한 불응식과 나란히 '비시식非時食'에 대한 규범을 다음과 같이 밝히고 있다.

> 재죽이시齋粥二時가 아니면 소식小食·약석藥石·과자·미음·
> 두탕豆湯·채즙茱汁 등도 먹어서는 안 된다. 이는 모두 비시식
> 이다.[118]

'재죽이시齋粥二時'에서 재죽齋粥은 밥과 죽, 이시二時는 정오 이전의 아침과 점심의 두 때를 말한다. 따라서 '재죽이시'는 아침에는 죽을 먹고 점심에는 밥을 먹는 것으로, 율장에서 중요하게 여겼던 오후불식을 선종사원에서도 철저하게 지켰다. 조금이라도 먹는 것[小食], 저녁[藥石]은 물론이고, 간단한 미음·야채즙도 먹을 수 없도록 규정하였다. 대신 "두 때의 죽과 밥은 이치에 합당하게 하되 정성스럽고 넉넉히 하라."[119]고 하였다. 천태종의『입제법』과 율종

---

117 한수진, 앞의 논문(2020), p. 250.
118 『禪苑淸規』 제2 「護戒」: 최법혜 역주, 앞의 책, p. 72.
119 『禪苑淸規』 제8 「龜鏡文」: 최법혜 역주, 앞의 책, p. 304.

의『교계율의』에서도 살폈듯이, 6세기경 중국불교에서 '오후불식의 2식'이 어느 정도 보편화되었고, 선종에서도 이를 이어받아 정착시킨 것이라 하겠다.

―

공양의식

『선원청규』「부죽반赴粥飯」에는 공양의 법식이 상세하게 밝혀져 있다. 선종사원에 이르러 오늘날 동아시아 발우공양의 전범이 되는 체계적인 공양의식이 정형화된 것이다. 이는 초기불교에서는 전혀 볼 수 없었던 모습으로, 도선의『교계율의』에서부터 기틀을 갖춘 것이기도 하다.「부죽반」의 공양의식을 편의상 네 단계로 분류하고, 오늘날의 발우공양 절차를 참조하여 핵심 내용을 정리하면 〈표 2-7〉[120]과 같다.

준비 단계

공양은 승당 내의 평시 수행 장소인 평상마루에서 이루어진다. 모든 절차는 유나가 치는 퇴槌 소리에 따라 진행한다. 퇴는 '고한다'는 뜻의 '백白'을 붙여 백퇴白槌라 부르며, 방망이인 퇴로 팔각의 대를 치게 된다. 이때의 팔각대를 침砧이라 하므로 방망이와 팔각대를 함께 '침퇴砧槌'라 불렀다. 한국사찰의 경우 발우공양에서는 죽

---

120 『禪苑淸規』제1「赴粥飯」: 최법혜 역주, 앞의 책, pp.96~113, pp.251~254를 참조해 표와 아래 내용을 정리함.

준비	하발下鉢 · 방발放鉢	선반에서 발우를 내리고, 좌상에 앉아 발우보를 풂
	주지입당住持入堂	주지가 들어오면 좌상에서 내려와 서로 인사하고 자리에 앉음
	전발展鉢	발우를 펼쳐 놓음
	반야심경般若心經	반야심경 3편을 염송하며 모인衆人에게 회향함
사전 의식	축원祝願	행향行좀을 한 후 축원함
	십성불十聲佛	열 분 부처님의 명호를 염송함 = 十念
공양 과정	시식施食	수좌가 죽과 밥의 이로움을 찬탄하는 게송을 읊음
	행식行食	행자의 갈식喝食과 함께 정인이 음식을 분배함 = 行益
	오관五觀	오관게를 염송함
	출생出生	배고픈 뭇 생명을 위해 음식을 덜어 놓으며 출생게를 염송함
	끽식喫食	공양을 함
마무리	세발洗鉢	발우를 씻고 닦음
	절수折水	절수진언을 염송하며 발우의 물을 버림
	식흘食訖	공양을 마치는 식흘게를 염송함

표 2-7. 「선원청규」 「부죽반」의 공양의식 절차

비를 쓰고, 수륙재 · 영산재 등 대규모 재를 봉행할 때 식당작법食堂作法에서 백퇴를 쓰고 있다.

공양을 알리면 법랍대로 자리에 앉아, 운판雲版이 세 번 울리면 발우를 내리고[下鉢], 발우보를 풀어 놓는다[放鉢]. 목어木魚를 친 다음에는 당에 들어올 수 없다. 주지는 당 바깥에 대기했다가 북이 세 번 울리면 들어와 성승聖僧 전에 고하고 대중들과 인사한 뒤 자리에 앉는다. 이어 유나가 들어와 성승 전에 향을 사르고 나면, 대중은 발우를 편다[展鉢].

발우는 사합발우에 수저와 부속물로 구성하였다. 발우가 '사합'이라는 표현은 없지만 가장 큰 발우를 두발頭鉢, 소발우를 분자鐼子라 하였고, 자리가 좁으면 3개만 펼치도록 하여 사합이라 짐작된다. 부속물로는 발우보, 발우수건, 발우깔개, 생반용 도구, 수저집, 무릎덮개 등이며, 발우를 펴는 법식도 세밀하게 갖추었다.

이어 대중이 함께 「반야심경」을 염송한다. 이때 "제방에 토지죽을 베푸는 것은 바로 이 일퇴一槌가 있음이다."라는 주석을 두어, 토지신에게 회향을 권유하였다. 앞에서 언급한 〈그림 2-2〉에서 선종사원의 가람 구성을 보면 토지당土地堂과 조사당祖師堂을 법당 뒤편 동서에 배치하였다. 중심 법당의 양쪽에 각각 물리적·정신적으로 수호해 줄 존재를 모신 것으로, 사원을 지키는 토지신을 중요하게 여겼음을 알 수 있다.

사전의식

본격적인 공양 과정에 들어서기에 앞서 축원祝願의 절차가 따른다. 축원은 일상 공양과 재가 든 날의 공양으로 구분하며, 일상 공양에서는 주지·지사가 향을 들고 승당을 도는 행향行香을 한 뒤에 축원하고, 재가 든 날에는 시주가 행향을 함께 하기도 한다. 평시에는 "우러러 삼보를 생각하건대 두루 인지印知를 내려 주소서."라고 축원하며, 재가 든 날의 축원 내용으로 세 가지를 제시해 두었다. 축원을 마치면 열 분 부처님의 명호를 다 같이 염송하는 십성불+聲佛이 이어진다.

공양 과정

공양을 분배하기에 앞서 수좌가 공양의 이로움을 찬탄하는 게송을 창하는데, 이를 시식施食이라 불렀다. '수좌 시식'은 각각 죽粥·재齋·반飯으로 구분하여 다음과 같이 소리를 길게 끌며 높이 창하도록 하였다.

> 죽粥 : 죽에는 열 가지 이익이 있으니 수행자를 이롭게 하며,
> 과보로 하늘에 태어나게 하며, 마침내 상락常樂에 이
> 르리라. 죽은 크게 이로운 약이니 능히 기갈을 덜어 없
> 애며, 청량함을 베풀고 얻으며, 함께 무상도無上道를
> 이루리라.
>
> 재齋 : 세 가지 덕[三德]과 여섯 가지 맛[六味]으로써 부처님과
> 대중 스님께 올리며, 법계의 인천人天을 두루 함께 공
> 양하노라.
>
> 반飯 : 시주자와 수행자가 다 함께 오상五常을 얻으며, 건강
> 과 목숨이 편안하며, 무애변無礙辯을 얻으리라.[121]

다음은 공양할 음식을 분배하는 행식行食의 절차로, 행익行益이라고도 한다. 행식은 정인이 행하며 너무 빠르거나 느리지 않게

---

121 『禪苑淸規』제1「赴粥飯」: 최법혜 역주, 앞의 책, p. 97, p. 103.

나누고, 수행자는 양손으로 반듯하게 발우를 들어 음식을 받도록 하는 등 정인과 수행자의 예법을 상세히 밝혀 두었다. 아울러 행식을 할 때 갈식행자喝食行者를 두어, 큰소리로 행익의 순서를 알리도록 하였다. 이를테면 "이제 흰죽을 올리겠습니다." 하는 식이었을 것이다.

이어 합장한 다음 오관게五觀偈를 염송한다. 도선이 경·율·논을 바탕으로 제창한 오관의 게송은 이후 유교의 식사예법에 적용할 정도로 영향력이 막대하였다.[122] 오관게는 내 앞에 놓인 공양을 위해 수고한 이들의 공덕을 헤아리고, 자신이 귀한 공양을 받을 자격이 있는지 돌아보면서, 수행 정진하여 도를 이루기 위한 약으로서 공양을 받는 것임을 새기는 내용이다. 따라서 오늘날까지 오관게는 공양의 핵심 사상을 담은 것으로 보고 있다.

다음은 배고픈 이류중생異類衆生을 위해 음식을 덜어 놓는 출생出生이 따른다. 이때 '이 공양이 시방에 두루 미쳐 일체 귀신과 함께하기를' 발원하는 게송을 읊는다. 죽과 밥을 덜어 발쇄鉢刷에 놓도록 했는데, 발쇄는 길고 얇은 나무판에 천을 붙인 도구를 썼다.

공양하는 끽식喫食의 법에 대해서는 『사분율』의 중학법衆學法에서 규정한 공양예법과 함께 세부적인 내용을 추가하여 길게 제시하였다.

---

122 한수진, 앞의 논문(2019), p.495.

공양을 마치면 발우를 씻는 세발洗鉢이 이어진다. 발우 속의 찌꺼
기는 깨끗이 닦아서 먹는다. 두발에 물을 받아 차례로 씻되 두발
안에 분자를 넣어서 씻지 않도록 하며, 이어 발우와 수저를 닦
는다.

　다음은 발우의 남은 물을 버리는 절수折水이다. 이때 '옴 마휴라
세 사바하唵摩休羅細娑婆訶'라는 절수진언을 염송하며 발우의 물을 버
리도록 하였다. 절수진언의 뜻은 '커다란 배[腹]를 가진 이를 위하
여'라는 뜻으로, 아귀餓鬼를 나타낸 묘사라 하겠다. 절수 이후에 발
우를 포개어 절차에 따라 발우보로 싸는 과정이 이어진다.

　공양의식은 식흘게食訖偈를 염송하면서 마무리한다. 식흘게는
"공양으로써 기력 충만하니 위엄의 떨침이 시방 삼세에 웅장하구
나. 인과가 생각 가운데 있지 않으니, 일체중생은 신통을 얻으리
라."[123]라는 게송이다. 공양을 하여 몸에 기운이 가득하니 구도를
향한 수행자의 위엄이 갖추어졌음을 말한다. 이에 나태함 없이 수
행 정진을 실천하여 나와 남을 모두 이롭게 하리라는 발원과 함께
공양을 마무리하는 의미를 지녔다.

---

123 『禪苑淸規』제1「赴粥飯」: 최법혜 역주, 앞의 책, p. 99, p. 106.

오늘날의 양상

『선원청규』에 "행자들은 저녁에 불전으로 가서 예불하라."는 내용이 있다. 불전 대신 법당을 중요하게 여긴 선종의 사상에 따라 소임 승려와 행자들만 참석했지만, 그들의 조석예불인 조모과송朝暮課誦이 오랜 전통을 지녔음을 짐작하게 한다.

오늘날 중국 사원의 조모과송을 보면 해뜨기 전후의 조과早課에는 주로 경주經呪를 외우며 사원의 안녕을 기원하고, 해가 진 후의 모과暮課에는 세 과목을 염송한다. 이는 『아미타경』과 불명을 외우는 것, 모든 중생을 위해 참회하는 참회주懺悔主로 88불을 예배하고 『예불대참회문』을 외우는 것, 마지막으로 몽산시식蒙山施食을 하는 것이다.[124]

이 가운데 몽산시식은 고려 선불교에 큰 영향을 준 원나라의 승려 몽산덕이蒙山德異가 만든 것으로, '아귀'로 상징되는 사후 중생에게 음식을 베푸는 의식이다. 예전에는 점심공양 때 음식을 약간 남겨 놓았다가, 저녁에 「몽산시식의蒙山施食儀」를 외우면서 아귀들에게 나누어 주었다[125]고 한다. 현재는 쌀 일곱 톨을 양식으로 하고, 아침예불에 다라니로 가지加持한 차를 병에 부어 두었다가 감로수로 쓰고 있다. 이때 다라니를 외우며 수인手印을 맺고 불보살을 관하는 삼밀가지三密加持를 통해, 풍부한 음식과 감로수로 변화

---

124 바이화원 지음, 앞의 책(2001), pp. 226~228.
125 위의 책, p. 228.

시키는 가운데 궁극적으로 그들의 해탈을 기원하는 것이다.

이처럼 오늘날 중국 사원의 조석예불은 생전과 사후를 위한 것으로 이원화되어 있음을 알 수 있다. 아침예불이 다라니 계통의 경전을 외워 사부대중의 안녕을 기원한다면, 저녁예불은 모든 중생의 극락왕생을 바라고 사후존재를 위해 공양을 베푸는 의식으로 구성되어 있기 때문이다.

선종 청규의 경우, 1103년에 『선원청규』가 편찬된 이후에도 17세기 청에 이르기까지 여러 청규가 나왔다. 그 가운데 1338년에 동양덕휘東陽德輝가 펴낸 『칙수백장청규勅修百丈淸規』(이하 『칙수청규』)는 원대 선원 총림의 전범이 되었다. 『칙수청규』는 '백장'이라는 말을 붙였지만 『백장청규』와는 다른 것이므로, 학계에서는 『선원청규』가 『백장청규』의 기조와 내용을 가장 잘 담고 있는 것으로 보고 있다.

공양의식에서 염송하는 게송을 중심으로 살펴보면, 절차는 그대로 따르되 게송만 조정하여 그리 큰 차이를 느낄 수 없다. 『선원청규』에서는 반야심경·축원·십성불·시식게·오관게·출생게·절수게·식흘게의 여덟 편이었다. 이에 비해 『칙수청규』의 절차는 회발상념게回鉢想念偈·전발상념게展鉢想念偈·수식상념게受食想念偈·오관상념게五觀想念偈·출생상념게出生想念偈·절수상념게折水想念偈·수발상념게收鉢想念偈의 일곱 편[126]이다. 발우를 내리는 회발상념게와 발우를 펴는 전발상념게가 추가되고, 반야심경·십성불·시식게는 제외되었다. 음식을 받으며 모든 중생을 축원하는 내용은 수

---

126 『칙수청규』의 7가지 발우공양 절차는 한수진의 연구(2019, p.505)를 참조함.

식상념게에 담았고, 오관게에서 식흘(수발) 단계까지는 같다.

'오후불식의 1일 2식'은『선원청규』가 제정된 지 100년쯤 지난 시기에 1일 3식으로 바뀌게 된다. 1209년의『입중일용入衆日用』과 1264년의『입중수지入衆須知』 등의 청규에 저녁을 뜻하는 '약석藥石'이 등장하기 때문이다.『입중일용』에서는 좌선이 끝나면 요사로 돌아와 약석을 하되, 음식을 탐하거나 죽·밥·소금·식초 등을 큰소리로 말하여 찾으면 안 된다[127]고 하였다. 약석은 약藥과 침針을 뜻하는 의학용어로, 고대에는 단단한 돌을 갈아서 침을 만들었기에 '돌 석石' 자를 썼다. [128] 이는 저녁공양을 약으로 먹는다는 표현인 셈이다.

이처럼 오늘날 중국불교에서 1일 3식을 하는 것은 북송 말이나 남송 초 무렵부터로, 오후참선을 하고 나서 약석으로 저녁공양이 제공되었음을 알 수 있다. 아울러 '만죽晚粥'이라는 표현에서 알 수 있듯이, 당시 약석은 조죽朝粥처럼 죽을 먹다가 점차 밥과 죽 등으로 바뀌었음이 짐작된다.

또한 명대 무렵에는 승당이나 중료가 아닌 고원 내에 지은 재당齋堂에서 공양하였다. 당시의 재당 내부가 어떤 모습이었는지 알 수 없지만, 오늘날 중국 사원의 재당을 보면 성당이나 교회와 같이 긴 탁자와 의자가 있는 구조이다. 따라서 당시에도 이와 거의 같았을 것으로 짐작된다. 아울러 사합발우를 쓰지 않고 2개의 주

---

127 『入衆日用』 권6 : 한수진, 앞의 논문(2020), pp. 245~246에서 재인용.
128 윤창화, 앞의 책, pp. 318~319.

발에 밥과 반찬을 담아 먹고 있다. 원대에 편찬된『칙수청규』에서도 사합을 썼으므로, 2개의 주발로 바뀐 것은 명나라 때 재당이 생긴 후일 가능성이 크다.[129]

이러한 공양의 공간과 그릇의 변화는 편의와 함께 많은 인원을 수용하기 위함일 것이다. 이제 중국·대만에서는 청규에 따라 행하는 발우공양의식은 찾아보기 힘들고, 공양구 또한 세속의 것과 다를 바 없다. 도선의『교계율의』에서도 승당과 식당을 구분했지만 사합발우를 사용한 것에 비해, 후대에 와서는 큰 변화가 따르면서 공양의식이 점차 축소되고 기물 또한 정비되었음이 짐작된다.

그러나 공양의식의 핵심이 담긴 오관게는 반드시 염송하고 있다. 수행자로서 음식을 먹기 전에 깊이 새겨야 할 내용이기에 재당을 오관당五觀堂이라고도 부른다. 공양의식의 근간이 되는『선원청규』와 양상은 달라졌지만, 음식을 앞에 두고 그 공덕을 헤아리며 정진하여 깨달음을 이루리라 다짐하는 수행자의 공양정신은 이어지는 것이다.

---

129 위의 책, pp.312~314.

한국불교

불교의 수용과 계율 정립

—

고대 삼국의 계율

한국불교에서 식생활과 관련된 구체적인 기록은 비교적 늦은 시기인 고려에 와서야 등장한다. 수행자의 식생활은 계율과 밀접한 관련을 지닌 것이어서, 이전 시대 계율에 대한 전반적인 경향을 간략히 살펴볼 필요가 있다.

고대 삼국의 불교는 중국과 마찬가지로 대중이 함께 사찰에서 정주생활을 하였고, 탁발 또한 공식적으로는 거의 행하지 않은 것으로 보인다. 국가와 왕실이 주체가 되어 사찰을 건립하고 사원전寺院田을 지급하여, 여기에서 나오는 생산물로 사찰을 유지·운영하였다. 인도불교의 계율이 중국에 와서 토양에 맞는 변화를 거쳤듯이, 중국을 거쳐 한국에 정착되는 과정에서도 크고 작은 변화가 따랐을 것이다. 계율의 근본정신을 지키는 가운데 시대와 문화권에 따라 유연성을 발휘하는 것은 자연스러운 귀결이라 하겠다.

고구려는 372년(소수림왕 2) 불교가 공인된 지 얼마 지나지 않은 4세기 후반에 동진의 담시曇始가 경·율 수십 부를 전했다.[130] 576년에는 의연義淵이 북제로 건너가 지론종의 법상法上에게 당시 고구려 불교계에서 궁금해하던 것들에 대해 자세히 묻고 돌아왔다.[131] 의연은 불교에 해박하고 율의律儀를 잘 지키는 승려로 이름 높았고, 5세기 중국에 대승불교 계율을 정리한『범망경梵網經』이 출현한 것으로 미루어, 6세기 고구려에도 대승보살계를 시행한 것으로 추정된다.[132]

384년(침류왕 1) 불교를 공인한 백제에서 계율과 관련해 주목되는 것은, 겸익謙益이 중국을 거치지 않고 인도에서 직접 초기불교의 계율을 수용한 점이다.[133] 겸익은 526년에 오부율五部律을 가지고 귀국해 율부 72권을 번역하였다. 교단 형성과 계율 확립이 시급한 과제였던 당시에 율학을 먼저 행함으로써 백제불교는 확고한 기반을 다지게 되었다.[134] 이후 백제의 법왕은 즉위하던 해인 599년에 살생금지령을 내려, 민가에서 기르는 매鷹류를 놓아주고 낚시와 사냥 기구를 불살라서 일절 금지하였다.[135] 이처럼 백제불교는 계율을 중시하고 나라에서도 불교를 숭상하면서 자연히 육

---

130 『三國遺事』권3 興法 '阿道基羅'
131 『海東高僧傳』권1 流通 1(한글대장경 138, 동국역경원, 1994), pp. 35~38.
132 강호선,「한국불교의 계율전통」,『불교평론』53(만해사상실천선양회, 2013), p. 82.
133 위의 논문, p. 82.
134 고익진,『한국고대불교사상사』(동국대학교출판부, 1991), pp. 123~124.
135 『三國遺事』권3 興法 '法王禁殺'

식을 경계하는 등의 식생활 규범도 중요하게 다루었으리라 짐작된다.

신라의 불교공인은 삼국 가운데 가장 늦은 527년(법흥왕 14)에 이루어졌으나, 곧이어 교단의 기틀을 세우고 계율을 정비하는 일련의 중요한 변화가 따랐다. 법흥왕은 살생금지령을 내리고 왕위에서 물러난 뒤에 스스로 출가했으며, 뒤를 이어 즉위한 진흥왕은 불교를 장려하여 백성의 출가를 국법으로 허락하였다. 551년에는 고구려에서 귀화한 혜량惠諒을 승통으로 삼아 백좌강회百座講會와 팔관지법八關之法을 열었다.[136] 백좌강회는 백고좌회百高座會라고도 하여, 100개의 자리를 마련하고 고승을 초빙해 설법을 듣는 대규모 법회를 말한다.

그 뒤에도 백고좌회는 중요한 일이 있을 때마다 열려, 779년에 개설된 법회에서는 '선승禪僧 300명에게 음식을 대접하고 대왕이 친히 향을 피워 불공을 드렸다.'[137]고 기록하였다. 법회가 열릴 때면 승려들을 청해 공양을 올리는 반승飯僧이 따르게 마련이었고, 후대에는 반승을 목적으로 한 법회가 성행하게 된다. 반승은 초기 불교의 청식請食과 같은 것으로 오늘날에는 이를 '대중공양'이라 부른다. 출가수행자에게 공양을 대접하는 것을 큰 공덕으로 여겼기에, 왕이나 재가자들의 대중공양은 불교국가에서 보편적인 문화이기도 하였다.

---

136 『三國史記』권44 列傳4 '居柒夫'
137 『三國遺事』권2 奇異 '景哀王' ; 『三國史記』권4 新羅本紀 '惠恭王'

팔관지법은 팔관회八關會를 말하며, 572년과 645년에도 열렸다. '팔관八關'이란 인도불교에서 팔계재八戒齋로 처음 성립된 수행의식으로, 재가자들이 출가자처럼 수행할 수 없으니 매월 육재일六齋日에 여덟 가지 계율을 지킴으로써 공덕을 짓고자 한 것이다.[138] 당시의 신라 팔관회는 수행·호국·위령 등 다양한 목적으로 열렸으나, 재가자의 지계持戒를 새기는 팔관의 기본의미는 견지되었다. 8계 가운데 '살생금지'와 '오후불식'이 들어 있어, 재가불자들도 식생활과 관련된 재계齋戒의 신행으로 공덕을 쌓을 수 있다는 인식이 확산되었을 것이다.

600년(진평왕 22)경 세속오계를 세운 원광圓光은, 백성들에게 "육재일과 봄·여름에는 말·소·닭·개 등의 가축을 죽이지 말고, 고기가 한 점도 되지 않는 작고 어린 세물細物을 가려서 죽이지 않아야 함"[139]을 가르쳤다. 자장慈藏은 643년(선덕여왕 12) 당나라 유학을 마치고 돌아와 대국통大國統으로 임명되어, 교단을 정비하고 승려의 규범을 바로 세우는 데 힘을 쏟았다. 보름마다 포살布薩을 행하고 계율에 의거해 죄를 참회토록 했으며, 봄·겨울에 시험을 치러 계율을 지키고 범하는 것을 알게 하였다.[140] 자장은 중국 종남산에서 머물 때 도선道宣과 교류한 것으로 보이며, 『사분율』과 관련된 여러 율서를 저술하고 엄정한 계율 실천을 중시했다. 도선은 『당고승전』에서 자장율사를 '호법보살'이라 칭하며 계율에 근거한 그

---

138 구미래, 「팔관회의 현대적 계승과 복원」, 『불교학 연구』 35(불교학연구회, 2013), p. 180.
139 『三國遺事』 권4 義解 '圓光西學'
140 『續高僧傳』 권24 讀法 下 ; 『三國遺事』 권4 義解 '慈藏定律'

의 교단 운영을 높이 평가[141]하기도 했다.

　한국불교에서 탁발을 본격적인 공양 수단으로 삼지 않았지만, 부처님의 가르침에 따른 수행의 일환으로 또는 경제적으로 빈한한 사찰의 승려들에 의해 행해졌다. 이는『삼국유사』의 설화에 탁발승이 수시로 등장하는 데서도 잘 알 수 있다. 신라의 승려 대안大安 · 원효元曉 등이 탁발 걸식으로 대중과 함께하며 걸림 없는 무애행無涯行을 행했듯이, 호국불교로 지배층의 후원을 받던 시절에도 탁발수행은 이어졌다.

　특히 대안은 내력을 알 수 없는 승려지만 원효와 가까웠고, 특이한 형상에 구리로 만든 발우[鋼鉢]을 지닌 채 저잣거리를 다녔다. 그가 사람들에게 발우를 두드리며 "크게 편안하시오. 크게 편안하시오[大安大安]."라고 외쳤기에 '대안'이라 부르게 되었다.[142] 이렇게 외친 것은 장터거리 서민들에 대한 축원이었을 것이다. 고대에는 대개 흙을 굽거나 놋쇠 등으로 그릇을 만들었기에 대안이 사용한 발우도 구리 재질이었다.

　통일신라기 불교 계율의 핵심은 의상義相으로 대표되는 엄정한 지계와, 원효元曉로 상징되는『범망경』대승보살계의 성립이다. 당시 신라의 불교 교단은『사분율』에 입각해 운영되었으나, 원효는 보살계로서『범망경』을 중시하고 이를 통해 불교 대중화를 이끌었다.[143] 구족계를 수록하고 있는『사분율』은 출가자에게만 적용되는

141　강호선, 앞의 논문, pp. 88~89.
142　『宋高僧傳』권4 義解 '新羅國黃龍寺元曉傳'
143　강호선, 앞의 논문, pp. 91~92.

것으로 250계 · 348계의 바라제목차를 대상으로 삼았으나, 『범망경』은 출세간에 두루 통용되는 10중계重戒와 48경계輕戒의 계목을 대상으로 삼고 있다.

—

신라불교의 경제적 기반

불교 유입은 국가적 차원에서 이루어졌기에 초기부터 사찰에서 경작지를 소유한 것으로 추정되며, 통일신라에 와서 왕이 사찰에 경작지를 내린 구체적인 기록들이 전한다. 성덕왕은 즉위 4년(705)에 오대산에 진여원眞如院을 세워 『화엄경』을 오래 돌려 가면서 읽게 하고, 화엄사華嚴社를 조직하여 해마다 봄 · 가을에 벼 100섬과 기름 1섬을 바쳐 공비로 삼도록 하였다. 아울러 시지柴地 14결, 밤나무밭 6결, 위토전 2결을 내려 관리하게 하였다.[144]

이처럼 왕이 원당願堂으로 삼거나 호국을 위한 사찰을 세워 후원하는 것뿐만 아니라, 기도로써 효험을 얻은 사찰에도 이러한 지원이 따랐다. 이를테면 효소왕은 693년 백률사栢律寺에 기도를 올려 말갈족에게 잡혀간 국선이 돌아오자, 이를 치하해 사찰에 금은 그릇 · 가사 · 비단 등과 밭 1만 경頃을 내렸다.[145] 경덕왕 또한 745년 바닷길에서 사고를 당한 아들을 위해 어머니가 민장사敏藏寺에 기도를 올려 아들을 찾게 된 미담을 듣고 사찰에 밭과 재물을 내렸

---

144 『三國遺事』 권3 塔像 '五大山萬眞身'. 여기서 진여원은 上院寺를 말한다.
145 『三國遺事』 권3 塔像 '栢律寺'

다.[146] 불교를 숭상한 시기였기에 기록되지 않은 왕실과 지배층의 지원이 많았을 것으로 짐작된다.

따라서 이러한 논밭을 경작하기 위해서는 많은 인력이 필요하였고, 큰 규모의 사찰 주변에 사하촌寺下村에 해당하는 마을이 형성되게 마련이었다. 이들은 사찰 소유의 전답을 경작하며 경제적 삶을 기반으로 한 종교 공동체의 관계를 유지하였다. 9세기 후반에 해인사 주변의 사원전寺院田을 경작한 농민들이 흉년과 기근을 이기지 못해 도적이 되어 해인사를 침입한 사건[147]은 이러한 구도를 잘 보여 준다.

나말여초에 운문사雲門寺는 왕건으로부터 500결의 토지를 받았는데, 거기에 딸린 장생표가 11개 지역에 분산되어 있었다.[148] 통도사의 경우 나말여초의 상황을 기록한 「사지사방산천비보편寺之四方山川神補篇」이 전한다. 이에 따르면 절의 사방 산천의 땅은 둘레가 3만7천 보가량이고, 사원에 소속된 토지구역을 표시하는 12개의 장생표長生標를 사방에 세웠다고 하였다. 아울러 위전답을 경영하는 일종의 소작인으로 사령민寺領民이자 국가의 통할하에 있는 직간直干을 두었다.[149] 통도사의 기록은 고려에 걸치는 자료이지만

---

146 『三國遺事』권3 塔像 '敏藏寺'

147 권영오, 「신라 말 해인사와 주변 지역정세」, 『한국고대사연구』82(한국고대사학회, 2016), pp.316~328.

148 金杜珍, 「王建의 僧侶結合과 그 意圖」, 『韓國學論叢』4(국민대학교 한국학연구소, 1981), pp.142~143.

149 이인재, 「《통도사지(通度寺誌)》〈사지사방산천비보편(寺之四方山川神補篇)〉의 분석」, 『역사와 현실』8(한국역사연구회, 1992), pp.274~276, pp.303~304.

통일신라 후기부터 이러한 구도는 지속되었던 것으로 보인다.

특히 신라 말에는 당나라에서 들어온 선종의 영향으로 아홉 곳의 산에 절을 세워 선문구산禪門九山을 확립하였다. 이들은 중앙의 귀족적 진골과 대립하며 흥기한 지방호족과 밀접한 관련을 가지게 된다. 왕실의 간섭을 받지 않고 수행하기 좋은 깊은 산을 찾아들면서, 자연히 지방에서 세력을 키우던 호족들과 연계될 수 있었던 것[150]이다.

구산선문의 선종사찰은 규모도 대단히 컸고 막대한 토지를 지니고 있었다. 이를테면 성주산문 성주사聖住寺는 847년 무염無染이 주석하면서 창건되었는데 당시 불전 80칸, 행랑 800여 칸, 수각水閣 7칸, 고사庫舍 50여 칸으로 무려 1천 칸에 이르는 거대한 사찰이었다.[151] 872년에 세운 「혜철대사비」에는, 동리산문 태안사泰安寺에 2,930섬이 넘는 식량을 비축하고 있었으며, 전답 494결을 비롯해 대지·위토전이 200여 결, 염분鹽盆이 43결이었고, 노비 23명과 복전福田 40명이 있었다고 기록하였다.[152] 희양산문에 딸린 막대한 토지는 12개소의 장사莊舍로 나누어 관리[153]했으니 그 규모를 짐작할 만하다.

다른 산문의 토지도 이와 비슷하여 통일신라 무렵에는 사원전의 장원화莊園化가 이루어졌음을 알 수 있다. 따라서 신라부터 불교

150　김현준, 『이야기 한국불교사 I 』(효림, 1994), pp. 307~309.

151　최영성, 「崇巖山聖住寺事蹟記」, 『保寧文化』 14(保寧文化研究會, 2005), pp. 282~291.

152　慧哲大師碑

153　智證大師碑

가 융성했던 고려까지 규모가 큰 사찰은 경제적으로 대지주의 입장이어서, 수행자의 식생활 또한 일반 백성들보다 넉넉하였음이 짐작된다.

한편 우리나라 선방 가운데 독특한 구조를 지닌 곳으로 지리산 칠불사 아자방지七佛寺亞字房址가 알려져 있다. 이는 신라 효공왕 때 '구들도사'라 불린 승려 담공曇空이 특이한 공법으로 아자亞字 모양의 구들을 놓아 붙여진 이름이다. 네 모서리에 중앙보다 높은 곳을 두어 좌선처로 삼고, 중앙의 십十자형 낮은 곳으로 다니도록 이중온돌로 만들었다. 온돌에 한 번 불을 지피면 100일간 따뜻했다는 말이 전하며, 조선의 추월조능秋月祖能·벽송지엄碧松智嚴·서산西山·초의草衣 등이 수행하여 선의 법맥法脈을 이은 곳이기도 하다.[154] 아자방은 바닥보다 높은 평상마루를 깔아 수행처로 삼은 중국 선종 사원의 승당과 유사한 형태를 시도한 것으로 보인다.

고려시대 불교 식생활과 사찰경제

—

청규의 식생활 지향

고려시대에는 '한국불교 최초의 청규'[155]로 일컬어지는 『계초심학인문誡初心學人文』이 찬술되었다. 보조지눌普照知訥(1158~1210)은 당시

154 김상현, "칠불암(七佛庵)", 『한국민족문화대백과사전』(앞의 책)
155 鄭在逸(寂滅), 앞의 논문, p.326.

고려불교의 모순을 타파하고 승가 본연의 자세를 회복해 수행에 힘쓸 것을 주창하며 정혜결사定慧結社를 조직하였다. 그는 1190년에 결사의 취지를 담은『정혜결사문』을 반포하고, 1205년 동안거를 시작하면서 송광사의 전신인 수선사修禪社 중창과 함께『계초심학인문』을 반포하였다. 이는 북송 대『선원청규』의 영향을 받아 찬술한 것으로, 결사의 구체적인 생활규범을 담았다.『계초심학인문』에 공양과 관련된 내용은 다음과 같이 기록되어 있다.

> 공양할 때[齋食時][156]는 마시고 씹는 소리를 내지 말고
> 그릇과 수저를 들고 놓을 때 조심하며
> 얼굴을 들어 주변을 돌아보지 말라.
> 음식에 좋거나 싫어하는 마음을 내지 말며
> 묵언으로 공양하고 잡념을 내지 말라.
> 공양을 받음은 오직 몸이 야위는 것을 치료하고
> 도를 이루는 데 있음을 명심하라.
> 반드시「반야심경」을 염하고
> 삼륜三輪의 청정함을 관觀하여
> 도를 닦기 위함임을 잊지 말아야 한다.[157]

---

156 『선원청규』에서 죽[粥]과 밥[齋·飯]을 합하여 '齋粥·粥飯'이라 칭한 데 비해『계초심학인문』에서는 '齋食'이라 하고 있어, 지눌 당시에는 밥으로만 공양한 것이라 보기도 한다. 위의 논문, p.340.

157 『韓國佛敎全書 4』(東國大學校出版部, 2002), p.726.

공양할 때 지켜야 할 핵심을 요약한 내용으로, 앞부분은 공양 시의 예절과 자세에 관한 것을 밝혔다. 특히 음식을 대할 때 분별심을 내지 말고 말과 잡념 없이 묵언 공양할 것을 일렀다. 뒷부분은 공양하는 마음가짐에 관한 것으로, 오관게와 「반야심경」 염송 등 『선원청규』의 주요 내용을 담고 있다. 이와 함께 『선원청규』에 없는 '보시하는 이, 보시받는 이, 보시물의 삼륜三輪 청정'을 관하도록 한 것은 『화엄경』 「이세간품離世間品」의 열 가지 청정시淸淨施에 나오는 내용이다.

지눌의 『계초심학인문』에는 공양의 절차나 장소 등에 대한 정보가 담겨 있지 않다. 따라서 공양의 의식화보다는 공양이 수행과 다르지 않음을 강조하는 데 뜻을 둔 것임을 알 수 있다.

그런가 하면 『계초심학인문』이 찬술되기 이전에도 발우공양과 관련된 의식이 행해지고 있었음을 알려 주는 자료가 있다. 「용문사중수비」에 "1161년 혜조국사慧照國師가 중국에서 전해 온 좌선의 궤坐禪儀軌와 배발排鉢 등의 일을 가지고 총림회叢林會를 행하였다."[158] 고 적혀 있다. 여기서 '배발 등의 일'이란 발위鉢位를 정하고 재식齋食에 임하는 총림의 제반의식이라 볼 수 있기 때문이다. 특히 혜조는 중국에서 대장경을 가져오고 당시 선종계의 주도적 위치에 있던 인물이었다.[159]

1254년(고종 41)에는 나라에서 대장경 조판을 시행하면서 『선원

---

158 許興植, 「龍門寺重修碑」, 『韓國金石全文: 中世 下』(아세아문화사, 1984), p.874 : 鄭在逸 (寂滅), 앞의 논문, p.321에서 재인용.

159 鄭在逸(寂滅), 위의 논문, pp.321~323.

청규』도『중첨족본선원청규重添足本禪苑淸規』라는 이름으로 함께 복각되어, 중국의 청규가 본격적으로 한국 선종사찰의 생활규범에 영향을 미치게 된다. 고려 후기에는 선종을 중심으로 청규를 시행하여 기풍을 일신하고자 하는 노력이 있었다. 이에 공민왕의 후원 아래 왕사 태고보우太古普愚와 나옹혜근懶翁惠勤이『칙수백장청규』[160]를 간행하였고, 이를 실제 교단과 사찰 운영에 적극적으로 도입하려 했다. 그러나 청규에 근거하여 불교 교단을 개혁하고자 했던 시도는 공민왕의 죽음으로 결실을 보지 못하게 된다.[161]

이와 관련해 원나라에 유학을 다녀온 나옹혜근(1320~1358)에게 주목할 필요가 있다. 그는 원에서 경험했던 선종사원의 가람제도를 도입하여 1565년(명종 20) 왕명으로 회암사를 중창했기 때문이다. 회암사는 17세기에 폐사되었으나, 중창 직후의 전각 구성을 기록한 이색李穡의『천보산회암사수조기天寶山檜巖寺修造記』와 발굴조사를 통해 유구 배치를 확인할 수 있다.[162]

이에 따르면, 정문을 중심으로 동쪽의 후원 영역과 서쪽의 승당 영역으로 나누어, '동고원 서승당'의 특징을 지녔던 선종사원과 가람 구성이 같음을 알 수 있다. 후원 영역에는 부뚜막 흔적과 대형 석조石槽가 전하여 주방으로 추정되는 향적당香積堂이 있고, 주변에 창고 · 우물터와 대형 맷돌 2기가 남아 있다. 아울러 향적당 좌

---

160 정확한 명칭은『칙수백장청규』를 근간으로 하여 펴낸『현능칙간백장청규(玄陵勅刊百丈淸規)』이다. 위의 논문, pp. 349~351.

161 강호선, 앞의 논문, pp. 100~103.

162 한지만,「회암사지 고원 영역의 전각 배치에 대하여」,『대한건축학회 논문집』30-7(대한건축학회, 2014), pp. 145~146, p. 154.

우에 음식 장만을 주관하는 전좌의 요사로 전좌료典座療를 비롯해 후원 소임들의 요사가 있고, 후원 남쪽을 둘러싼 행자들의 거처가 당시의 기록과 일치한다.[163] 나옹이 유학을 다녀온 시기는 1347~ 1358년으로, 송나라 이후 14세기 원대에 이르기까지 중국 선종사 원의 전형적 가람배치를 따르면서 청규에 의한 수행생활을 지향했 음을 알 수 있다.

이처럼 나말여초부터 선불교를 본격적으로 받아들이기 시작하 였고, 1254년의『선원청규』와 공민왕 대의『칙수백장청규』간행 등에서 보듯이 고려 후기 선종사원의 식생활 또한 청규에 따른 규 범이 주요한 영향을 미쳤을 것이다.

—

반승과 사찰지원

고려불교는 호국적 성격이 더욱 짙어지고 왕실과 지배층의 적극 적인 지원을 받게 된다. 아울러 1만 명이 넘는 승려를 청해 공양을 올리는 대규모 반승飯僧이 국가행사로 꾸준히 이어졌다. 고려의 반 승에 대한 첫 기록은 1018년(현종 9)에 '반승십만飯僧十萬'[164]이 이루어 졌다는 내용이다. '십만 명의 승려'에 대한 공양 기록이 실제 숫자 를 말하는지는 알 수 없으나『고려사』에는 공식적인 기록만 해도 140회 이상의 반승이 등장한다.

---

163 위의 논문, pp. 153~155.
164 『高麗史』권4, 世家 顯宗 9년 5월 17일(戊寅)

반승 자체를 목적으로 한 경우도 있었지만, 대개 경전을 받들며 법회를 여는 장경도량藏經道場이나 왕실행사 때 함께 반승을 행한 것이 일반적이었다. "회경전會慶殿에서 장경도량을 열고, 구정毬庭에서 1만 명에게 반승하였다."[165]는 기록을 볼 때, 왕이 정사를 처리하는 정전正殿에서 의식을 행한 다음, 궁궐의 뜰에서 승려들의 공양이 이루어졌음을 알 수 있다.

　　특히 장경도량 가운데 『인왕경仁王經』을 외며 국태민안을 기원하는 법회가 1012년부터 고려 후기까지 인왕도량 · 백좌도량 등의 이름으로 지속되었다. 정종 대에 와서 봄 · 가을의 연례행사가 되어 각각 6일 · 7일간 열렸으며, 명칭 또한 백좌도량으로 성격이 명백해지면서 이후 개최되는 백고좌도량의 전범[166]이 되었다. 『인왕경』「호국품護國品」에는 법회를 열 때 "불상과 보살상 · 나한상을 100위씩 모시고, 100명의 법사를 청해 강경講經하게 하되 법사마다 높은 사자좌에 앉게 하며, 그 앞에 각각 등불 · 향 · 꽃 100개씩으로 삼보를 공양해야 한다."[167]는 의식 내용을 밝히고 있다. 『인왕경』은 호국불교의 대표 경전으로, 불법에 의지해 외침과 위기에서 나라를 구하고자 한 것이다.

　　아울러 임금 탄일이나 선대의 왕실 기일 등 각종 행사에서도 반승이 성행하였다. 『고려사』 등에 기록된 반승은 주최가 왕이었기에 곧 국가행사로서의 의미를 지닌다. 왕이나 공주가 직접 사찰

---

165 『高麗史』권5, 世家 顯宗 20년 4월 12일(戊戌)

166 안지원, 『고려의 국가 불교의례와 문화』(서울대학교출판부, 2005), p.301.

167 『佛說仁王般若波羅蜜經』권下 '護國品'

을 방문하여 반승을 올리기도 했으니, 재력가 개인의 반승 또한 수없이 이루어졌을 것이다. 수행자나 성자에게 올리는 공양이 큰 공덕으로 작용한다는 것은 종교 보편의 관념이었고 재가불자의 신행이기도 하였기 때문이다.

이와 관련해 고려시대에는 지배층에서 병이 위중하면 사찰을 찾아 불교에 의지하는 가운데 임종을 맞는 경우가 많았다. 관련 연구에 따르면, 그들 가운데 임종 무렵 승려들을 청해 계를 받거나 공양을 올린 사례들이 전한다.[168] 의관 이탄지李坦之[169]는 은해사銀海寺에서 머물다가, 임종 무렵 재齋를 마련해 부처님께 예배하고 승려들에게 공양을 올린 다음 밤새 천수진언을 외우다가 임종하였다. 문관 김중구金仲龜[170]는 자신이 중건한 봉고사鳳顧寺에 가서 선승禪僧 100명을 모셔 함께 목욕하며 정성스럽게 공양을 올리고, 다음날 승려들을 극진히 대접한 다음 임종하였다. 그들은 불보살의 가피를 받을 수 있는 사찰을 이상적인 임종 장소로 여겼고, 생의 마지막 순간에 불공을 올리고 반승하며 사후를 위한 공덕을 쌓고자한 것이다.

사찰에서 만든 음식 또한 각광을 받았다. 고려 후기에 이색李穡은 사찰음식과 관련해 많은 시를 지었는데, 관악산 신방사新房寺 주지 등으로부터 공양을 받고 지은 시 가운데 다음과 같은 구절이 있다. "공양은 단월檀越이 스님께 올림이 당연한데 산승山僧이 속인을

---

168 구미래, 『존엄한 죽음의 문화사』(모시는 사람들, 2015), pp.59~72.

169 김용선, 『역주 고려 묘지명집성: 상』(한림대학교 출판부, 2012), pp.194~195.

170 위의 책, p.612.

대접해 주니 가히 놀랄 만하네. 만두는 소복한 흰 눈처럼 쪄서 맛깔스럽고 두부는 기름 엉기게 끓여 더욱 향기로우니, 다생多生의 두터운 인연이 어찌 우연일 것인가."[171] 만두와 두부의 소담한 자태와 맛에 감탄하며 지은 시이다.

특히 이 시는 두부와 관련된 가장 이른 시기의 기록으로, 고려 후기에 두부가 전래했음을 알려 주는 자료이기도 하다. 두부와 만두는 당시에도 귀한 음식이었고, 여유 있는 사찰에서 속가의 고기처럼 손님 접대에 올렸음을 알 수 있다. 아울러 사찰에서 본격적으로 두부를 만들기 시작하면서, 두부는 중요한 불교 의례음식이자 육식을 금하는 수행자들의 단백질 공급원으로 자리를 잡아 가게 된다.

한편 송광사에는 앞서 살펴본 수선사의 현황을 정리한 문서 「수선사형지안修禪社形止案」이 전한다. 여기에는 수선사의 전답과 노비 등 살림살이의 다양한 모습이 기록되어 있다. 당시 수선사가 보유한 토지는 국가에서 하사한 것, 왕이 재비齋費에 쓰도록 지급한 것, 단월檀越들이 시주한 것 등 다양하였다. 다른 사찰과 마찬가지로 많은 노비가 소속되어 있는가 하면, 여러 명목의 보寶를 적극적으로 활용하였다.[172] 아울러 시주한 토지에는 기일보忌日寶 등과 같은 명목이 정해져 있어서, 해당 토지의 수확물은 본래 목적 외에 다른 용도로 사용할 수 없도록 하였다.[173]

---

171 『牧隱集』권35 詩, '衿州吟'
172 배상현, 「松廣寺 소장 古文書에 비친 高麗 寺院의 모습: 「修禪社形止記」를 중심으로」, 『한국중세사연구』 17(한국중세사학회, 2004), pp. 227~232.

비슷한 시기에 곡성 태안사의 「대안사형지안大安寺形止案」이 전하는데, 공간 구성이 「수선사형지안」과 유사하여 고려시대 선종사찰의 전각 배치를 확인할 수 있다. 두 사찰 모두 식당과 정주淨廚가 전후에 퇴칸退間을 지닌 상당히 큰 규모이고, 정주 바로 다음에 수가水家가 있었다. 수가는 부엌에서 쓸 물을 저장하고 채소를 다듬거나 설거지를 하는 등의 보완 공간이다. 또한 식당으로 추정되는 건물에 봉안한 불상을 설명하고 있어, 이러한 서술방식이 당시 사원 형지안의 일반적 기재 형식이었던 것으로 보인다.[174]

이처럼 불교의 위상이 높았던 고려시대에는 사찰경제도 윤택한 편이었다. 왕과 특정 재가자들의 지원으로 사원전의 규모가 커지고, 특정 사업을 위해 시주한 전곡錢穀으로 보를 운영했으며, 여러 물품을 생산·판매하는 등 사원경제가 확장되었다. 특히 농작물과 사찰에 필요한 물품의 여분을 판매하는 것은 물론, 세간에서 상품성이 높은 것을 생산·판매하기도 했다. 그 가운데 계율과 관련해 문제가 된 것은 일부 사찰에서 양조하여 판매한 술이었다. 1010년에 문제가 발생해 비구·비구니가 술을 빚는 것을 금지[175]했는데, 1027년에 다시 양주의 세 곳 사찰에서 이를 어기고 도합 360여 석의 쌀로 술을 빚었다.[176] 1131년에는 서울과 지방의 사찰

---

173 노명호 외, 「修禪社形止案」, 『韓國古代中世古文書硏究: 상』(서울대학교출판부, 2000), pp. 389~391.

174 최연식, 「高麗 寺院形止案의 復元과 禪宗寺院의 공간구성 검토」, 『불교연구』 38(한국불교연구원, 2013), pp. 172~182.

175 『高麗史』 권85, 志39 刑法2 禁令 顯宗 1년(날짜 미상)

176 『高麗史』 권5, 世家 顯宗 18년 6월 14일(癸未)

에서 술과 파·마늘을 팔기도 하여 이를 금지한 기록[177]도 전한다.

이 외에도 사찰이 지나친 부를 축적하여 백성의 원성을 사기도 하면서, 국가의 보호를 받는 고려시대에 이미 승려들의 행동을 제한하는 금령이 하나둘씩 나타나기 시작하였다.[178] 사원경제의 팽창에 따른 폐단으로 불교 내적 자정 능력을 조금씩 상실해 가는 가운데, 유교 이념으로 무장한 시대를 맞게 된다.

조선시대 불교 식생활과 사찰경제

—

경제적 상황과 자구책

불교가 배척당하는 조선시대에 들어서면 토지와 노비의 몰수 등으로 사원경제가 점차 붕괴되기 시작한다. 사찰과 민중의 경제적 관계도 토지를 중심으로 한 예속관계에서 벗어나 점차 상호보완적 경제 공동체의 성격이 강해지게 된다. 조선 전기까지 이전 시대의 영향으로 왕실을 비롯한 지배층에서 공식·비공식으로 불교 의례에 의존하고 사찰을 지원하는 비중이 컸다면, 중후반으로 갈수록 불교를 탄압하는 상황이 강화되었다.

정약용이 강진 유배생활을 하던 1818년(순조 18)에 저술한『목민심서』에는, 지방 관리가 사찰에 와서 횡포를 부린 내용이 다음과

---

177 『高麗史』권85, 志39 刑法2 禁令 仁宗 9년 6월(날짜 미상)
178 李載昌,『韓國佛敎 寺院經濟硏究』(불교시대사, 1993), pp.138~140.

같이 적혀 있다.

> 고을 수령이 절에서 한 번 놀면 승려들은 생활비의 거의 반
> 년분을 써야 한다. 일행은 으레 술·밥·담배·신발 등을 요
> 구했고, 만약 기생을 데려와 풍악을 연주하고 광대를 시켜
> 잡희雜戲 놀음을 벌이면, 구경 온 남녀들이 모두 밥을 요구하
> 게 되니, 승려들이 견뎌 내겠는가.[179]

이러한 횡포에도 꼼짝없이 당해야 했으니 불교가 처한 현실이
짐작된다. 따라서 지배층의 비호를 받는 원찰을 제외하면 대부분
사찰이 핍박을 받고 승려들은 온갖 잡역에 시달리는 한편, 자체
노동력으로 경제를 꾸려 나가야 할 처지에 놓이게 된다. 승려들의
풍부한 노동력은 군역軍役에서부터 토목공사, 농사, 채광採鑛, 종이·
공예품 제작 등에 이르기까지 전 방위적으로 동원되었다.

생계 유지를 위한 자구책으로 사찰에서 생산하는 상품의 종류
도 다양하였다. 공어물供御物의 진상을 담당했던 남한산성 내 사원
들의 경우 백지白紙·산나물·무나물 등을 생산하고 소와 말을 목
축하기도 했다. 그 밖에 전국 각지의 사원생산품을 보면 고사리·
도라지 등 각종 산나물, 으름·머루·홍시 등 산 열매와 잣·버섯·
청밀淸蜜 등이었다. 이들 생산물은 산사에서 자급자족해 온 것으
로, 점차 나라에 바치는 진상품이나 상품으로 사원경제에도 기여

---

179 『牧民心書』律己 1조 '飭躬'

한 것으로 보인다.[180]

사찰의 상업활동이 가내수공업의 경지를 넘어서 대량생산의 주체가 되기도 하였다. 대표적인 사례가 평강 부석사浮石寺에서 생산했던 미투리를 꼽을 수 있다. 당시 부석사는 79칸의 대가람에 많은 승려가 거주한 데다 한양과 이틀 남짓한 거리에 위치하였다. 미투리 제작에 필요한 삼·모시·노 등의 재료를 자체 생산과 함께 농가로부터 수집하였고, 대가를 선지급하는 주문 생산에서 출발하여 수요 급증으로 시장상품의 생산 형식으로까지 발전해 갔다.『쇄미록瑣尾錄』에는 당시 부석사에서 미투리 상품의 선불로 콩을 받은 기록도 전한다.[181] 이처럼 승려들이 직접 상품을 만들고 중간상인을 통해 판매하면서, 사찰에 필요한 곡식 등을 받아 후원 살림을 꾸렸음을 알 수 있다.

한편 쇠퇴기·은둔 불교로 규정되는 조선의 불교를 다른 시각에서 보면, 왕실·지배층 중심의 귀족불교에서 피지배층의 신앙으로 대중불교가 광범위하게 확산한 시기였다. 사찰의 후원 세력 또한 지배층 중심에서 기층민으로 교체되어 각종 불사에 다양한 계층이 시주자로 참여하는 변화가 이루어진다. 이에 따라 민속신앙을 적극적으로 수용하여 사찰 내에 산신각·칠성각 등이 건립되는가 하면, 다양한 의식의 발달과 예능화가 집중적으로 이어졌다. 절을 세우는 입지 또한 고려 때까지 평지였다면, 조선 이후는

---

180 이봉춘,『조선시대 불교사 연구』(민족사, 2015), pp.471~472.

181 金甲周,『朝鮮時代 寺院經濟硏究』(同和出版公社, 1983), pp.116~123.

산지가 주를 이루어 '도심에서 산중으로' 이동하는 현상을 살펴볼 수 있다.

조선 후기에 이르면 전국적으로 수많은 사찰계寺刹契가 조직되어 재정적 어려움을 극복하고 사찰을 유지·발전시키는 역할을 담당하였다. 동갑의 승려들이 조직한 갑계甲契, 전답과 재화 등을 마련하기 위한 불량계佛糧契, 염불 수행과 함께 사찰의 물적 토대에 큰 도움이 된 염불계念佛契, 같은 스승의 문하생 중심의 문도계門徒契 등 25종에 이르렀다. 이들 사찰계는 명칭과 구성원은 달라도 어려운 시절에 사찰의 법등法燈을 이어 가게 한 원동력이 되었고, 재가자의 참여도 큰 비중을 차지하였다.[182] 대표적인 사례로 범어사에는 1722년~1947년에 이르는 기간 동안 63건의 다양한 사찰계가 있었고, 다른 사찰에 없는 누룩계·어산계魚山契·사접계射接契·호방계虎榜契 등의 특수한 사례도 보인다.[183]

특히 조선 후기 총림이 선원·강원·염불원으로 구성되었듯이, 염불신앙의 성행과 함께 염불계가 활발히 운영되었다. 염불계는 승속이 함께 이끌었으나, 재가자들이 염불 수행에 참여하기보다는 수행하는 승려에 대한 보시로써 왕생 공덕을 쌓는 방식으로 동참하였다.[184]

18세기를 전후한 무렵에는 민간경제의 신장으로 승려들의 사유재산 소유가 가능해져 사찰에 사유 전답이 자유롭게 조성되었

---

182 한상길, 『조선후기 불교와 寺刹契』(景仁文化社, 2006), pp.371~376.

183 위의 책, pp.336~366.

184 이종수, 「朝鮮後期 念佛契 硏究」(동국대학교 대학원 석사학위 논문, 2002), pp.57~58.

다. 본래 출가자의 생산활동은 열려 있었지만 자산 소유는 금지된 것이었으나, 과전법科田法의 붕괴와 함께 이를 인정하게 되었다. 따라서 승려들의 토지 개간과 생산 활동으로 얻은 전답, 부모·스승으로부터 상속받은 전답, 출가 전의 사유 전답 등이 인정되었고 이러한 사유 전답은 불가佛家 위주로 상속되었다.[185] 이는 조선 후기 이래 문중 중심의 불교가 강화되는 주요 요인으로 작용했을 것이다.

한편 선교학禪敎學 수행처의 중심이 되었던 조선 후기 지리산 벽송사碧松寺의 사례는 주목할 만하다. 1747년 이후 벽송사의 강회와 안거를 기록한 『강회주반록講會主伴錄』 등에는 조선 후기 불교계의 수행 전통과 그 뒷받침을 위한 노력이 담겨 있다. 이에 따르면 당시 1천 명 이상의 학인이 강회에 몰려들었고, 늘어나는 학인을 수용하고자 전각을 짓고 보수하였다. 전국의 사찰과 신도들이 수행 공간 마련과 경제적 지원에 동참했으며, 사찰에서도 불량답을 비롯해 소금·장을 만드는 염장청鹽藏廳을 마련하는가 하면, 감나무를 구입해 접목하는 등 다양한 노력을 기울였다. 이는 사찰 운영을 넘어서 당시 활발하게 진행되었던 강회와 안거 대중을 후원하기 위한 것이라는 점에서 중요한 의미를 지닌다.[186]

---

185 金甲周, 앞의 책, pp.141~158, p.268.

186 오경후, 「朝鮮後期 碧松寺의 修行傳統과 佛敎史的 價値」, 『한국학연구』 36(인하대학교 한국학연구소, 2015), p.532.

공양의식의 정립

공양의식과 관련해 1496년에 작자 미상의『승가일용식시묵언작법僧家日用食時默言作法』(이하『승가일용』)이 간행되었다. 여기에는 승가의 일상생활에 필요한 여러 의식과 관련된 내용이 담겨 있는데, 맨 앞에 나란히 실린「묵언작법默言作法」과「식당작법食堂作法」이 발우공양에 대한 것이다.『승가일용』에 담긴 이들 공양의식은『선원청규』의 영향을 받아 정립된 것이지만, 청규에 없는 한국불교의 독자적인 내용을 풍부하게 담고 있다. 의식집 간행과 함께 조선시대 전 시기에 걸쳐 널리 유통되었고, 현존하는 판본 가운데 가장 이른 것이 1496년의 옥천사玉泉寺 판본이다.

「묵언작법」은 사찰에서 일상적으로 발우공양을 할 때 행하는 의식이다. 여기에 담긴 절차는 오늘날 승려들의 일상식인 발우공양의 기반이 되고 있어, 한국불교의 공양의식에서 가장 중요한 자료라 할 수 있다.「묵언작법」의 명칭 또한「승가일용식시묵언작법」으로 책 제목과 같아, 일상의 발우공양의식이 의식집의 핵심임을 말해 준다.

「식당작법」은 영산재와 같은 대규모 재회齋會에서 발우공양을 의식화하여 치를 수 있도록 한 것이다. 따라서 협주夾註를 곁들이고 의식의 소임 승려를 상세히 기록하였다. 아울러「반야심경」과 시주자 축원 등의 내용을 추가하고,『선원청규』에 나오는 사물四物 · 백퇴百槌와 범패 등을 활용하여 본격적인 의식으로 정립하였다. '식당작법'이란 본래『교계율의』등에 나오는 말로, 법식에 따른 공양의식을 일컫는 용어로 사용하였다. 이에 일상으로 행하는 발우 공양까지「식당작법」이라 부르기도 하나, 한국에서는 작법과 더불어 행하도록 의식화하여 독자적인「식당작법」을 정립한 것이다. 따라서 조선 중기 이전에 이미 의식화된「식당작법」이 행해지고 있었음을 알 수 있다.

일상의 발우공양인「묵언작법」은 14가지 절차로 이루어져 있다〈표 2-8〉.[187]

「묵언작법」과「식당작법」의 공양 절차는 같지만, 각기 목적에 따라 세부적인 게송에 차이가 있어 절차를 함께 섞어서는 안 되고 별도로 살펴보아야 한다.『승가일용』의「묵언작법」공양 절차를 보면,『선원청규』·『칙수청규』보다 훨씬 세밀한 절차로 구성되어 있음을 알 수 있다. 이 가운데 중국 청규에 없는 게송은 하발게 · 육진언 · 봉반게 · 정식게 · 삼시게이다.

하발게下鉢偈는 발우를 내리면서 염송하는 게송으로, 음식을 먹는 것이 부처가 되고자 수행 정진하기 위한 것임을 일깨우는 내용이다. 육진언六眞言은 공양을 받은 뒤, 삼보를 기리고 계율 · 선정 · 지혜의 삼학三學을 닦고자 발심하는 게송이다. 여섯 가지 진언은 불삼신佛三身 · 법삼장法三藏 · 승삼승僧三乘 · 계삼장戒三藏 · 정결도定決道 · 혜철수慧徹修 진언을 말한다.

봉반게奉飯偈는 두 손으로 어시발우를 눈높이로 받들며 염송하

---

187 朴世敏 編,『韓國佛教儀禮資料叢書』제3집, pp.522~523. 각 절차에 대한 설명은 필자가 작성함.

① 하발계下鉢偈	선반에서 발우를 내림
② 회발계回鉢偈	발우를 앞에 마주함 = 불은상기계佛恩想起偈
③ 전발계展鉢偈	발우를 펼침
④ 십념十念	펼친 발우를 마주하고 여러 불보살의 명호를 염송함
⑤ 창식계唱食偈	공양의 이로움을 찬탄함
⑥ 수식계受食偈	공양을 받으며 모든 중생을 축원함
⑦ 육진언六眞言	불·법·승·계·정·혜의 여섯 가지 진언을 염송함
⑧ 봉반계奉飯偈	어시발우를 받듦 = 봉발게奉鉢偈
⑨ 오관계五觀偈	오관게를 염송함
⑩ 생반계生飯偈	헌식용 음식을 덜어 놓음 = 출생게出生偈
⑪ 정식계淨食偈	공양을 하기 전에 음식을 정화함
⑫ 삼시계三匙偈	공양을 하기 전에 세 가지를 발원함
⑬ 절수계折水偈	공양을 마친 뒤에 발우의 물을 버림
⑭ 수발계收鉢偈	발우를 거둠

표 2-8. 「승가일용」 「묵언작법」의 발우공양 절차

는데, 위로는 석가모니를 비롯한 모든 현인과 성인, 아래로는 범부 중생에 이르기까지 공양을 올린다는 게송이다. 음식을 먹기 전에 높고 낮음의 차별 없이 모든 생명에게 이를 베푼다는 마음을 지니면서, 주는 자와 받는 자 모두 성불하기를 바라는 뜻을 담고 있다.

정식계淨食偈는 음식을 정화하는 게송으로, 물 한 방울부터 먹고 마시는 모든 것에 깃들어 있는 생명을 청정하게 하는 내용이다. 음식을 먹는 것은 수많은 생명을 빼앗는 일임을 되새기며, 청수를 응시하는 가운데 진언을 외도록 하였다. 삼시게三匙偈는 공양하기 전, 마지막으로 세 가지를 발원하는 게송이다. 이 공양으로써 악행을 끊고, 선행을 닦으며, 모든 이들과 함께 깨달음을 위해 정진하겠다는 발원을 담았다.

추가된 절차와 게송의 내용을 살펴보면, 음식에 담긴 모든 생명을 돌아보고, 일체중생과 함께 공양하여, 다 함께 깨달음에 이르기를 발원하는 대승불교의 보살정신이 기반을 이루고 있다. 아울러 육진언·정식게 등 진언이 다수 추가되면서 밀교적 성격도 강하게 나타남[188]을 알 수 있다.

—

음식을 매개로 한 유불 관계

유교가 새로운 가치이념으로 자리하게 되었지만 인간 본연의 종교적 욕구를 충족시키지 못하였고, 불교는 유교에서 감당하지 못하는 생사문제를 해명하는 데 여전히 유효하였다. 따라서 불교를 배척하면서도 사후문제는 불교에 깊이 의지하여, 왕실에서부터 서민에 이르기까지 불교 천도재薦度齋는 유교의 상·제례와 나란히 사후의례의 한 축을 담당해 왔다.[189] 이러한 분위기와 함께 다양한 사찰 의례음식 또한 단절되지 않고 전승될 수 있었다.

---

188 한수진, 앞의 논문(2020), p. 285.
189 구미래, 『한국인의 죽음과 사십구재』(민속원, 2009), p. 27.

이와 관련해 불교에서 승려의 일상식은 물론 천도재의 재물祭物에 고기를 쓰지 않는 소선素膳의 규범이, 유교의 제물祭物에까지 영향을 미친 일련의 자료를 살필 수 있어 흥미롭다.

유교 제사에서 고기가 금기의 대상이 되는 것은 제주祭主에 국한된다. 자식은 부모가 세상을 떠난 뒤 27개월째 되는 날, 담제禫祭를 지내고 나서야 비로소 고기와 술을 먹을 수 있었다.[190] 기제사 또한 길례吉禮의 범주에 들어가더라도 행동거지를 삼가서, 전날에 재계齋戒하고 당일에는 술과 고기를 먹지 않도록 했다.[191] 이에 비해 조상이 흠향할 제수祭羞에는 고기를 올리는 것이 도리였다. 갱국에 대부분 고기가 들어갈뿐더러, 제수의 으뜸은 고기·생선을 고임으로 차리는 도적이며, 격이 높은 제사일수록 생육生肉을 썼다. 제수를 제대로 갖출 형편이 되지 않을 때 "주과포라도 차려서 제사를 지낸다."는 말이 있는데, 여기서 포脯는 육포·어포를 말한다.[192] 이처럼 주육酒肉은 유교 제사에서 생자에게는 금기요, 망자에게는 도리의 음식으로 삼았으니, 생자와 망자가 뚜렷이 구분되는 셈이다.

그런데『상변통고』제례 편에는 '기제사에 소찬素饌을 사용하는 잘못'[193]이라는 제목으로 아래 3인의 글이 나란히 인용되어 있다. 소찬은 소선素膳과 같은 뜻으로 나물 반찬을 말한다.

---

190 『四禮便覽』권6 喪禮
191 『四禮便覽』권8 祭禮 '忌祭'
192 김미영,『유교의례의 전통과 상징』(민속원, 2010), pp.53~78.
193 『常變通攷』卷25 祭禮 '忌祭用素饌之非'

왕씨王氏가 말했다. "사대부 집안에서 기일에 승려에게 불경을 외우고 추천追薦케 하니, 그 비속함을 괴이하게 여길 만하다. 이미 이런 이치가 없으니, 이것은 그 선대로 하여금 혈식血食하지 못하도록 하는 것이다."

이황李滉이 말했다. "예법에는 삼년상의 제사에서도 다 고기를 쓰거늘 더구나 기제에서야 무엇을 의심하겠는가? 지금 상례나 기제에 모두 고기를 쓰지 않는 것은 곧 산 사람이 행소行素하는 데 편리한 점을 취한 것으로서 그 본래의 뜻을 잃은 것이다. 그것이 유전되어 관습이 되어 버리자, 도리어 고기 쓰는 것을 괴이하게 여기고 있으니 탄식할 일이다."

이수광李晬光이 말했다. "우리나라 사람들은 기일이 되면 절에서 재齋를 열었기 때문에 시속에서 휘일諱日을 승재僧齋라 한다. 나라에서도 선 왕후의 기일이 되면 역시 시속에 따라 승재를 행했는데, 중종 병자년에 이르러 비로소 기신재忌晨齋를 혁파했으니, 이는 기묘 제현己卯諸賢의 건의에 따른 것이다. 지금 사대부의 집안에서는 한결같이 예문禮文을 따르는데, 국가의 기신제에는 오히려 소찬素饌을 쓰니 아마 구습을 따라 그러한 듯하다."

이황은 제사에 고기를 쓰는 것은 당연한 일인데, 제주가 근신하며 고기를 먹지 않기에 제상에도 올리지 않음은 잘못된 것임을 탄식하였다. 왕씨와 이수광은 이러한 풍습이 불교식 제사에서 비롯된 것임을 지적하였다. 이들은 사찰에서 제사를 지냄으로써 조상이 혈식血食하지 못하게 되었고, 불교 기신재[194]의 풍습으로 인해 사대부 집안에서는 고기를 쓰나 국가 기신제에는 오히려 소찬素饌을 쓰게 되었다고 보았다.

이는 기제사를 사찰에서 불교식으로 지내는 이들이 그만큼 많았고, 그 영향으로 일반 가정에서도 기제사에 소찬을 쓰는 이들이 있었음을 말해 준다. 단지 제주가 편하기 위해 제사에 고기를 쓰지 않는 것은 효와 조상숭배를 중시했던 당시의 정서와 맞지 않을뿐더러 예서의 규범과도 어긋난다. 따라서 사찰에서 제사를 지낼 때 고기를 쓰지 않으니 유교식 제사를 지낼 때조차 이러한 풍습이 적용되었던 듯하다.[195] 이는 지배층에서『주자가례』가 자리를 잡아가던 조선 중기의 자료이기에 더욱 흥미롭다. 특히 왕실 상·제례처럼 격이 높을수록 불교식 소찬을 쓴 것이니, 유교적으로 볼 때 격이 높은 제사일수록 생육을 쓴 것과 정반대의 개념이 적용된 것임을 알 수 있다.

1420년(세종 2)에는 예조에서 재의 전물奠物 규정을 마련하였다. 수륙재水陸齋 등의 천도재를 지낼 때 올리는 음식은 찐밥·유과·팥죽·떡·국수·과일에 국한하되, 국행수륙재의 위상을 구분하고 품계별 관직과 서민에 이르기까지 차등을 두었으며, 전물을 마

---

194 '기신(忌晨)'이란 기일 새벽이라는 뜻으로, 기신재·기신제는 각각 불교와 유교의 기일 의례를 말한다.

195 구미래,『한국 불교의 일생의례』(민족사, 2012), pp. 448~449.

련할 때 속인을 금하고 승려가 전담토록 하였다.[196] 유교 이념의 조선왕조에 들어와서도 불교음식에 대한 이해와 수용이 깊었기에, 이러한 재물 규범이 사찰을 벗어나서도 또 다른 전형으로 수용되었음이 짐작된다.

아울러 왕릉에도 제사와 관리를 맡은 사찰을 두어 제물에 고기를 쓰지 않았다. 수국사의 전신인 정인사正因寺는 왕실에서 세운 사찰로, 1471년 인수대비가 중창할 때 119칸으로 늘렸다. 당시 김수온金守溫의 「정인사중창기」에 따르면, "능침陵寢 곁에 사찰을 세우는 것은 선대 왕을 추모하고 천도하기 위함이며, 이는 중국 한나라 이래 왕실의 근본에 보답하는 극진한 도리로 지속되어 온 것"[197]이라 하였다. 조선의 왕실에서 능침제사를 사찰에 맡겨 소선을 쓰게 한 것은, 불교의 위신력에 힘입어 왕실 조상의 극락왕생을 기원하는 의미였음을 새삼 확인하게 되는 대목이다. 아울러 「정인사중창기」에는 승당과 선당이 동서로 마주하고 남쪽 17칸의 회랑을 반승의 식당으로 사용했다고 하여, 왕실에서 세운 사원에는 반승을 위한 별도의 공간이 마련되기도 했음[198]을 알 수 있다.

이처럼 조선에 들어와서도 반승은 지속되었다. 1422년에 태종이 임종하자 세종은 칠칠재와 백일재는 물론 소상재·대상재를 수륙재로 치렀다. 이로부터 24년이 지난 1446년 왕비 소헌왕후의 임종에도 열 번의 수륙재로써 유교 삼년상과 나란히 불교 상례를

---

196 『世宗實錄』권9 世宗 2년 9월 22일(丁亥)
197 『新增東國輿地勝覽』권11 京畿 高陽郡
198 한수진, 앞의 논문(2020), pp. 280~281.

치르게 된다. 이때 재마다 반승이 1만 명에 가까웠고, 잡객이 수천 명에 걸인 또한 1만 명이나 되었다.[199] 나라의 중요한 일마다 반승이 이어지다가, 조선 중기에 접어들면서 점차 국가 차원의 반승은 사라지게 된다. 그러나 왕실과 지배층의 원당願堂에 후원이 끊이지 않았듯이, 개인이 설판재자設辦齋者가 되어 행한 크고 작은 반승 또한 다양한 형태로 행해졌을 것이다.

사찰에 대한 사대부의 핍박이 심했던 한편으로, 친밀한 교류도 이어졌다. 집안의 불교식 제사를 지내 줄 원당을 둔 유학자들이 많았음은 물론, 차·음식 등을 통한 교류를 비롯해 학문적·사상적 교류에 이르기까지 다양한 기록이 전한다. 특히 사찰음식을 매개로 한 유학자와 승려의 교류가 활발하였다.

고려 후기에 들여온 두부는 조선시대에 와서 사찰음식은 물론 본격적인 의례음식으로 자리 잡게 된다. 유학자들 또한 사찰을 찾아 두부를 즐겼다. 신숙주의 문집을 보면, 1463년에 진관사를 방문했을 때 대식가인 홍일동洪逸童이 두부찜 일곱 그릇에 밥과 국수 등을 먹었다[200]는 기록이 있다. 이처럼 사찰을 방문했을 때 두부를 대접받기도 했고, 두부를 청하며 그 대가로 쌀을 주기도[201] 하였다.

대표적인 사례로 조선 중기의 문신 이문건李文楗을 꼽을 수 있다. 당시 이문건 문중에서는 성주 안봉사安峰寺에 영당影堂을 마련

---

199 『世宗實錄』 권111 世宗 2년 3월 29일(丙申)

200 『保閑齋集』 권6 七言小詩 '次洪日休游津寬洞後廚金浩生詩卷詩韻'

201 金聲振, 「『瑣尾錄』을 통해본 士族의 生活文化: 음식문화를 중심으로」, 『東洋漢文學硏究』 24 (東洋漢文學會, 2007), pp.193~194.

해 중시조를 비롯한 14위의 영정을 봉안하고 매년 제사를 지냈는데, 이문건이 성주로 유배 간 뒤에는 영당제를 본격적으로 이끌었다.[202] 따라서 이문건과 안봉사 승려들의 관계는 각별하였다. 안봉사에서는 유배 온 이문건에게 김치·무·두부·나물 등을 보냈고, 이문건은 봄철 춘궁기에 식량이 모자란 안봉사에서 환곡還穀을 요청하자 성주 목사에게 청해 콩·보리쌀 등을 받게 하였다. 적산사·해인사 등에서도 유배 당시의 이문건에게 두부·장·김·잣 등을 보냈다.[203] 그 외에도 많은 유학자의 문집에 사찰에서 보낸 다양한 음식을 기록하고 있어, 지역 사찰과 인연 있는 유림 간에 서로 도움을 주고 받는 관계와 교류가 끊이지 않고 이어졌음을 알 수 있다.

다산茶山 정약용, 선사 초의草衣, 추사秋史 김정희는 조선 후기 차문화를 풍성하게 한 인물들이다. 초의는 '한국의 다성茶聖'이라 추앙받는 선사로, 대흥사 계곡에 일지암을 짓고 40여 년간 홀로 정진하며 보냈다. 특히 차를 매개로 한 초의와 추사 두 동갑의 교류는 한국 차문화의 백미를 이룬다. 추사가 9년간 제주도 유배 생활을 하는 동안은 물론 한양에 올라간 뒤에도, 초의는 일지암에서 정성 들여 만든 차를 추사에게 보내 주었다. 차를 받은 추사는 답례로 염주·향·부채·책 등과 글씨를 보내곤 하였다. 추사는 차가 떨어질 듯하면 편지를 써서 으름장을 놓거나 보채며 초의를 닭

---

202 宋宰鏞, 「임란 전 의례연구」, 『東아시아古代學』 20(東아시아古代學會, 2009), pp. 368~369.
203 한수진, 앞의 논문(2020), pp. 315~316, p. 320.

달하기를 즐겼고, 백파白坡에게 갈 차를 가로채며 병을 핑계로 동정심을 유발하기도 했다.[204] 이처럼 차를 중심으로 승가僧伽와 사대부士大夫의 두 거물이 깊은 우정을 이어 갔다.

또한 15세기 말 경기 장단의 낙산사洛山寺와 고양 정인사에는 두부를 만드는 시설로 조포간造泡間이 있었다. 모두 절 바깥에 조포간을 두었는데, 정인사의 경우 우마사牛馬舍와 합해 15칸 규모라 하였다. 당시 사찰에서 두부를 만드는 대규모 시설을 별도로 두었을 만큼 두부가 중요하게 다루어졌음을 알 수 있다.[205]

조선 후기에는 조포사造泡寺의 개념이 본격적으로 등장하였다. 조포사는 왕릉 제사에 쓸 두부를 전담하는 사찰을 말한다. 이를테면 17세기 이후 진관사에서는 서오릉에 속한 창릉과 홍릉의 조포사로 지정되어, 조포승造泡僧이 왕실 제사의 두부 만드는 일을 맡았다.[206] 1930년대에 작성된 문서에 따르면 능침에 제수를 공급하는 51개 사찰이 있었는데, 그 가운데 35개가 조포사였다.[207] 조포사를 따로 둘 정도로 두부가 왕실 제사에 빼놓을 수 없는 음식이었다는 점과 함께, '두부는 사찰에서 만드는 것'이라는 인식 또한 살필 수 있다.

---

204 杲山, 『茶道儀範』(성보문화재연구원, 2018), pp. 134~146.

205 심승구, 「조선시대 조포사와 진관사」, 진관사산사음식연구소, 『제2회 사찰음식 학술세미나 자료집: 두부의 역사문화와 진관사 두부』(2019), pp. 90~91.

206 위의 논문, pp. 115~116.

207 『廟殿宮陵園墓造泡寺調』(1930) : 탁효정, 「『廟殿宮陵園墓造泡寺調』를 통해본 조선 후기 능침사의 실태」, 『조선시대사학보』 61(조선시대사학회, 2012), p. 211에서 재인용.

—

대처식육과 선불교의 중흥

근대에 들어와서도 일제강점의 상황 속에 대찰을 제외한 대부분 사찰은 궁핍한 생활을 이어 갔다. 당시에 성행한 탁발은 수행의 일환인 동시에, 경제적 상황으로 인해 어쩔 수 없는 선택이기도 하였다. 특히 일제강점기의 대처帶妻 허용과 이에 따른 식육食肉은 사찰경제의 성격을 다양하게 변모시켰다.

조선총독부가 불교계를 장악하고자 가장 먼저 행한 것은 1911년의「사찰령」반포였다. 이를 통해 한국불교에서 자주적인 종단을 만들 수 없게 하고 승려의 혼인을 장려·유도하였다. 취처娶妻를 통해 한국불교를 일본화하면서, 수행과 독립운동에 장애가 되는 가족을 만들도록 한 의도를 읽을 수 있다. 이로 인해 1925년 통계에 전국의 승려 7,188명(비구 6,324명, 비구니 864명) 가운데 3천 명 이상이 혼인하게 된다.[208] 일제강점기 후반에는 7천여 승려 가운데 비구니 1천여 명에 청정 비구는 300여 명 정도에 불과하여, 일제강점기의 주류 승려는 대처승[209]이었다.

1926년에 전국 각지의 승려 127명이 식육취처는 불교폐망의 근원이니 불교의 장래를 위해 이를 금지해 달라는 진정서를 조선

---

208 김순석,『일제시대 조선총독부의 불교정책과 불교계의 대응』(景仁文化社, 2003), p. 150.

209 김광식,「식민지(1910~1945)시대의 불교와 국가권력」,『大覺思想』13(대각사상연구원, 2010), p. 13.

총독부에 제출[210]하기도 하였다. 그러나 1926년 대처식육을 정식으로 허용하면서 사찰경제는 더욱 어렵게 되었는데, 독신인 비구승에 비해 처자를 거느린 대처승의 생활비가 사원경제에서 충당되었기 때문[211]이다.

　이 시기 사하촌에 해당하는 마을은 가족을 거느린 승려들의 주거지 성격을 띠고, 사찰 바로 앞에 새로운 주거지가 형성되기도 하면서 마을과 사찰의 관계 또한 복잡한 양상으로 전개되었다. 이를테면 당시 사하촌에서는 아이들에게 대처승을 양아버지로 삼아 주는 풍습이 있었다. 예전부터 "스님이 되거나, 스님을 아버지로 모시면 수명이 길어진다."는 담론이 성행했기 때문이다. 아울러 "스님들에게 논밭이라도 잘 얻어 부치려고 연결해 놓는 점도 있다."는 속리산 주민의 말처럼, 이면에는 사유지寺有地의 지주에 해당하는 사찰 승려와 돈독한 관계를 맺기 위한 의미도 있었던 듯하다.[212] 이러한 풍습은 승려의 가족과 주민이 한 마을에 거주하면서 생겨난 당시의 여러 양상 가운데 하나이다.

　1920년대부터는 일본이 조선을 식량공급기지로 만들기 위해 곡식을 약탈해 가기 시작했고, 1930년대 후반에 들어서면 제도적으로 쌀을 통제하여 식량을 배급받기에 이르렀다. 광복 직전의 상황에 대한 승려들의 증언에 따르면, 당시 해인사에는 사찰 내에

210　"百餘僧侶 連名으로 犯戒生活禁止 陳情",「東亞日報」1926년 5월 19일자

211　김순석, 앞의 책, p.152.

212　구미래,「사하촌의 변모양상과 경제적 삶: 속리산법주사 사하촌을 중심으로」,『佛敎學報』 61(東國大學校 佛敎文化硏究院, 2012), p.455, p.461.

지서를 두어 공양 때면 수시로 점검이 있었다. 배급으로 나온 식량이 강냉이와 콩깻묵이라, 숨겨 놓은 쌀을 조금씩 솥 가운데 넣고 지어서 치아 없는 노스님들 공양에 올렸다. 그러다가 점검을 나오면 노스님들은 쌀밥을 숨겨야 했다는 것이다. 이처럼 후반으로 갈수록 어려운 생활이 이어져, 대다수 승려는 생활고에 시달렸던 민중과 삶의 궤적을 같이하였다.

이러한 일제강점의 상황 속에서, 조선 후기에 성행했던 염불신앙의 비중이 줄어들고 전국 각지의 선원에서 수선 정진이 활성화되기 시작하였다. 이 무렵 경허鏡虛(1849~1912)는 선풍을 일으켜 근대 한국불교를 중흥시킨 중심 인물로 자리매김하게 된다. 수많은 선원을 복원·개설하고 불교계에 새로운 선 수행의 풍토를 조성하며 대중적 실천 운동으로 이끌고자 한 것[213]이다.

그는 고려 보조지눌의 정혜결사 이념을 이어받아 1899년 해인사 선원의 법주가 되었다. 이때 안거 기록의 중요성을 설파하며, '방함록芳啣錄'이라는 이름으로 안거 방명록을 기록하기 시작하였다. 경허가 결사를 시작하고 그에 관한 기록을 남기기 시작한 것은 1899년 해인사 퇴설선원堆雪禪院 동안거 방함록에서부터[214]로 보고 있다. 이어 그는 1903년 범어사 계명암 선원에서 10조목의 「방함청규문芳啣淸規文」을 지었는데, 그 가운데 식생활과 관련된 3개 조의 요지를 살펴보면 다음과 같다.

---

213 金敬執, 「鏡虛의 禪敎觀 硏究」, 『韓國思想史學』 9(한국사사학회, 1997), p. 253, p. 274.

214 박재현, 「현대 한국사회의 당면문제와 경허(鏡虛)의 사상: 사회윤리적 맥락을 중심으로」, 『禪學』 34(한국선학회, 2013), pp. 17~18.

- 상하 대중이 모두 울력에 동참함
- 불음주不飲酒, 불음행不淫行을 지키며 세탁은 6일에 함
- 방함 17직명職名을 정함 : 조실祖室, 열중悅衆, 선백禪伯, 지전知殿, 지객知客, 원두園頭, 간병看病, 반두飯頭, 정인淨人, 서기書記, 전차煎茶, 시두柴頭, 별좌別座, 도감都監, 원주院主, 화주化主[215]

이를 보면 법랍의 높고 낮음 없이 모든 승려가 울력에 동참토록 하여 선종의 보청법을 중요한 가르침으로 삼았음을 알 수 있다. 음주와 음행을 금함은 물론, 자격요건을 분명히 하고 수선에 장애되는 이를 불허하는 조항을 함께 두었다. 아울러 선원의 대중 생활에 필요한 소임을 상세히 구분하였다. 반두는 공양주를 말하고, 원두는 밭을 가꾸는 일, 전차는 차를 끓이는 일, 시두는 나무를 해 오는 소임이다. 정인을 따로 둔 것으로 보아, 『선원청규』를 본받아 재가자나 삭발하지 않은 행자에게 공양 나누는 일을 맡긴 것으로 보인다.

아울러 고려 후기까지 등장하는 '전좌'가 사라지고 '별좌'와 '원주'가 등장하여, 조선시대 어느 무렵에 이러한 명칭 변경이 있었음을 알 수 있다. 특히 '화주'를 방함록에 기재하였듯이, 선원 운영을 위한 외부 보시의 소임이 중요하게 다루어졌다. 그뿐 아니라 해인

---

215 대한불교조계종 교육원 불학연구소 편, 「梵魚寺 鷄鳴庵 修禪社 芳啣 淸規文」, 『근대 선원 방함록』(대한불교조계종 교육원, 2006), p. 1137.

사 퇴설당의 1899년 이후 방함록을 보면 1909년까지 '화주'를 맨 앞에 기재하여 선원 운영이 어려웠음을 말해 주고[216] 있다.

1928년 조선총독부에서 전국 선원의 청규를 조사한 「조선승려 수선제요朝鮮僧侶修善提要」에, '결제안거의 선당에서 지켜야 하는 청규절목'이 있어 일제강점기 선원의 수행문화를 살필 수 있다. 이에 따르면, 선원마다 약간의 차이는 있으나 대부분 오후에는 잡식을 허용하지 않았고, 재가자와 함께 좌선하지 않았다. 그러나 도리사·유점사 선방처럼 우바새·우바이 계를 구족하거나 독실한 재가자는 입방을 허용하였다. 아울러 운영경비는 선원의 자산으로 충당하되, 입방 승려 가운데 재산이 있으면 각자의 비용을 부담토록 하였다.[217]

근래 조계종 교육원에서는 1899년부터 1967년까지 선원의 안거 기록인 『근대 선원 방함록』을 발간하였다. 이에 따르면 경허의 방함록 제정을 시작으로, 제자 만공滿空(1871~1946)의 수덕사 능인선원·견성암선원을 비롯해 전국의 선원에서 방함록을 계승하기 시작하였다. 방함록 직명에 농감農監·농막農幕 등이 기재된 점으로 미루어 선농일치에 근거한 선원 운영을 하였고, 범어사 선원처럼 재가자가 함께 수행한 곳도 있었다.[218] 특히 각지에서 수행자들이 모여 직접 음식을 만들고 공양하는 선원에서 출가자·재가자가 함께

---

216 강문선, 「근대기 한국선원의 芳啣錄에 나타난 수행문화」, 『선문화연구』 19(한국불교선리연구원, 2015), pp. 173~174.

217 渡邊彰 纂集, 「朝鮮僧侶修善提要」, 『韓國近現代佛敎資料全集』 65(民族社, 1996), pp. 265~270 ; 강문선, 위의 논문, pp. 166~169.

218 강문선, 위의 논문, pp. 172~193.

수행함으로써, 선방음식과 민간채식 간에 상호교류가 이루어졌으리라 짐작된다.

선학원禪學院 중앙선원에서도 1934년부터 '안거방함록安居芳啣錄'을 만들고 8조목의「중앙선원청규」를 제정하였다. 청규의 내용 가운데 음주·육식·가요 등을 일절 금하고 좌선과 공양 시에는 일제히 법복을 입도록 하였다. 방함록을 보면 제1회 안거의 직명을 '용상방龍象榜'이라 하였고, 재가 여성으로 구성된 부인선원을 따로 두어 운영한 점이 눈에 띈다. 부인선원은 1934년부터 1949년까지 이어져 일찍이 재가불자의 수행을 장려했으며, 오늘날 시민선방의 효시가 된다는 점에서도 주목할 만하다.[219]

선원의 방함록과 청규에서 전반적으로 울력과 보청을 중요하게 여겼을 뿐만 아니라, 불교개혁을 주장한 한용운 또한 이른 시기부터 생산불교의 중요성을 강조하였다. 그는 1910년에 집필한『조선불교유신론』[220]에서 승려의 인권 회복은 반드시 생산에서 이루어져야 한다고 보았다. 사찰이 산중에 있으니 산림에서 수확물을 얻을 수 있고, 대중생활을 하니 인적 구성이 풍부하여 자연계와 인사계人事界의 두 가지 특색을 지녔다고 보았다. 이에 과일·차·뽕나무·도토리 등 조림사업에 착수해야 함을 구체적으로 설파하였다.

---

219 법진스님,「선학원 중앙선원《安居芳啣錄》과 선종부흥」, 한국불교선리연구원 제1차 월례 발표회 자료집(2007. 4), pp.8~12 ; 강문선, 위의 논문, pp.186~190.

220 韓龍雲,『朝鮮佛教維新論』(佛教書館, 1913), pp.53~58.

자급자족의 선농불교

한편에서는 용성龍城 · 만공滿空 · 성월惺月 등 민족적 성격이 강한 승려들이 정법을 수호하기 위한 일련의 불교개혁운동을 시작하게 된다. 이들은 일본불교의 대처식육 풍토에 대항해 전통불교의 맥을 수호하고자 1921년에 선학원禪學院을 창설[221]하였다. 선학원은 〈사찰령〉 체제하에서 조선불교가 일본불교로 동화되어 가던 시점에 승려들이 중심이 되어 창설했으므로, 은연중에 전국의 선객들을 통솔[222]하는 역할을 하였다.

이와 더불어 청규의 실천과 불교개혁을 주창하며, 수행과 노동을 병행해 자급자족의 삶을 실천하는 적극적인 노력이 잇따랐다. 대표적인 인물로 선농불교禪農佛教를 실천해 나간 용성龍城(1864~1940)과 학명鶴鳴(1867~1929)을 꼽을 수 있다.

이들의 선농일치 주장은 청규를 회복하고 실천하는 것 자체에 의미를 두었다기보다, 현실 상황의 인식에 따른 시대정신이 크게 작용한 것으로 보인다. 신도들의 보시에 의존하고 사회 참여에 무심했던 기존의 소극적 수행에서 벗어나, 능동적으로 현실을 개척해 자급자족하고 어려운 이들과 함께하는 공동체정신이 기반을 이루고 있기 때문이다. 그러한 행동이 청규의 가치와 부합하면서, 노동을 근간으로 한 『백장청규』의 경작불교가 근대기 이후 적극적

---

221 김광식, 『韓國 近代佛教史 硏究』(민족사, 1996), p.119.
222 정광호, 『일본침략시기의 한일 불교관계사』(아름다운 세상, 2001), pp.271~272.

으로 실천되기에 이른다.

학명鶴鳴은 일제강점기의 조선불교 정세를 개탄하고 불교개혁을 주장한 인물로, 1923년부터 6년간 내장사에 선원을 설치하고 선과 노동을 병행해 근대 선농불교의 효시를 이루었다. 선원에서 수행하는 가운데 마을 사람들과 함께 황무지를 개간해 그들에게 경제적 이익을 줌으로써 민중들의 깊은 귀의를 받았다.[223] 그는 청규의 성격을 지닌 「내장선원규칙」을 제정했는데, 아홉 가지 조항 가운데 노동과 관련된 내용이 네 항목을 차지한다.

- 선원의 목표는 반선반농半禪半農으로 변경함
- 선회禪會의 주의는 자선자수自禪自修하며 자력자식自力自食하기로 함
- 하루는 오전학문, 오후노동, 야간좌선의 3단계로 정함
- 동안거는 좌선 위주, 하안거는 학문과 노동 위주로 함[224]

내용 가운데 '반선반농, 자선자수, 자력자식'이라는 표현은 그가 지향하는 출가수행자의 삶을 분명하게 보여 준다. 수행자라 하더라도 스스로 노동으로써 생계를 유지해야 한다는 인식이 기반을 이루는 것이다. 따라서 하루를 3단계로 나누어 아침과 저녁에

223 김호성, 「근대 인도의 '노동의 철학(karma-yoga)'과 근대 한국불교의 선농일치(禪農一致) 사상 비교: 간디와 학명(鶴鳴)을 중심으로」, 『남아시아연구』 17-1(한국외국어대학교 인도연구소, 2011), p.114, p.127.

224 姜裕文, 「內藏禪院一瞥」, 『佛敎』46·47합호(佛敎社, 1928. 5), p.83.

는 학문·좌선을 하고 낮에는 노동하며, 일 년을 반으로 나누어 동안거에는 좌선을 위주로 하고 하안거에는 학문과 노동을 위주로 한다고 하였다.

그런데 이러한 구분이 단순히 수행과 노동을 병행하는 의미가 아니라, 노동이 곧 정진이며 수행이라는 인식을 기반으로 했다는 점이 중요하다. 학명이 지은 〈선원곡禪園曲〉·〈신년가新年歌〉 등의 노래 가사를 보면 선농불교의 논리가 구체적으로 담겨 있다. 노동을 선禪에 들어가는 방편으로 보면서 '노동을 통한 선, 선을 통한 노동'으로 선농일치의 가르침을 담은 것이다.[225]

용성龍城은 일찍부터 출가자의 생활을 신도에게 의존하지 않고 스스로 노농勞農으로 해결해야 한다는 자작자급自作自給을 주장하였다. 이에 1927년부터 10여 년간 경남 함양의 백운산 화과원華果院과, 간도 용정의 선농당禪農堂을 설립해 선농불교를 실천에 옮겼다. 화과원의 경우 수만 평 황무지를 개간하여 과수·야채·감자 등을 재배하고 이를 통해 자급자족은 물론, 빈민아동을 교육하는 공동생활을 영위하였다.[226] 용성을 '한국불교사에서 선농불교의 방향을 제시하고 직접 실천한 최초의 선사'[227]로 보기도 하듯이, 선농일치의 이념을 다양하고 적극적인 방식으로 실천에 옮긴 인물이라 할 수 있다.

1925년에는 도봉산 망월사望月寺에서 '정수별전선종활구참선만

225 김호성, 앞의 논문, pp. 114~120, p. 126.
226 김광식, 『근현대불교의 재조명』(민족사, 2000), p. 72, pp. 93~94.
227 韓普光, 『龍城禪師研究』(甘露堂, 1981), p. 99.

일결사회精修別傳禪宗活句參禪萬日結社會'(이하 '만일참선결사')를 열어 참선결사를 시작하였다.[228]「만일참선결사규칙」을 같은 해 9월 근대잡지 『불교』에 공고했는데, 전체 내용은 9개 조항의 규칙과 '입회선중入會禪衆 주의사항'으로 구성되어 있다.[229] 그 가운데 식생활과 관련된 내용을 살펴보면, 오후불식을 하면서 아침에는 죽, 점심에는 밥을 먹음으로써『선원청규』를 지향하고 있음을 알 수 있다. 중국에서도 이미 13세기에는 1일 3식으로 바뀌었지만, '오후불식의 1일 2식'이라는 율장과 청규의 정신을 따르고자 한 것이다. 찬의 가짓수로 죽을 먹을 때는 2종, 밥을 먹을 때는 3종을 초과하지 못하되, 대중공양이 있거나 십재일에는 한계를 두지 않는 융통성을 두었다.

7조에는 내호법반內護法班과 외호법반外護法班을 구분하여 결사 운영에 필요한 여러 직책을 나누고, 구체적인 일의 성격을 적었다. 내호법반은 선방[禪室] 내의 일을 맡는 직책으로 입승·유나·시불侍佛 등 16개 직책에 19명을 배정하였고, 외호법반은 사찰의 일[寺務]을 맡는 직책으로 원주·별좌·미감 등 8개 직책에 9명을 배정하였다. 8월에 미리 공고한 내용에 따르면 선중禪衆은 30명으로 정하고[230] 윤번으로 돌아가는 직책도 있으니, 모든 인원이 빠짐없이 소임을 맡도록 한 셈이다. 이는 근대불교 초기의 청규 가운데 하나로 당시의 현실을 반영해 제정한 규범으로 주목된다.

---

228 정재일(적멸),「근현대 한국선종교단에서 제정된 청규에 관한 고찰」,『大覺思想』10(대각사상연구원, 2007), p.196.

229 『佛教』15호(佛教社, 1925. 9), pp.42~45.

230 『佛教』14호(佛教社, 1925. 8), p.45.

이 외에도 근대의 수많은 선승이 경작과 함께하는 출가자로 살아가며 수행과 노동이 둘이 아님을 보여 주었다. 경허의 제자 혜월慧月(1861~1937)은 가는 곳마다 산을 개간해 밭을 일구며 대중과 주민들을 먹여 살려 영남에서 명성을 떨쳤다.[231] "혜월 스님 가는 곳에 사전寺田 개간이 있다."는 말이 생겨날 정도로, "하루 일하지 않으면 하루 먹지 않는다."는 원칙을 철저히 지킨 인물로 이름이 높다.

한암漢巖(1876~1951)은 1922년 건봉사에 선원을 개설하고「선원규례禪院規例」를 정해, 결제 중에 지켜야 할 규범과 소임자의 의무를 밝혔다. 9가지 항목 가운데 "보청 시에는 마땅히 나가며, 빠져서 대중의 마음을 동요시키지 않아야 한다."는 규정을 두어 몸소 실천하였다.[232] 그런가 하면 한암의 제자 현칙玄則은 출가 이후 1931년부터 1956년까지 수많은 선방을 다니며 수행한 기록을『산중일기』로 남겼다. 이에 따르면 1930년대 선원마다 수좌들이 많아 입방이 불허되기도 하고, 꽁보리밥에 시래기로 공양하는 열악한 상황 속에서 수행했음을 알 수 있다.[233]

이처럼 궁핍한 사찰경제와 맞물리는 가운데 근대불교의 선농일치·반농반선의 이념과 실천은 후대에까지 깊이 영향을 미쳐 한국불교의 중요한 특성을 이루어 왔다.

---

231 박부영, "금오선사와 불교정화 ⑧탄생과 출가",「불교신문」3068호(2014. 12. 20)

232 정재일(적멸), 앞의 논문(2007), pp. 203~203. ; 許勳(信空),「淸規에서의 生活文化研究: 衣食住를 中心으로」(동국대학교 대학원 박사논문, 2006), p. 162.

233 김방룡,「玄則과『산중일지』」,『한국불교학』78(한국불교학회, 2016), pp. 255~256.

봉암사결사의 정신

광복과 함께 토지개혁이 시행되어, 일정 규모를 초과하는 농지에 대해서는 국가에서 이를 사들여 소작농들에게 분배하였다. 그런데 사찰 농지의 경우에는 분배 이후 불교계의 지속적인 요청을 받아들여, 종교단체의 유지와 문화재 보호 등의 이유로 반환받는 과정을 거치면서 토지를 둘러싼 크고 작은 불씨가 있었다.

1947년에는 "부처님 법대로 살자."는 기치 아래 한국불교의 정체성과 수행자 본연의 모습을 회복하려는 결사가 봉암사鳳巖寺에서 시작되었다. 성철性徹(1912~1993)을 중심으로 청담靑潭(1902~1970)·자운慈雲(1911~1992) 등 수십 명의 승려가 함께한 정화운동으로, 이를 '봉암사결사'라 부른다. 1950년 3월까지 약 2년 6개월 동안 독자적인 수행공동체로 움직인 이 결사의 파급력은 대단하였고, 한국불교의 현대사를 주체적으로 열어 간 사건으로서 상징성을 지닌다.

봉암사결사에서는 18개 조항으로 된「공주규약公住規約」을 정해 청규로 삼았다. 그 가운데 식생활과 관련된 내용은 8개 정도로, 이를 크게 '노동·경제 기반'과 '공양 양상'으로 구분하여 살펴보면 〈표 2-9〉[234]와 같다.

노동·경제 기반에 해당하는 내용을 보면, 이전까지 어느 결사에서도 볼 수 없었던 완전한 경제적 자급자족을 추구하고 있다. 율

---

234 김호성,「봉암사결사의 윤리적 성격과 그 정신」, 대한불교조계종 교육원 불학연구소 편, 『봉암사결사와 현대 한국불교』(조계종출판사, 2008), pp.110~111을 참조하여 읽기 쉽게 정리함.

노동 · 경제 기반	① 일상의 수요공급은 자주자치의 기치 아래 물 긷기, 나무 운반, 밭일, 탁발 등 어떠한 고역도 불사함
	② 매일 2시간 이상 노동을 함
	③ 소작인의 소작료와 신도의 특탁特託에 의한 생계유지는 단연 청산함
	④ 신도의 불전 헌공은 가져온 현품과 지성의 배례拜禮에 그침
공양 양상	⑤ 발우는 와발瓦鉢 이외의 사용을 금함
	⑥ 불전공양은 정오를 넘기지 않으며, 조식은 죽으로 정함
	⑦ 앉는 자리의 차례는 계납戒臘에 따름
	⑧ 제반 물자에 해당하는 것은 각자 갖추어 준비함

표 2-9. 「공주규약」 중 식생활 관련 조항

장과 청규의 가르침을 적절히 혼합하여, 출가자 스스로 살아가는 데 최우선을 두었다. '부처님 법대로' 탁발을 일상적으로 행하면서, 탁발만으로 식생활을 해결할 수 없기에 직접 경작하고 나무를 구해 밥을 지은 것이다. 따라서 후일 이들은 결사를 운영하면서 가장 어려웠던 점이 '무엇이든 우리 손으로 직접 하는 일'이었다고 하였다. "부목도 공양주도 모두 내보내고, 나무는 식구 수대로 지게를 만들어 하루에 석 짐씩 정해 놓고 했다. 직접 곡식을 찧는 일에서부터 밭을 매고 나무를 해 밥을 해 먹는 일이 실제 어려운 것"[235]

---

235 「1947년 봉암사결사」, 『수다라』 10, p. 115, p. 125 ; 김광식, 「봉암사결사의 재조명」, 대한불

이라고 회상한 것이다.

그뿐 아니라 사찰을 운영하기 위해서는 최소한의 경제적 기반이 있어야 하는데, 봉암사결사에서는 소작료는 물론 신도의 특별 기탁에 의한 생계유지를 멈추었다. '특탁'이란 불공·천도재 등을 말한다. 불공을 하려는 신도는 불전에 헌품을 올려놓고 스스로 성심껏 예배하도록 하여, 승려가 대신 축원해 주는 관습을 없앤 것이다. 이러한 방식으로 사찰을 운영하는 것은 매우 어려운 일이어서, 중국 청규에서도 하지 못한 시도였다. 점차 결사 승려들의 훌륭한 뜻에 공감한 신도들이 "스님네들 법대로 재를 해 달라."는 청이 들어와서, 『금강경』이나 「반야심경」을 읽어 주었다[236]고 한다. 재물도 의식도 없이 경전만 읽어 주었으니 불교의례의 혁명에 해당하는 일이었다.

다음으로 공양 양상과 관련된 내용을 보면, 발우의 재질은 흙으로 구운 와발만 사용하게 했으나 실제 쇠로 만든 것도 허용하였다. 율장과 청규 모두 쇠나 흙으로 구워 만든 발우만 허용하고 나무 발우를 금했기에 이를 따른 것이다. 실제 목발우는 더 비쌀 뿐만 아니라 나무를 베어 생명을 훼손하는 일이기도 하였다.

불전공양은 오후불식의 부처님께 올리는 사시마지를 뜻하니 정오를 넘기지 못하도록 했고, 조식을 죽으로 정한 것은 청규에서부터 이어진 검약과 절제의 법식이다. 용성의 만일결사에서도 조

교조계종 교육원 불학연구소 편, 『봉암사결사와 현대 한국불교』(조계종출판사, 2008), pp.40~41에서 재인용.

236 위의 자료, p.123.

죽朝粥을 했듯이, 아침 죽공양은 청규의 가르침을 따르는 식생활의 상징이었다. 봉암사결사의 경우 아침에는 죽, 점심에는 밥으로 공양하고 오후에는 약석藥石을 두었다.[237] 노동을 많이 하여 오후불식을 하면 너무 기운이 없으니, 발우를 펴지 않고 조금씩 공양하게 한 것이다.

'앉는 자리'와 '제반물자'는 공양을 포함해 대중생활에 두루 해당하는 지침이다. 자리의 차례를 뜻하는 좌차座次는 율장과 청규에서 중요하게 다룬 것으로, 구족계를 받은 계납戒臘에 따라 모든 순서가 정해졌다. 각자 갖추도록 한 제반물자에는 발우·승복·좌복·이불·세면용품·경전 등이 포함될 것이다. 대부분 사찰에서 궁핍하여 강원·선원의 구분 없이 각자 지참물을 갖추도록 했던 만큼, 이러한 풍습은 오래도록 이어질 수밖에 없었다.

봉암사결사에서는 무엇보다 수행에 철저하였다. 용성의 시도를 이어받아 보름마다 포살布薩을 행하고, 엄정한 수행규범으로 수행과 노동이 둘이 아닌 삶을 보여 주었다.

봉암사결사에서 기존의 관습을 바꾸고 새로 정해 지켜 나간 수행의 모습은 후대에 큰 영향력을 미쳤으며, 식생활에서도 예외가 아니었다. 곧 이은 6·25전쟁과 불교정화로 큰 소용돌이를 겪은 이후 1970~1980년대에 이르기까지, 수행자의 삶은 경허와 용성을 거쳐 봉암사결사로 응집된 근대불교의 선언과 실천적 가르침이 곳곳에서 이어지고 있었다. 근래 수십 년 사이 사찰 후원문화

---

237 위의 자료, p.118.

의 양상도 많이 바뀌었지만, 봉암사결사의 정신은 여전히 추구하
고 회복해야 할 가치로 인식되고 있다.

。
사찰의 살림살이 공간

。

후원 영역의 공간 구성

사찰의 후원은 음식문화와 관련된 여러 공간을 통칭하는 영역으로, 기본적인 구성은 민가와 다를 바 없다. 그러나 사찰은 승려들이 함께 수행하기 위해 모인 곳이기에 식생활이 이루어지는 공간 또한 이러한 특성에 적합하도록 구성되어 있다. 따라서 후원은 대개 담장으로 둘러서 일반인의 출입을 막고 수행자의 일상이 외부에 노출되지 않도록 하게 마련이다.

후원 영역을 기능에 따라 살펴보면 음식을 조리하는 공간, 음식을 먹는 공간, 물을 공급하는 공간, 음식·재료·기물 등을 저장하는 공간, 곡식을 도정搗精하는 공간, 원주院主·공양주供養主·행자行者 등 후원 소임자가 거주하는 공간으로 구분해 볼 수 있다. 이들 공간은 가능하면 서로 가깝게 있어야 일상의 식생활이 편리하게 이루어질 수 있을 것이다. 각 공간을 본격적으로 다루기에 앞서 간략히 살펴보면 다음과 같다.

첫째, 음식을 조리하는 부엌은 후원의 중심을 이루는 곳으로,

조리 공간	공양간, 채공간, 주방
식사 공간	대방, 식당
급수 공간	우물, 펌프, 물확, 수도
저장 공간	곳간, 헛간, 장독
도정 공간	방앗간, 방아·절구·맷돌
거주 공간	요사, 승방 등

표 3-1. 후원의 구성

사찰에서는 이를 '공양간供養間'이라 부른다. 현대식 후원으로 바뀐 근래에는 조리 공간(주방)과 식사 공간(식당)을 모두 '공양간'으로 통칭하거나, 식당을 뜻하는 말로 사용하고 있다.

여기서는 공양간의 개념을 '음식을 만드는 공간'으로 적용하여 다룬다. 따라서 장작 아궁이를 갖춘 부엌을 '공양간'이라 표현하고, 현대식 부엌을 '주방', 식탁에서 밥을 먹는 곳을 '식당'이라 구분하여 사용한다. 또한 예전에는 밥을 짓는 공양간과 반찬을 만드는 채공간菜供間을 구분하는 곳이 많았다는 사실도 염두에 둘 필요가 있다. 지금도 밥을 짓는 전통 공양간을 따로 두고 있는 송광사·통도사 등의 사례가 이를 잘 말해 준다.

둘째, 식사 공간으로는 승려들이 일상생활을 하는 '대방大房'을 사용하였다. 많은 대중이 함께 머물며 수행과 숙식을 하는 큰 규모의 공간이기에 대방·큰방·대중방大衆房 등이라 부른다. 전통 민가에서 식당을 따로 두지 않고 안방에서 밥을 먹었듯이, 승려들 또한 일상이 이루어지는 거처에서 공양하는 것이다. 지금도 강원의 학인이나 선방 수좌들이 대방에서 함께 기거하는 곳도 있다.

'모든 승려가 한곳에 모여 밥을 먹는 큰방'[238]이라는 사전적 풀이에 따르면, 대방의 핵심 기능이 대중공양에 있음을 알 수 있다. 수행과 거처는 전각·강당·요사 등을 활용할 수 있지만, 공양만큼은 다 함께 모여서 여법하게 행하는 전통을 지녔기 때문이다. 근래 대부분 사찰에서 일상의 공양은 식당에서 이루어지고, 발우공양을 할 때 대방을 사용하고 있다. 대방의 개념과 용도는 다양하지만, 보편적으로 선원·강원이 있는 사찰의 경우 수좌들과 학인들이 수행하며 공양하는 선방禪房·대중방을 뜻하고, 일반 사찰에서는 발우공양을 하는 공간으로 인식되고 있다. 아울러 선불교를 지향하는 한국사찰의 대방은 대개 선방의 구조를 갖추었다.

'대방'이란 벽체로 둘러싸인 하나의 공간을 뜻하지만, 예로부터 '방房'은 건물·집을 포괄하는 의미로도 쓰였다. 따라서 대방이 대방채 전체를 뜻하기도 하며, 같은 맥락에서 여러 개의 방(대방 포함)·공양간 등으로 구성된 건물을 '승방僧房'이라고도 부른다. 특히 승방은 개별 방에서부터 건물 개념의 승당僧堂, 영역 개념의 승원僧院과 혼용되어 왔다.

여기서는 혼란을 막기 위해 '대방'을 방 개념으로 사용하며, 건물을 뜻할 때는 당우堂宇 개념인 '대방채, 승당僧堂'이라 표현한다. 아울러 취침과 주거를 주요 기능으로 하는 승려들의 개별 방이 필

---

238 韓國佛敎大辭典編纂委員會, 『韓國佛敎大辭典』(寶蓮閣, 1982)

수적으로 있게 마련인데, 이를 '승방僧房'이라 부르고자 한다. 대방은 취침보다는 '공양과 정진'이 우선하는 개념으로, 강학講學 · 참선 · 염불 등 목적에 따라 세운 다양한 기능의 당우를 대방채로 삼고 있다. 대방이 당우 명칭을 지닌 이유이다.

셋째, 급수시설의 경우 1970년대까지만 해도 사찰은 물론 마을에서도 자연수를 사용하는 곳이 많았다. 우리나라에 근대식 상수도시설이 처음 설치된 것은 1900년대이지만, 전국의 급수율은 1970년대까지 50%를 웃도는 실정[239]이었다. 오늘날에도 지대가 높은 곳에는 급수가 불가능하듯이, 도심에서 벗어난 사찰에서는 30여 년 전까지만 해도 자연수에 의존하는 곳이 많았다. 자연수는 크게 우물 · 펌프로 땅속의 물을 끌어올리는 지하수地下水와 함께, 산중사찰에서는 주로 계곡에 흐르는 지표수地表水를 물확 · 수조水槽 등에 받아서 사용하였다.

물은 식생활의 핵심을 이루는 것이기에, "물이 확보되지 못하면 선방 객을 받지 못한다."는 말이 철칙으로 따랐다. 물 사정이 좋지 않아 먼 곳에서 식수를 길어 오는 사찰도 적지 않았으니, 수질 좋고 풍부한 식수를 쓸 수 있는 사찰이라면 후원생활의 큰 짐을 해결한 것이었다. 또한 부엌에 수도시설이 들어와 있는 오늘날과 달리, 식수와 조리에 필요한 급수시설이 바깥에 있던 당시에는 그만큼 물을 사용하는 방식이 힘들었음은 물론이다.

넷째, 각종 음식 · 재료 · 기물 등을 보관 · 저장하기 위한 공간

---

239 芮鍾德, "상수도(上水道)", 『한국민족문화대백과사전』(한국학중앙연구원, 1991)

과 시설 또한 다양하다. 크게 장독대와 곳간[庫間]으로 나누어 살펴볼 수 있으며, 사중의 식량과 부식류를 보관하는 곳이기에 소임자의 철저한 관리가 따르는 영역이다. 간장·된장·고추장을 담은 항아리는 햇볕이 잘 드는 곳에 평지보다 약간 높게 장독대를 만들어 보관하고, 돌담 등을 둘러 외부인의 출입을 막는다. 잘 관리된 사찰 장독대는 후원문화의 정갈함과 풍요로움을 드러내는 요소이기도 하다.

곳간은 용도에 따라 다양하게 마련한다. 곡식을 비롯해 손질하지 않은 음식 재료, 그릇과 제기祭器, 각종 생활용품 등을 보관하기 위해서는 넓은 공간의 곳간이 필요하다. 따라서 규모가 큰 사찰에서는 2층 누각의 고루庫樓를 별채로 짓거나, 용도별로 두세 개 이상의 곳간을 두게 마련이다. 아울러 김치와 장아찌 등 저장음식 보관은 암벽을 이용하거나 땅을 파서 김치광 등의 냉장시설을 만들어 저장하며, 소금창고를 따로 두기도 하였다.

다섯째, 후원에는 곡식을 도정搗精하는 시설도 갖추어야 했다. 도정은 타작한 곡식의 껍질을 벗기거나 찧는 과정을 말한다. 따라서 발로 디뎌서 곡식을 찧는 디딜방아는 물론, 물의 힘을 이용하는 물레방아를 두기도 하였다. 대중이 많거나 마을과 멀리 떨어진 사찰에서는 경내에 방앗간을 두는 것이 훨씬 효율적이기 때문이다.

특히 명절은 물론 재가 들 때면 떡을 중심으로 한 여러 의례음식을 갖추어야 했는데, 이러한 떡과 한과 등을 승려들이 직접 만들었다. 따라서 오늘날에도 곡식을 가루로 분쇄하는 시설을 갖추고 간이방앗간을 운영하는 사찰이 적지 않다. 방아 외에 절구·돌확 · 맷돌 등을 이용하여 곡식을 갈거나 찧는 것은 어느 사찰에서나 볼 수 있는 일상의 일이었고, 두부를 만드는 두부간을 둔 사찰도 있었다.

여섯째, 원주 · 공양주 · 행자 등 후원 소임자는 물론, 일반 승려들의 거주 공간인 요사療舍도 대개 후원 영역에 배치하게 된다. 음식을 만들고 먹는 공양간과 대방은 일상생활의 중심을 이루는 곳이니, 대방채와 연결되거나 가까운 곳에 대중의 요사를 두는 것이 효율적이기 때문이다.

이러한 후원 영역의 구성은 고려 후기에 세운 회암사檜巖寺에서도 잘 살펴볼 수 있다. 이색의 「회암사수조기檜巖寺修造記」, 김수온의 「회암사중창기檜巖寺重創記」 등에 따르면, 당시 회암사에는 공양간인 향적전香積殿을 비롯해 승려들의 거주 공간인 승방과 중료衆寮가 수십 채에 달하고, 곳간 · 헛간 · 고루 · 장고藏庫 등 저장 공간이 펼쳐져 있었다.[240] 이러한 규모는 회암사지 발굴에 따른 건물터와 부뚜막 흔적, 대형 석조, 맷돌 등 실제 유구와 일치하여 대찰의 풍요로웠던 후원 살림을 짐작하게 한다.

---

240 이응묵, 『요사채』(대원사, 1989), pp. 16~17.

。

공양간

승가의 특성 담긴 부엌

사찰의 부엌을 '공양간供養間'이라 부르게 된 역사는 그리 오래지 않은 듯하다. 언젠가부터 '공양'이 식사를 뜻하는 말로 쓰인 것처럼, 공양간 또한 근현대 어느 시기에 부엌을 뜻하는 불교 용어로 정착되었을 것이다.

　역사적으로 사찰의 부엌을 나타내는 용어는 주방廚房·향적당香積堂·고원庫院·고당庫堂·고주庫廚 등이 다양하게 사용되었다. 모두 중국 선종사찰에서 부엌이나 후원을 일컬을 때 쓴 용어들이다. 일상적으로는 부엌·정짓간 등 민가의 명칭과 동일하게 부르기도 하였다. 공양간에 현판을 다는 곳도 있는데, 이때는 주로 '향기로운 음식이 가득한 곳'이라는 뜻의 '향적당·향적실'로 쓰게 된다. 이러한 현판을 단 대표적인 사찰은 은해사 백흥암, 백양사, 금산사, 동학사 등이다.

사진 3-1. 은해사 백흥암 공양간. '향적당香積堂'이라 쓰여 있다.

사찰의 공양간과 민가의 전통 부엌은 규모의 차이가 있을 뿐, 구조와 기능은 거의 같다. 그러나 대중생활을 하는 승가僧伽의 특성에 따라 일반 부엌과 다른 원리가 작동하는 부분이 많다.

민가에서는 부엌을 여성의 공간이라 하여 음陰에 해당하는 집의 서쪽에 두었다. 우리나라 부엌에 대한 초기 기록으로 3세기경 『삼국지』「변진전弁辰傳」에 "부엌[竈]은 대체로 서쪽에 위치한다."는 내용이 나온다. 조선시대에도 이러한 풍습은 이어져『증보산림경제』에 "부엌을 서남쪽에 두면 좋지만 서북쪽에 두면 나쁘다."고 하였다. 특히 서쪽에 둘 경우 쌀을 일거나 밥을 풀 때 조리 · 주걱의 방향이 자연히 집 안쪽을 향하기에 복이 나가지 않는다는 담론도 함께한 것으로 보인다.[241]

그러나 전통적으로 선종사찰에서는 이와 반대의 방위를 취한다. '서승당 동고원'이라 하여, 남북 축을 중심으로 승려들이 좌선과 숙식을 하는 승당僧堂은 서쪽에 두고, 음식을 만드는 고원庫院은 동쪽에 둔 것이다. 그 이유는 서쪽은 객의 자리이고 동쪽은 주인의 자리를 뜻한다고 보기 때문이다. 선원에서 총림의 직제를 동서東序와 서서西序로 나누면서, 서서의 소임은 절에 방부를 들인 선객이 맡고 동서는 본채의 대중이 맡은 것[242]도 같은 맥락이다. 아궁이에 부뚜막을 설치하고 솥을 거는 것은 터전을 잡겠다는 뜻이다. 그 영역을 동쪽이라 보았으니, '동東이 곧 근원'이라는 의미가 담겼음을 알 수 있다.

오늘날 사찰 공양간의 방위는 절의 입지와 상황에 따라 다양하지만, 본채 승려들이 절에 머물며 선방 승려를 뒷바라지하는 구도는 변함이 없다. 다만 승방僧房은 후원 쪽에 있는 것이 편리하여, 근래에는 승방을 후원 가까이 두거나 대방채에 함께 배치하는 경우가 많다. 이러한 동서 관념의 적용은 발우공양의 자리 배치에서

---

241 김광언,『한국의 부엌』(대원사, 1997), pp. 17~18.

242 鄭在逸(寂滅), 앞의 논문(2006), p. 237.

도 동일하다. 조실 자리의 어간御間을 중심으로 동쪽을 청산靑山이라 하여 상주 승려들이 앉고, 서쪽을 백운白雲이라 하여 선객이 앉는다. '동고원 서승당'의 가람배치와 함께, 동과 서를 각각 '고정'과 '유동'으로 여기는 관념이 일관되고 명확하게 드러난다.

  한옥의 부엌은 아궁이에 직접 불을 때면서 구들을 덥혀 난방과 취사를 겸하는 구조이다. 따라서 온돌방과 붙어 있게 마련이고 사찰에서는 대방과 접하는 것이 일반적이다. 공양을 위해 모든 승려가 대방에 모이게 되니, 민가의 부엌이 안방에 딸려 있듯이 사찰의 공양간은 대방과 짝을 이루는 것이다. 규모가 큰 대방은 서른 평이 넘지만 구들고래를 정교하게 배치하여 군불을 때면 온돌이 고루 따뜻[243]해 문제가 없다.

  온돌방과 무관하게 독채로 지어 쓰는 공양간도 있다. 사찰뿐만

---

243 이응묵, 앞의 책, p. 26.

아니라 궁궐이나 상류층 가정에서도 볼 수 있으며, 이처럼 취사 전용으로 독립된 부엌을 '반빗간[飯備間]'이라 부른다. 반빗간을 둔 통도사·송광사는 지금도 공양간에서 가마솥에 나무로 불을 지펴 밥을 짓고 있어, 현대식 주방이 들어온 이후에도 전통의 가마솥밥을 이어 가는 경우이다. 난방과 무관하니, 여름철 방에 불을 때지 않고 밥을 지을 수 있는 공간으로 요긴했을 법하다. 이와 관련해 예전에는 가능하면 공양간과 채공간을 별도로 사용하고자 했다. 공양간은 부처님께 올릴 마지를 짓는 곳이자 승려들이 수행하는 대방 옆에 자리하여, 잡내가 나거나 칼·도마 쓰는 소리가 나는 것을 꺼렸기 때문이다.

그런가 하면 난방이 필요 없는 여름철이나 신도들이 몰리는 대규모 행사에 쓰기 위해 야외에 따로 한뎃부엌·헛부엌을 만든 사찰도 많다. 황토와 막돌 등을 쌓아 아궁이를 만들고 가마솥을 걸거나, 벽체 없이 기둥을 세우고 지붕을 씌우기도 한다. 후자의 사례인 마곡사·신륵사 등의 경우, 시멘트로 견고한 부뚜막을 설치하고 네댓 개의 아궁이마다 가마솥을 걸었으니 명절에 이곳을 찾는 신도들의 수를 짐작하게 한다.

공양간이 넓을 경우, 동선을 줄이고자 출입문은 가능하면 외부와 면한 모든 방향에 설치하는 것을 추구하였다. 대방과 연결된 면을 제외하고 앞뒤 마당과 통하도록 함은 물론 옆으로도 문을 내어, 출입문이 두세 개인 곳이 대부분이다. 서울의 강남 봉은사와 신촌 봉원사는 공양간이 일자형 대방의 우측에 연결되어 있는데, 세 방향을 돌아가며 3개의 출입문을 둔 사례들이다. 모두 널판으로 짠 양 문이며, 봉은사의 경우 근래 뒷문을 벽체로 막아서 선반을 놓는 용도로 활용하고 있다.

아울러 민가의 부엌은 안방과 연결된 문을 두어 이곳을 통해 음식을 전달하지만, 사찰의 공양간은 대방과 직접 통하는 문을 내지 않는 것이 원칙이다. 대방은 수행 공간이기도 하여 음식을 공양간에서 직접 들이지 않고, 대방과 연결된 마루 쪽으로 문을 내어 사용했다. 따라서 대방 앞 또는 앞뒤로 툇마루를 둘러 바깥으로 나가지 않고 이동하는 것은 물론, 마루를 통해 음식을 옮기게 된다. 인천 용궁사의 사례처럼, 대방과 공양간 사이에 따로 작은 문을 두어 편리한 동선을 취하기도 하였다. 아울러 툇마루에 소종小鐘 · 운판雲版 · 목탁 등을 두고 공양이나 울력 · 대중공사 등을 알리는 용도로 쓰고 있다.

공양간에 딸린 방을 두기도 한다. 공양주 등이 거처하는 곳으로 쓰고, 규모에 따라 손님이 오면 묵는 용도로 쓰는 곳도 있다. 따라서 사찰에서는 대개 '뒷방 · 공양주방' 등이라 부르면서, 발우공양을 하지 않을 때 이곳에서 간단히 하는 식사를 '뒷방공양'이라하였다. 범어사 대성암에서는 이 방을 공적으로 쓰는 공간이라는 뜻에서 '공석방公席房'이라 불렀다.

〈그림 3-1〉[244]을 참조하여 1961년에 지은 서울 낙산 청룡사의 공양간을 보면, 대방채인 심검당의 향 우측에 자리하고 있다. 당

---

244 김혜정 · 류성룡, 「서울 사찰 대방건축 배치와 평면 분석」, 『대한건축학회 춘계학술발표대회 논문집』 39-1(대한건축학회, 2019), p.179.

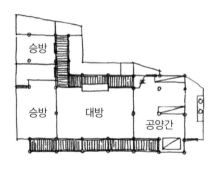

그림 3-1. 청룡사 심검당 평면도

시 청룡사에는 선원인 심검당尋劍堂과 입구 문루에 강원인 우화루
雨花樓를 함께 지어 운영했으며, 심검당 대방에서 전체 대중이 모여
발우공양을 하였다. 심검당은 대방과 두 개의 승방이 있는 'ㄴ자'
형의 승당으로, 돌아가며 마루를 놓아 바깥으로 나가지 않고 어느
곳에서든 공양간 진입이 가능하다. 공양간의 앞마루로 음식을 내
어 대방에 전달하고, 뒷마루를 따라 여러 개의 찬장과 수납장을
배치하여 그릇과 의례용품, 음식 재료 등을 보관할 수 있도록 하
였다. 공양간에는 3개의 아궁이가 있었고 채공간은 건너편 요사
에 별도로 두었는데, 근래 아궁이를 메우고 현대식 주방으로 개조
하여 밥과 반찬을 이곳에서 함께 만들고 있다. 공양간을 해체하고
주방으로 개조하면서, 전통 구조와 재질 등을 통일시켜 원래 모습
처럼 자연스러운 사례이기도 하다.

공양간은 부뚜막을 설치하고 아궁이 위에 가마솥을 걸게 되므

로 '아궁이 · 부뚜막 · 가마솥'은 하나의 구조로 묶여 있다. 따라서 대중이 많은 사찰 공양간에는 서너 개의 아궁이에 묵직한 가마솥을 걸고 용도별로 사용하게 된다. 사찰마다 부뚜막 위에는 공양간을 관장하는 조왕竈王을 모시면서 섬김의 대상으로 삼고 있다. 공양간은 대중의 생명과 건강을 지키고 불을 다루는 영역이기에, 이곳에 적합한 신격을 모심으로써 신성한 공간을 갖추는 것이다.

내부를 지키는 신격이 조왕이라면, 외부에는 신장神將이 공양간을 수호한다. 공양간 출입문에 한 쌍의 신장상神將像을 그린 곳이 많아, 사천왕이 사찰 초입을 든든하게 지키듯 공양간을 삿된 침입으로부터 지켜 주는 역할을 하는 것이다. 따라서 신장은 모두 창 · 칼 · 바위 등의 무기를 든 무장武將의 모습을 하고 있다.

공양간의 규모는 사찰의 규모와 비례하게 마련이다. 인법당因法堂 형식의 작은 암자는 대개 하나의 건물에 법당 · 승방 · 부엌이 일자형으로 구성된다. 이때의 부엌은 한 칸 정도를 차지하고 아궁이도 한두 개 정도를 둘 따름이다. 이에 비해 대찰의 공양간은 민가의 몇 배에 이르는 압도적 크기를 지닌 곳이 많았다. 끼니마다 수백 명의 음식을 마련해야 하는 것은 물론, 초파일이나 명절 때면 수많은 신도들이 몰리니 그 규모를 짐작할 수 있다. 또한 공양간의 크기는 공양간과 접한 대방의 크기와도 관련되게 마련이다.

이처럼 큰 공양간의 경우 부목이 높은 나뭇짐을 지게에 쌓은 채 들락거릴 정도로 천장이 높고, 부엌 바닥에 자리를 펴고 수백 포기의 김장을 할 수 있을 만큼 넓었다. 행자나 학인들이 안쪽 아궁이 앞에 쪼그리고 앉아서 몰래 감자나 옥수수 등을 구워 먹을 때, 노스님이 공양간 문을 열어 보아도 잘 보이지 않았다. 조명이 어두운 시절인 데다 공양간이 워낙 컸기 때문이다.

공양간의 바닥은 흙으로 깔았고 부뚜막과 벽체 또한 황토로 마감했으며, 시멘트로 바뀐 것은 비교적 근래의 일이다. 온돌보다 낮은 아궁이에 불을 때야 하니 바닥이 마당보다 50㎝ 이상 낮아서 몇 개의 계단을 내려가야 했다. 재료를 손질하고 음식을 만드는 대부분의 후원 노동은 공양간 바닥과 부뚜막에서 이루어졌다. 아궁이에 불을 지필 때는 물론 여럿이 함께하는 일은 바닥에서 해야 하니, 늘 쪼그리고 앉아서 하는 일들이 많았다. 아울러 1960~1970년대까지 대부분 산중사찰에는 전기가 들어오지 않아 호롱불·남포등처럼 심지에 불을 붙이는 기름등잔과 촛불을 써야 했음은 물론이다. 경작에서부터 음식을 만드는 일에 이르기까지, 수행과 함께 자급자족의 삶을 꾸려 간 승려들의 후원생활은 서민들의 삶보다 고되었음을 짐작하게 한다.

흙바닥에는 장작·솔가지 등이 쌓여 있고, 아궁이에 불을 지피는 일과 밭에서 수확해 온 채소 손질이 매일 반복되었지만, 사찰 공양간은 정결함으로 널리 알려져 있다. 소임자들은 공양간을 신성한 공간으로 여기며 청결을 최우선으로 몸에 익혔다. 후원 책임자는 물론 큰스님이 수시로 공양간에 나와서, 청결함과 함께 허투루 낭비되는 음식이 없는지 철저히 점검하는 문화가 이어졌다. 따라서 거친 재료를 다루며 식생활을 영위해 나가는 공양간은 늘 놀라울 만큼 청결했고, 수행하는 대방 승려들에게 방해되지 않도록 정숙하게 후원 일을 꾸려 나갔다.

공양간은 승려들이 거주 · 수행하는 승당僧堂 영역에 일반인의 출입을 차단하는 기능을 맡기도 한다. 이를테면 순천 선암사 안쪽 깊은 곳에 자리한 응진전應眞殿 · 무우전無憂殿 영역은 안마당에 진입하려면 공양간을 거치게 되어 있다. 따라서 승당으로 들어가려면 공양간을 통하도록 함으로써, 대문인 줄 알고 열었다가 공양간이 나오면서 들어서기를 포기하도록 하는 것이다. 이곳은 승려들이 거주하면서 참선 수행하는 선방과 승당이 포진한 곳이다. 선암사 승려들은 응진전 영역의 선방인 달마전達摩殿 공양간을 통해 출입하기에, 이곳을 아예 '통로'라 부른다. 특히 응진전과 무우전 영역의 두 공양간은 차를 덖는 용도로 사용하여, '차 부엌'으로 널리 알려진 곳이기도 하다.

위풍당당한 부뚜막

부뚜막은 솥을 걸 수 있도록 아궁이 위에 흙과 돌을 쌓아 만든 구조물이다. 공양간이 크면 부뚜막 또한 널찍한 데다 높이 또한 당당하여, 부뚜막이 공양간의 위용을 좌우하게 된다. 이처럼 규모가 큰 곳은 부뚜막도 아궁이도 사람 키만큼 높아서 아궁이 속을 들락날락하는 것이 예사였다. 따라서 "얌전한 고양이 부뚜막에 먼저 올라간다."는 속담이 있듯이, 민가에서는 부뚜막이 함부로 올라갈 수 없는 금기의 영역인 데 비해 사찰은 그렇지 않다. 사찰의 부뚜막은 높고 폭이 넓을 뿐 아니라 가마솥 또한 수백 명분의 공양을

사진 3-3. 안악 3호분 벽화의 부엌 그림
ⓒ조선향토대백과

지을 수 있는 크기이니, 밥을 푸거나 음식을 하려면 부뚜막에 올라가야 하기 때문이다.

이와 관련해 고구려 안악 3호분 벽화의 부엌 그림을 보면, 부뚜막에 올라가서 일하는 이의 모습이 그려져 있다. 이 그림에는 세 명의 여성이 등장하는데, 한 사람은 부뚜막 위에 올라가서 시루의 음식을 살피고, 나머지 두 사람은 각각 아궁이 앞에 앉아 불을 피우고 소반 위의 그릇을 정리하는 모습이다. 이처럼 부뚜막은 규모에 따라 얼마든지 올라갈 수 있는 영역이었다. 따라서 부뚜막 앞에 작은 계단을 만들어 일상적으로 오르내리되, 그만큼 청결하게 관리하였다. 부뚜막 위에서 신는 신발을 따로 두는 것은 물론, 음식을 만든 후에는 철저한 청소가 따랐다. 통도사 공양간에는 나무를 짜서 계단을 만들었고, 김천 청암사의 경우는 부뚜막을 만들 때부터 위쪽 계단 일부를 조성한 다음 철제로 아래 계단을 덧대었다.

부뚜막에 오르더라도 조왕을 모시고 지성을 들이며 부뚜막을 신성한 곳으로 여기는 관념에는 변함이 없다. 이에 후원 소임자들은 부뚜막에 오르거나 밥을 안칠 때, 밥을 푸고 났을 때 수시로 합장반배를 한다. 공양간에서 부처님과 각단에 올릴 마지를 짓고 있는 강남 봉은사의 경우, 공양간 부뚜막에는 공양주 외에 함부로 오를 수 없도록 정해 두었다.

가마솥에 밥을 할 때 공양주는 부뚜막을 오르내리며 밥을 짓고, 아궁이에 불을 때는 일은 행자가 주로 맡는다. 부뚜막 위에서 밥물을 부어 쌀을 안치고, 솥에서 나는 김을 살피며 뜸을 들인 다음, 밥이 다 되면 고루 섞어 커다란 용기에 퍼 담게 된다. 이때 힘이 센 승려들은 솥의 크기와 밥의 양에 걸맞게 선 채로 긴 자루가 달린 삽주걱으로 섞고 푸지만, 그렇지 못하면 큰 주걱으로 조금씩 섞어 가면서 펐다. 솥이 유달리 크면 체구가 작은 승려들은 가마솥 주위를 뱅글뱅글 돌면서 밥을 퍼야 했다.

특히 부뚜막 청결은 행자 시절부터 최우선으로 익히는 후원생활의 지침이었다. 수시로 공양간에 들어온 어른들은, 그을음이나 먼지 없이 정갈한 부뚜막에 윤나게 닦은 가마솥을 공양간 소임자의 주요 평가척도로 삼았다. 청결과 관련해 파계사의 옛 공양간은 아궁이 위로 솥을 가리는 벽체를 만들고 창문을 낸 독특한 구조를 지녔다. 아궁이에서 올라오는 재와 먼지를 차단하기 위함이다. 따라서 솥을 다룰 때 창문을 열고 들여다보거나 옆으로 가야 하는 번거로움이 있었지만 그만큼 위생은 완벽했던 셈이다. 지금은 사라지고 없지만, 이러한 가림막은 다른 데서 사례를 찾기 힘든 구조라 하겠다.

근래에는 부뚜막도 시멘트로 마감하지만 예전에는 황토가 주를 이루었다. 그런데 시간이 지나면 흙이 조금씩 흘러내릴 뿐만 아니라 그을음이 끼게 마련이다. 따라서 주기적으로 흙을 물에 개

사진 3-4. 부뚜막에 올라가 가마솥의 밥을 푸는 공양주 (통도사 공양간) ⓒ하지권

어 덧발라 주어야 했는데, 이를 '맥질'이라 부른다. 특히 공양간은 부처님께 올리는 마지와 대중공양을 짓는 곳이기에 사찰마다 맥질에 철저하였다.

맥질은 기간을 정해 두고 주기적으로 하는 것이지만 매일 하는 사찰도 많았다. 불을 피워 밥을 할 때마다 부뚜막에 발자국이 나고 그을음이 올라오니 이 일을 일상으로 삼은 것이다. 따라서 부뚜막 한쪽에 용기를 준비해 두고 저녁 숭늉을 내간 다음 물에 푼 황토를 바르며 하루를 마무리하였다. 서울 진관사 큰스님은 1950년대 쌍계사 국사암에서 공양주를 살 때 매일 황토 갠 물로 부뚜막을 정성껏 소지한 다음 아침을 지었다.[245] 1960년대 초 승려 탄허呑虛가 학인들과 삼년결사를 하던 삼척 영은사에서는 열흘마다 황토물로 부뚜막과 벽을 칠하는 규범을 지켰다.[246] 이처럼 사찰마다 부뚜막 청결을 무엇보다 중요하게 여기면서 정성스레 공양을 지었다.

민가에서도 부뚜막 맥질은 주기적으로 해야 하는 중요한 일이었다. 이에 일은 못하면서 맵시만 내는 사람을 빗대어 "부뚜막 땜질 못하는 며느리, 이마 털만 뽑는다."는 속담도 생겨났다. 맥질이 주부의 중요한 일거리임에도 이를 게을리한다는 뜻이다.[247] 대보름 새벽에 종각 네거리의 흙을 파서 부뚜막에 바르면 재물이 모인

245 진관사산사음식연구소,『진관사 공양음식과 나』(제3회 진관사 사찰음식 학술세미나 별책, 2020), p.72.

246 박원자,『나의 행자시절』(다할미디어, 2001), p.231.

247 김광언, 앞의 책, p.41.

다고 여겨 이를 복토福土라 부르는 풍습[248]이 있었는데, 이것이 점차 부잣집 마당의 흙을 훔쳐 부뚜막에 바르는 '복토 훔치기'로 바뀌기도 하였다. 부뚜막은 불을 피우고 음식을 만드는 곳이라 재산이 불어나는 것을 가늠하는 공간이기도 하다. 따라서 주기적인 맥질 풍습이 생산과 풍요를 상징하는 '대보름·흙'과 결합한 것으로 보인다.

그런가 하면 부뚜막은 따스한 온기를 지녀 발효식품을 숙성하는 공간이기도 하였다. 장작불이 꺼져도 한동안 잔불이 남아 있고, 하루 세끼를 위한 불을 피우니 늘 온기를 잃지 않기 때문이다. 따라서 무언가를 적당한 온도로 발효시키고자 할 때 부뚜막은 더없이 좋은 숙성 공간이었다. 온도 조절도 가능하여 따뜻하게 유지하려면 가마솥 근처에 두고, 찬기만 없애려면 가마솥과 떨어진 곳에 두면 되었다. 이처럼 부뚜막을 활용해서 만드는 대표적인 것으로 삼일장과 식초를 들 수 있다.

삼일장三日醬은 며칠 만에 띄워 먹는 장으로 영남지역 사찰에서 주로 전승되는 장이다. 작은 옹기에 메주를 떼어 넣고 소금물을 부은 다음 부뚜막에서 띄우는데, 이름은 '3일장'이라 부르지만 5일 정도 지나서 먹어야 맛이 좋다고 한다. 물에 불은 메주를 떼서 고춧가루와 통깨를 섞어 먹으면, 간장을 빼지 않은 메주라서 맛이 좋고 심심하여 노스님들이 즐긴 옛 음식이다.

식초 또한 사찰의 부뚜막 위에서 천연발효로 숙성되어 왔다.

---

248 『京都雜誌』'上元'

184

사찰에서도 식초를 만들 때면 막걸리를 썼다. 막걸리를 '초 두루미'라는 옹기에 넣은 뒤 차거나 너무 뜨겁지 않도록 부뚜막 안쪽에 두어 발효시켰다. 따라서 노스님들은 "부뚜막엔 늘 초병이 있어 날파리가 꾀었다."고 기억하였다. 전통 식초 가운데 누룩으로 만드는 쌀 식초가 으뜸이며, 오래된 발효식초는 보약이라 여겨 사찰마다 전해 내려온 초 항아리가 있었다[249]고 한다.

따라갈 수 없는 맛, 가마솥

가마솥은 공양간에서 가장 중요한 세간이다. '가난한 집의 최후 재산은 솥'이라는 말처럼 서민들은 피란을 다닐 때도 솥을 떼어 메고 다녔고, 새로 집을 짓거나 이사를 하면 부뚜막에 솥부터 얹었다. 따라서 '솥을 걸었다.'는 건 살 터전을 마련했음을 뜻하고, '한솥밥 먹는 사이'라는 말에 깃든 유대감 또한 끈끈하고 깊다.

사찰 공양간에 걸린 커다란 가마솥은 수행자의 대중생활을 상징적으로 나타내 준다. 가마솥은 워낙 커서 가열 중에 조금이라도 움직이면 위험하니, 솥을 걸 때는 부뚜막에 붙박이로 고정하는 것이 일반적이다.

공양간에는 여러 개의 가마솥을 걸어 두고 용도별로 사용하였다. 밥을 짓는 솥, 물을 끓이는 솥, 국을 끓이는 솥 등은 크기가 크

---

249 "호국 영평사 자영 주지스님: 천연발표식초가 최고의 건강식", 「충북일보」(2015. 7. 21)

고, 반찬을 만들 때 쓰는 가마솥은 크기가 좀 더 작게 마련이다. 큰
행사가 있을 때는 한뎃부엌의 여러 솥도 사용하여 한꺼번에 많은
양의 밥을 지었고, 농사 규모가 큰 절에서는 소를 키우기도 하여
여물을 끓이는 용도의 가마솥을 따로 둔 시절도 있었다. 물 끓이
는 솥에는 잔불로 저녁 취침 전까지 물을 데웠다. 한 바가지씩 물
을 퍼서 세수한 다음에는 다시 한 바가지를 부어 놓아 맨 뒷사람
까지 따뜻한 물을 쓸 수 있도록 하는 것이 대중생활의 철칙이었
다. 작은 암자에서는 '당구솥(다갈솥)'이라 하여 작고 오목한 솥을 많
이 쓰고, 놋쇠나 구리쇠로 만들어 자유로이 걸었다 떼었다 할 수
있는 '노구·노구솥'도 사용하였다. 따라서 민간에는 산천에 치성
을 드릴 때 '작은 솥에 지은 메(밥)'라는 뜻에서 '노구메'라는 말도 생
겨났다. 무쇠 가마솥을 당구솥·노구솥 등과 구분하여 '조선솥'이
라 부르기도 한다.

　승려들은 '가마솥이 맛의 근원'이라고 말한다. 요즘 음식이 옛
맛을 따라갈 수 없는 가장 큰 이유가 가마솥에 있다는 것이다. 아
무리 좋은 재료를 쓰더라도 직접 불을 때어 가마솥에서 만들어 내
는 맛을 따라잡기는 힘들다. 가마솥은 두께가 두꺼워 화력을 깊게
오래 받아들이고, 둥근 바닥은 가운데가 가장자리보다 두꺼워 열
이 고루 전달된다. 특히 밥을 하는 가마솥은 폭이 넓은 대신 그다
지 깊지 않다. 너무 우묵하면 밥이 고루 익지 않기 때문에 많은 밥
을 잘 지을 수 있도록 만든 것이다. 또한 무쇠 뚜껑은 수증기 발산
을 막아 주니 압력이 높아져 밥이 잘 익고, 한번 달궈지면 오래 식
지 않아 뜸이 잘 드니 밥맛이 좋을 수밖에 없다.

밥뿐만 아니라 끓이고 졸이고 굽는 모든 음식에 아궁이와 짝을 이룬 가마솥의 위력을 대체할 수단이 별로 없다. 또한 음식은 많이 만들어야 맛이 좋게 마련이니, 가마솥은 맛의 근원을 지켜 주면서 대중생활에 최적화된 조리기구라 하겠다. 따라서 아궁이 불 조절만 잘하면 '불과 시간의 조화'로 만들어 낸 최상의 음식이 탄생하게 된다.

공양간의 가마솥은 공양주가 주인이 되어 다룬다. 가마솥 밥을 지을 때의 핵심은 불 조절이다. 대개 나무를 두 차례 가득 넣어 준 다음, 뜸을 들일 때는 불이 붙은 나무를 빼내고 숯의 열기만으로 뜸을 들였다. 솥이 너무 달궈지면 밥이 타고, 물을 적당히 잡았는데 불이 약하면 설익은 밥이 되고 만다. 따라서 공양주는 밥을 짓는 동안 솥에서 떠나지 않고 김 냄새를 맡으며 불씨가 얼마나 남아 있는지 가늠하였고, 밥이 타지 않는 것은 물론 누룽지가 많이 눋지 않도록 정성을 들였다. 이렇게 한 철 공양주를 살고 나면 불과 물의 조화를 절로 익혀 수백 명분의 대중공양도 거뜬히 해낼 수 있게 되는 것이다.

가마솥 밥을 짓는 모습도 조금씩 다르다. 대개 찬물에 쌀을 넣고 물과 불로 조절하지만, 통도사와 송광사 등에서는 밥을 할 때 뜨거운 물을 붓는다. 많은 양의 쌀을 고루 익히는 데 요긴한 방법이라 한다. 그 가운데서도 통도사의 경우 밥을 하는 중간에 삽주 걱으로 뒤집어 주며 다시 물을 잡는 데 비해, 송광사에서는 불 조절만 할 뿐 중간에 젓지 않는다. 적은 양의 밥을 할 때 눋지 않도록 솥 아래에 양은그릇을 엎어 놓는 비법도 선배 공양주로부터 후배들에게 전수되고 있다.

가마솥 찰밥은 메밥에 비해서 불 조절이 더 까다롭다. 몇몇 사찰에서는 밥물이 끓으면 삽으로 아궁이의 뜨거운 숯을 꺼내어 솥뚜껑 위에 올려놓는 방법을 쓴다. 아래위가 고루 익을 수 있도록 뜸을 들이기 위함이다. 그러다 보니 찰밥을 하는 날이면 숯을 옮길 때 날린 재로 부뚜막과 공양주의 얼굴이 새카맣게 되곤 하였다.

또한 공양주는 가능하면 가마솥에 쌀이 눋지 않도록 밥을 하는 것이 중요했다. 누룽지는 별미이지만 양식이 귀한 시절이었기에, 누룽지 없이 온전한 끼니를 충당하는 것이 우선과제였기 때문이다. 서산 개심사에서 누룽지가 나오면 두 그릇에 담아 대중에게 한 숟가락씩 돌렸듯이,[250] 사찰에서는 누룽지가 생길 경우 밥과 함께 대방에 들여 대중이 공평하게 한 숟갈씩 덜어 먹는 전통을 세워 나갔다. 어른들이 미처 여기에 신경을 쓰지 못하면, 대방에 누룽지를 들여놓기가 죄송한 후원 소임자들은 밥 대신 눌은밥을 먹어야 했다. 곡식을 관장하는 미감米監 소임이 끼니마다 인원 수에 맞춘 정확한 양의 쌀만 내주기 때문이다. 따라서 처음 공양주 소임을 맡아 몇 달 동안 온전한 밥을 먹지 못하는 경우도 있었다.

그러나 가마솥 밥은 어느 정도 눋게 마련이었는데 어려운 시절일수록, 많은 대중이 사는 사찰일수록 밥이 눋더라도 후원에서 마른 누룽지를 사사로이 긁지 못하였다. 마른 누룽지는 누구나 간식

250 임충선, 「사찰의 식생활 문화에 관한 연구: 1950년대부터 1970년대까지」(동국대학교 대학원 석사논문, 2016), p. 29.

처럼 즐기는 것이기에 이를 금하는 기강을 세우기 위함이었고, 물을 부어서 끓인 눌은밥을 밥 대신 먹어야 했기 때문이다. 작은 암자나 식량 해결이 어느 정도 가능한 사찰에서는 마른 누룽지를 긁어서 노스님들의 간식으로 올리거나 튀기기도 했고, 급할 때 비상용으로 쓰기 위해 보관하기도 하였다.

갑작스레 공양주를 맡아 가마솥 밥을 짓게 된 승려들의 실수담은 무수하다. 밥물이 '부르르' 끓으면 얼른 부뚜막에 올라가서 넘치지 않도록 물을 떠 덜어 내고, 솥에서 '탁탁' 타는 소리가 나면 놀라서 물을 도로 부어 삼층밥을 만드는 것이 제일 흔한 실수이다. 가마솥 밥의 핵심이 불 조절임을 몰랐기 때문이다. 그뿐 아니라 대중의 밥맛을 맞추는 일도 힘든 일이다. 통도사에서는 공양주를 상반두上飯頭라 부르는데, 학인 시절에 상반두가 되어 처음 밥을 지었던 한 승려는, 진밥·고두밥 취향에 따라 "설익었다, 잘됐다."는 서로 다른 평이 돌아와 고민에 빠졌다고 한다. 어디에 맞출지 몰라 선배들에게 상담했더니, "방장스님한테 맞춰라."는 명쾌한 답이 돌아왔다.

> 최고 어른의 입맛에 맞추되, 새로 바뀐 상반두의 밥에 대해 별말이 없으면 무사통과입니다. 그런데 만약 방장스님이 밥에 대해 '한 말씀' 하시게 되면, 그날이 곧 '공양간 폭탄 맞는 날'이었지요.[251]

---

251 면담내용 : 통도사 교무과장(혜덕). 2019. 11. 22. 통도사 종무실

큰 가마솥에 많은 양의 음식을 하다 보면 어처구니없는 일도 일어나곤 하였다. 국을 끓이다가 성냥갑을 빠뜨렸지만 흩어진 알갱이를 건질 수 없어 그대로 대방에 들였다가 삼천 배를 한 승려가 있는가 하면, 나물 국에 개구리가 들어간 채 끓여지기도 했다. 씻어 놓은 대량의 나물 소쿠리에 미물微物이 들어가는 경우가 더러 있었고, 공양 중에 이물질이 발견되어도 대개 소동을 피우지 않은 채 조용히 지나갔다. 문제로 거론되면 국 끓이는 갱두 소임이 경책을 받게 되기 때문이다. 그러나 필요하다고 판단될 때면 대중공사에 부쳐 경책을 내리는 일도 다반사였다.

공양 솥과 채공 솥을 구분해 두고, 일상의 삼시三時 공양부터 명절과 재 음식에 이르기까지 승려들의 가마솥 음식 장만 이야기는 무궁무진하였다. 거친 재료들이 가마솥에서 달구어져 만들어 내는 갖가지 맛은, 세월과 함께 무르익은 손맛처럼 더없이 믿음직스럽고 신비로운 힘을 지녔다.

가마솥에 시루를 올리고 김이 새지 않도록 밀가루 반죽으로 시루번을 붙여 떡을 쪄 내면 고소하고 쫀쫀한 떡맛이 일품이다. 맷돌에 간 콩을 가마솥에 끓여 두부를 만들고, 들기름을 두른 솥에 두부를 두툼하게 잘라 노릇하게 부쳐 내면 양념 없이도 고소한 풍미가 났다. 동짓날 가마솥에 팥을 넣고 삽주걱으로 고루 저으며 팥죽을 끓여 신도들과 나누는가 하면, 말린 도토리를 푹 삶아 탱글탱글한 묵을 쑤었다. 화력 좋은 가마솥에 삶아 포실하게 눈처럼 분이 난 감자, 듬성듬성 썬 무에 들기름을 붓고 버섯·가죽나무 잎을 넣어 뭉근하게 졸여 낸 무 왁저지, 억세고 부석거리는 갖은 푸성귀가 덮어져 탄생하는 담백한 산나물 무침 등은 가마솥을 거쳐 탄생하는 맛이었다. 호남지역 사찰에는 널따란 제다용製茶用 가마솥이 따로 있어, 부뚜막에 올라 가마솥에 찻잎을 볶았다.

예전에는 가마솥 뚜껑을 '소댕'이라 불렀다. 넓고 편편한 소댕을 뒤집으면 최고의 프라이팬이 된다. 얇아서 잘 타는 오늘날 프라이팬에 비할 바 없이, 무쇠로 만든 솥뚜껑엔 바삭바삭 연하고 고소한 전이 빠르게 부쳐졌다. 전을 부칠 때는 아궁이에 은은하게 불이 타는 나무를 때야 했다. 소댕을 뒤집어 놓고 부뚜막에 두 명이 마주 앉아, 한 사람이 재료를 부어 주면 한 사람이 커다란 전 주걱으로 모양을 만들고 뒤집으며 부쳤다.

무쇠 뚜껑은 다루기 힘들어 두꺼운 나무로 뚜껑을 만들어 쓰는 곳도 많다. 이때 손잡이는 길고 커다란 나무토막 두 개 또는 네 개를 나란히 붙여 만든다. 그런데 무쇠든 나무든 가마솥에서 무언가 끓고 있을 때는 뚜껑을 앞이나 옆으로 밀어서 열어야 하는데, 자칫 뒤로 밀면 얼굴이 뜨거운 김으로 익어 버리게 된다. 그래서 '소댕 뒤로 밀지 않기'는 후임자에게 알려 주는 필수지침이었고, 소댕을 여는 모습을 보면 신참인지 구참인지 금세 알 수 있었다는 것이다.

운문사의 승려 재석은 공양주로 3년을 살면서, 가마솥 씻은 물을 한 방울도 버리지 않고 다 마실 정도로 신심이 깊고 알뜰하였다.[252] 가마솥은 두꺼워서 몇 백 년을 쓸 수 있었지만, 오래된 가마

---

252 남수연, "한국불교 비구니 리더: 10. 운문사승가대학장 일진스님", 「법보신문」 1347호(20
    16. 6. 15)

솥은 닳아서 밥이 타기도 했고 깨끗이 씻어도 물을 조금 부어 놓으면 바닥 틈새에 끼어 있던 탄 곡식 찌꺼기가 우러나왔다. 이때 신심 깊은 공양주는 가라앉은 잿빛 찌꺼기까지 모두 마신 것이다.

한편 솥에 다리가 없으면 부釜라 하고, 다리가 있으면 정鼎이라 부른다.[253] 신라 고분에서 다리 달린 가마솥이 출토되었는데, 이와 나란히『삼국유사』에도 8세기 진정법사眞定法師 이야기에 같은 솥이 등장한다.[254] 출가 전 그의 집은 매우 가난하여 재산이라곤 '다리가 부러진 노구솥'뿐이었다. 그런데 그의 어머니는 절을 짓고자 쇠붙이 탁발을 다니는 승려에게 하나뿐인 솥마저 시주하고, 기와에다 음식을 익혀 먹을 정도로 불심이 깊었다는 내용이다. 이처럼 고대에는 다리가 달린 솥을 많이 사용했음을 알 수 있다.

그런가 하면 월정사 동대관음암에는 출가수행자들에게 모범을 보인 구정선사九鼎禪師 이야기가 전해 내려온다. 구정은 스승의 명에 따라 아홉 차례나 아궁이를 허물며 솥을 고쳐 걸었기에 '구정九鼎'이라는 법명을 얻게 되었다.[255] 해인사·운문사·관룡사 등 여러 절에는 솥을 거는 행자 시절 구정의 모습이 벽화로 그려져 있다. 그는 지극한 신심과 스승에 대한 믿음으로 끝없이 솥을 다시 걸어, 후일 인고의 정진 끝에 홀연히 마음이 열려 일대사一大事를 해결하게 되었다고 한다.

부뚜막의 솥이 토기에서 무쇠로 바뀐 것은 삼국시대 후기로,

---

253 윤서석, "솥",『한국민족문화대백과사전』, 앞의 책

254 『三國遺事』권5 孝善 '眞定師 孝善雙美'

255 여태동, "월정사 동대관음암과 구정선사",「불교신문」2477호(2008. 11. 19)

무쇠의 색깔이 검어 '가마솥'이라는 이름을 지니게 되었다. '가마'는 '검다'에서 온 말로, 까마귀 또한 색이 검은 새라는 뜻의 '가마귀'가 바뀐 말이다. 이에 "까마귀 검다고 속조차 검을까."라는 속담을 가마솥에 적용하여 "가마솥 검기로 밥도 검을까."라는 말도 생겨났다.

우리나라에서 가장 역사가 오래된 가마솥으로 법주사 철확鐵鑊이 있다. 보물로 지정된 이 솥은 지름 2.7m에 높이 1.2m의 거대한 크기로 통일신라 성덕왕 대에 제작되었고, 대중이 많이 모일 때면 수천 명분의 밥과 국을 끓였던 가마솥이라 전한다.[256] 논산 개태사의 철확은 936년에 태조 왕건이 후백제를 토벌한 기념으로 사찰을 세울 때 함께 만든 것이다. 지름 3m에 높이 1m인 이 솥은 주로 장醬을 끓이는 용도로 썼다. 오래되고 큰 솥인 만큼 영험담도 많아서, 가물 때 이 솥만 있으면 비가 내린다고 하여 여러 곳으로 옮겨졌는가 하면, 1944년에는 일제가 고철로 쓰려고 부수려 들자 뇌성벽력이 쳐서 그만두었다고 한다.[257]

공양간에 두고 쓰는 가마솥은 크기가 거대한 것이 많아서, 승려들은 "여럿이 들어가서 누워도 될 정도였다."고 회상한다. 따라서 승려들이 서로 자기 절을 자랑할 때 쓰는 우스갯소리 가운데 "우리 절의 가마솥은 어쩌나 큰지 동짓날 팥죽을 쑬 때면 배를 띄워 젓는다."는 말이 있다.

---

256 "보은 법주사 철솥[報恩 法住寺 鐵鑊]", 한국민족문화대백과(한국학중앙연구원, 네이버 지식백과)
257 김광언, 앞의 책, p.60.

아궁이와 불의 운용

—

장작 아궁이

아궁이의 변화는 주거문화에서 가장 큰 혁명이었다. 난방과 조리에 필요한 화력이 변함에 따라 노동의 양과 질이 엄청나게 달라졌고, 공간의 구조와 환경도 바뀌었기 때문이다. 장작불에서 연탄으로, 다시 가스로 한 단계씩 바뀌는 동안 사찰의 공양간도 혁명을 맞았으나 화력의 변화 속도는 사찰이 가장 느렸다. 가정마다 연탄이 널리 보급되었던 1970~1980년대까지도 산사는 나무를 때는 곳이 많았다.

처음 행자로 들어가면 나무를 하고 아궁이마다 장작불을 지피는 일을 주로 맡았다. 나무를 하는 이를 부목負木, 아궁이의 불을 때는 이를 화대火臺라 불렀는데, 가장 궂은 일을 하는 소임에 속한다. 따라서 행자나 아랫반 학인들이 돌아가며 맡았고, 비구니사찰에서는 부목 처사를 따로 두기도 하였다.

"나무를 하는데 식구 수대로 지게를 스무 남 개 만들었습니다. 그래 놓고 나무를 하는데 하루 석 짐씩 했습니다. 석 짐씩 하니 좀 고된 모양입니다. 나무하다 고되니깐 몇이가 도망가 버렸습니다."[258] 1947년 봉암사결사를 회고하면서 승려 성철이 쓴 글이다. 굳은 결심으로 동참한 결사이지만, 부목도 공양주도 내보내고 각자 하루 세 짐씩 나무를 하다 보니 너무 힘들어 포기하는 승려들

---

258 「1947년 봉암사결사」, 앞의 책, p.125.

이 있었다는 것이다. 온전히 자급자족하며 수행하는 일이 그만큼 어려웠음을 말해 준다.

승려 법정法頂도 입산 후 땔감을 해 오는 일로 소임을 시작했다. 나무꾼을 '출세간出世間의 선물'로 받아들이면서, "나는 아궁이 앞에서 반세기 넘게 이어 온 나무꾼의 소임을 거르지 않았다. 누가 중노릇을 신선놀음이라 했는가."[259]라고 하였다. 이처럼 수행과 노동을 하나로 여기는 선농불교는 근현대 승려들이 이상적인 출가 수행자의 삶으로 추구해 온 것이었다.

이렇게 많은 나무가 필요한 것은 오로지 나무에만 화력을 의지하던 시절이었기 때문이다. 솥을 거는 부뚜막 아궁이뿐만 아니라, 방마다 난방을 위해 군불을 때는 함실아궁이가 많았다. 1970년대 송광사의 경우 불이 나서 터만 남은 곳까지 합하면 아궁이가 50~60개였듯이, 큰 절에는 수십 개의 아궁이가 있었다. 따라서 공양간은 물론, 후원에 임시로 붙여 지은 가재기마다 장작과 솔가지를 가득 쌓아 두어야 했다. 식량과 함께 땔감은 생존의 필수요소였고, 바짝 마른 나무라야 밥이 잘되니 부목과 공양주는 늘 땔감에 신경을 쓰며 단속하였다.

대중이 많은 사찰의 대방 아궁이는 상상을 초월한 크기여서, 군불을 넣을 때 직접 아궁이 안으로 들어가서 장작불을 피우기도 하였다. 그렇게 한 번 불을 지펴 놓으면 3~4일 동안은 따뜻하게 지낼 수 있었다. 아울러 대방과 지대방 등 분리된 두 개의 방을 하

---

259 법정, "아궁이 앞에서", 『아름다운 마무리』(문학의숲, 2008), pp.99~101.

나의 아궁이로 연결하고 부뚜막에 가마솥을 두 개 설치해 연료를 절약하기도 하였다.

범어사 대성암은 1960년대에 비구니 만성萬性이 주석하면서 선방을 운영한 곳으로 이름 높다. 노스님은 선객들에게 지극한 정성으로 공양을 올리게 했고, 선방이 너무 뜨겁거나 차서 수행에 지장이 있을까 염려하여 직접 군불 넣는 일을 맡았다. 한 번에 깊숙이 넣으면 더워서 수행을 제대로 할 수 없으니, 시간마다 직접 가서 긴 장대로 조금씩 밀어 넣으며 온도를 조절한 것이다.

강원 3학년 학인이 머무는 운문사 금당金堂의 아궁이 두 개는 겨울이면 매일 한 수레씩 장작이 들어갔다. 60명 정도의 학인이 거주하는 큰 대방이라 아궁이가 한없이 깊어, 한 사람이 비옷을 입고 아궁이에 들어가서 장작을 쌓고 또 한 사람은 입구에서 건네주는 식으로 불을 지폈다.[260] 또한 예전에는 가마솥이 걸린 뒷벽에 또 하나의 커다란 아궁이가 있는 독특한 구조였다. 지금은 시멘트로 메워져 흔적이 없지만, 방을 데울 때 이곳에 불을 피우면 아래쪽 아궁이보다 열 전달이 더 좋아 설치한 것으로 보인다. 민가에도 부뚜막 벽에 이런 아궁이를 설치해 두고, 보통 때는 막아 두었다가 구들에 불을 넣을 때 사용하는 곳이 있었다.

아궁이에 불을 붙이는 데도 기술이 필요하니, 출가 전에 아궁이 불을 지펴 보지 않은 승려는 누군가 가르쳐 주지 않으면 알 수가 없었다. 따라서 장작을 쌓아 놓고 귀한 성냥만 수북이 써 버린

---

260 면담내용 : 운문사 원주. 2018. 12. 1. 운문사 요사

채 불을 붙이지 못해 어른에게 꾸지람을 듣기도 하였다. 나무 밑에 솔가지를 놓고 불을 붙여야 한다는 걸 몰랐기 때문이다. 물자가 귀하던 시절이라 성냥을 아껴야 했고, 성냥이 나온 뒤로도 한동안 불씨로 불을 피웠기에 낭비 없이 불을 잘 붙이는 일이 중요했다. 마른 솔가지는 화력도 좋고 연기도 많이 나지 않아 불을 피우는 데 아주 유용한 땔감이었다. 그 위에 굵직한 장작을 잘 쌓아서 활활 타도록 불을 때고, 밥에 뜸이 들 때쯤 장작을 빼낸 뒤 솔가지나 숯으로 화력을 조절하였다.

대체화력이 없어 일상적으로 나무를 해야 했지만, 자유로운 나무꾼이 될 수 있는 형편도 아니었다. 예전에는 민둥산이라 땔감 구하는 데 애를 먹었을 뿐만 아니라, 벌목을 금하여 고사목枯死木과 삭정이, 간벌한 소나무의 솔가지만 가져와야 했기 때문이다. 따라서 겨울이 오기 전에 부지런히 산과 들로 다니며 가시덤불과 나뭇가지를 주워 나르고, 보리 추수가 끝나면 짚을 갈무리했다가 땔감으로 썼다. 도시사찰은 연탄이 들어오기 전까지 땔감 나무를 주기적으로 사들였다. 사찰 소유의 산에 마을 주민들이 들어와서 벌목하는 일이 많아, 이를 지키는 일 또한 승려들의 몫이었다. 주로 밤에 몰래 와서 나무를 해 갔기에 산길 입구마다 불을 피우고 밤새워 지켰으니, 사찰도 마을도 모두가 안타까운 시절이었다.

특히 나무로 지은 사찰건축은 예나 지금이나 화재가 잦았고, 공양간은 불을 다루는 곳이기에 더욱 조심해야 했다. 이에 '금연禁煙'이라는 문구를 붙여 놓은 공양간이 많다. 매일 불을 다루는 곳에 '불을 피우는 것을 금함'이라 한 까닭은, 공적으로 불을 사용할 때를 제외하고 사사로이 불을 피울 수 없도록 한 것이다. 이는 화재의 위험뿐만 아니라 사중의 연료와 물품을 함부로 사용하는 일을 경계한 것이기도 하다. 아울러 사찰마다 공양간의 문이나 부뚜막에 '물 수水' 자 또는 '바다 해海' 자를 써서 거꾸로 붙이거나, 공양간 내에 소금단지를 두었다. '水·海' 자를 거꾸로 붙이는 것은 물이 아래로 쏟아짐을 나타내고, 소금은 바다를 상징하는 것이기에 불기운을 누르는 뜻을 담고 있다.

아궁이를 다 쓰고 나면 불씨가 날리는 것을 막고 더운 기운이 흩어지지 않도록 아궁이 덮개로 잘 마무리하였다. 아궁이에 처음부터 문을 달아 놓기도 하고, 철판·함석·돌 등으로 막아 두기도 하였다. 아궁이의 재는 며칠에 한 번씩 고무래로 긁어 내어 채소밭 머리에 쌓아 뒀다가 채소를 심을 때 거름으로 썼다.

아궁이 불에 직접 구워서 먹는 맛은 또 다른 별식이었다. 감자·고구마·옥수수는 물론, 버섯을 호박잎에 싸서 구우면 그 맛이 일품이었다. 토굴생활을 하던 승려들은 밀가루 반죽을 뭉쳐 겨우내 눈 속에 묻어 두고 하나씩 꺼내어 아궁이 불에 구워 끼니로 삼았는가 하면, 황토를 구워 우린 물을 약으로 쓰기도 했다. 감기나 속이 불편할 때 둥글게 뭉친 황토를 아궁이 불에 뜨겁게 달궜다가, 찬물을 부어 우러난 물을 마신 것이다.

화덕 · 풍로

아궁이에서 화력을 다한 장작은 숯불이 되어 다시 연료로 쓸 수 있게 해 준다. 후원 일과를 마치면 소임자는 숯불을 두 가지 방식으로 나누어 관리하게 된다. 하나는 불을 꺼뜨리지 않고 불씨로 삼기 위해 보관하는 것이며, 나머지는 불을 꺼뜨린 채 보관했다가 화덕 등의 아궁이에 연료로 쓰는 것이다.

나무하는 부목, 아궁이에 불을 지피는 화대, 숯을 관리하는 노두爐頭는 모두 불과 관련된 소임이다. 그러나 대개 소임을 세분하지 않고 부목이 불을 피우기도 하고, 노두가 화대를 겸직하기도 한다.『선원청규』에도 숯을 공급하는 탄두炭頭와 화롯불을 다루는 노두를 따로 두면서, 둘은 서로 화합이 잘되는 이로 정하도록 하였다. 아궁이에서 숯을 잘 만들어야 숯불을 피울 수 있고, 화로의 불씨를 잘 다루어야 새 불을 지필 수 있으니, 탄두와 노두는 후원의 온기를 이어 가는 뗄 수 없는 사이라 하겠다.

불을 관리하는 이들의 가장 중요한 일 가운데 하나는 불씨를 꺼뜨리지 않는 것이다. 화로에 불씨를 담고 재를 단단히 눌러 덮어 두면, 불이 꺼지지 않을 만큼만 공기가 통하여 오래 보관할 수 있었다. 아침에 밤새 보관한 불씨를 꺼내어 솔가지와 함께 아궁이에 넣고 입김을 불어 넣으면, 솔가지에 금세 불이 붙게 된다. 그 위에 공기가 통하도록 장작을 잘 쌓아 불을 때고, 밥에 뜸이 들 때쯤 장작을 빼낸 뒤 옆 아궁이로 옮겨 국이나 물을 끓이고, 남은 숯은 화덕 · 풍로에 옮겨서 반찬을 만드는 데 썼다. 하루의 마지막 끼니를 짓고 난 저녁 숯은 다시 다음 날의 불씨로 삼으면서 아궁이와 함께하는 삶을 살아온 것이다.

화덕과 풍로風爐는 솥이나 냄비를 걸어서 쓸 수 있도록 만든 간이 아궁이를 말한다. 솥을 걸 수 있는 자리, 바람이 통하고 숯을 지필 수 있는 아가리, 연기가 빠져나갈 굴뚝이 일체화된 형태[261]이다. 이러한 간이 아궁이는 대개 흙을 구워 만들었고, 양철·함석·쇠붙이 등으로 만들기도 한다. 주된 화력은 숯이며, 공양간 한쪽에 부착된 구조물로 조성하기도 하지만 대개 이동할 수 있는 용도로 만들어 사용하였다. 사찰에 따라서는 드럼통을 잘라서 큼직한 화로를 만들어 썼다.

화덕과 풍로는 필요할 때마다 옮길 수 있고 작은 솥이나 냄비를 올려놓을 수 있으니, 반찬을 만들 때는 부뚜막 아궁이보다 요긴하게 쓰였다. 따라서 노스님을 모시는 시자侍者는 따로 화덕을 확보하여, 공양간에서 얻어 온 숯불로 찰밥이나 죽 등의 별식을 지어 올리기도 하였다.

남은 숯은 오래되어 못 쓰거나 깨어진 가마솥에 담아 뚜껑을 덮은 채 보관하는 것이 가장 좋았다. 공기가 들어가지 못하니 저절로 불이 꺼졌고, 이렇게 불을 끈 숯은 금세 다시 불이 붙어 편하게 사용할 수 있기 때문이다. 물을 부어서 불을 끄면 숯을 다시 말려야 하지만, 가마솥에다 넣어 두면 말리지 않아도 바로 쓸 수 있었다. 간단하게 보관할 때는 쓰지 않는 아궁이 속이나 양철통 등

---

261 黃義秀, "화덕(火一)",『한국민족문화대백과사전』, 앞의 책

사진 3-5. 가마솥 옆에 흙으로 화덕을 빚어 놓은 '화투' ©김광언

에 담아 두었다.

강원도와 영남 지역의 민가 부엌과 사찰 공양간에는 부뚜막 한쪽에 흙으로 독특한 구조물의 화덕을 만들어 놓고 썼다. 이를 '화투'라 부르는데 화덕·풍로와 유사한 개념이다. 위는 우묵하게 파고 아래는 아궁이를 내어 아래위로 공기가 통하도록 구멍을 만들게 된다. 우묵한 위쪽에 숯불을 피워 작은 솥이나 석쇠 등을 걸고 음식을 만들거나 김 등을 구웠으며, 아래는 불씨를 묻어 두기도 하고 위와 통하니 불을 피워 음식을 데울 수도 있었다. 화투는 안동 유하사 등의 공양간에서 1980년대까지 볼 수 있었다.

사진 3-6. 선암사 달마전 '차 부엌'에 설치된
벽다로와 찻주전자 ⓒ손대현

범어사 대성암에도 이와 유사한 구조물을 설치해 두었다. 부뚜막과 비슷한 것을 따로 만들어서 두세 개의 작은 아궁이를 내어 숯불을 피우는 용도로 사용한 것이다. 따라서 많은 화력이 필요하거나 급할 때는 장작 아궁이에 땔나무를 지피고, 그렇지 않을 때는 이곳에 숯불을 피워 사용하였다. 지금은 불씨 보관도 숯불 화덕도 필요 없으니, 공양간에 부착된 화투는 가마솥 아궁이와 함께 사라진 구조물이다.

보온용기가 없던 당시에는 이러한 화덕과 함께, 방안에서 쓰는 화로火爐가 물을 끓이거나 차 등을 따뜻하게 보관하는 데 아주 유용했다. 노스님들이 화로에 주전자를 올려 두고 따뜻한 차와 숭늉을 늘 마실 수 있었으니 오늘날 보온병의 구실을 했던 셈이다.

특히 순천 선암사 응진전 구역의 선원인 달마전에는 공양간에 차 부뚜막인 벽다로壁茶爐가 설치되어 있다. 벽다로는 돌과 기와에 흙을 발라 큼지막한 사각의 부뚜막을 만들어 우묵하게 판 위쪽에 숯불을 넣어 두며, 그 위로 줄에 매단 찻주전자를 올려놓고 사용하였다. 이 벽다로는 1650년경 침굉枕肱이 만든 것이라 한다.[262] 벽다로와 벽을 사이에 둔 선방(달마전)에 여닫이창이 나 있어, 수행하던 수좌들이 언제든 따뜻한 물이 담긴 찻주전자를 끌어올려 차를 마셨으니 참으로 운치 있는 구조물이다.

이에 대해 전통차 전문가인 승려 지허指墟는, "벽에 붙은 다로에 숯 부어 놓고 그 위에 주전자 달아 놓으면 하루 24시간 물이 끓으니 노스님들이 수시로 차를 자셨다."[263]고 하였다. 아울러 달마전 공양간을 통로로 삼은 데는, 승려들이 오가며 다로의 불씨를 꺼뜨리지 않고 지키도록 한 뜻도 있을 것이라 보았다.

262 지허스님, 『지허스님의 차』(김영사, 2003), p. 116, p. 260.
263 위의 책, p. 223.

―

연탄의 등장과 퇴장

서울의 낙산 청룡사에서는 1960년대 초 강원과 선원을 새로 지을 때, 대방 공양간을 제외하고 모든 아궁이를 연탄으로 바꾸었다. 따라서 나무를 때는 가마솥 아궁이는 큰 행사에만 사용하고, 수십 명 승려들의 일상 공양은 모두 연탄불로 지었다. 처음에는 31공탄을 쓰다가, 대중이 점차 늘어나고 재齋가 수시로 들면서 대형 49공탄을 피워야 했다.

이처럼 땔감을 구하기 힘든 도시사찰에서는 이른 시기부터 연탄을 썼다. 정부의 산림보호정책으로 산사에도 점차 연탄 아궁이를 놓게 되면서 부목 소임은 사라지고, 화대는 연탄불을 관리하는 소임으로 바뀌게 된다.

> 9월에 행자로 가서 가을·겨울을 공양주로 살면서 연탄 아궁이에 두 개의 49공탄을 피워 끼니마다 솥에다 백 명 정도의 밥을 했다. 청룡사에는 강원과 선방이 있어, 상주하는 스님 약 열다섯 명에 강원의 학인 스님 수십 명, 선방의 수좌 스님 수십 명에다 하루에도 수없이 크고 작은 재齋가 들었기 때문이다.[264]

264 구미래, 「근대 진관사 사찰음식과 계호스님」, 진관사산사음식연구소, 『제1회 사찰음식 학술세미나 자료집: 서울 진관사 사찰음식』(2018), p.107.

1968년 청룡사의 모습이다. 당시 상주 승려가 많고 재가 많이 들었던 청룡사에서는 채공간에 49공탄을 두 곳의 아궁이에 각각 피워 100명 정도의 밥을 하루 세 차례 지었다. 49공탄은 식당에서 나 쓰는 것으로, 연탄 가운데 가장 화력이 강하지만 소진 시간이 짧아 많은 음식을 빨리 하는 데 적합하였다. 초파일이나 큰 명절에는 공양간 아궁이에 장작을 지펴 밥을 하고, 평시에는 연탄 아궁이에 밥을 지은 것이다.

여러 사찰에 연탄이 들어온 시기는 1970년대 후반이지만 주로 난방용이었고, 후원에서 음식을 장만할 때는 한동안 장작 아궁이를 계속 사용하였다. 그러다가 연탄 사용이 보편화되면서 반찬과 밥을 모두 연탄 아궁이에 짓는 곳이 늘어나게 되었지만, 대방채의 공양간 아궁이는 마지막까지 연탄으로 교체하지 않는 곳이 많았다. 장작 아궁이를 연탄 아궁이로 바꾼다는 것은 곧 가마솥을 들어낸다는 것을 의미했기 때문이다. 연탄에도 가마솥을 올릴 수 있고 32공탄·49공탄 등은 화력이 좋았지만, 장작 아궁이와 결합된 가마솥은 수백 년간 이어 온 음식문화를 담고 있어 쉽사리 바꾸기란 어려운 일이었다. 따라서 가스 사용이 일반화된 1990년대까지도 밥을 지을 때는 장작 아궁이를 사용하는 사찰이 많았다.

장작은 숯불의 불씨로 불을 지피지만, 연탄은 연탄끼리 화력이 끊이지 않게 이어 줘야 한다. 따라서 연탄구멍을 잘 맞추어 공기구멍으로 화력을 조절하는 것이 관건이다. 해마다 연탄가스 사망자가 많았지만, 대중 살림을 사는 절에서는 소임을 정해 시간마다 관리를 철저히 하여 연탄가스 중독이 상대적으로 덜하였다.

특히 난방 아궁이마다 연탄을 때야 하니 겨울을 앞둔 산사의 연탄 들여놓기는 김장 못지않은 대사였다. 당시에는 산길이 좋지 않아 초입에 연탄을 내려놓으면, 인건비를 줄이기 위해 일꾼을 쓰지 않고 승려들이 온종일 지게로 져 날라야 했다. 작은 암자일수록 산길이 높고 험하니 연탄 들이는 일은 참으로 고되었고, 아궁이마다 매일 수많은 연탄재가 쏟아져 나오니 수레에 담아 일정한 곳에 버리는 일은 부목 행자의 몫이었다.

연탄이 들어온 지 얼마 지나지 않아 취사용 석유풍로도 사찰에 들어오기 시작했다. 그러나 석유는 연탄보다 귀하여 특별할 때만 아껴 쓰는 '그림의 떡'이었고, 장작·연탄 아궁이를 주로 사용하였다. 그러다가 1990년대에 보편화된 가스 연료는 아궁이와의 고별을 뜻했다. 군불을 때는 함실아궁이는 물론 가장 늦게까지 남아 있던 공양간의 부뚜막 아궁이도 사찰마다 점차 자취를 감추기 시작하였다.

난방·취사의 생활환경 변화와 함께 현대식 주방이 도입된 것은 자연스러운 귀결로, 사찰마다 일상의 음식을 주방에서 만들게 된 지 오래되었다. 전통사찰에서는 아궁이를 허물지 않고 행사 때 여전히 가마솥을 쓰기도 하지만, 일상의 식생활에서는 더 이상 어떤 아궁이도 보기 힘들어진 것이다. 공양간이 남아 있는 사찰에서도 보존만 하거나, 된장·두부·팥죽을 만들고 나물·시래기 등을 삶을 때처럼 특별한 용도로 사용하고 있다.

반찬을 만드는 채공간

현대식 주방이 들어오기 전까지 대부분 사찰에서는 밥을 짓는 공양간과 반찬 만드는 채공간을 따로 두었다. 그 이유는 크게 세 가지로 정리해 볼 수 있다.

첫 번째는 밥을 신성하게 여기는 관념과 연관되어 있다는 점이다. 사찰에서는 매일 밥을 지어 불단에 마지로 올리면서, 가능하면 밥에 냄새가 배지 않도록 애썼다. "부처님 마지에 반찬 냄새가 배면 안 된다.", "반찬 만드는 소임보다 공양주를 더 귀하게 생각했다."는 승려들의 말에서, 밥이 지닌 상징성을 읽을 수 있다. 한국인에게 밥은 생명을 유지하는 근원이자 양식을 대표하는 신성성을 지녀, 하얀 고봉의 밥은 부처님께 올리는 중생의 청정하고 소박한 마음이 담긴 최고의 공양물로 여겼다. 아울러 밥은 출가자의 수행을 뒷받침하는 공양의 핵심을 이루어 후원 소임 가운데 공양주를 중하게 여겼고, 대중을 시봉하는 공양주의 공덕이 한량없다는 담론이 전승되고 있다. 따라서 이러한 관념들이 가능하면 반찬을 만드는 공간과 분리하여 공양간을 청정하게 유지하려는 문화로 정착되었음을 짐작하게 한다.

두 번째는 대방과 나란히 자리한 공양간의 입지를 들 수 있다. 대방은 대중이 모여 수행하는 공간이기에, 반찬 냄새나 칼·도마 쓰는 소리 등으로 방해를 주지 않아야 하기 때문이다. 공양간에서 반찬을 함께 만드는 사찰에서도 전이나 부침개 등 기름을 쓸 때는 주로 뒷마당에 화덕을 피워 바깥으로 냄새를 배출하였다. 특히 선방을 운영하는 사찰의 경우 수좌들의 뒷바라지에 최선을 다하여, 가능하면 좋은 음식을 올리고 만드는 과정에서도 이러한 방해요소를 없애고자 했다.

세 번째는 공간과 인원에 따른 효율성을 기할 수 있다는 점이다. 살림 규모가 큰 사찰에서는 밥과 국과 반찬을 만드는 소임이 공양주 · 채공菜供 · 갱두羹頭 등으로 나누어져 있어, 많은 인원이 한 공간에서 일하면 불편하기 때문이다. 아울러 다른 반찬과 달리 뚜껑을 덮고 끓이는 국의 경우는 공양간에 국 솥을 함께 두고 쓰기도 하였다.

그러나 암자나 인법당 같은 작은 사찰에서는 공양간 · 채공간의 구분 없이 쓰게 마련이다. 구분할 공간도 없을뿐더러 승려 수가 적어 공양주가 밥과 반찬을 모두 맡는 경우가 많았다. 반대로 갑사 대자암이나 해인사 홍제암처럼 공양간이 아주 클 경우에는 냄새나 소리 걱정 없이 한 공간을 적절히 나누어 쓸 수 있었다. 아울러 청암사 백련암은 공양간이 ㄱ자로 되어 있어 자연스럽게 채공간이 구분되었고, 범어사 대성암은 하나의 건물에 문을 설치하여 공양간과 채공간을 구분하였다.

채공간에도 장작 아궁이에 작은 가마솥을 얹어 사용하면서, 양이 적거나 간단한 음식을 만들 때는 숯을 피우는 화덕을 주로 썼다. 도시사찰에서는 1960~1970년대에 연탄 아궁이와 석유풍로를 쓰기도 했으며, 노스님을 위해 따로 밥을 짓는 곳에서는 이른 시기부터 가스를 사용하는 풍로 등 다양한 조리시설을 갖춘 곳도 있었다.

화덕·풍로는 장작을 때고 남은 숯으로 간편하게 조리할 수 있으니, 채공간마다 갖추어 두고 쓰는 실용적인 화력이었다. 화덕 등은 간단한 구조라서 직접 만들어 쓰기도 했고, 큰 절에서는 규모에 맞게 흙과 양철 등으로 제법 큰 화덕을 갖추었다. 타고 남은 장작 아궁이의 숯을 부삽으로 떠서 화덕에 올려놓고 찌개를 끓이고 나물을 볶거나 전을 부쳤다. 마른 숯은 종이 한 장, 나무이파리 하나로도 금세 불이 잘 붙었다.

대중이 많거나 재(齋)가 많이 드는 사찰에서는 전을 부치는 용도의 '전 부엌'을 따로 두기도 했다. 전 부엌은 지붕과 벽을 갖춘 경우는 드물고, 대개 기둥에 지붕을 올린 간이부엌의 형태를 취한다. 이곳에 돌을 세워 아궁이를 만들고 화덕을 설치해 두며, 가마솥 뚜껑을 뒤집어 사용하거나 가마솥보다 바닥이 평평한 '전 솥'을 따로 두고 썼다. 송광사·선암사 등은 최근까지 전 솥을 갖추어 두고 전을 부치거나 채소를 고루 볶을 때 사용하였다. 바닥은 평평하지만 똑같이 무쇠를 사용한 가마솥이기에, 이곳에 전을 부치거나 나물을 볶으면 맛이 달랐다고 한다. 가마솥 뚜껑을 뒤집어 사용할 때는 아예 손잡이를 잘라 전을 부치는 전용 용도로 쓰기도 하였다. 프라이팬은 바닥이 얇아서 잘 타지만, 솥뚜껑은 두꺼운 무쇠라서 훨씬 바삭하고 부드럽게 잘 부쳐졌다.

채공간은 음식솜씨 좋은 채공이 마음껏 실력을 발휘할 수 있는 공간이다. 사중의 승려들 또한 찬상에 오를 새 반찬에 대한 궁금증으로 관심을 가지는 곳이기도 하다. 채공은 대개 돌림 소임으로 맡게 되니, 솜씨 좋은 이가 채공으로 들어가면 모두의 기대를 한

몸에 받았다. 실제 밥보다 반찬을 만드는 것이 창조적인 일에 해당하여, "채공 소임을 오래 살면 지혜가 커진다."는 담론이 전한다.

대방의 전승 양상

대방大房은 출가자의 대중생활을 상징하는 공간이다. 대방의 전통적 의미를 '승려들이 모여 공양하는 큰방'으로 새기듯이, 대중이 함께 머물며 수행과 숙식을 하는 대규모 공간이기에 '대방 · 큰방 · 대중방'이라 부른다. 따라서 대방채는 승려들이 일상생활을 하는 승당僧堂의 하나로, 대형 수행 공간으로 설립한 다양한 기능의 당우가 자연스럽게 대방채의 역할을 하는 경우가 많다. 승당은 사찰의 규모나 특성에 따라 모여 있기도 하고 분산되어 있기도 하나, 공양은 주로 대방에 모여서 하였다.

위치로 볼 때 대방채는 중정의 좌우 어느 한쪽에 자리하는 것이 높은 비중을 차지하고 있다. 신라 말 선종이 들어오면서 사찰에 강원과 선원을 두기 시작했고, 조선시대에 이르면 본전本殿과 문루門樓, 동서 승당의 네 건물이 마당을 감싸는 사동중정형四棟中庭形

가람배치가 자리 잡게 된다.

이때 동서 승당에 수행 공간으로서 강원·선원이 오는 경우가 많은데, 오늘날의 전승 사례로 볼 때 동쪽 승당을 대방채로 삼는 비중이 훨씬 높다. 이른 시기부터 대방 개념이 있었던 것은 아니나, 대규모 수행처인 이들 승당에서 대방의 연원을 유추해 볼 수 있는 것이다. 강원·선원의 당호는 심검당尋劍堂·적묵당寂默堂·수선당修禪堂·설선당說禪堂 등을 주로 사용하였다. 묵언으로 적정寂靜에 드는 '적묵', 선정禪定을 닦는 '수선', 선을 설하는 '설선' 등은 모두 선원에 어울리는 뜻이다. 칼을 찾는 '심검'은 우리나라 사찰의 독특한 당호로, 이때의 칼은 마지막 무명無明의 머리카락을 단절하는 지혜의 검劍을 뜻한다. 심검당의 경우 초기에는 강원을 뜻했으나 점차 선원과 혼용하고 있다. 부처를 선발하는 도량이라는 뜻의 '선불당選佛堂', 설법과 선이 이루어진다는 뜻의 '강선당講禪堂' 등 다양한 이름이 전한다.

독립된 선원을 운영하는 사찰에서는 방부를 들인 승려들이 선방에서 좌선과 숙식을 함께 하여, 선방이 곧 대방을 뜻한다. 오늘날에는 승려 수가 점차 줄어들어 선방에서 직접 공양을 하지 않고, 본채 대방에서 다 같이 공양하는 곳이 많다. 이를테면 선원을 운영하는 석남사의 경우 선방이 본채와 떨어진 곳에 자리하고 있는데, 공양 때가 되면 선방 승려들이 본채로 내려와 아침에는 강선당 대방에서 함께 발우공양을 하고, 점심·저녁에는 식당에서 상공양을 하고 있다. 선방을 운영하지 않더라도 안거 철이면 대방에서 한 철 좌선 수행에 들면서, 인연 있는 사찰의 외부 승려들이

사진 3-7. 송광사 대방 정혜사定慧社. 학인들의 거처이자 발우공양 장소이다.

함께 정진에 동참하기도 한다.

　마찬가지로 강원을 운영하는 사찰에서는 대방에서 학인들이 평소 거주하며 공부하다가, 공양 때면 전체 승려가 이곳에 모여 발우공양을 하게 된다. 송광사와 운문사의 대방인 정혜사定慧社와 청풍요淸風寮는 평소 저학년 치문반·사집반 등의 학인들이 머물며 공부하는 생활 공간이지만, 발우공양을 할 때면 방장에서부터 학인에 이르기까지 사중의 모든 승려가 모이는 곳이다. 승방이 많지 않던 1950~1960년대에는 도시사찰에서도 사중의 승려들이 대방에 모여 살면서 수행을 겸하는 곳이 많았다.

　대방채의 유형적 연원은 이전부터 지방 각지에 존재하던 인법

사진 3-8. H자형 구조의 흥천사 대방채

사진 3-9. 흥천사 대방채와 마주한 본전

당과도 밀접하게 연관된다. 조선 후기에 인법당 규모로 설립된 산중 암자는 법당을 따로 두지 않고 대방채를 함께 사용하였다. 대방 안에 불단을 두어 예불 공간과 수행 · 주거 공간이 통합된 경우이다. 초기의 작은 사찰은 이러한 '대방 · 공양간 · 승방'으로 구성되어 대방채를 곧 인법당이라 부르기도 하였다. 이때의 대방은 요사 기능보다 불전 기능이 크게 마련이며, 단일 건물의 초기 형태에서 점차 공간 수요가 늘어나면서 본전을 비롯해 부속건물이 건립되었다.[265]

대형 요사는 조선 말에 집중적으로 형성되었는데, 이는 대규모 야외의식이 점차 축소되고, 실내에 많은 신도를 수용하여 함께 의식을 치르게 되면서 생겨난 것[266]으로 보인다. 특히 19세기 이후 서울 · 경기 지역에 대방채가 활발하게 조성되면서, 그 위치가 본전 맞은편의 누각 자리를 차지하는 독특한 유형이 등장하여 주목된다. 현존하는 대방채를 중심으로 이러한 유형을 살펴보면 서울의 경우 흥천사 · 화계사 · 경국사 · 미타사 등과, 경기도의 경우 파주 보광사, 남양주 흥국사, 안성 청원사 등을 꼽을 수 있다.

대표적인 사례로 1865년에 건립한 흥천사 대방채를 살펴보자. 대방채는 본전인 극락보전 앞에 세워졌으며, H자형의 평면 구성에 대방을 중심으로 양쪽에 돌출된 누樓를 두었고, 대방 서쪽의 공양간을 비롯해 여러 개의 승방과 부속 공간으로 이루어져 있다. 대

---

265 金奉烈, 「近世期 佛敎寺刹의 建築計劃과 構成要素 硏究」, 『建築歷史硏究』 4권 2, 통권 8(韓國建築歷史學會, 1995), pp. 18~22.

266 홍병화 · 김성우, 「조선후기 대형요사 형성배경과 분류」, 『대한건축학회 논문집』 25-4(대한건축학회, 2009), pp. 189~190, p. 196.

방에 들어서면 극락보전을 정면으로 두게 되어 부처님을 향해 예불하는 구도를 지녔다.

이러한 유형의 대방채는 ㄱ자형·ㅏ자형·ㄷ자형·H자형 등 다양한 구성을 보이는데, 구조에 따라 한쪽 또는 양쪽에 누를 설치하여 접객 공간으로 삼았다. 대방에는 불단을 따로 설치하기도 하고 본전의 부처님을 예불 대상으로 삼기도 한다. 예불과 수행, 취사와 숙식, 접객 등이 이루어지니 그 자체로 독립된 생활이 가능한 작은 절과 다를 바 없는 셈이다. 따라서 기능과 건물구조가 인법당과 유사하나, 인법당의 경우 불단이 거대하고 대방의 구조와 달라 그 분위기는 사뭇 다르다. 오늘날 대방에 설치하는 불단은 대개 불감佛龕 형태에 소규모의 불상을 모시는 경우가 많다.

이처럼 19세기 이후 본전 앞의 누각 자리에 세운 복합형 승당으로서 대방채는 여러 가지 목적과 기능이 중첩된 것으로 보인다. 먼저 김봉렬은 이 무렵 왕실, 세도가, 상궁 등에 의해 수도권에 원당願堂이 집중적으로 세워지면서 이전과 다른 새로운 배치와 구조의 대방채가 형성되었다고 보았다. 이때 사찰의 후원자는 주로 고위층 부녀자들이었기에 일반 신도와 함께 불전에서 불공드리는 것을 꺼려 별도의 예불 공간이 필요했고, 특수층을 위한 접객 공간으로 누의 필요성도 대두되었다는 것이다.[267] 김신영도 궁궐 여인들의 원당 기도처로 주 기능을 담당했다고 보았으며,[268] 김성도

---

267 金奉烈, 앞의 논문, pp.11~19.

268 김신영, 「19세기 근기지역 불교사찰의 대방건축 연구」, 『회당학보』 10(한국회당학회, 2005), pp.244~264.

등은 염불의 성행에 따라 서울·경기 일원에 새롭게 등장한 염불 당念佛堂의 한 유형으로 파악하였다.[269] 아울러 이러한 성격의 대방 채는 책임자로 화주化主 승려를 두고 별도의 전답을 소속시켜 독립 적인 운영을 한 경우가 많았다.[270]

대방채는 시대와 상황에 따라 다양한 기능이 반영되면서 중정 좌우에 자리한 형태에서부터, 본전 맞은편에 수용된 경우, 그 밖 의 구역에 두는 경우 등 다양한 배치를 살펴볼 수 있다. 특히 누각 자리에 염불당 성격의 대방채가 들어서면서 강당(강원)·선당(선원)· 염불당(염불원) 세 유형의 당우가 모두 대방채로 활용되었음을 알 수 있다. 이는 대방이 사중에서 '가장 큰 방'으로, 강경講經과 좌선 坐禪과 염불念佛 등의 다양한 기능을 수용해 왔음을 잘 말해 준다.

또한 대방채의 위치가 중정의 동·서 가운데 동쪽이 높은 비중 을 차지하는 것은, 선종에서 후원을 동쪽에 두는 전통과 관련이 깊을 것이다. 따라서 선원·강원이 있는 사찰에서는 대방채를 선 당보다 강당으로 쓰는 경우가 많다. 산문 출입을 금하며 수행하는 폐쇄적 성격의 선원은 가능하면 인적이 미치지 않는 영역으로 보 내는 데 비해, 강원은 상대적으로 개방적이어서 중정을 면하거나 대웅전 맞은편에 두는 것이다. 이를테면 석남사의 경우 본채 승려 들이 공부하는 중정 동쪽의 강선당을 대방채로 삼고, 선방인 심검

---

269 김성도·주남철, 「19世紀 以來 20世紀 前半期의 서울·경기 일원에 건립된 寺刹 大方建築 의 平面計劃 特性에 관한 硏究」, 『大韓建築學會論文集 計劃系』 18권 7, 통권 165(大韓建築 學會, 2002) pp.67~74 ; 김성도, 『사찰대방건축』(도서출판 고려, 2007), pp.11~18.

270 高橋亨, 『李朝佛敎』(豊島: 國書刊行會, 昭和48), p.774.

당·금당선원은 모두 멀찌감치 떨어진 후방에 두었다. 은해사 백
홍암은 중정 동쪽에 심검당을 선방으로 둔 예외적 사례인데, 초하
루 외에 산문을 개방하지 않고 재齋도 올리지 않는 사찰로 이름
높다.

그런가 하면 사찰 안에 여러 개의 승당을 두면서, 조실과 그 제
자들이 하나의 문중을 갖추고 독자적으로 운영하는 체제도 있다.
이때의 각 승당을 별방別房·암자 등이라 불렀는데, 대표적인 사례
로 순천 선암사를 비롯해 서울의 보문동 보문사와 미타사, 옥수동
미타사, 동대문 청량사 등 비구니사찰들을 꼽을 수 있다. 선암사
의 경우 오늘날에는 단일체제로 전환되었으나, 비구니사찰들은
지금도 암자별로 운영된다. 이를테면 옥수동 미타사는 관음암·
금보암·금수암·대승암·정수암·용운암·칠성암의 7개 암자
이고, 보문사는 중실·청화당·동별당·서별당·남별당의 5개
암자이다.

선암사는 19세기 무렵부터 육방살림으로 운영되었는데, 당시
의 육방은 설선당·심검당·천불전(무량수각)·창파당·달마전(칠전)·
무우전을 말한다. 육방은 각각 대방·지대방·공양간·조실방·
승방·창고 등으로 이루어져 대방채와 동일한 구성을 갖추었다.
대방에는 평소 조실과 노스님을 제외한 모든 대중이 살았으며, 잡
일을 하는 머슴들의 거주처로 '슴방'을 둔 곳도 있다.[271] 규모가 큰

---

271 양보인, 「승주 선암사에서의 생활과 공간: 육방살림의 공간사용과 그 변천」(연세대학교 석사
논문, 1996), pp. 43~56.

선암사의 경우 육방마다 따로 대방을 두어 문중에 따른 수행체계를 갖추었다면, 서울 비구니사찰들은 모두 하나의 대방을 공유하는 전통을 지녔다. 따라서 발우공양을 할 때면 암자의 모든 대중이 대방에 모였고, 암자마다 돌아가며 찬상을 준비하는 문화가 이어졌다.

아울러 이들 비구니사찰의 주요한 특성은 암자마다 별도의 법당을 지녔다는 점이다. 본전인 대웅전과 대방은 전체가 공유하는 것이기에, 각 암자의 일상 예불은 물론 신도들의 재를 치러야 할 불전佛殿을 필수적으로 갖추어야 하기 때문이다. 따라서 법당과 승당이 하나의 사찰 개념으로 묶여 있고, 대방만 공유하는 형태라 하겠다. 이에 비해 선암사는 육방 가운데 법당이 따로 있는 곳은 달마전 · 무우전밖에 없다. 따라서 법당이 없는 곳은 대방의 법회 · 예불 기능이 일반 대방보다 크게 마련이어서 인법당과 유사한 기능을 담당했다.

이처럼 사찰 안에 여러 개의 작은 사찰을 둔 체제는 선암사 외에 옛 송광사 · 해인사 등에서도 살펴볼 수 있어, 주로 규모가 큰 사찰의 운영방식이었음을 알 수 있다. 비구니사찰에서 오늘날까지 이러한 체제가 이어지는 것은, 함께 모여 있음으로써 상대적 취약성을 극복하고 더 큰 힘을 지닐 수 있기 때문이라 짐작된다.

한편으로 대방은 대중이 모여 사는 가장 큰 생활 공간이기에 수행 · 예불 · 발우공양처럼 엄중하고 여법한 시간뿐만 아니라, 즐겁고 눈물겨운 시간이 펼쳐지는 곳이기도 하였다. 예전에는 동안거 중에 성도절이 되면 비구 · 비구니 구분 없이 산중의 대중이 모두 큰절 대방에 모여 용맹정진勇猛精進에 들곤 하였다. 12월 초하루부터 성도절까지 일주일 동안 눕지 않고 좌선에 드는데, 100명이 넘는 승려가 대방에 첩첩이 둘러앉아 함께 정진하노라면 서로의 수행열기에 절로 환희심이 났다고 한다.

명절이면 대방에서 음식을 만들고 나누면서 흥겨운 놀이가 펼쳐졌다. 정초에 만두를 빚거나 동지팥죽의 새알심, 송편 등을 만들 때면 사중의 모든 승려가 대방에 모여 즐거운 울력에 동참했고, 유과와 떡을 만들며 시끌벅적한 시간이 이어지는 모습은 민가와 다를 바 없는 것이다. 정초에 암자마다 큰절로 내려와 서로 세배를 나누고 점심공양을 하고 나면, 큰 원을 그리며 둘러앉아 윷놀이·성불도成佛圖놀이가 펼쳐지는 유쾌한 놀이 공간이기도 하였다.

평소의 별식도 대방에서 함께 만들었다. 강원에서 국수를 만들 때면 대방을 깨끗이 닦은 다음, 학인들이 각자 빈 병을 하나씩 들고 방바닥에 앉아서 밀가루 반죽한 것을 병으로 밀었다. 울력이 있어 발우공양을 하지 않을 때면 대방에 찬상을 펴놓고 각자 발우 한두 개만 펴서 상공양을 했으며, 메주를 쑤면 따뜻하고 큰 공간인 대방에 매달아 놓아 겨우내 메주 냄새와 함께 살아야 했다.

그런가 하면 사찰경제가 어려웠던 시절, 학생들이 수학여행을 오면 숙식을 제공하면서 쌀을 받아 식량으로 삼는 곳이 많았다. 이런 날이면 밥을 해 주는 것은 물론, 대방을 학생들에게 내어 주고 승려들은 지대방·다락방·고실庫室 등에 뭉쳐서 잠을 자야 했다.

문제를 일으켜 대중공사에 부쳐지면 해당 승려는 어른부터 후배에 이르기까지 모든 대중이 지켜 보는 가운데 참회를 해야 하니, '대방에 불려간다.'는 것은 두렵기 그지없는 말이기도 하였다. 이처럼 대방은 수행 공간이자 승려들의 희로애락이 담긴 일상의 생활 공간으로서 특성을 담고 있다.

대방과 대방채의 구성

대방의 전체 구조는 군더더기 없이 단출하다. 발우를 올려놓는 선반, 가사를 거는 횃대, 이불과 소지품 등을 넣어 두는 벽장 정도가 있을 따름이다. 벽에는 발우공양과 정진에 필요한 죽비·목탁 등을 걸고, 안거 철에 정진하는 곳에서는 높은 벽에 대중의 소임별 명단을 적은 용상방龍象榜을 걸게 된다.

대방의 성격을 어느 정도 가늠하는 것은 불단佛壇의 조성 여부이다. 대방의 전승 양상을 살펴보면 크게 예불 기능과 수행 기능으로 구분할 수 있다. 인법당·염불당·원당 등의 성격을 지녔다면 불단이 상대적으로 중요한 의미를 지니며, 특히 법당과 결합된 인법당의 경우 예불이 핵심을 차지한다. 이에 비해 선원·강원의 성격을 지닌 당우는 수행에 중점을 두기에 별도의 불단이 필수적이지 않음을 짐작할 수 있다.

그런데 오늘날 전승되는 대방에는 대부분 불단이 조성되어 있다. 서울지역 11개 전통사찰을 대상으로 한 필자의 2021년 연구[272]에 따르면, 모든 대방에 불단이 갖추어져 있었다. 이들은 여러 전각을 갖춘 규모 있는 사찰로, 대방채의 위치를 중심으로 볼 때 본전 맞은편의 미타사·청량사·화계사·홍천사, 중정 동쪽의 봉원사·봉은사·승가사·청룡사, 중정 서쪽의 진관사, 기타 위치의 백련사·보문사 등이다.

이들 사례 가운데 옥수동 미타사 대방채의 경우 1884년 설립 당시부터 '관음전觀音殿'이라는 현판을 지녔듯이 전각으로서 예불기능이 강하였다. 이곳은 관음보살상과 천수관음탱을 모셨으며, 맞은편의 극락전을 중건하기 전에 먼저 지은 대방채이다. 미타사 사례처럼 특별히 예불기능을 중요하게 여긴 경우만이 아니라 대부분의 대방에 불보살을 모시고 있음을 알 수 있다. 서울지역 전통사찰 외에 통도사·석남사를 비롯해 오대산 북대 상왕선원象王禪院 등의 대방도 불단을 갖추었으며, 송광사·운문사 대방처럼 불단이 없는 곳도 있으나 예외적인 사례에 속한다. 송광사의 경우 20여 년 전까지 대방으로 사용한 해청당海淸堂에는 작은 불단이 있었고, 근래 수선사로 옮기면서 불단을 두지 않고 있다.

선원 대방(선방)의 경우는 이와 다르다. 근래 선방에도 불단이 많아졌지만, 해인사 선원과 남양주 화개선원 등 독립적으로 운영되는 선원의 선방에는 불상을 모시지 않고 불단도 조성하지 않는

---

272 구미래, 「서울지역 전통사찰의 음식문화 전승양상과 특성」, 『佛教學報』 99(東國大學校 佛教文化研究所, 2022), pp. 197~233. 조사대상 사찰은 미타사, 백련사, 보문사, 봉원사, 봉은사, 승가사, 진관사, 청량사, 청룡사, 화계사, 홍천사이다.

것을 원칙으로 삼는다.[273] 이는 선종에서 성聖에 대한 권위를 배격하고 법法의 중요성을 강조하고자 불단을 두지 않는 전통이 있기 때문이다.

중국 선종의 초기 사원구조를 보면 이러한 점이 명확하게 드러난다. 백장회해百丈懷海가 독립 교단으로 출범하면서 최초로 선종 사원을 세웠을 때, 불전佛殿을 조성하지 않고 법당法堂만 세웠음을 살펴본 바 있다. '법당은 주지가 부처를 대신해 설법하는 곳이니 부처를 모시는 당우가 별도로 필요하지 않다.'고 보면서, 의례 중심의 불전보다 수행 중심의 법당을 중요하게 여긴 것이다. 1103년에 성립된『선원청규』를 보면, 수행과 숙식을 하는 승당에 관을 쓰지 않은 승려 모습의 문수보살이나 달마 · 가섭존자 · 포대화상 등을 모셔 두었다.[274] 이들 존상의 공통점은, 승당에 머무는 선배 사문에 해당하는 존재들임을 알 수 있다.

오늘날 한국사찰의 대방에 적용했을 때, 선원 선방에 불단을 조성하기도 하고 일반 사찰 대방에 불단을 두지 않기도 하여 이러한 관념에 크게 구애받지 않는 모습이다. 따라서 선원 선방과 일반 사찰 대방의 차이가 명확하게 구분되지 않으나, 불단 조성 여부가 여전히 하나의 기준으로 작용하는 것은 분명하다. 대방의 불단은 인법당 · 염불당 등에서 구체화된 대방의 전승 역사를 반영하는 것이자, 수행 공간의 성격을 지닌 대방일 경우에도 예경의

---

273 최건업,「선원건축의 공간미학: 해인사 상선원(上禪院)을 중심으로」,『불교불예연구』6(동방문화대학원대학교 불교문화예술연구소, 2015), pp.57~58.

274 『禪院淸規』제1「掛搭」: 최법혜 역주, 앞의 책, pp.83~91.

대상인 불보살을 모시는 것은 자연스러운 현상이라 하겠다.

대방에는 대개 작은 규모의 지대방이 딸려 있다. 지대방은 차를 마시거나 담소를 나누는 휴식 공간이다. 대중이 함께 묵언수행하여 이야기를 하거나 편한 자세를 취하기 어려운 대방과 달리, 어느 정도 자유로운 분위기를 지녔다. 따라서 '지대방'의 어원이 '(벽에) 지댈 수 있는 방'에서 유래했다는 것이 통설[275]이며, 공양간에 딸린 방과 마찬가지로 지대방을 뒷방이라 부르기도 한다. 작은 절에서는 간병실看病室 · 침봉실針峰室 등을 겸하고 있어 몸이 아플 때 치료하거나 바느질을 하기도 하였다.

대방채는 송광사 · 통도사처럼 대방 단독인 곳도 있지만, 대부분 공양간과 여러 개의 승방 · 곳간 등 부속시설로 구성되게 마련이다. 대방채를 2층으로 지어 위쪽을 곳간으로 쓰는 곳도 많다. 옥수동 미타사 대방채의 옛 모습은 'ㄷ'자형으로 대방 서쪽에 공양간과 조실채를 두고, 동쪽에 영단과 목욕간을 두었다고 한다. 대방의 앞 또는 앞뒤로는 툇마루를 두어 공양간의 음식을 옮기는 통로로 사용하고, 마루에 소종 · 금고金鼓 · 목탁 등을 배치하여 공양 때를 알리거나 대중을 모으는 용도로 쓰게 된다. 아울러 대방 근처에 발우공양을 하고 나서 청수淸水를 붓는 퇴수구를 두고 있다.

대방의 자리 배치

대방에서 좌선과 발우공양을 할 때는 좌차座次라 하여 앉는 순서를 엄격하게 지킨다. 좌차는 율장과 청규에서 모두 중요하게 다룬 것으로, 구족계를 받은 계납戒臘·법랍法臘에 따라 순서를 정하게 된다. 사찰에서 가장 어른인 조실祖室[276]의 자리는 불상과 마주한 '어간御間'이다. 어간은 불상을 봉안한 중앙과 직선상의 거리에 있는 모든 공간을 뜻하여, 일반인이 법당에 들어설 때 존엄한 영역에 해당하는 어간문을 사용하지 못하도록 하고 있다.

어간을 기준으로 동쪽을 청산靑山이라 하여 주지를 비롯해 상주하는 본채 승려들이 앉고, 서쪽을 백운白雲이라 하여 방부를 들인 선객들이 앉는다. 오행으로 동서는 청靑과 백白으로 구분되니 상주 승려는 청산처럼 자리를 지키고, 선객은 흰 구름처럼 머묾 없이 유행한다는 뜻이 담겨 있다.

아울러 청산·백운을 중심으로 대중생활에 필요한 소임의 자리를 정하고, 이를 한지에 먹으로 써서 대방의 벽 아래쪽에 붙이게 된다. 대개 청산·백운과 함께 삼함·입승·지전·오관을 쓰는 것이 일반적이다. 삼함三緘은 총무·교무·재무 등 삼직 소임을 말한다. 이때 '봉할 함緘' 자를 쓰는 것은, 행정과 관련된 일을 맡다 보면 구설에 오를 수 있으니 항상 몸과 입과 뜻[身口意]을 삼가라는 의미이다. 입승立繩은 대중을 감독하는 소임으로, 발우공양을 할

---

276 총림(叢林)일 경우에는 '방장(方丈)'이라 한다.

사진 3-10. 석남사 대방. 불단이 있는 경우

사진 3-11. 송광사 대방. 불단이 없는 경우

때 죽비로 절차를 알리는 역할을 주로 맡는다. 지전持殿은 노전盧殿과 같은 말로, 대방을 관리하면서 불단의 향로 · 다기 · 촛대 등을 맡는 소임이다. 오관五觀은 사미 · 사미니나 법랍이 낮은 하판의 승려들을 말하며, '오관'이라 표현한 것은 여러 가지를 잘 살펴서 수행하라는 뜻을 담고 있다. 사찰에 따라 이외에 종두鐘頭 · 입정入定 · 찰중察衆 등의 소임을 더 써 놓기도 한다.

일반적인 소임 위치를 살펴봤을 때, 지전 · 입승은 불단 동서에서 조실을 마주하여 앉고, 삼함 · 오관은 대방의 동서 양 측면에서 서로 마주 보는 형국을 취한다. 지전 · 입승의 위치는 서로 바뀌기도 하나, 삼함의 경우 반드시 본채 승려들이 앉는 청산 쪽에 오게 된다. 실제 발우공양을 할 때 이러한 위치를 지켜서 앉고, 오관의 경우는 다수가 해당되므로 상징적 표기라 하겠다.

이와 관련해 사찰에서는 대방에서 가장 낮은 자리를 '탁자 밑'이라는 말로 표현한다. 조실이 앉는 어간을 중심으로 좌차에 따라 사방을 둘러앉다 보면, 불단이 있는 곳은 제일 하판 승려의 자리가 되기 때문이다. 따라서 하판 승려들은 지전 · 입승 옆에 앉고, 중좌中座를 구성할 때는 어간과 마주 보는 자리에 앉게 된다. 중좌란 자리가 모자랄 때 가운데에 자리를 더 만드는 것을 말하며, 승려들은 이를 "중좌 친다."고 표현한다. 더 많은 인원을 수용할 때는 가운데 인원들이 서로 등을 마주 대고 앉게 된다.

그런데 이러한 대방의 '청산 · 백운' 위치가 사찰에 따라 서로 달라 혼란을 주기도 한다. 앞서 조사한 서울지역 전통사찰 11곳 가운데 소임 표기가 없는 미타사 · 봉은사 · 청룡사와, 대방의 세

로축에 불단을 두면서 자리 배치를 확인할 수 없는 홍천사를 제외하고, 7개 사찰은 모두 표기가 있는 경우[277]이다. 〈표 3-2〉에서 '자리의 위치'를 보면, 백련사 · 보문사 · 봉원사 · 진관사는 불단을

자리 이름	내용	참조
청산靑山	주지를 비롯한 상주승 자리. 청산처럼 자리를 지킨다는 뜻	
백운白雲	방부를 들인 선객 자리. 구름처럼 머묾 없이 떠다닌다는 뜻	사찰에 따라 이외에 종두鐘頭 · 입정入定 · 찰중察衆을 더 써 놓기도 함
삼함三緘	삼직의 자리. 구설에 오를 수 있어 몸 · 입 · 뜻을 삼가라는 뜻	
입승立繩	대중을 감독하는 소임. 발우공양 때 죽비를 맡음	
지전持殿	대방을 관리하는 소임. 불단의 향로 · 다기 · 촛대 등을 맡음	
오관五觀	하판 소임의 자리. 여러 가지를 잘 살펴 수행하라는 뜻	

자리의 위치	참조
〈A형〉 입승立繩 / 불단 / 지전持殿 / 오관五觀 / 삼함三緘 / 백운白雲 / 청산靑山 〈B형〉 지전持殿 · 입승立繩 / 불단 / 입승立繩 · 지전持殿 / 삼함三緘 / 오관五觀 / 청산靑山 / 백운白雲	• 자리표기 없는 대방 사례 : 미타사, 봉은사, 청룡사 • 자리 재배치한 대방 사례 : 흥천사 • 불단 없는 사찰(사례 이외) : 송광사, 운문사

사례 : 백련사, 보문사, 봉원사, 진관사
사례 이외 : 석남사

사례 : 승가사, 청량사, 화계사
사례 이외 : 통도사

표 3-2. 대방의 소임과 위치(서울지역 전통사찰 중심)

---

277 이 가운데 청량사는 면담을 나눈 중실 회주의 기억에 따랐다. 아울러 진관사는 청산 · 백운, 보문사는 청산 · 백운 · 삼함 · 오관까지 표기되어 있다.

마주하여 동쪽에 청산이 오고 서쪽에 백운이 오도록 한 A형 배치이다. 반대로 승가사 · 청량사 · 화계사는 불단을 마주한 동쪽에 백운, 서쪽에 청산이 오는 B형 배치임을 알 수 있다. 사례뿐만 아니라 다른 사찰을 살펴봐도 이런 사정은 마찬가지이다. 이를테면 석남사는 A형, 통도사는 B형이다.

그렇다면 어떤 연유에서 위치를 서로 다르게 인식하게 된 것일까. '동=청, 서=백'이고, '동쪽을 고정, 서쪽을 유동'이라 보는 동서에 대한 관념은 이미 공유하고 있다. 움직이지 않는 산은 동쪽에 머물고 유동적인 구름은 서쪽에 해당한다고 본 '靑山'과 '白雲'이라는 표현에서 드러나기 때문이다.

따라서 대방의 청산과 백운의 위치가 서로 달리 나타나는 것은, 동서의 방위 기준을 어디에 두느냐에 달린 문제임이 분명하다. 보편적으로 동서의 기준은 실제 방위와 무관하게, 불단 · 신위神位 등 경배(의식)의 대상을 모신 곳이 북쪽으로 상정된다. 따라서 대방에 대입해 보면 불단을 마주 보아 우측(동)에 청산이 온다.

이렇듯 단순한 동서 개념이 대방마다 다르게 된 원인은, 선방의 기준을 적용했기 때문일 것이다. 불상을 모시지 않은 선방의 동서 관념은 일반 대방과 다르다. 불단이 없는 경우, 조실이 앉는 어간이 대방의 중심인 북쪽으로 상정되고, 마주하는 대중에게 동쪽은 곧 조실의 향 우측이 되기 때문이다. 이처럼 불단이 없는 공간에서 청산 · 백운이 어간을 마주한 방위로 인식되는 것은 합당하다. 문제는 이러한 관념이 불단이 있는 대방에도 그대로 적용되면서 좌우가 바뀌게 되었다는 점이다.

1924년에 촬영된 금강산 신계사神溪寺의 대방 사진[278]을 보면, 당시의 동서(청산 · 백운) 개념이 분명하게 드러난다. 사진 속의 '삼함'은 불단 향 우측에 있어, 불단을 마주한 동쪽에 '청산-삼함'의 상주 승려가 앉는 A형임을 알 수 있다. 우리나라 사찰의 대방에 불단 조성이 보편화된 한편으로, 불단 없는 선방의 동서 기준(이간)이 적용되면서 좌우가 바뀐 것으로 보인다. 따라서 불단을 모신 경우에는 '향 우측=동=청산'이 올바른 표기라 하겠다.

---

278 '신계사 승방'이라는 제목의 사진으로, 가사를 착용한 10명의 승려와 금강산 탐방에 나선 일본인들이 발우공양을 하는 장면이다: 이성수, "근세불교 미공개 자료를 찾아(20)", 「불교신문」 2501호(2009. 2. 18)

물의 운용

경내에 들여온 자연수

물은 생활터전을 마련할 때 가장 중요하게 고려하는 요소였다. 사찰을 창건할 때도 식수로 삼을 자연수가 있는 곳에 터전을 잡게 마련이다. 산중사찰에 상수도가 들어오기 시작한 것은 1980년대 들어서이기에, 1970년대 무렵까지는 자연수를 끌어들여서 사용하였다. 따라서 우물·펌프로 땅속의 지하수를 끌어올리거나 계곡에 흐르는 지표수地表水를 연결해서 썼지만, 먼 곳에서 식수를 길어와야 하는 사찰도 적지 않았다.

도시나 평지에 자리한 사찰에서는 가능하면 안정적으로 물을 확보할 수 있는 우물을 파서 사용하였다. 우물과 샘은 모두 땅에서 솟아나는 같은 계통의 물이다. 그 가운데서도 샘은 저절로 생성된 자연적 산물로 여기는 데 비해, 우물은 인공으로 조성한 문화적 산물로 구분하는 것이 보편적이다.[279] 중부 이북에서는 집 안에 있거나 물이 깊어서 두레박으로 뜨는 것을 우물, 앉아서 바가지 따위로 뜨는 공용의 것을 샘이라 부르기도[280] 하였다. 이에 비해 산사에서는 우물물을 얻기 힘들어 주로 산에서 흐르는 물을 끌어와 썼다. 계곡의 물이나 바위틈에서 솟아나는 샘물을 대나무·소나무 등으로 만든 홈통과 연결하여 수조水槽에 받아서 사용하는 방식이다.

규모가 큰 사찰에서는 물과 관련된 수두水頭 소임을 따로 두었다. 수두는 공양간에 식수가 떨어지지 않도록 채우고, 가마솥에 물을 끓이는 일과 우물·수조를 청소하는 일 등을 맡았다. 멀리서 물을 길어와야 할 때는 행자·학인 등 여럿이 당번을 정해 힘든 일을 나누어 맡게 마련이다. 식수와 음식에 쓰는 물은 공양간에 따로 물독을 갖추어 두는데, 아예 돌로 공양간 안에 수조를 만든 곳도 있었다. 공양간 바닥에 물이 빠지는 하수시설이 되어 있지 않으니 곡식과 채소 등을 씻을 때는 우물이나 수조가 있는 바깥으로 나와서 씻어야 했다. 따라서 겨울철의 추위를 피하고 여름철 모기와 벌레가 음식에 달려들지 않도록 간단한 세척은 공양간에서 해결할 수 있도록 한 것이다.

수조는 대개 공양간 바깥에 만들며, 돌의 내부를 파서 만들기에 석조石槽·돌확이라고도 부른다. 작은 크기일 때는 돌확, 대형

---

279 구미래, 「우물의 상징적 의미와 사회적 기능」, 『比較民俗學』 23(比較民俗學會, 2002), p.314.
280 김광언, 앞의 책, pp.112~113.

일 때는 수조라 구분하기도 하나, 같은 개념이다. 우물 또는 흐르는 물을 연결한 수조가 멀리 있을 때, 공양간 근처에 커다란 수조가 있으면 물을 채워 두었다가 용도에 따라 쉽게 물을 쓸 수 있었다. 따라서 행자들은 저녁마다 물을 길어 식수 항아리와 수조에 가득 채워 놓곤 하였다.

대중이 사용하는 사찰의 수조는 거대한 규모의 석물石物로, 1천년 이상의 역사를 지닌 유물이 많이 남아 있다. 법주사 석조는 철확과 함께 통일신라 성덕왕 대에 제작된 것으로, 높이 1.3m에 폭과 길이가 각각 2.4m, 4.5m의 규모이다. 이 석조는 당시 법주사 3천 승려들의 식수를 저장하는 용기로 사용되었다는 기록이 전한다.[281] 법주사 석조가 장방형이라면, 석남사 수조는 모서리를 두 겹으로 둥글게 돌려 깎아 만든 것이다. 여말선초에 조성된 수조로 알려져 있으며 오늘날에도 석남사에서는 물을 담아 두는 용도로 사용하고 있다.[282] 불국사 경내에도 여러 개의 석조가 남아 있는데, 보물로 지정된 석조는 통일신라 때 조성된 것으로 현재 남동쪽 진입로 부근에 두고 샘물을 받는 용기로 사용하고 있다.[283]

고려의 회암사지檜巖寺址에서는 후원 영역에서 대형 석조와 함께 우물터, 부뚜막 흔적, 대형 맷돌 2기 등이 발견[284]되었고, 경주 보문사지를 비롯한 여러 곳에도 석조와 우물터 등이 남아 있다. 이

281 김인제, "법주사석조(法住寺石槽)", 『한국민족문화대백과사전』, 앞의 책
282 문화재청(국가문화유산포털) 문화재 자료
283 "불국사석조(佛國寺石槽)", 한국민족문화대백과(한국학중앙연구원, 네이버 지식백과)
284 한지만, 앞의 논문(2014), pp.153~155.

처럼 1천 년 전의 사찰에서 우물 · 석조 · 맷돌 · 부뚜막 등의 흔적이 전하여, 불과 50여 년 전까지만 해도 이러한 고대 후원생활의 기반이 그대로 이어졌음을 알 수 있다.

우물 · 수조 · 펌프 등 급수시설이 있는 구역에는 기둥을 세우고 비가림 지붕을 씌운 수각水閣을 세웠다. 주변에는 물이 빠지도록 시설하여 눈비가 올 때도 이곳에서 후원의 여러 가지 물일을 할 수 있었다. 화엄사의 후원 내정에 깊숙이 자리한 가옥假屋 형태의 옛 수각은 크기도 크고 판자로 벽체를 만들어 놓아, 승려들의 목욕과 빨래 등이 이루어진 곳이기도 하다. 또한 수각은 물이 있는 야외공간이라 서늘하게 마련이다. 따라서 기둥에 선반을 만들어 두고 상하기 쉬운 음식들을 보관하는가 하면, 일상적으로 삶은 보리쌀을 소쿠리에 담아 수각 천장에 매달아 두는 곳이 많았다.

땅에서 솟아나는 물

『조선왕조실록』에 '마을을 같이하고 우물을 같이하는 무리'라는 말이 나온다. 우물을 중심으로 공동체를 인식했음을 엿볼 수 있는 대목이다. 우물을 개인 집에 따로 둔 경우는 드물었고, 마을에 공동우물이 여러 개 있으면 구역을 나누어 사용하였다. 같은 우물을 사용하는 집들끼리 마을보다 작은 공동체를 형성하여, 우물을 중심으로 통 · 반이나 웃마 · 아랫마의 경계가 생겨나기도 했다.

이렇게 구역을 나누고 집집마다 정해진 우물을 써야 혼란을 막고 수량을 조절할 수 있었다. 이는 "한 정지에 두 샘이 얼쩡거려서는 안 된다."는 금기어에서도 잘 드러난다. 두 곳에서 길어다 쓸 경우, 차별적인 용도로 사용함으로써 우물물의 우열을 가르는 행위가 생겨 공동체 간에 갈등이 야기될 수 있기 때문이다.[285] 또한 우물은 마을 공동의 재산이자 젖줄이었기에 헤프게 쓰거나 함부로 다루는 일을 엄격히 제재하였다. 나라에서도 이를 규제하여 조선시대에는 도성 안의 주민들이 공동으로 사용할 우물을 5가家마다 하나씩 파도록 했다. 태종 14년에는 노상인盧尙仁이라는 관리가 새로 지은 집 3채에 각기 우물을 판 이유로 파직당한 사례[286]도 전한다.

사찰의 경내 우물은 마을과 멀리 떨어진 데다 출가수행자의 영역이라 마을 주민들이 사용하지 않았다. 그러나 민가와 가까운 사찰에서는 이웃과 우물을 공동으로 나누었다. 옥수동 미타사[287]는 1970년대까지 경내에 수질 좋고 큼지막한 3개의 우물이 있어 이를 70여 가구의 주민들과 함께 사용했다. 해마다 한 차례 우물물을 모두 퍼내고 청소를 할 때면 바닥에서 맑은 물에 사는 작은 산가재가 한 대야씩 나오곤 했다. 청소를 마치면 염불과 함께 산가재를 다시 우물에 넣어 주었고, 물을 모두 퍼낸 우물 바닥에선 맑은 물이 솟아나 금세 우물을 가득 채웠다고 한다. 그 뒤 암자를 확

---

285 김재호, 「식수문화의 변화과정: 우물에서 상수도까지」, 『韓國民俗學』 47(한국민속학회, 2008), p.147.

286 『太宗實錄』 권27 太宗 14년 3월 17일(庚寅)

287 면담내용 : 미타사 정수암 주지(상덕). 2021. 6. 23. 정수암 요사

장하기 위해 우물을 메웠다.

보문동 보문사[288] 또한 넓은 경내 곳곳에 수질 좋은 우물과 샘이 여러 개 있었고, 흐르는 물줄기가 경내를 관통하여 목욕과 빨래까지 할 수 있었다. 상수도시설이 들어오면서 우물을 쓰지 않다 보니 지금은 모두 말라 버린 상태이다.

그런가 하면 신촌 봉원사[289]의 경우 일주문 밖 수십 명 승려들의 가구마다 우물을 하나씩 가지고 있었다. 이전에는 대동우물을 몇 개 파서 공동으로 사용했으나, 물을 길어 오는 불편을 덜고자 각자 우물을 파기 시작했는데 어디서든 물이 풍부했다는 것이다. 보문사가 예전과 달리 지금은 우물물이 거의 나오지 않는 데 비해, 봉원사에서는 지금도 우물을 사용하는 가구가 여럿이다. 이는 우물은 사용하지 않으면 곧 말라 버린다는 점을 잘 말해 준다. "우물은 달아 먹는 게 좋다.", "우물에 딸린 식구가 많을수록 좋다."는 말이 있듯이, 끊이지 않고 사용함으로써 새로운 물이 자꾸 솟아 더 좋은 우물이 되는 것[290]이다.

물 사정이 좋지 않았던 사찰도 많았다. 북한산 중턱에 자리한 승가사[291]의 경우 수도시설이 없어, 예전에는 물론 근래까지 물을 자유롭게 쓸 수 없었다. 따라서 대나무로 만든 홈통을 길게 연결

288 면담내용 : 보문사 남별당 주지(금주). 2021. 6. 25. 보문사 찻집

289 면담내용 : 봉원사 큰스님(구해). 2021. 10. 17. 봉원사 찻집

290 김재호, 「산간농촌 수리(水利) 관행을 통해 본 물에 대한 인식」, 『韓國民俗學』 44(한국민속학회, 2006), pp.109~110.

291 면담내용 : 승가사 기획국장. 2021. 6. 5. 승가사 요사

하여 산에서 흐르는 물을 끌어와 석조에 받아 써 왔으며, 물탱크를 설치해 수도시설을 들어놓게 된 것은 최근의 일이다.

1960~1970년대 동대문 청룡사[292]에는 물을 쓸 수 있는 시설이 세 곳이나 있었다. 그러나 경내에 있는 펌프와 명부전 뒤의 우물 등은 식수로 쓸 수가 없어, 식재료를 씻거나 빨래 등의 허드렛일에만 사용했다. 따라서 매일 행자와 학인들이 당번을 정해 절 뒤로 올라가는 낙산 기슭의 공동수도시설에서 나무 물지게로 물을 길어 와야 했다. 물을 채운 양동이 두 개를 양쪽에 매달고 지게를 져야 했는데, 요령이 생기기 전까지는 일어날 때마다 힘이 들었다. 길어 온 물은 공양간의 큰 독에 부어 놓고 식수로 썼다.

특히 산사의 겨울철에는 순조롭던 물 사정도 나빠지기 일쑤였다. 계곡에 흐르는 물을 경내로 연결하면 수조에 늘 수량이 풍부했으나 겨울이 되면 물이 얼기도 하기 때문이다. 이럴 때는 멀리 있는 샘까지 가서 물을 길어 와야 했다. 우물을 열 번 이상 파고 나서야 물을 얻은 사찰이 있는가 하면, 인근에 우물이 없어 하루에 두 번 물길이 열릴 때마다 2km 넘게 떨어진 곳에서 우물물을 길어 먹은 사찰도 있었다. 이처럼 1970년대까지 경내에 급수시설이 없는 사찰이 있었고, 우물을 파도 물 사정이 좋지 않으면 먼 곳의 물을 길어 와야 했다. 따라서 수질이 좋고 풍부한 물이 나올 수 있는 곳을 찾아 우물을 파는 것이 무엇보다 중요하였다.

이와 관련해 우리 민족은 우물의 근원이 하늘의 은하수와 별에

---

292 면담내용 : 청룡사 주지(진홍). 2021. 5. 25. 청룡사 대방

있다고 믿었다. 따라서 우물을 팔 장소에 수십 개의 물동이를 두고 밤중에 이를 관찰해, 가장 크고 빛나는 별이 담긴 동이 자리에 우물을 파면 좋은 물을 얻을 수 있다는 것이다. 또한 "우물은 하늘을 봐야 한다."며 덮지 않고 관리하기도 했는데, 그 이유는 하늘의 은하수가 내려와 맑은 물이 될 수 있도록 하기 위함이다. "우물 속이 깜깜하면 비가 온다."는 담론 역시 우물이 하늘의 정보를 지니고 있음을 말해 준다.[293] 우물이 하늘을 담고 있다는 생각에는 우물물이 땅속에서 솟아난다는 사실과 정반대에 놓인 신선한 상상력이 담겨 있다.

한편으로 경내 우물가는 후원의 많은 일이 이루어지는 장소였다. 설거지하고 채소를 씻는 일에서부터, 무·배추를 소금에 절이는 김장까지 크고 작은 후원 일이 일상적으로 이루어졌다. 지하수인 우물물과 계곡에서 내려온 물은 여름에도 시원하여 음식을 상하지 않게 보관하는 저장고의 역할을 겸하였다. 밥이나 삶은 보리쌀, 김치·나물 등을 두레박처럼 광주리에 담아 우물 속에 넣어 두었고, 재에 쓸 두부와 수박·참외 등의 과일은 수조에 넣어 시원하게 보관했다.

마포 석불사에는 열 길 깊이의 수질 좋은 우물이 있어, 양철로 지붕을 만들어 두고 귀하게 썼다. 우물에는 많은 것을 보관했는데, 당시에는 신도들이 초하루·보름마다 독불공獨佛供을 올리러 왔기에 나물과 부침개 등이 주기적으로 남곤 했다. 이에 여름철에

---

293 김재호, 앞의 논문(2008), pp. 252~253.

도 소쿠리에 음식을 담아 보자기로 싸서 우물에 넣어 두면 잘 쉬지 않았다. 우물에 넣은 김치통 뚜껑이 열리는 바람에 김칫국물이 쏟아지고 말아 우물을 다 퍼내는 등, 사찰마다 우물을 둘러싼 갖가지 에피소드도 무성하였다.

정화수井華水는 첫새벽에 길은 깨끗한 우물물·샘물을 말하니, 이 물은 참된 의미의 청수清水였다. 사찰에서는 이른 아침 정화수를 길어 부처님께 올리고, 마지와 대중공양을 짓고, 발우공양 때 출가자의 발우를 씻은 청수를 아귀에게 베풀었으니, 모든 공동체의 생명을 지켜준 신성한 공생의 물이었다.

산에서 흐르는 물

산사에서는 계곡의 흐르는 물을 끌어다 썼다. 계곡의 물이나 바위 틈에서 솟아나는 샘물을 홈통으로 연결하여 물확에 저장하고, 물길이 멀 때는 땅속으로 파이프를 묻어 연결하였다. 따라서 사찰마다 크고 작은 물받이용 물확을 두고 홈통으로 흘러내리는 물을 저장하는 한편, 수로를 만들어 계속 흘러내리게 함으로써 늘 깨끗한 물을 쓸 수 있었다.

홈통은 주로 대나무의 속을 파서 사용하였고, 소나무를 쓰거나 긴 널빤지로 'ㄷ자' 모양을 만들어 쓰기도 하였다. 물확에는 누구든 사용할 수 있도록 바가지를 띄워 두게 마련이다. 지금은 사찰을 찾는 이들이 목을 축이며 쉬어 가는 샘물로 쓰지만, 예전에는

사진 3-12. 선암사 달마전의 물확 ⓒ손대현

사찰의 주된 급수시설이었다.

　선암사의 달마전 뒷마당에 자리한 물확은 뛰어난 자연미로 널리 알려져 있다. 각기 모양이 다른 네 개의 물확이 위쪽부터 크기 순서대로 직선에 가까운 지그재그로 나란히 이어져 물이 흐르도록 하였다. 돌확 사이는 대통으로 연결해, 산에서 솟아난 샘물이 큰 확부터 채우고 넘치는 물이 다음 확으로 흘러가게 된다.[294] 차밭을 경유하는 이 물은 차와 본성이 유사하여 찻물로는 가장 좋은 것이라 여기며 '다천茶泉'이라 부른다. 사찰에서는 첫 번째 확의 물을 상탕이라 하고, 두 번째를 중탕, 세 번째를 하탕, 제일 끝을 막탕이라 부른다. 아울러 상탕은 부처님께 올리는 청수와 차 끓이는 물로 쓰며, 중탕은 밥이나 국을 끓일 때, 하탕은 과일·채소·쌀 등을 씻을 때, 막탕은 손을 씻거나 세수를 하는 물로 쓰고 있다.[295] 형상의 아름다움과 함께 자연의 물을 사용하는 후원의 법도 또한 운치가 있다.

흐르는 물을 받을 때는 수시로 홈통을 점검해야 한다. 나뭇잎 등이 걸리면 물이 흐르지 않고 여름철에는 이끼가 많이 끼게 되므로, 물 관리를 맡은 수두는 주기적으로 홈통을 청소하고 깨끗이 관리하였다. 또한 나무로 만든 것이라 견고하지 못해 수시로 홈통이 터져 보수해야 했으니, 물과 불의 원활한 조달이 후원문화의 기반을 이루는 것임을 알 수 있다.

1960년대 동화사 양진암[296]에서는 산중의 흐르는 물을 받아 쓸 수 있는 대형 수조를 잘 갖추어 두고 사용했다. 수질도 좋고 수량도 풍부해서 대중 모두가 목욕하는 물까지 하나의 수급시설로 감당이 되었다. 양진암은 선원이어서 "물이 확보되지 못하면 선방

---

294 김봉렬, 『김봉렬의 한국건축 이야기 2』(돌베개, 2006), p.369.
295 지허스님, 앞의 책(2003), p.139.
296 면담내용 : 진원(해인사 사비원). 2018. 1. 7. 진관사 대빙

객을 받지 못한다."는 철칙이 잘 지켜진 사찰이었던 셈이다. 물 사정이 좋지 않은 선원이라 해도 선방 승려들은 좌선 수행에 힘써야 하니 가능하면 울력을 시키지 않았고, 물을 길어 오는 번거로움을 본채 승려들이 감당하였다.

비슷한 시기의 같은 지역에 있는 사찰 간에도 계곡의 물을 끌어 쓰는 어려움이 서로 달랐다. 상류 개울과 연결한 홈통이 전부 노출되어 있었지만 흐르는 물이라 겨울에도 얼지 않는 사찰이 있는가 하면, 지대가 높은 곳은 곧잘 얼었기 때문이다. 따라서 이런 사찰에서는 겨울이면 물이 얼지 않도록 매일 해가 진 뒤 홈통으로 연결한 물을 끊어 줘야 한다. 어쩌다 수두가 깜빡 잊고 그냥 잠들면 다음 날 아침에 큰 소동이 일어나곤 했다. 사다리를 갖다 놓고 홈통의 얼음을 모두 깨어 물이 흐를 때까지 공양을 지을 수 없었기 때문이다.

산사에는 오늘날에도 수조마다 맑고 윤택한 물이 흐른다. 구례 화엄사 또한 왼쪽 계곡에 지리산의 정기를 담은 맑은 물이 흘러 사찰 곳곳에 대형 수각을 갖추었다. 공양간 앞을 비롯해 각황전·만월당·청풍당 영역의 대형 수각은 좋은 물이 끊임없이 샘솟고 있다는 증거[297]이다.

그런가 하면 우물과 샘은 예로부터 민속신앙의 대상이기도 하였다. 물은 생명력과 풍요의 상징이자 제의祭儀의 정화수로 쓰이는 신성성을 지녔다. 이에 민간에서는 우물과 샘을 신성하게 여겨 주

---

297 박정진, "박정진의 차맥 27: 불교의 길, 차의 길", 「세계일보」(2011. 12. 28)

기적으로 우물고사·용왕제·샘굿 등을 올리고 약수터를 일상의 기도처로 삼았다. 사찰 영역에 솟아나는 샘물에도 물을 다스리는 용신을 모시고 저마다의 소망을 기원하는 곳들이 있게 마련이다.

수원 용주사의 대방채는 한량없는 수를 뜻하는 범어 '나유타郴由他'를 써서 '나유타료'라 부르는데, 이곳 뒤편에 자리한 샘은 천수신앙泉水信仰의 대상인 기도처이다. 샘은 앉아서 물을 뜰 수 있는 자그마한 크기이며, ㄱ자의 돌담에 돌기둥을 세우고 기와지붕을 얹은 수각을 설치하였다. 제단에는 용왕상을 모셔 두어 사람들이 초를 밝히고 저마다의 소망을 기도하게 된다. 이 샘물은 화산華山으로 오르는 산길 입구에 자리하여 이곳을 '용주사 약수각藥水閣'이라 부르기도 한다. 수각 밖에도 물이 흐르는 수조가 설치되어 있고, 그 옆에는 각자의 이름과 기원이 적힌 수많은 바가지와 컵이 쌓여 있다.

물 사용과 관련해 송광사에는 예로부터 독특한 전통이 이어졌다. 송광사 또한 산에서 내려오는 물을 끌어다 썼는데, 당시 노스님들은 승방마다 입구에 대야를 두고 바깥에서 들어올 때면 손을 씻곤 했다는 것이다. 1970년대에 송광사로 출가한 어느 행자는 어른들이 밖에 나갔다 올 때마다 손을 씻고 들어가는 청정한 모습을 보고 감탄하였다. 지금은 이러한 문화가 사라지고, 당시의 그 행자가 노스님이 되어 머무는 화엄전의 한 승방에서만 이어지고 있다.

저장을 위한 공간

곳간과 뒤주

후원에는 저장과 수납을 위한 다양한 공간과 시설을 갖추었다. '곳간[庫間]'은 예로부터 저장 공간을 나타내는 가장 보편적인 말로 두루 쓰였으며, 그 가운데서도 주로 곡식류를 비롯해 식자재 등을 보관하는 광·창고를 일컫는다. 이에 비해 헛간은 땔나무, 농기구, 허드레 용구 등 막 쓰는 물건을 쌓아 두는 광으로 문짝 없이 편하게 쓰는 경우가 대부분이다. 아울러 곳간 중에서도 바닥에 구들이나 마루가 깔렸을 때는 고방[庫房]이라 부른다. 곳간이 독립된 공간 개념을 지닌다면, 다락·찬장 등은 방이나 특정 공간 안에 설치된 부속 수납 공간이라 할 수 있다.

곡식을 비롯해 손질하지 않은 음식 재료, 그릇, 각종 생활용품을 보관하려면 작은 절이라 해도 여러 개의 수납 공간이 필요하게 마련이다. 따라서 후원의 대방채와 승당 곳곳에는 용도별로 크고

사진 3-13. 서울 청룡사 대방의 다락

작은 여러 개의 곳간을 두었으며, 규모가 큰 사찰에서는 별채로 2층의 고루庫樓를 갖추었다. 2층에 곳간을 설치할 때는 주로 곡식을 저장한다고 하여 곡루穀樓라 부르기도 하며, 송광사에서는 이를 '공루'라 부르고 있다.

특히 대방채는 일상생활이 이루어지는 곳이기에 수납시설이 집중적으로 배치되게 마련이다. 대방·공양간의 상부를 다락과 찬장으로 사용함은 물론, 대방과 승방·공양간이 연결된 칸이나 뒷마루에 다양한 방식의 수납 공간을 구성하였다. 누의 형태를 지닌 대방채의 경우, 남양주 보광사처럼 누 하부를 수납시설로 이용하기도 한다.

승보사찰로서 많은 승려가 거주했던 송광사 또한 1970년대 무렵까지 여섯 개의 승당 구역으로 나누어져 있어, 이를 육방·육당

사진 3-14. 송광사 옛 대방채인 '해청당' 구역

사진 3-15. 해청당 2층 공루에서 내려다본 모습

六빨이라 불렀다. 각 구역에 곡식과 각종 물품을 보관하는 공루와 나무를 쌓아 놓는 임시헛간 '가재기'가 있었으며, 소금창고 등을 따로 두었다. 육방의 중심을 이루었던 해청당은 '트인 ㅁ자'형의 승당으로, 한 채를 대방으로 사용하였다. 북쪽을 향해 ㄱ자로 이어진 두 채는 공루이며, 마당을 향해 2층 전체의 벽을 터서 곳간으로 사용하다가 지금은 문을 달거나 발을 쳐서 다양한 용도로 쓰고 있다.

대방채와 ㄱ자를 이루는 건물에 여러 개의 승방이 있는데, 승방 사이에 한 칸의 곳간을 두고 허리 높이의 광창을 설치한 점이 흥미롭다. 툇마루에서 직접 물건을 들이고 꺼내도록 한 용도이고, 평소에는 광창을 닫아 두면서 곳간과 통하는 옆방에 원주 등 후원 책임자가 거주하며 관리했을 것이라 짐작된다.

이처럼 ㅁ자형은 모든 공간이 마당과 마주하여 외부 노출 없이 다양한 생활 공간으로 활용할 수 있어, 규모 있는 사찰의 대방채가 취하는 평면구조이다. 육방을 구성했던 선암사의 대방채 또한 ㅁ자, ㄷ자인 경우가 대부분이다. ㅁ자형의 대방채가 그대로 남아 있는 설선당·심검당·무량수각·해천당은 겉에서 보면 단층으로 보이지만 안으로는 낮은 2층을 이루며, 이곳을 다양한 수납 공간으로 활용하였다.[298] 여러 개의 승방 위로 위층 전체를 터놓아 수장 공간으로 사용하는 경우가 많고, 무량수각처럼 한 채의 1층과 2층 모두를 벽체 없이 기둥만 세우기도 하여 다채로운 모습을 지

---

298 양보인, 앞의 논문, pp. 45~46.

넜다.

지붕과 천장 사이의 공간을 저장시설로 활용하는 '더그매' 형식도 있다. 지붕 속에 두꺼운 널마루를 깔아 더그매 공간을 마련하여 다락처럼 사용한 대흥사 천불전의 용화당龍華堂[299]이 대표적인 사례이다.

승당 안에 둔 고루·공루 외에 사역 외곽에 별동으로 곳간채를 짓기도 하였다. 인근에 많은 전답을 둔 대찰에서는 소출 곡식을 저장할 수 있는 큰 규모의 곡루와 방앗간 등이 필요하기 때문이다. 또한 종이·차·기름류·직물·약재 등의 특산물을 산출하여 관가에 내거나 사원경제의 기반으로 삼은 역사를 살펴볼 때, 사찰 외곽에 곳간채를 많이 지었을 것으로 여겨지나, 지금은 통도사·해인사 등에만 남아 있다.[300]

사찰 곳간은 곡식뿐만 아니라 불단에 올릴 재물齋物 거리를 비롯해, 승려들과 신도들이 한 해 동안 공양할 부식류를 보관하는 후원의 보물창고였다. 채소가 나지 않는 겨울철을 대비해 봄에 수확하여 잘 말려 놓은 각종 묵나물을 비롯하여, 명절과 재가 들었을 때 기름에 튀겨 부각으로 내놓기 위해 가죽나무·생강나무 잎과 감자·미역·다시마 등을 손질해 찹쌀풀을 발라 말려 둔 재료 포대 등을 보관해 두었다. 아울러 깨·콩·잣, 버섯·미역·기름 등 귀한 곡식과 부식 재료가 있는 곳이기에 원주 등 후원 책임자

---

299 이응묵, 앞의 책, pp.62~63.
300 위의 책, p.18.

는 늘 자물쇠로 잠가 놓고 아무나 드나들 수 없도록 철저하게 관리하였다.

뒤주는 곡식을 넣기 위해 만든 궤짝 모양의 세간이다. 뚜껑의 절반 앞쪽을 여닫는 입구로 삼고 쥐나 해충의 피해를 막기 위해 4개의 짧은 다리를 달아 두었다. 뒤주에는 쌀을 위주로 넣었으며, 열 가마니나 다섯 가마니 정도의 쌀이 들어가는 것을 주로 썼다. 이처럼 사찰의 뒤주는 워낙 컸기에 쌀이 얼마 남지 않았을 때는 직접 들어가서 쌀을 퍼내야 했다. 서울 진관사에서는 '갓방'이라 부르는 곳간에 뒤주를 두었는데, 어른이 들어가서 누워도 될 정도의 크기였다고 한다.

뒤주는 대방채 마루나 곳간에 두고 자물쇠로 잠가 두었다가 밥을 지을 때마다 곡식을 꺼내 주는 것이 관례였고, 대중이 많은 사찰에서는 고방에 쌀 뒤주를 두세 개 둔 곳도 많았다. 이 역할은 주로 미감米監 소임이 맡았는데, 일정한 양이 들어가는 용기를 사용하여 전체 대중의 수를 정확히 계산해서 내주었다. 따라서 사찰마다 대방이나 뒤주 근처에 개인의 법명이 적힌 작은 나무 팻말이 죽 걸려 있곤 하였다. 밥을 먹지 않거나 외부에 나갈 때는 자신의 목패를 뒤집어 놓아서, 미감은 그것을 보고 인원 수만큼 공양주에게 쌀을 내준 것이다.

대개 널빤지를 짜서 뒤주를 만들지만, 사찰에 따라 '채독'이라 하여 싸리나무나 버드나무 등 소쿠리를 만드는 재료로 독을 만들기도 하였다. 나무를 짜서 독을 만든 다음 안팎으로 삼베를 바르고 마지막에 창호지를 발랐는데, 이렇게 만든 채독에 넣어 두면 여름내 벌레가 생기지 않았다.

그런가 하면 전면에 여러 개의 널빤지를 끼워 놓은 문을 통해 곡식을 넣고 꺼낼 수 있도록 고안된 뒤주도 있다. 따라서 앞에서 보면 마치 몇 개의 서랍이 달린 것처럼 보인다. 대표적인 사례는 부산 장안사의 벽체에 부착된 뒤주이다. 건물 중간에 구획을 만들어 뒤주를 설치한 다음 벽에 4개의 널빤지를 끼워 문을 만들고, 1·2·3·4의 숫자를 적어 두었다. 맨 위의 1번 서랍에는 자물쇠가 있어, 순서대로 끼운 뒤 마지막 1번에 자물쇠를 채우면 든든한 뒤주 문이 되는 것이다.

개심사에는 이동할 수 있는 일반 뒤주 모양에 7개의 널빤지를 끼워 만든 대형 뒤주가 있다. 아래서부터 '일·이·삼·사·오·육·칠'에 해당하는 한자 '壹·貳·參·肆·伍·陸·柒'을 써 놓아, 일부터 칠까지 차례대로 널빤지를 끼우도록 하였다. 순서대로 넣지 않으면 아귀가 잘 맞지 않기에 숫자를 써 놓는 것이다. 사찰뿐만 아니라 민가에서도 이러한 구조를 많이 볼 수 있는데, 아마도 뒤주가 깊으면 곡식을 꺼낼 때 힘드니 손쉽게 꺼낼 수 있도록 만든 장치인 듯하다.

장독대와 김치광

장醬은 모든 맛을 내는 근원으로, 민가와 사찰의 구분 없이 장 담그는 일은 후원의 가장 큰 대사였다. 이에 간장·된장·고추장을

사진 3-16. 진관사 장독대

담은 크고 작은 항아리를 장독대에 소중하게 보관하였다. 작은 절에도 장독대에는 수십 개의 항아리가 있게 마련이고, 대찰에서는 수백 개의 항아리가 장관을 이루기도 한다.

장독대는 바람이 잘 통하는 양지바른 곳에 평지보다 약간 높은 단을 만들어 배치하며, 대개 낮은 돌담을 두르고 기와를 올린다. 이렇게 독립된 영역으로 구분함으로써 외부인의 출입을 막고 장독대가 신성 구역임을 드러내며, 한옥과 어우러지는 돌담과 기와의 미적 조화까지 이룰 수 있었다. 돌로 단을 쌓아 장독대를 높게 만드는 것 또한 벌레가 범접하지 못하도록 함과 동시에, 장독대의 신성성을 드러내는 효과를 지녔다. 장독대 아래에는 배수가 잘되도록 자갈 · 모래를 섞기도 한다.

장독대는 대부분 후원 근처에 두며, ㅁ자형 · ㄷ자형 승당의 안마당에 두는 사찰도 많다. 원주 · 별좌 등 후원의 책임자는 주부와 다를 바 없이 장을 애지중지했고, 철저한 장독 관리와 함께 늘 반들반들 윤기 나게 닦아 두었다. 햇볕이 잘 드는 데다 큰 항아리들이 많아, 장독대는 나물 · 고추 등을 채반에 펴서 항아리마다 말리는 곳으로도 요긴하였다.

장독대에는 가장자리에 가장 큰 항아리를 두고 점차 크기가 작은 항아리를 배치하였다. 간장 · 된장 · 고추장을 묵은장 · 햇장으로 구분하고, 지역마다 담그는 특별장 등 종류에 따라 분류하여 항아리에 표시해 두고 있다. 삶은 우거지를 된장과 함께 절구통에 넣고 찧어서 작은 뭉텅이를 많이 만든 다음, 커다란 항아리에 넣어 두고 주된 부식으로 삼는 사찰도 있었다. 몇 개씩 꺼내어 뜨물을 넣고 끓이면 훌륭한 시래깃국이나 된장찌개가 되었다는 것이다.

예전에는 겨울 날씨가 지금보다 훨씬 추웠기 때문에 산중사찰에서는 장독대나 서늘한 야외에 김장김치를 보관하는 곳이 더러 있었다. 땅에 묻지 않아도 잘 얼거나 쉬지 않았지만, 기온이 크게 내려가는 날에는 밤새 얼지 않도록 김장독을 짚으로 싸매어야 했다. 따라서 대부분 사찰에서는 김장김치를 담그면 오래 두고 먹을 것은 땅에 묻고, 봄이 되기 전까지 먼저 먹을 것은 음식류를 보관하는 김치광 등에 저장하였다. 겨우내 보관해 두고 먹을 무와 배추도 땅속에 저장했는데, 구덩이를 파서 짚이나 가마니를 깐 다음 묻어 놓고 필요할 때마다 꺼내어 썼다.

김장독을 땅속에 저장할 때는 장독대 근처나 담장 아래에 땅을 파서 묻기도 하고, 곳간 안에 땅을 파서 묻기도 했다. 바깥에 저장할 때는 땅을 파서 입구만 나오도록 하여 항아리 전체를 묻게 된다. 짚으로 뚜껑 위를 덮고, 다시 나무와 짚 이엉으로 지붕을 만들어 얼지 않도록 잘 갈무리하였다. 옛날 김장독은 아주 커서, 얼마 남지 않았을 때는 몸을 깊숙이 넣어 김치를 꺼내다가 독에 빠지는 경우도 많았다.

곳간 안에 땅을 파서 저장할 경우, 곳간 이름을 '토광'이라 불렀는데 큰절에는 대개 토광이 있어 여러 개의 단지를 묻어 두었다. 아예 깊은 굴을 파서 지하에 보관하는 곳도 있어 이를 '암광'이라 불렀다. 오늘날과 같은 지하실 개념이 아니라 대개 낮고 완만한 지붕 부분이 흙으로 덮인 창고였다. 토광은 특히 입구를 탄탄하게 잘 만들어야 했는데, 여름철 장마가 들면 물이 새어 들어가 항아리들이 둥둥 떠다니는 일도 있었다.

이처럼 냉장고가 없던 시절이라 특히 여름철이면 음식물 보관이 가장 큰 과제였고, 토광·암광 등은 모두 김치를 비롯한 음식물을 저장하는 주요 시설이었다. 그 가운데 산의 암벽을 이용해 석빙고石氷庫처럼 자연 저온 곳간을 만들어 사용한 사찰이 많았다. 이러한 암벽 곳간은 김장은 물론 각종 음식물을 연중 저장했는데, 여름·겨울에도 시원한 온도를 유지하여 아주 유용하였다.

북한산 자락에 자리한 진관사의 경우, 돌산인 북한산 암벽을 이용해 김치광·소금광·촛광 등 여러 개의 대형 저온 곳간을 만들어 사용해 왔다. 저온 곳간에는 김치류·장아찌류·과일식초·

발효식품·소금 등을 두었는데, 이곳에 저장하면 김치가 시원하며 맛이 좋다고 한다. 특히 재를 지내고 남은 감·사과 등의 과일을 발효시킨 과일식초를 만들어 두고 썼는데, 이 초 항아리와 발효식품을 보관하는 곳을 '촛광'이라 불렀다.

산을 끼고 있는 사찰의 경우, 여름철이면 근처 계곡의 자연굴이나 샘에 작은 김칫독과 반찬통을 담가 놓았다가 꺼내어 먹기도 하였다. 수조와 우물 속, 수각의 천장과 선반 등도 일상의 저온 저장고였음은 물론이다.

방앗간과 용구들

절에 둔 방앗간

예전에는 농사지은 곡식의 껍질을 벗기고 찧어서, 알곡을 만들거나 가루로 내는 일들을 사찰에서 직접 하는 곳이 많았다. 많은 대중과 함께 명절과 재를 치러야 했기에, 마을 방앗간과 거리가 멀고 교통이 불편한 산중사찰에서는 경내에 방앗간을 두는 것이 훨씬 효율적이었다.

곡식을 찧어서 겉껍질과 속껍질을 벗길 때 주로 사용한 것은 팔과 다리의 힘을 이용하는 디딜방아였다. 디딜방아는 많은 사찰에서 구비하고 있었으며, 농사 규모가 큰 곳에서는 한꺼번에 많은 양을 찧기 위해 물의 힘을 이용하는 물레방아를 두기도 했다. 물레방아로는 짧은 시간에 대량의 곡식을 힘들이지 않고 찧을 수 있었지만, 경작지가 큰 사찰에서는 주로 소작을 주고 알곡으로 받았기에 자체적으로 물레방아를 운영하는 곳이 별로 없었다. 따라서 타작부터 방아로 찧어 껍질을 벗기는 일까지 직접 하는 것은, 소규모 농사를 짓는 사찰인 경우가 더 많았다.

물레방아에 비하면 디딜방아는 온전히 사람의 힘으로 찧어야 하니 상대적으로 힘이 들게 마련이다. 사찰의 디딜방아는 민가의 것보다 커서, 서너 사람이 밟아야 방앗공이가 올라가는 것도 있었다. 그렇다 해도 디딜방아에 찧을 수 있는 양이 많지 않아, 곡식을 찧어 껍질을 벗기는 일은 한꺼번에 하지 않고 일주일이나 열흘에 한 번 정도 그때그때 찧어서 먹었다.

쌀은 대부분 알곡으로 들여왔기에, 디딜방아는 곡식의 껍질을 벗길 때보다는 가루로 빻거나 떡을 칠 때, 고추 등을 빻을 때 더 요긴하게 쓰였다. 따라서 쌀가루·밀가루·콩가루 등을 내고 떡을 찧을 때 쓰는 것을 떡방아, 고춧가루 등을 낼 때 쓰는 것을 고추방아로 구분하기도 한다. 디딜방아는 어느 정도의 공간을 차지하는 규모라서, 예전에는 "사찰에 방앗간이 있다."고 할 때 대개 디딜방아가 있는 것을 뜻했다. 방앗간은 외부에서 곡식을 들여오는 절 입구에 두거나, 후원의 부속건물 한 칸을 사용하기도 하였다.

천축산 깊은 골짜기에 자리한 울진 불영사는 방앗간이 있는 마을까지 60리 정도의 거리였고, 1970년대까지 버스가 하루 한 차례만 다닌 데다 눈이 오면 그나마 끊어지는 경우가 많았다. 따라서 자급자족을 위한 방앗간이 필수적이었다. 농사를 지으면 디딜방아에 벼·보리·밀 등의 곡식을 찧어 껍질을 벗겼고, 곡식을 가루 내어 떡을 만들었으며, 도토리를 빻아 묵을 쑤었다. 가을에 도토리를 몇 가마니씩 주워 오면 디딜방아를 이용해 껍질을 벗기고,

알갱이에 물을 부어 떫은맛을 빼낸 다음, 맷돌로 갈아서 가마솥에 넣고 묵을 쑤어 먹었다.

법주사 산내 암자인 수정암은 1960~1970년대에 후원 살림의 규모가 컸다. 따라서 경내에 간이방앗간을 두고 디딜방아에 쌀과 떡을 찧었는데, 큰절인 법주사에는 오히려 방앗간이 없어 수정암에 와서 찧어 가기도 하였다.

사찰에 전기가 들어오기 시작하면서 방앗간의 디딜방아는 점차 기계식 분쇄기로 대체되었다. 해인사 경내에는 얼마 전까지만 해도 전문 방앗간을 방불케 하는 대규모 기계식 방앗간이 있었다. 1950년대까지는 소의 힘을 빌린 연자방아를 쓰다가, 1960년대 자가발전기를 쓰던 시기를 거쳐 1970년대 전기가 들어올 무렵에 지은 방앗간이었다. 넓은 전답을 경작하여 소출 곡식이 많았기에 일상의 식량은 물론, 행사에 필요한 떡을 만들 때 대량의 곡물가루가 필요했기 때문이다.

생활환경과 교통이 편리해져 주식과 부식을 위한 곡물은 알곡·가루 등 정제된 상태로 들여오고, 떡·한과 등도 외부에 맡기게 되면서 사찰 방앗간은 점차 사라져 갔다. 그러나 규모가 큰 절에서는 불공과 재에 쓰기 위한 떡을 일상적으로 만들어야 하기에, 오늘날에도 간단한 설비를 갖추고 간이방앗간을 운영하는 사찰이 적지 않다.

도선사·보문사·봉은사·진관사·화계사 등 서울지역의 여러 사찰에서는 방앗간을 계속 운영하고 있다. 방앗간 일은 힘을 많이 써야 하는 데다 전문지식을 갖추어야 하므로 '방앗간 거사'를

사진 3-17. 진관사 후원에 자리한 방앗간

따로 두게 마련이다. 진관사에 처음 기계식 방앗간을 설치한 것은 1970년대였다. 그전까지는 떡을 만들 때 쌀·찹쌀을 물에 불렸다가 절구에 찧어 가루를 낸 다음 체에 걸러서 쪄야 했다. 그러다가 방앗간이 생기면서부터 쌀가루·메줏가루·들깻가루·고춧가루 등 모든 가루를 낼 수 있게 되어 후원의 일이 많이 줄어들게 되었다. 한번에 많은 떡을 찔 수 있는 시설도 들여놓아, 지금도 송편과 시루떡은 물론 절편·백설기·약식·인절미·증편 등을 직접 만들어 불공과 재에 쓰고 있다. 콩을 갈아 틀에 넣고 두부를 만드는 일도 모두 방앗간에서 이루어진다.

보문동 보문사는 암자별로 운영되니 방앗간을 사용하는 방식도 일반 사찰과 다르다. 암자에서 떡을 하려면 필요한 양의 곡식을 직접 씻어서 방앗간 거사에게 의뢰한다. 보문사의 모든 용기에는 암자 이름이 적혀 있어서, 방앗간 거사가 가루로 빻아 해당 암자에 갖다 주면 떡을 시루에 찌는 일은 직접 하게 된다. 초파일과 명절 등 모든 암자에서 필요한 절편·인절미·가래떡 등을 할 때는 방앗간에서 한꺼번에 맡아서 필요한 만큼 나누고 있다.

우이동 도선사는 정초가 되면 방앗간이 가장 분주해진다. 명절에 쓸 떡을 만드는 것은 물론, 열 가마 정도의 쌀로 가래떡을 뽑아서 인근 복지시설과 경로당에 전달하고 있기 때문이다. 근래에는 코로나19로 공양간을 이용하지 못하는 신도들을 위해 매일 쌀 한 가마 분량의 떡을 만들어 보시하기도 하였다.

절구와 맷돌, 시루와 구시

곡식을 찧고 빻는 도구 가운데 가장 힘든 것은 온전히 팔 힘만 사용해야 하는 절구와 맷돌이다. 이들 연장은 어느 사찰에서나 필수적으로 갖추어 두고 껍질을 벗기거나 가루를 낼 때, 떡을 치거나 양념 등을 찧을 때 많이 사용하였다. 절구는 방아의 하나로 나무나 돌을 깎아 만들어 절굿공이로 찧었으며, 양념 등을 찧을 때는 작은 절구를 사용하였다. 공이를 손에 쥐고 찧는다고 하여 절구를 '손방아'라고도 부른다. 적은 양은 돌·오지를 우묵하게 판 돌확에 깨나 고추 등을 넣고 둥근 돌로 으깨듯 문질러 찧었다.

특히 경제적으로 힘들었던 시절에는 보리쌀을 주식으로 삼는 곳이 많았다. 보리는 한 번에 껍질이 벗겨지지 않으니 절구에 초벌로 찧어 놓았다가 먹을 때마다 다시 찧어야 했는데, 사찰에서는 이를 '때낀다'고 불렀다. 거친 곡식류를 찧어서 속꺼풀까지 깨끗이 벗겨 내는 것을 '대낀다'·'쓿는다'고 하는 데서 온 말이다. 이렇게 대낀 보리를 솥에 삶아 어느 정도 익으면 큰 바구니에 퍼 뒀다가, 때가 되면 다시 솥에 넣고 밥을 해야 잘 퍼진 보리밥을 먹을 수 있었다.

특히 절구는 떡을 할 때 필수적인 도구였다. 불린 쌀·찹쌀을 찧어 가루로 만들어야 할 뿐만 아니라, 반죽이 차지도록 다시 쳐야 하기 때문이다. 시루떡은 가루를 시루에 쪄 내면 그대로 먹을 수 있지만, 인절미·절편·가래떡 등은 시루에 찐 다음 다시 절구나 안반(떡판)에 놓고 오랫동안 쳐서 차지게 만들어야 한다. 절구는 재료에 따라 나무절구·돌절구·쇠절구를 다양하게 썼고, 나무는 통나무의 속을 파서 쓰게 된다. 안반도 두꺼운 널판으로 만들거나 긴 통나무를 반으로 갈라서 우묵하게 만들어 썼다. 사찰에 따라 돌로 된 것을 쓰기도 했는데, 서울 청량사 마당에는 떡을 칠 때 사용했던 커다란 돌 안반이 남아 있다.

절구는 공이를 사용하고 안반은 떡메를 사용해서 찧고 치는데, 두 가지 모두 힘이 드는 일이다. 특히 절구질을 처음 하면 손에 물집이 생기게 마련이라, 공이를 꽉 잡지 않고 손안에서 놀도록 느슨하게 잡는 요령이 필요하다. 두세 명이 큰 절구를 가운데 놓고 순서대로 찧으면 박자가 맞아 힘이 덜 들고 능률도 올랐다고 한다. 안반에 떡을 칠 때는 긴 자루가 달린 떡메로 힘차게 내리쳐야 하니, 젊은 승려들의 힘자랑을 볼 수 있어 구경거리가 되기도 하였다.

방아가 수직으로 내리치는 힘을 이용하는 것이라면, 맷돌은 수평의 으깨는 힘을 이용하는 도구이다. 맷돌은 두부를 만들 때 콩을 가는 용도로 많이 사용하였다. 큰 맷돌은 한꺼번에 많은 양을 갈 때 요긴하여 인근 사찰에 가서 콩을 갈아 오기도 했고, 맷돌이 클수록 힘이 많이 드니 두 사람이 마주 앉아 갈거나 여럿이 번갈아 갈아야 했다.

해인사에서는 1970년대부터 방앗간 한편에 두부 만드는 곳을 마련하고 본격적으로 두부를 만들기 시작했다. 이에 큰 행사나 재가 들었을 때는 물론 보름마다 돌아오는 삭발일이 곧 두부 먹는 날이었고, 한 번 만들면 많은 대중이 2~3일은 먹을 수 있었다. 두부가 귀하여 명절이나 특별 보시가 들어왔을 때만 먹을 수 있던 시절이었기에, '해인사 두부'는 뛰어난 맛과 함께 다른 사찰 승려들에게 부러움의 대상이 되었다. 이처럼 사찰에 특별히 두부를 만들기 위한 전용 두부간을 두기도 했는데, 사찰에서는 이를 '조포간'이라 불렀다. 조선시대 나라의 제향에 쓰는 두부를 맡아 만드는 사찰을 조포사造泡寺라 한 데서 나온 말이다.

시루는 솥 위에 올려놓고 떡 등을 찌는 용기로, 바닥에 여러 개의 구멍이 나 있고 손잡이가 달려 있다. 떡을 찔 때는 시루와 크기가 맞는 솥에다 앉힌 다음, 시루와 솥의 사이로 김이 새지 않도록 밀가루나 멥쌀가루를 반죽한 시루번을 발랐다. 떡을 다 찌고 나면 시루번도 잘 익게 되니, 먹을 것이 없던 시절에 좋은 간식이 되곤 하였다.

시루는 질그릇·오지그릇을 주로 쓰고, 많은 양을 찌기 위해 깨지지 않는 놋시루·철시루를 쓰는 사찰도 있었다. 사찰에는 혼자 들기 힘들 정도로 큰 시루가 많았는데, 수십 명에서 수백 명에 달하는 대중에게 명절날 손바닥 크기의 떡 한 조각이라도 돌리려면 대형 시루가 두 개 정도는 있어야 감당이 되었다. 두텁떡 등을 찌기 위해 나무시루를 따로 맞추어 쓰는 사찰도 있어, 떡의 종류

에 따라 시루를 다르게 쓰면서 몇 개씩의 시루를 갖추게 마련이
었다.

떡을 안치는 시루 외에 콩나물을 기르는 시루도 있었다. 콩나
물은 매일 물을 줘야 하고 물이 바로 빠질 수 있어야 하니, 구멍 뚫
린 시루를 사용한다. 콩나물은 맛이 좋고 손쉽게 만들 수 있는 반
찬거리였기에, 사찰마다 여러 개의 시루에 콩나물을 키우면서 자
라는 순서대로 뽑아 국도 끓이고 무쳐 먹기도 했다. 그늘에서 키
워야 비린내가 나지 않고 식감이 부드러워 늘 검은 천을 덮어 두
었다.

그 외에도 사찰에는 일반 민가에서 볼 수 있는 대부분의 부엌
세간을 갖추고 있었다. 나물을 말리는 덕석과 채반을 비롯해, 다
양한 용도로 쓰는 크고 작은 크기의 자배기, 김이나 떡 등을 굽는
석쇠, 가루를 치는 체, 반죽을 밀 때 쓰는 떡판과 홍두깨, 떡과 각
종 한과를 만드는 도구로 떡살·다식판, 기름을 짜는 나무틀 등이
후원의 세간 살림이었다.

그런가 하면 대찰에는 큰 행사를 할 때 대중의 밥을 담는 용도
로 썼다는 대형 공양그릇이 남아 있어 주목된다. 대표적인 것이
범어사·보경사·송광사·옥천사·통도사 등 여러 사찰에 전하
는 '비사리구시'이다. '구시'는 구유의 옛말로 통나무나 돌의 속을
파서 만드는 대형 그릇을 말한다. 현존하는 것은 대개 조선 후기
에 나무로 만든 것으로 길이가 몇 미터에 달하는 크기이며, 여러
개의 비사리구시가 남아 있는 사찰도 있다.

'비사리'는 느티나무를 뜻하는데, 오랫동안 싸리나무로 잘못 알

사진 3-18. 송광사 승보전 옆에 자리한 비사리구시

려져 왔다. 느티나무는 목재가 치밀하고 목리가 아름다워 예로부터 불상과 고승의 사리함을 만들 때 선호된 수종이었다. 따라서 사리함을 만든 나무라 하여 느티나무를 '사리나무'라 부른 데서 '비사리'라는 말이 생겨났으며, 싸리나무라 한 것은 '사리'가 '싸리'로 와전된 것이다.[301]

각 사찰에 표기된 설명을 따르면, 송광사의 승보전 옆에 놓인 비사리구시는 쌀 일곱 가마(4천 명분)의 밥을 담을 수 있는 크기라 한다. 나라의 제사를 지낼 때 대중이 공양할 밥을 담아 두었다고 하며, 흔히 송광사의 3대 명물로 '비사리구시, 능견난사, 쌍향수'가 꼽힌다. 보경사의 비사리구시 또한 나라 제사에 대중의 밥을 담는

301 전영우, "절집 숲에서 놀다: 송광사 들머리 숲길", 『신동아』 615(2010. 12), pp. 592~604.

그릇으로 쓰였고 분량도 쌀 일곱 가마에 해당한다고 하여 송광사의 설명과 흡사하다.

범어사의 경우 행사나 공양 후에 식기를 씻는 용도로 사용한 것이라 하며, 비사리구시라는 이름 밑에 '식기세척기'라고 적혀 있다. 아울러 안쪽에 작고 둥근 두 개의 구멍이 있는 것은, 나무 마개를 이용해 물을 담았다가 식기를 씻은 다음 물을 흘려 보내는 용도라고 보았다. 이 구시는 길이가 3.7m의 크기이다. 이처럼 비사리구시에 대해, 사찰에서는 대중공양을 위해 밥을 퍼 놓거나 식기를 씻기 위한 용도로 만든 통 등이라 짐작하고 있다.

그러나 학계에서는 비사리구시의 실제 용도가 조선시대 부역으로 사찰에서 종이를 만들 때 사용한 지조紙槽 혹은 지통紙桶인 것으로 보고 있다. 이에 대해 한지 전문가인 승려 영담은, 닥나무 섬유를 물에 풀고 표백할 때 쓰던 용도라 하였다. 한지를 만들 때면 삶은 닥나무 내피를 찧어 물이 담긴 지통에 넣고 잘 풀어지도록 휘저은 다음, 닥풀을 넣고 고루 섞어서 종이를 뜨게 된다. 현재 비사리구시가 전하는 사찰도 대개 닥나무가 잘 자라는 영호남 지역이며, 산중사찰은 깨끗하고 풍부한 물을 구하기 쉬워 종이를 많이 만들었다. 따라서 비사리구시를 물을 담는 '조槽'의 하나로 보는 것이다.[302]

'비사리'가 느티나무를 뜻하고 '구시'가 대형 용기를 뜻하니, '비

---

302 송광사 홈페이지 '신행〉자유게시판'의 2013년 11월 20일자에는 'sunya91'이라는 아이디로 이와 관련된 다양한 내용이 올라와 있다. 이 주제로 본격적인 연구가 발표된 적은 아직 없으나, 관련 학자들도 한지 제작과 관련된 유물로 보고 있다.

사리구시'라는 말은 그대로 써도 문제가 없을 듯하다. 다만 그 용도가 밥을 담거나 설거지를 하는 등의 후원문화와 관련된 유물이 아니라, 한지를 만드는 제지 · 공예문화, 사원경제와 관련된 것으로 바로잡아야 할 것이다. 이와 관련해 근래 송광사에서는, "여러 사찰에 비슷한 용도의 구시가 있어 종이를 만드는 지통으로 사용했으나, 송광사의 경우 여러 근거로 지통이 아니라 밥통으로 짐작한다."고 다시 밝혔다. 통 속에 물을 담아서 무언가를 하고 버릴 용도라면 물을 빼낼 구멍이 필수적인데, 송광사의 비사리구시는 훼손으로 바닥 전체가 뚫려 확인이 어렵다. 이에 비해 범어사 · 통도사 등 다른 사찰의 것은 구멍이 남아 있어 비사리구시에 대한 앞으로의 연구를 기대할 만하다.

공양간의
수행자들

04

。

식량 마련하기

서민들과 함께한 삶

사찰의 살림살이는 서민들의 삶과 함께하였다. 광복으로 일제강점에서 벗어났지만 곧 이어 발발한 6·25전쟁과 이에 따른 피해복구로, 20세기 중반 국민의 전반적인 식생활은 매우 어려웠다. 특히 불교권의 상황은 1960년대 초까지 이어진 불교정화와 겹쳐지면서 사찰 운영의 혼란기가 더욱 길어졌다. 사찰은 신도들이 드나들면서 활성화되게 마련이라, 이후 사찰 체제가 정비되었다 해도 도로 확충 등 사회기반시설 미비로 산중사찰의 경제적 사정은 어려울 수밖에 없었다.

이처럼 사찰의 살림은 근현대사의 변화와 흐름을 나란히 하였고, 일부 도시사찰과 전답을 충분히 갖춘 사찰을 제외하면 대부분 일용할 식량을 마련하는 데 급급한 실정이었다. 이러한 사정이 조금씩 나아지기 시작한 것은 1970년대 들어서면서부터이고, 사찰에 따라 어려운 시기가 길게 지속되는 곳도 많았다.

그런가 하면 불교에서는 "춥고 배고플 때 발심한다."는 말이 전한다. 노스님들은 '먹고 살기에 너무 힘들었지만, 어느 때보다 구도의 열기가 뜨겁던 시절'로 당시를 회상하였다. 직접 농사를 짓고 음식을 만들며 자급자족하는 '노동'과 출가자의 본분인 '수행'을 병행하면서 신도들을 이끌어야 했으니, 지극한 원력을 갖지 않고서는 감당하기 힘든 삶이었음을 짐작하게 된다. 이와 관련해 20세기 초 만공滿空의 이야기는 큰 울림을 준다. 만공이 예산 덕숭산에 처음 머물 당시 정혜사定慧寺는 움막 같은 곳이었고, 신심 있는 승려들이 모여 탁발로 연명했다. 탁발해 온 보리를 절구에 찧어 꽁보리밥을 해 먹으며 배고프게 살았지만, 한 철 지나고 나면 여기저기서 깨달음을 토로하는 이들이 나오곤 했다. 그런데 점차 신도들이 생겨 새 집을 짓고 식량도 넉넉해지니 공부가 무르익은 이를 보기 힘들어졌다는 것이다.[303] 물질이 풍요해지면서 참수행과 멀어졌다는 경책이다.

20세기 중후반까지 근현대 사찰 후원의 역사는 '식량 마련'이라는 현실적 과제가 가장 큰 비중을 차지하였다. 이러한 식량 마련의 양상은 당대의 기층민과 다르지 않은 전통적 삶의 방식이었고, 한편으로 출가자·재가자로 만난 지역공동체 구성원으로서 함께해 온 삶이었다. 이러한 기반 위에서 식량을 마련해 온 주요 방안은 크게 다섯 가지로 나누어 살펴볼 수 있다.

첫째, 재가자에게 식량을 구하는 탁발托鉢이다. 출가자의 수행정신을 담고 있는 탁발 전통은 불교와 역사를 함께해 왔다. 수행

---

303 원택, 『성철스님 시봉이야기 2』(김영사, 2001), pp. 27~28.

환경에 따라 그 모습은 조금씩 달라졌지만, 직접 농사를 지어 자급자족하는 삶을 지향해 온 한국불교에서도 1960년대까지 탁발은 일상의 수행의식이자 부족한 식량을 충당하는 방안이 되었다.

특히 사찰에서 대중에게 의식衣食을 제공할 형편이 되지 못하여, 승려들은 '자비량自費糧'으로 자신의 식량을 직접 마련하던 시절이었다. 강원의 학인들은 곡식으로 학비를 내고, 수좌들도 한 철 선방에서 수행하기 위해 자신의 식량을 가져갔던 것이다. 따라서 1960년대까지 탁발은 자비량을 마련하는 중요한 방편으로 작용했다. 조계종에서 1964년에 탁발을 금지하여 공식적 탁발이 사라진 이후에도, 수행의 일환으로 허용하거나 학비·차비 등을 마련하기 위한 탁발은 한동안 지속되었다.

둘째, 직접 농사를 지어 자급자족하는 방식이다. 논이 절대 부족한 도시사찰이나 척박한 산중사찰에서는 다른 방식으로 곡식을 마련해야 했지만, 대부분 사찰에서는 논농사·밭농사를 지어 주식과 반찬거리를 충당해 왔다. 승려들은 논의 규모에 따라 일꾼을 써서 함께 농사를 지었고, 일부는 소작을 주어 수확기에 곡식과 결실을 받기도 하였다. 그러나 대중의 식량을 온전히 감당할 만한 농지를 지닌 사찰은 극히 드물었다.

울력의 가장 큰 비중을 차지하는 것은 밭농사였다. 사찰에서는 인근에 땅이 있는 곳마다 크고 작은 규모로 채소밭을 일구어 일상의 반찬거리로 삼았다. 밭농사는 사찰 환경에 따라 다양한 양상을 보인다. 땅이 척박하여 김장거리조차 모자라는 사찰이 있는가 하면, 채소는 물론 보리·콩·밀·깨 등에 이르기까지 수확하는 사찰, 지역특산물을 가꾸고 거둔 소출로 곡식을 구하는 사찰도 있었다.

셋째, 자연 속에서 저절로 자란 각종 수확물을 채취하는 방식이다. 이러한 채취는 산중사찰에서 얻을 수 있는 가장 큰 이점이었다. 각종 산나물과 버섯을 캐고, 도토리와 열매 등을 채취하며, 소나무·감나무·밤나무 등에서 다양한 식재료를 얻을 수 있기 때문이다. 따라서 암자를 토굴 삼아 홀로 수행하는 승려도 곡식과 된장만 챙겨 가면 산속에서 나는 재료들로 한 철을 날 수 있었다.

넷째, 신도들이 불공佛供으로 올리거나 삼보 외호를 위해 올리는 시주施主이다. 예로부터 오늘날에 이르기까지 주기적인 불공과 시주는 절 살림과 식량 마련의 중요한 기반이 되어 왔다. 당시 일상의 불공은 대부분 농사를 지어 수확한 곡식으로 올렸고, 때로 여유 있는 신도들의 시주가 큰 도움이 되기도 하였다. 그러나 전반적으로 생활이 힘들던 시절에는 사찰에 오는 신도 수가 적을뿐더러, 깊은 산중에 있는 사찰의 경우 이러한 상황이 더욱 심하여 시주가 대중의 생계에 별 도움이 되지 않는 곳이 많았다.

상대적으로 경제 사정이 좋았던 수도권, 불심이 깊은 지역으로 알려진 영남권 사찰에 시주 비중이 높았고, 선방을 운영하는 사찰의 경우 결제 때 수행승들의 대중공양을 위한 시주가 별도로 들어오게 마련이었다. 아울러 주지나 큰스님이 경제적으로 여유 있는 신도 집을 찾아가서, 사찰의 여건을 의논하여 시주를 받아 올 때도 '탁발'이라 불렀다. 자발적 시주를 제외하고, 출가자가 재가자로부터 식량을 얻거나 시주를 이끄는 깃을 광범위한 의미의 '탁발'

로 여겼음을 알 수 있다.

다섯째, 그 밖에 식량을 구하는 방편들로, 세간의 셈법에 따라 중생과 만나는 방식이다. 먼저 곡식과 채소를 시장 등에서 구입하고 직접 수확한 물품을 판매하기도 하면서, 구입과 판매가 나란히 이루어졌다. 자급자족하는 삶 속에서도 사서 써야 할 재료가 있게 마련이라, 원주는 주기적으로 인근 시장에 장을 보러 다녀야 했다. 아울러 지역특산물을 재배·판매하여 그 소득으로 사찰 살림에 보태기도 하였다.

또한 재가자에게 숙식을 제공해 주고 쌀을 받아 식량으로 삼는 사찰이 많았다. 예로부터 산중사찰은 인적이 드물고 공기가 좋은 데다 규칙적으로 생활하니, 고시생 등 시험을 준비하는 이들이 일정 기간 머물며 공부하는 곳으로 삼곤 하였다. 따라서 사찰에 별채를 두고 이들에게 숙식을 제공하여 그 비용을 식량 마련에 보탰다. 산세 좋고 규모 있는 사찰은 봄가을에 학생들이 수학여행을 오거나 관광객들이 찾아와, 1인당 정해진 쌀을 받고 숙식을 제공하여 대중의 식량을 남길 수 있었다.

여섯째, 그 외에 최소한의 식량으로 일정 기간 수행하는 토굴생활이 있다. 토굴은 많은 수행자가 홀로 정진한 끝에 깨달음을 얻은 상징적 공간으로, 토굴생활은 승려들의 중요한 수행방식 가운데 하나이다. 이에 토굴에서 최소한의 음식으로 살아가면서 수행에 전념하는 양상을 함께 다루었다.

탁발

탁발수행의 전통

한국불교에서 이어 온 탁발은 초기불교의 탁발과 그 정신은 같지만, 양상은 다소 달랐다. 초기불교에서는 일상의 공양을 전적으로 재가자에게 의지했지만, 중국·한국·일본 등 대승불교권에서는 직접 농사를 지어 자급자족하는 삶을 추구하면서 수행을 위해 탁발을 병행했기 때문이다. 따라서 탁발은 필요할 때 주기적·간헐적으로 행하였고, 탁발로 얻는 보시도 조리된 음식보다는 곡식이나 돈이 주를 이루었다. 탁발할 때는 반드시 가사를 갖추었고, 재가자가 곡식을 주면 발우에 받아 자루에 담았기에 탁발승은 바랑 안에 곡식 자루를 넣어 다녔다.

'탁발'은 음식을 구하고자 '그릇[鉢]을 내미는[托]' 행위를 묘사한 말이니, 곧 걸식을 뜻한다. 따라서 오늘날 걸인의 구걸을 일컫는 '동냥'이라는 말도 승려의 탁발에서 비롯되었다. 동냥은 '동령動鈴'

에서 나온 말로, 승려들이 탁발할 때 요령搖鈴을 쓰기도 하여 '요령
[鈴]을 흔든다[動]'는 의미에 따라 생겨난 것[304]이라 한다. 중국 또한
마찬가지이다. 초기 중국불교에서 대중을 교화한다는 뜻으로 승
려를 '교화자敎化子'라 부른 적이 있었는데, 이에서 유래하여 걸인을
'화자花子 · 규화자叫化子'라 부르게 되었기 때문이다.

그런데 고려 이규보의 『동국이상국집』에는 동냥과 관련된 말
이 '동량棟梁'으로 표기되어 있다. 동량이란 용마루와 대들보를 뜻
하고, 중요한 인물을 나타낼 때도 쓰이는 말이다. 그 내용을 살펴
보면 다음과 같다.

> 도성의 북쪽에 왕륜사王輪寺라는 절이 있는데, 이 절은 해동
> 의 종파가 법륜法輪을 전파하는 큰 사찰이다. 이 절에는 비로
> 자나불 장륙금상丈六金像이 있다. 들으니, 옛날 거빈巨貧 · 교
> 광皎光이라는 두 승려가 황금 불상의 조성을 발원하고, 세간
> 에 전해 오는 이른바 동량棟梁을 하였다. 동량이란 승려가 남
> 에게 시주하기를 권유하여 불사佛事를 행하는 것을 일컫는
> 말이다.[305]

여기서 '동량'은 시주를 권하는 모연募緣 · 권선勸善을 뜻하는 의
미로 쓰였다. 이를 '세간에 전해 오는 말[俗諺]'이라 하였으니, 고려

---

304 조항범, 「'거지' 관련 어휘의 語源과 意味」, 『우리말글』61(우리말글학회, 2014), pp. 20~21.
305 『東國李相國集』권25, 記 '王輪寺丈六金像靈驗收拾記'

때 이미 탁발을 뜻하는 '동령 · 동량 · 동냥' 계열의 용어가 있었음을 알 수 있다. '동량'이란 표현은, 시주 불사로 불교의 기틀을 마련하니 '사찰의 대들보'라는 뜻으로 생겨났을 듯하다. 이는 국교나 다름없었던 고려 불교의 위상을 잘 말해 준다. 식량을 구하기 위한 탁발보다는 불사를 위한 탁발이 성행했음을 알 수 있기 때문이다.

이처럼 우리가 쓰는 '동냥'이란 말이 오랜 역사를 지녔으며, 아울러 하심下心 수행의 상징인 탁발에서 비롯된 것임을 알 수 있다. '동령'과 관련해 대만에서는 매년 연말이면 요령을 울리며 자선을 위한 탁발을 하는데, 이를 '겨울 동冬' 자를 써서 '동령탁발冬鈴托鉢'이라 부른다. 따라서 '동냥'이란, 어의의 보편성으로 볼 때 요령과 관련된 '동령'에서 비롯된 말로 보는 것이 합당하다. 조선 후기의 자료를 보면 '동령動鈴'을 일반 서민의 걸식을 뜻하는 말로 주로 쓰는 가운데, '동량動糧'[306]이라는 표현까지 등장하여 지방 아전들이 백성에게 착취하던 세금을 빗대는 말로도 쓰였다.

고려와 달리 조선에 접어들면서, 승려들은 식량을 마련하기 위한 자구책의 하나로 탁발을 해야 했다. 18세기 말의 풍속을 기록한 유득공의 『경도잡지京都雜誌』에는 다음과 같은 내용이 실려 있다.

> (설날이면) 승려들이 북을 지고 성안으로 들어와서 치는데, 이
> 를 법고法鼓라 한다. 모연문을 펴 놓고 요령을 울리며 염불을

---

306 『日省錄』正祖 18 甲寅(1794), 11월 27일

외우기도 하고, 혹은 바랑을 지고 문 앞에 와서 재 올릴 쌀을
시주하라고 염불하기도 한다. 그러나 정조가 승려의 도성
출입을 금지했으므로 성 밖에서만 이런 풍습이 아직도 남아
있다.[307]

　사람이 많이 다니는 거리에서는 법고 등을 치고, 집집을 다닐
때는 염불하며 시주를 권하는 정초의 탁발 모습이다. 섣달그믐 밤
에도 자정이 지나면 승려들이 민가를 돌며 큰 소리로 재 올릴 쌀
을 청하여, 밤새워 수세守歲하던 사람들은 이 소리를 듣고 새해가
되었음을 실감[308]하였다. 모두 새해에 시주하여 복을 쌓으라는 의
미로 자리 잡은 세시풍속들이며, 일상적인 탁발은 명절 이외에도
필요할 때마다 행해졌다.
　신윤복의 풍속화 〈노상탁발路上托鉢〉에는 이러한 모습이 그림으
로 담겨 있다. 그림 속에서 탁발하는 사람은 모두 넷이다. 민머리
의 승려는 커다란 법고를 치고, 고깔을 쓴 이는 무엇을 펴든 채 염
불하는 역할을 맡은 듯하며, 패랭이를 쓰고 꽹과리를 치는 이, 탕
건을 쓰고 목탁을 치는 이가 북 옆에 나란히 서 있다. 아울러 곁을
지나던 여인 중 한 사람이 주머니를 더듬어 시줏돈을 꺼내는 모습
을 그렸다. 패랭이와 탕건을 쓴 이는 재가자인 거사居士로 보이나,
민머리와 고깔을 쓴 이 또한 탁발 때 보편적으로 갖추었던 가사를

---

307 『京都雜誌』권2 歲時 '元日'
308 『列陽歲時記』正月 '元日'

사진 4-1. 신윤복의 〈노상탁발〉

입지 않아 일반 백성과 구분이 모호하다. 이와 무관하게, 앞서 살펴봤듯이 승려들 또한 거리에서 탁발할 때면 목탁·요령만이 아니라 북 등을 울리며 시주를 권하였다. 특히 조선 후기에 접어들면서 비슷한 목적을 지닌 걸립패·사당패 등 재가자의 활동이 활발해지고 불사를 위한 집단도 생겨났으니, 탁발과 연희의 결합 또한 자연스럽게 진행되었던 셈이다.

19세기의 풍속을 그림으로 간략하게 기록한 『기산풍속도箕山風俗圖』[309]를 보면, 재가자가 바랑을 메고 소고小鼓나 목탁을 두드리며 동냥하는 그림들이 〈처사격탁포處士擊鐸包〉·〈거사걸전居士乞錢〉이라는 제목으로 그려져 있다. 각기 '처사가 목탁을 두드리다.', '거

---

309 조흥윤, 『민속에 대한 기산의 지극한 관심』(민속원, 2005), p. 236, p. 257.

사가 돈을 구걸하다.'라는 뜻이다. 너나없이 어려웠던 시절이라 동냥을 위한 방편으로 서민들이 승려인 양 탁발을 흉내 낸 경우가 많았음을 알 수 있다.

그런가 하면 "본래 가진 재물이 아무것도 없어서 탁발로 학문의 비용과 식량을 마련했다."[310]는 조선 후기 어느 승려에 대한 기록처럼, 생업을 따로 가지지 않았던 출가수행자들에게 탁발은 중요한 역할을 해 왔다. 탁발로써 생계 유지를 위한 식량은 물론, 경전과 책을 구하고 학비를 마련하는 양상은 근현대의 승려에 이르기까지 보편적인 모습이기도 하였다.

조선 말 근대 초기의 탁발 풍습은 이능화의『조선불교통사』[311]에 비교적 자세하게 전한다. 당시 가짜 승려인 당취승薰聚僧이 양식을 얻으러 다니며 승려와 민간인을 괴롭히는 폐단이 많아, 1912년에 관련 법을 마련하기에 이른다. 이에 따라 탁발하려는 승려는 스승과 도반의 연대 서명을 받아 본사에 청원하고 면허 증패를 받아 휴대하도록 하였다. 또 사법寺法에 따른 옷차림을 갖추어 오전 8시부터 정오까지만 탁발하도록 시간을 제한했고, 만 20세가 되지 않은 이의 탁발은 허가하지 않았다. 승려들은 탁발할 때 목탁을 치며 천수대비주千手大悲呪를 외우기도 하고, 바라를 치며 회심곡을 부르기도 하였다.

---

310 『東師列傳』권4 '淸海大士傳'

311 이능화 저, 조선불교통사역주편찬위원회 역,『역주 조선불교통사: 6』(동국대학교출판부, 2010), pp.441~453. 이능화는『동국이상국집』을 소개하면서 탁발하는 승려를 '동량승(棟樑僧)'이라 표기하기도 했다.

이능화는 탁발승이 목탁을 치며 다라니를 외우는 데 대해 "수행하는 승려도 이런 일을 한다."고 하였다. 부처님 당시부터 탁발에 재가자를 위한 축원이 빠지지 않았듯이, 탁발은 물론 탁발염불또한 염불승·수행승, 사판승·이판승의 구분 없이 이어졌음을알 수 있다. 아울러 그는 "바라를 치며 회심곡을 부르는 이도 있는데, 오직 자신을 '빈도貧道' 또는 '빈자貧者'라 했다."고 기록하였다. 거리에서 탁발할 때면 중생의 심금을 울리는 회심곡과 함께 바라가 등장하기도 하고, 가난한 이들이 이를 흉내 내기도 했음을 짐작해 볼 수 있다. 일제강점기에는 탁발염불로 회심곡을 부르는 경우가 많았는데, 특히 관악산 탁발염불이 유명하여 이를 '도자매기'라 불렀다.

광복 이후 탁발의 가치가 본격적으로 재조명된 것은 1947년에시작된 봉암사결사 시절이다. 결사에 뜻을 함께한 이들은 '자급자족'을 지향하는 선불교의 토대 위에서 '부처님 법대로' 사는 초기불교의 가르침을 실천하고자 했기에, 노동과 탁발은 생계의 필수적인 양 날개였다. 특히 수행자의 하심을 기르고 재가자에게 선근善根을 심어 주는 탁발은 부처님을 본받는 일로, 재가자와의 관계에서 포기할 수 없는 가치였다.

따라서 봉암사결사 대중이라면 누구나 한 번 나가면 며칠에서보름씩 걸리는 탁발을 했다. 두세 명씩 짝을 지어 문경의 인근 마을은 물론, 수백 리 길을 걸어 충청지역까지 나가곤 했기 때문이다. 당시 결사에 참여했던 승려들의 탁발 이야기는 따스하면서도활달한 기개가 넘쳤다. 승려 성철性徹이 "모두 어렵던 시절이라 탁발도 쉽지 않았는데, 탁발을 제일 많이 했던 분이 자운스님이었다."[312]고 회상했듯이 자운慈雲의 바랑은 늘 묵직하였다.

봉암사결사의 마지막 수좌였던 법전法傳은 자운과 자주 짝을 이루었다. 두 승려는 탁발하러 다니다가 눈물겹게 가난한 집을 만나면 몰래 솥에다 쌀을 부어 놓거나, 쌀을 맡겼다가 짐짓 찾지 않은 채 동네를 나오곤 했다. 해가 지면 공동묘지 앞에 나란히 앉아 내의를 벗어 이를 잡았는데, 동네 사랑방에서 잠자리 탁발까지 하다 보니 옮아온 이였다. 자운은 늘 새끼 꼬는 촌로村老들의 이야기를 끝까지 들어주면서, 법전에게는 잠을 자도록 세심하게 배려해 주었다. 훗날 법전은 "발우 하나 들고 밥을 얻으러 다니면 천하가 내 집인 것 같았다. 걱정할 것 하나 없이 마음이 편했다."며 당시의 탁발을 회상했다.[313] 천하를 유행하며 상구보리上求菩提 하화중생下化衆生의 뜻을 펼치고자 했던 출가수행자의 충만한 결기가, 오로지 발우 하나에 의탁함으로써 더욱 실감나게 느껴진다.

자비량의 방편

사찰경제가 힘든 시절에는 대중에게 의식衣食을 제공할 수 없으니, 승려는 자신의 식량을 직접 마련해야 했다. 사찰에서는 행사를 치

312 원택, 앞의 책, p. 108.

313 법전,『백척간두에서 한걸음 더』(조계종출판사, 2003), pp. 56~58.

르며 손님을 접대하는 데 필요한 비용 외에, 주지를 비롯한 행정 직 소임만 봉급에 해당하는 쌀을 세 말 정도 지급하였다. 따라서 강원·선원에 가는 학인과 수좌는 물론, 다른 사찰에 잠시 머물 때도 자신의 식량을 내야 했는데, 이를 '자비량自費糧·自備糧'이라 불렀다.

만공이 최초의 비구니선원으로 세운 수덕사 견성암見性庵에도 1940년대 무렵 양식이 없어 선방에 방부를 들일 수가 없었다. 이에 한 철 수행하고자 선방을 찾았던 비구니들이 모두 울면서 돌아 갔다.[314] 이처럼 누군가의 도움 없이 자비량을 마련하려면 탁발을 하는 수밖에 없었다. 행자생활을 마친 예비 승려는 탁발하여 강원의 학비를 대었고, 한 철 안거를 마친 승려도 다음 안거의 식량을 구하기 위해 다시 탁발을 이어 갔다. 강원과 선원만이 아니라 어 딜 가든지 자신의 식량과 침구를 각자 지참해야 했다. 은사가 학 인 제자의 식량을 내주기도 했으나 대부분 승려의 삶이 열악했기 에, 탁발은 각자의 식량을 마련하기 위한 유일한 방편이었다. '개 인재산이 없으면 상좌上佐도 키울 수 없는 시절'이었던 것이다.

자비량을 위한 탁발은 전시戰時에도 끊임없이 이어졌다. 1951년 해인사 강원에 들어간 법인法印은 6·25전쟁 중에도 자비량으로 매월 세 말의 쌀을 내고 학인으로 공부하였다. 전시라 모두 곤궁 했기에, 자비량을 내려면 지역·장소·거리를 가리지 않고 한 달 에 일주일 정도 탁발을 다녀야 했다. 합천 인근의 가야·야로·

---

314 백성호, "가난한 시절 늘 먹었던 보리죽이 진짜 절밥", 「중앙일보」(2015. 2. 27)

숭산·고령을 거처 대구까지 다니는 것은 예사였고, 멀리 떨어진 진주·부산·통영까지 가서 탁발하여 불단에 마지를 올린 뒤 주린 배를 채웠다.[315]

1956년에 우리나라 최초로 비구니 강원을 연 동학사는 이루 말할 수 없이 가난하였다. 학인들이 일 년에 내야 할 학비는 1950~1960년대까지 쌀 한 가마로 정해져 있었는데, 다음 해의 입방을 위해 자비량을 마련할 기회는 방학이었다. 방학 때 은사의 사찰에 가서 재 기도를 올리고 행사도 도우며 식량을 얻어 오거나, 은사도 형편이 어려워 학비를 대 주지 못하면 열심히 탁발하여 쌀 한 가마를 마련하였다.

동학사와 가까운 마을에는 형편이 어려워 탁발을 나가도 보리쌀과 팥·녹두 같은 잡곡이 주를 이루었다. 바랑에 쌀자루를 따로 챙겨 가지만 거의 꺼낼 일이 없으니, 탁발이 잘된다는 먼 곳까지 가는 경우가 많았다. 휴일에도 탁발을 나갈 수 있어, 학인들은 여름철 보리 추수와 가을철 벼 추수 시기에 맞춰 계룡산 너머 논산까지 탁발을 나가곤 했다. 쌀을 준다 해도 작은 접시에 담아 주는 집이 많아, 쌀 한 되를 모으려면 수십 집을 다녀야 했다.

1950년대 후반 동학사 강원에 들어간 보각寶覺은 방학이 되자 도반과 함께 불자들의 인심이 좋다는 부산으로 첫 탁발을 나갔다. 두 명이 한 조가 되어 일주일간 머물 숙소를 구하고자 노스님들의

---

315 이성수, "한국전쟁 70주년, 6.25와 불교: 법인스님이 겪은 한국전쟁", 「불교신문」 3532호 (2019. 11. 6)

비구니사찰을 찾아갔으나 거절당했고, 궂은일을 다하며 하루를 보낸 뒤에야 허락이 떨어졌다. 이에 그곳을 베이스 캠프로 정해 놓고 아침을 먹은 뒤 언양·울산까지 가서 종일 탁발하고 저녁이면 돌아오는 나날로 학비를 모을 수 있었다.[316] 동학사 조실은 학인들의 어려움을 덜기 위해, 직접 대전에 있는 수녀원까지 가서 강냉이가루를 탁발해 오기도 하였다. 그렇게 길을 튼 뒤 수년간 외국에서 성당으로 원조 들어온 강냉이가루를 탁발해 왔으니, 학인도 조실도 탁발이 일상화된 삶이었다. 이처럼 동학사의 경우 사찰 농지가 거의 없다 보니 다른 강원의 학인들보다 좀 더 늦은 시기까지 자비량을 내야 했다.

선방 승려들은 석 달 식량을 준비해서 방부榜付를 들였다. 자비량을 내고 한 철 수행을 마치고 나면, 다시 틈틈이 탁발을 나가서 다음 결제 식량을 장만하는 것이 해제 철의 주요 임무였다. 비구니 선방으로 유명했던 범어사 대성암은 1970년대 초까지 자비량으로 한 철에 한 말씩의 쌀을 받았다. 석 달에 한 말이면 부족한 양이지만 그나마 받지 않으면 선방 운영이 힘들었기 때문이다.

아울러 대방이나 공양간 근처에는 작은 나무 팻말에 각각의 대중 법명을 적어서 걸어 두는 사찰이 많았다. 이 명패는 공양과 관련된 것이기에 공양좌목供養座目이라고도 불렀다. 외출하거나 끼니를 먹지 않을 때 자신의 명패를 뒤집어 놓아, 쌀을 내주는 미감米監이 그걸 보고 '서 홉'으로 쌀을 내어 공양주에게 주었다. 실제 공양

---

316 휴봉 보각, 『스님, 비랑 속에 무엇이 들어있습니까?』(효림, 2005), pp. 48~51.

할 인원만큼만 밥을 하여 한 치도 낭비가 없도록 하기 위함이다.

'서 홉'은 당시 사찰에서 한 끼 분량을 일컫는 말로 쓴 용어이다. 손잡이가 달린 작고 네모반듯한 목기木器에 쌀을 깎아 담으면 1인분에 해당하여, 그 용구를 '서 홉', 그렇게 먹는 밥을 '서 홉 밥'이라 불렀다. 이에 석 달치 양식을 한번에 내지 않고, 공양주가 '서 홉'을 들고 쌀을 거두러 다니는 곳도 있었다. 그러면 다음 끼니에 공양할 승려들만 쌀을 내주고, 단식할 승려들은 내지 않았다. 아울러 서 홉은 실제 '세 홉'의 계량 단위가 아니라 홉을 일컫는 관용적인 명칭이라 여겨진다. '선방의 하루 급식량이 1인당 세 홉'[317]이란 말이 있어, 하루분이 한 끼분으로 와전된 것일 수도 있다.

1960년대 초 서울 홍제동 백련사에서도 자비량을 내었고, 대방 입구에 공양좌목이 걸려 있었다. 그런데 명패를 뒤집어 놓는 승려 중에는 자신이 낸 쌀이 모자라서 끼니를 굶기 위한 경우가 많았다. 이들은 공양 때면 산에 올라가서 물을 먹으며 시간을 보내다 내려왔다.[318] 미감은 각 개인이 낸 쌀과 공양한 날짜 수를 계산하는 소임에 철저해야 했고, 자신이 낸 쌀이 부족한 승려는 하루 한두 끼로 조정하며 팻말을 뒤집을 수밖에 없었던 것이다. 또한 '한 달에 쌀 한 말' 등으로 자비량이 정해져 있어도, 거르는 끼니가 있으면 계산하여 남는 쌀을 누적시켜 주기도 했다니 한 끼의 소홀함도 없이 철저한 시절이었다.

---

317 지허스님, 『선방일기』(불광출판사, 2010), p.32.
318 면담내용 : 백련사 회주(운경). 2021. 9. 18. 백련사 雲林院

사찰에서는 수행의 일환이자 양식 마련을 위해 공식적으로 탁발을 내보내기도 했지만, 각자 탁발 또한 규정 내에서 허락해 주는 분위기였다. 따라서 승려들은 탁발로 필요한 책을 구할 수 있었고, 후원 소임을 살며 깨뜨린 그릇도 채워 넣을 수 있었다. 물자가 귀하던 시절이라, 후임자에게 인계할 때면 그릇·수저 등 모든 물품을 숫자대로 확인해서 넘겨야 했기 때문이다. 따라서 자신이 소임을 사는 동안 깨뜨리거나 분실한 것은 모두 개인적으로 채워 넣었다.

1962년 불교정화가 일단락된 뒤 통합종단으로 등장한 조계종에서는 '자비량 체제'를 '원융살림 체제'로 전환하였다. 승가 수행 공동체의 운영에 있어 승려들에게 양식을 받지 않고 모든 비용을 사찰에서 해결하도록 한 것이다.[319] 강원과 선원은 각기 외지 승려들을 받아들여 운영하는 교육기관·수행기관에 해당하니 세속에서는 비용을 받는 일이 당연하지만, 승가에서는 본래 이러한 원융살림으로 운영하는 것이 전통이었다. 따라서 이 무렵부터 자비량을 위한 탁발이 점차 사라지기 시작했으나, 재정이 넉넉지 않은 사찰에서는 강원·선원 모두 1970년대까지 자비량과 원융살림 체제를 병행한 곳이 많았다.

---

319 임충선, 앞의 논문, pp. 17~18.

중생과의 다양한 만남

—

탁발의 규범

공식적인 탁발은 물론, 자유롭게 보이는 각자 탁발에도 엄격한 규범이 있었다. 탁발을 나가는 승려는 수행자의 위의威儀를 잃지 않도록 깨끗이 손질한 장삼에 가사를 갖추도록 하였다. 봉암사결사의 영향으로 1950년대에는 탁발할 때 갓을 쓰는 경우가 많았으나, 그 뒤로 점차 쓰지 않게 되었다.

탁발을 나갈 때는 혼자 다니는 것을 금했고, 반드시 두 명씩 짝을 이루어 다니는 것을 원칙으로 삼았다. 사찰을 떠난 공간에서 재가자와 만나는 것이기에 가능하면 젊은 승려와 노스님이 함께 나가도록 하여, 노스님의 경험으로 여러 상황에 잘 대처하고 실수하지 않도록 이끌어 주게 하였다. 두 명씩만으로 배치한 것도, 서너 명이 나가면 효율성이 떨어질뿐더러 위압감을 줄 수 있다는 점을 고려한 것이라 여겨진다.

탁발하는 시간은 이른 아침과 늦은 오후는 피하고 해가 지기 전에 마치는 것이 관례였다. 두 명 가운데 연장자는 목탁을 들고 젊은 승려는 발우를 들며, 집 앞에 다다르면 먼저 목탁을 쳐서 방문을 알린 다음 염불을 하게 된다. 탁발할 때의 염불은 「반야심경」이나 「신묘장구대다라니」 등이 주를 이루었다. 곡식을 주면 젊은 승려가 발우에 받아 바랑 안의 자루에 넣고, 시주 여부와 무관하게 염불을 끝까지 마친 다음 축원으로 재가자에게 복을 지어 주었다.

사미계를 받기 전에 의무탁발을 두어 수행자의 본분을 익혀 나가도록 하기도 했다. 탁발 규범을 제대로 잘 지키는지 확인하는 승려를 따로 두는가 하면, 탁발 원칙을 어겨서 계를 받지 못한 이도 있었다. 이처럼 탁발이 수계 여부를 판단하는 기준이 되기도 했으니, 재가자에게 식량을 구하는 탁발수행이 얼마나 조심스러운 것인지 짐작해 보게 된다.

탁발승이 짊어진 바랑에는 대개 두 개의 자루가 있어 재가자가 주는 쌀과 보리를 구분해서 담았다. 잡곡이 섞이는 걸 꺼리는 사찰에서는 자루를 서너 개씩 가지고 다니면서 곡식을 종류별로 구분해 담기도 하였다. 예전에는 쌀에 돌과 싸라기가 많아, 탁발해 온 쌀은 돌을 고르고 체로 걸러 낸 다음 온전한 쌀만 따로 모았다가 마지로 올린 다음 내려서 먹었다.

곡식뿐만 아니라 철 따라 감자·고구마·나물 등을 받기도 했으며, 새로 암자를 꾸리게 된 곳에서는 된장·고추장 탁발을 하기도 했다. 따라서 승려들은 탁발한 짐이 무거울 때면 오는 길에 마을의 신도 집에 맡겨 뒀다가 나중에 지게로 짊어지고 왔다. 며칠간 탁발하여 산중까지 짊어지고 오기 힘들 때는 곡식을 시장에 팔아서 돈으로 바꿔 왔고, 반대로 가게에서 탁발하면 곡식 대신 돈을 주는 경우가 많아 쌀이나 필요한 물품을 사 오기도 하였다. 며칠씩 걸리는 탁발을 할 때면 대개 마을 노인이 머무는 집에 미리 허락을 얻어 취침했고, 신도 집에서 하룻밤 신세를 지기도 하였다. 때로 탁발승을 맞아들여 공양을 대접하면서 이야기를 나누고자 하는 이들도 있었다.

산사의 탁발은 신체적으로 고된 일이었다. 한 끼의 음식만 구하는 초기불교의 탁발과 달리, 마을과 멀리 떨어진 데다 한 번 나가면 온종일 걸어야 하기 때문이다. 형편이 나은 마을이나 추수를 지낸 뒤에는 탁발을 마치고 돌아올 때쯤 바랑이 묵직해져, 기쁜 마음에도 몸은 힘들 수밖에 없었다. 따라서 갓 출가한 승려들의 경우 긴장한 상태에서 몸까지 힘드니, 첫 탁발일은 며칠씩 몸살을 앓는 날이기도 하였다. 탁발한 무거운 짐을 지고 산길을 오르며 힘들게 온 것이니, 그 쌀 한 톨이 예사로 보이지 않게 되는 것이다.

> 6·25 이후에 사는 게 모두 팍팍하니까, 은사스님이 어디 가서 소금을 받아서 그걸 가지고 가평이나 청평까지 철길 따라서 온종일 걸어갔다가, 쌀을 바꿔서 또 이고 오시곤 했어요. 자존심이 강해서 그냥 달라고 하기 싫으니까. 시골에는 소금이 귀하니까 주면 쌀을 주지. 그러면 갈 때 올 때 무거운 걸 그렇게 지고 다니셨어요. 나는 부각 심부름을 다녔어. 아는 집에 갈 때는 다시마를 튀겨 가지고 소쿠리에 담아 주면, 내가 그거 가지고 가면 쌀 한 말도 주고.[320]

청량사 노스님의 은사에 대한 기억이다. 신도 집에 탁발하러 갈 때면 소금 등을 주면서 쌀을 받아 오기도 하고, 민가에서 하기 힘든 부각을 만들어 가져가면 비교적 많은 곡식을 받을 수 있었다는 것이다. 철길 따라 온종일 소금을 지고 걸어갔다가 다시 쌀을

---

320 면담내용 : 청량사 중실 회주(동희). 2019. 9. 6. 청량사 요사

지고 그 길을 걸어왔으니, 사찰에서 기다리던 제자들은 그 쌀이 얼마나 귀한 것인지 체험하는 나날이었을 듯하다.

이처럼 서로에게 필요한 것을 교환하는 형식의 탁발이 있는가 하면, 불사나 행사를 할 때면 신도 집에 찾아가서 시주를 의논하는 탁발도 있었다. 탁발은 현실적인 삶 속에서 중생과 다양한 만남이 펼쳐지는 생생한 수행의 현장이었다.

—

수행의 밑거름

한국적 상황에서 탁발이 어떤 의미를 지니는지 생각해 볼 필요가 있다. 20세기 중반이면 마을 곳곳에 기독교가 확산되고, 불교를 탄압하던 조선시대를 거치면서 승려들의 지위도 회복되지 않았을 무렵이었다. 한국인들은 대부분 불교에 우호적이지만, 이러한 변수들이 늘 도사리고 있어 탁발에도 장애가 되었을 법하다. '사찰을 찾는 재가불자'와 '집집을 다니며 만나는 일반 재가자'는 분명 다르고, 수행자의 탁발이 일상화된 초기불교나 남방불교 국가와 다종교사회인 한국의 탁발 또한 다를 것이다.

차제걸식次第乞食은 초기의 탁발정신에 따라 가난한 집이나 부유한 집, 개별 가정의 종교와 무관하게 집집을 다니며 탁발하는 것을 말한다. 대부분 승려의 탁발은 차제걸식이었고, 근현대 역사 속에서 거론되는 탁발 또한 차제걸식을 뜻한다. 따라서 대다수 국민이 불자인 남방불교 국가와 달리 탁발은 때로 문전박대의 대상이 되기도 했고, 그러한 상황에서 하심과 인욕을 체득하는 것을 중요한 수행으로 여겼다.

탁발에 익숙하지 않은 젊은 승려들은, 몸이 고된 것은 괜찮지만 냉대를 받을 때 가장 힘들었다. 동진 출가한 어느 승려는 어린 시절 은사를 따라 탁발을 나가곤 했는데, 어린 마음에 "밥을 먹지 않을 테니 탁발할 때 따라가지 않겠다."며 울음을 터뜨렸다. 염불하며 서 있으면 문을 닫고 들어가 버리는 집도 있어, 그런 설움을 받는 게 싫었기 때문이다.

1950년대에 출가한 법주사 승려 월성月性은 '초발심자에게 가장 힘든 건 탁발'이라 하였다. 집주인에게 문전박대를 당한 데다 개들이 따라오며 짖고 비까지 내리면, 절로 논두렁에 풀썩 주저앉게 된다는 것이다. 탁발로 마음에 깊은 상처를 입은 승려들도 있었고, 그 또한 사미 시절에 많은 눈물을 삼켰다. 그러나 고행을 자처했던 스승 금오金烏의 가르침을 새기며 하심을 체득하기 위한 수행으로 마음을 다잡았다. 그는 '주는 건 재미있고 행복한 일, 받는 건 어렵고 창피한 일'이니, 문제는 재가자의 홀대가 아니라 출가자의 마음에 있다고 하였다.[321] 어려움과 창피함, 호불호의 분별을 극복하는 것이 바로 수행이라는 뜻이다.

승려들이 '탁발은 수행에 더없이 좋은 현장실습'이라 한 것도, 저마다 대하는 모습이 달라 그것에 반응하는 자신의 마음을 읽을 수 있기 때문이었다. 바랑이 무거워 시장에서 쌀을 팔아 돈으로 바꿀 때면 어떤 이는 동냥 쌀이라 하여 턱없이 깎아내렸고, 어떤

---

321 채문기, "복천선원장 진웅 월성스님", 「법보신문」 1261호(2014. 9. 17)

이는 "애기 스님들 고생한다."며 후하게 주는가 하면, 얻은 것이라 아예 사려 들지 않기도 했다.

곡식을 내주는 모습도 조금씩 달랐다. 가장의 밥그릇에 쌀을 담아 두 손으로 부어 주는 이가 있고, 밥뚜껑이나 바가지로 푹 퍼서 주기도 했으며, 물 묻은 접시에 쌀을 담아 주어 반은 도로 가져가게 되는 때도 있었다. 부엌에서 곡식 담은 그릇을 들고 염불이 끝날 때까지 기다렸다가 나오면서, 축원하는 승려의 염불 소리를 온전히 듣고 싶은 주부의 마음도 읽혔다.

승려들은 모두 첫 탁발의 순간을 생생하게 기억하고 있었다. 처음 탁발을 나갔을 때 장삼 소매에 넣어 두었던 발우를 차마 내밀지 못한 경우가 있듯이, 난생처음 타인에게 구걸하는 탁발은 갓 출가한 승려에게 참으로 긴장되는 일이기 때문이다. 첫 탁발을 앞두고 잠을 이루지 못하다가 "집집을 다니며 중생이 어떻게 사는지 보면, 세상과 나를 비춰 보는 데 그만 한 공부가 없다."고 한 은사의 말에 용기를 내기도 했다. 실제 첫 집에서 힘겹게 탁발하고 나면 그 뒤부터는 점차 편안해지면서, 탁발이 수행자이기에 가능한 값진 체험임을 절감하곤 하였다.

갓 행자생활을 마친 어느 사미니는 강원에 가고자 했으나 은사가 보내 주지 않아서, 학비와 차비를 직접 마련하기 위해 첫 탁발에 나섰다. 본인은 절실하여 부끄러운 줄 모르고 시장 가게마다 「반야심경」을 염송하며 다녔는데, 혼자 보낼 수 없다며 따라나선 두 도반은 그 모습이 안쓰러워 전봇대 뒤에 숨어서 눈물을 흘렸다. 지금도 만남을 이어 가는 세 비구니는 설익고 힘들었던 그 시절이 수행의 소중한 디딤돌이었다고 한다.[322] 비구니의 경우 수행으로 탁발을 하고 싶었지만 은사의 반대로 하지 못하는 경우도 많았다. 예전에는 내전內典인 불교 경전만 배우고 세속의 학문은 외전外典이라 하여 배우지 못하도록 했듯이 자칫 사회의 물이 들 수 있다는 염려 때문이었고, 제자에게 고생을 시키고 싶지 않은 마음도 컸다.

그런가 하면 1950년대 후반 승려 고산杲山은 범어사에 머물 때, 수행을 위해 도반 두 명과 함께 처음이자 마지막으로 탁발수행을 해 보았다. 세 승려는 가사와 장삼을 갖추고 대나무 삿갓을 쓴 채 부산 자갈치시장과 국제시장에 탁발을 나갔다. 고산이 앞에서 요령을 흔들며 「반야심경」을 염불하고, 중간 승려가 목탁을 치고, 발우를 든 승려가 맨 뒤에서 일렬로 지나가자, 염불 소리가 좋다며 시주가 잇따랐다. 탁발이 잘되는 모습을 보고 걸인과 아이들이 뒤따라 왔기에 남김없이 그들에게 나눠 주었다.[323] 승려들의 수행은 이처럼 다양한 탁발 내력이 함께하는 가운데 삶의 현장 속에서 단련되어 왔다.

1964년의 금지로 탁발은 거의 사라졌지만, 수행을 위해서 또는 특별한 목적으로 행하는 탁발은 한동안 이어졌다. 이를테면 법주사에서는 1970년대까지 해마다 몇 차례씩 선방 승려들 수십 명이 맨발로 마을에 내려와 삼삼오오 짝을 지어 탁발하는가 하면, 팀

---

322 면담내용 : 진관사 주지(계호). 2017. 11. 28. 진관사 요사
323 고산스님, 『지리산의 무쇠소』(조계종출판사, 2009), pp. 225~228.

을 나누어 탁발하는 풍습도 지속되었다. 2011년 법주사 사하촌에서 만난 토박이 어른은 수십 년 전 탁발을 회상하면서 그 의미를 뚜렷이 공유하고 있었다.

> 70년대까지 일 년에 몇 번, 스님들이 맨발로 탁발하러 내려오셨지요. 대여섯 명씩 팀을 짜서 이 집 저 집 다니며 쌀도 얻고, 떡도 얻고, 찬도 얻으셨어요. 그게 다 선방 수행을 위해서이고, 그렇게 직접 얻어서 먹어 봐야 수행에 도움이 된다고 하시는 거지요.[324]

법주사 탁발과 관련해, 언론인 김택근은 학창시절인 1970년대 법주사에서 열린 창작교실에 동참해 젊은 승려들과 곧잘 어울렸다. 함께 야구도 하고 유쾌한 담소를 나누며 친구 같던 승려들이, 범접할 수 없이 숭고해지던 때가 바로 탁발 무렵이었다. 사하촌에서 탁발하고 돌아오던 날, 장대비가 쏟아졌지만 탁발승들은 발우를 품에 안은 채 오로지 앞만 보며 천천히 빗속을 일렬로 걸어왔다. 그때 성聖과 속俗의 나뉨을 뚜렷이 체감했고, '얻어먹는다는 것'의 숭고함을 깊이 느꼈다는 것이다.[325]

이처럼 탁발은 재가자의 재보시財布施와 출자가의 법보시法布施가 오가며 공덕을 쌓아 온 현장이었다. 길 위에서 만나는 중생들

---

324 면담내용 : 충북 보은군 속리산면 사내리 3구 이장(유근식). 2011. 8. 26. 사내리 3구 마을 회관
325 김택근, "김택근 에세이: 탁발승이 보고싶다", 『월간 불광』 538호(2019. 8)

과 부대끼며 감사와 인욕을 배우는 마음공부의 거름 밭으로 삼으니, 탁발은 출가수행자의 상징이라 할 만하다.

조계종에서 1964년 탁발을 금지한 것은, 다종교사회의 여건과 맞지 않고 승려의 위의를 해치는 일들이 생겨났기 때문이다. 사회의 경제수단이 쌀 등의 현물에서 화폐로 옮아간 것도 탁발이 사라지는 데 결정적인 역할[326]을 했을 것이다.

—

자비탁발의 시대

오늘날 한국불교의 탁발은 전통 개념과 다른 '자비탁발'의 방향으로 흐름을 이어 가고 있다. 자비탁발은 승속僧俗을 떠나 도움이 필요한 이들을 위해 행하는 탁발을 일컫는 말로 쓰인다. 탁발한 곡식으로 죽을 끓여 가난한 이들과 나누는가 하면, 탁발로 모은 시주금을 어려운 이웃에게 전하는 일들이다. 따라서 구호모금과 유사하나, 자비탁발이 지닌 차이점은 출가자가 직접 중생의 문제 속으로 뛰어들어 뜻을 함께하는 이들과 연대하는 사회적 역할일 것이다. 재가자로부터 받는 일방향의 탁발에서, 다시 중생에게 환원하는 양방향의 순환으로 또 다른 탁발을 실천하고 있다.

자비탁발은 어려운 이들에게 보시하는 불교의 역사와 함께해 왔고, 탁발의 역사 속에서도 실천해 온 일이다. 봉암사결사 시절 탁발을 다니다가 가난한 집을 만나면 몰래 곡식을 두고 왔던 자운·

---

326 박부영, 앞의 책, p. 115.

법전의 이야기처럼, 탁발과 보시는 자타의 구분 없이 동시에 이루어지고 있었다.

이와 관련해 봉녕사 묘엄妙嚴의 탁발 일화는 널리 알려져 있다. 출가한 지 얼마 되지 않은 어느 겨울철에, 묘엄은 묘희妙喜와 함께 서른 집 넘게 탁발하여 묵직해진 걸망을 나누어 메었다. 사찰로 돌아오던 길에 다리 아래 걸인들을 보고 탁발한 쌀을 모두 주고 기쁜 마음으로 돌아오다가, 이번에는 어린 아들과 함께 떨고 있는 여자 걸인을 만나게 되었다. 두 승려는 다시 내복을 벗어 준 채 더욱 기쁜 발걸음을 옮길 수 있었다.[327] 그들에게도 절실한 쌀이었지만, 중생의 고통을 덜어 주고자 하는 마음이 더욱 컸던 것이다.

이처럼 힘들게 탁발한 식량을 어려운 이들에게 다시 보시한 이야기는 수없이 많다. 승려들과의 면담에서 나온 몇 가지를 살펴보면, 1960년대 운문사 강원에서는 마음이 맞는 도반들이 함께 탁발을 나가곤 하였다. 경전을 배우면서 신심이 많이 날 때라 자진해서 탁발을 나갔고, 틈틈이 모은 양식을 마을에서 가장 가난한 집에 몰래 두고 돌아왔다. 1970년대 동학사 강원의 학인들 또한 세간 사람들의 마음도 살피고, 어려운 이들을 도와주고자 하는 뜻을 모아 전주 시내로 탁발을 나갔다. 일주일 정도 탁발하여 당시 돈으로 십만 원 정도를 모아 양로원에 전달할 수 있었다. 이처럼 중생에게 탁발한 보시가 자비심을 매개로 다시 중생에게 돌아가는 것이니, 자비탁발이라는 이름이 합당하다.

---

327 묘엄스님, 『회색 고무신』(시공사, 2002), pp. 179~181.

따라서 탁발이 공식적으로 금지된 뒤에도 많은 사찰이 연례적으로 탁발하여 이웃을 돕는 데 쓰는가 하면, 홍수 등의 재해가 있을 때마다 승려들이 직접 거리로 나가 탁발로 수재의연금을 모았다. 조계종에서도 그간 금지했던 탁발을 다른 의미로 되살려, 1990년대부터 북한동포 돕기, 지진과 해일 피해를 입은 지구촌가족 돕기 등 필요할 때마다 탁발운동을 펼쳐 사회적 역할에 동참하고 있다. 외국인노동자와 다문화가족을 돕기 위한 탁발마라톤처럼 승려 개인이 뜻있는 일을 위해 자율적으로 행하는 탁발도 확산되고 있다. 자비탁발은 승려들이 주체가 되지만, 자연스럽게 뜻을 함께하는 재가자들의 동참을 불러오게 마련이다.

지금까지 볼 수 없었던 방식의 탁발이 등장하기도 하였다. 2004년부터 5년간 이어진 '생명평화 탁발순례'는 생명평화의 가치를 확산하고 이를 따르는 사람들을 결성하기 위한 목적에서, 전국을 도보로 순례하며 기금과 식사와 잠자리를 모두 탁발에 의존하였다. 걸식을 통해 의식주를 해결하는 전통 방식에다 생명평화라는 가치를 얹은 변형된 탁발인 셈이다.[328]

그런가 하면 운문사 강원에서는 매년 2월 초하룻날 대교반 학인들이 조를 짜서 탁발하는 전통을 이어 오고 있다. 이는 오랜 풍습에서 비롯된 것으로, 운문사 아랫마을에서는 2월 초하루 영등날이면 승려들에게 떡을 보시하곤 하였다. 이날 승려들이 구역을 나누어 마을을 돌면 집집이 쑥떡을 해 놓고 기다렸는데, 한두 개

---

328 박부영, 앞의 책, p.116.

사진 4-2. 운문사 강원 학인들의 자비탁발

씩 '떡 탁발'을 받아 오면 모든 대중이 먹고 남을 정도가 되었다는
것이다.[329] 떡 탁발의 풍습은 사라졌지만, 학인들이 2월 초하루마
다 시내에 나가 탁발로 모은 금액을 이웃 돕는 일에 쓰고 있으니,
사찰과 아랫마을이 함께 피워 낸 자비탁발의 전통이라 할 수 있다.

석남사에서도 동지가 되기 전이면 학인들이 삼북마을에 내려
가서 탁발하여 자비탁발로 쓰는 전통이 있었다. 마을에 가면 「반
야심경」이나 「화엄경 약찬게」를 염송하며 상가와 집집을 들렀는
데, 마을 주민들은 그것을 지신밟기로 여기는 경우가 많았다. 여
러 승려가 동지 전에 집집에 와서 경전을 읊으니, 마치 정초에 풍

---

329 면담내용 : 운문사 학장(일진). 2018. 1. 6. 운문사 요사

물패가 지신을 밟아 주어 삿됨을 물리치고 복을 불러들이듯 기분 좋게 흥겨워했다는 것이다.[330] 이렇듯 또 다른 보시로 이어진 탁발에 본격적인 발복發福이 깃들기도 하였다.

조선 후기의『경도잡지』에는 떡 탁발과 관련된 풍습이 기록되어 있다. 설날이면 승려들이 떡 한 개를 속가의 떡 두 개와 바꾸기도 했는데, 승려가 주는 승병僧餠을 아이에게 먹이면 천연두를 곱게 한다는 속설이 있다는 것이다.[331] 주고 받는 떡의 수가 흥미로운데, 우선 재가자가 주는 것이 많아야 승단의 운영이 가능할 것이다. 출가자가 둘을 그저 얻지 않고 하나를 주는 것은 중생에게 공덕을 환원하는 탁발의 순환 이치로 새겨볼 만하다. 그 떡에 천연두를 곱게 한다는 백주술白呪術이 얹혀, 중생을 향한 출가자의 자비가 힘을 발휘한다는 믿음이 승속 모두에게 선한 작용으로 이어졌을 것이다.

자비탁발의 방향성은 보편의 진리를 담고 있다. 수행에 힘쓰는 승려를 공경하고 보시함은 당연한 일이며, 어려운 처지의 중생을 돕는 일 또한 당연하다. 물질의 오고 감은 일방적인 것이 아니라 필요한 곳에 물 흐르듯 가는 것이어서, 보시를 받고 그것을 다시 베푸는 선순환의 탁발에는 이미 '누가 누구에게' 베푼다는 자리를 떠나 있다.

---

330 면담내용 : 석남사 원주(주형). 2019. 7. 26. 석남사 원주실
331 『京都雜誌』권2 歲時 '元日'

자급자족의 농사

곡식 확보를 위한 논농사

대부분 사찰에서는 1970년대 무렵까지 직접 농사를 짓고 밭을 일구어 농작물을 수확하였다. 따라서 승려들은 가마솥에 불을 때고 물을 길어 와 밥과 반찬을 만드는 일뿐만 아니라, 모를 심고 벼를 베는 일부터 각종 작물을 심고 가꾸어 수확하는 일까지 후원의 안팎 일을 모두 할 수 있어야 했다. 예전에는 행자로 수년을 보내는 경우가 많아 삭발할 때쯤이면 이미 농사를 모두 익힌 '행자농부'가 되게 마련이었고, 최소한 학인으로 강원을 마칠 때쯤이면 자급자족의 삶을 거뜬히 살아갈 수 있는 출가자로 거듭났다.

당시 사찰마다 최대 문제는 곡식을 확보하는 것이었다. 반찬은 장과 김치만으로도 해결할 수 있었지만, 쌀·보리를 마련하지 못하면 대중생활이 불가능해지기 때문이다. '자급자족하는 삶'은 선종의 기치였지만, 주어진 현실에서 대중의 식량을 마련하는 가장 안정적인 방책 또한 직접 농사를 짓는 것이었다. 척박한 산중사찰이나 논이 없는 도시사찰에서는 다른 방식으로 곡식을 마련해야 했고, 대부분의 사찰은 식량을 온전히 감당할 만한 농지를 지니지 못해 부족한 수확으로 지극히 검소한 식생활을 꾸려야 했다.

1950~1960년대는 온종일 농사 울력을 하면서도 삼시 세끼를 제대로 먹을 수 있는 사찰이 드물었다. 아침에는 나물을 넣어 멀겋게 끓인 죽을 먹고, 점심과 저녁은 쌀 조금에 보리쌀과 감자·무·나물 등을 많이 넣고 밥을 지어 짠 김치와 된장국으로 공양하는 곳이 많았다. 곡식이 떨어진 보릿고개 때는 덜 익은 풋보리를 따서 보리밥을 해 먹다가 배탈이 나기 일쑤였다. 출가를 결심한 이에게 노스님들이, "보리동냥 해서 갱죽 끓여 먹어 가며 수행할 자신이 있는가?"라는 말로 각오를 물었듯이 중류층 민가에 턱없이 못 미치는 살림이었다.

기존의 논밭을 경작하는 일뿐만 아니라, 사찰이 소유한 황무지를 일구어 농토로 개간하는 일도 수시로 이루어졌다. 예전에는 트랙터 같은 농기계가 없어 소로 쟁기질하고 괭이로 갈았기에 전답 일구기는 참으로 힘든 일이어서, 자리를 잡으려면 몇 년이 걸렸다. 경사가 완만하고 토양조건이 좋은 곳을 골라 잡목을 베고 뿌리를 캐낸 다음, 농사짓기에 편하도록 길을 만들고 제방을 쌓는 일, 물을 대고 배수로를 만드는 일, 퇴비와 두엄 등을 주어 토양을 개량하는 일 등이 꾸준히 이루어져야 하기 때문이다.

산중에는 땅이 없으니 천수답天水畓을 일구어 농사를 짓는 사찰도 있었다. 물길이 닿지 않는 곳의 논이기에 빗물에만 의존하여, 밤중이라도 비가 오면 나가서 모를 심어야 했다. 제때 모내기하지 못한 채 하늘을 바라보며 천둥이 치기만을 기다린다고 하여, 천수답을 '천둥지기·하늘지기·하늘바라기'라고도 불렀다.

따라서 승려들은 땡볕 아래서 농사를 짓다가 더위를 먹는 것은 예사였고, 논에서 잡초를 맬 때 대나무로 깎아 만든 고동을 손가락마다 끼고 해도 종일 일하다 보면 손톱에 새빨간 피멍이 들곤 하였다. 모를 찔 때 다리에 달라붙는 거머리들을 뜯어내면 피가 흘러도 이앙移秧을 마치려면 못자리에서 나올 수가 없었으니, 승려들의 고된 농사 이야기는 끝이 없다.

근현대 이후 조성된 사찰 농지는 사후 제사를 모시기 위해 기증한 제위답祭位畓이 높은 비중을 차지하고 있다. 따라서 상주 승려가 몇 안 되어도, 10마지기 정도의 논을 가지고 알차게 농사지어 자급자족하는 암자도 많았다. 이런 사찰이라도 쌀은 아껴야 할 귀한 식량이라, 밥을 지을 때면 솥 바닥에 보리쌀을 많이 깔고 그 위에 쌀을 조금 얹었다. 밥을 풀 때면 어른 발우에는 보리쌀이 조금 섞인 쌀밥을 담았고, 아랫사람은 쌀 구경을 제대로 하기 힘들 뿐만 아니라 보리 누룽지와 함께 먹기 일쑤였다.

1962년 김천 청암사에 강원이 개설되자 얼마 안 되어 각처에서 약 50명의 학인이 모여들었다. 자급자족하며 공부하기 위해 학인들은 공양·마지·학업 시간을 제외하고는 모두 농기구를 들어 전답을 일구었고, 해가 진 뒤 어두워서 손금이 보이지 않아야 울력을 마쳤다. 이렇게 하기를 5년 만에 논 10마지기와 밭 20마지기를 일굴 수 있었다. 가을이 되면 벼를 비롯해 콩·들깨·참깨·팥 등을 수확하고 배추와 무도 많이 심어 수십 명의 대중이 여유 있게 생활할 수 있었다.[332]

대찰이라도 가난한 사찰이 많았다. 조계산 선암사는 본래 논이 많았으나 토지개혁을 거치며 80마지기 정도밖에 남지 않았고, 그나마 소유 전답은 멀리 떨어져 있어 소작료로 얼마간의 곡식을 받을 따름이었다. 인근의 척박한 농사로 식량을 해결했기에 거의 보리로만 밥을 했는데, 직접 생보리를 절구통에 찧어 삶아 뒀다가 밥때가 되면 다시 가마솥에 넣고 밥을 하여 퍼지게 했다. 고창 선운사를 비롯해 길이 험한 대찰들 또한 큰길이 나기 전까지 마을을 오가기가 쉽지 않았다. 탁발하기도 힘들었을뿐더러 신도들이 거의 오지 못하니, 주어진 환경 속에서 자급자족할 수밖에 없는 환경이었다.

이에 비해 전답이 많은 몇몇 사찰에서는 이른 시기부터 대중의 식량을 어느 정도 충당할 수 있었다. 농토 일부는 일꾼과 함께 직접 농사를 지었고, 예전부터 사찰 농토를 경작해 온 소작인들에게는 수확기에 곡식으로 소작료를 받았다. 따라서 추수 때가 되면 승려들이 현장에 나가서 논마다 쌀이 얼마나 수확될지 낟알을 세어 보며 그해 수확량을 측정하는 간평看坪을 하였다. 간평은 답품踏品이라고도 하므로, 충청지역에서는 이를 '닷품'이라 불렀다.[333]

---

332 고산스님, 앞의 책, p. 257, pp. 274~275.
333 구미래, 앞의 논문(2012), p. 460.

통도사·해인사·법주사 등은 이러한 규모의 경작지를 지녔던 대표적인 사찰들이다. 그러나 6·25전쟁 이후 1960년대 초까지는 큰 사찰마다 대처승과 경작지 문제가 해결되지 않아 서로 힘든 시절이었고, 어느 정도 안정적으로 경작할 수 있게 된 것은 불교정화가 마무리된 뒤였다.

농지 규모가 그리 크지 않았던 대구 동화사에서는 1960년대 중반 무렵, 소작을 주는 한편으로 직접 농사를 지어 모심기·타작 등 중요한 철마다 승려들이 논밭에 나가 일을 했다. 추수를 마치면 소작인이 200가마가 넘는 쌀을 달구지에 싣고 왔는데, 한 가마는 한 되들이로 편편하게 깎아 80되 분량이었다. 그러니 곳간에 가득 쌓인 쌀로 70~80명의 대중이 다음 수확 때까지 먹고 남았다. 따라서 이즈음 다른 사찰에서는 명절에나 두부를 접했지만, 동화사에서는 두부를 잘 만드는 아랫마을 신도 집에서 주기적으로 사 먹을 수 있었다. 진관사의 경우 사찰 소유의 전답을 경작한 소작인들에게 쌀을 받아 식량에 보태는 한편으로, 밭을 임대해 콩을 경작한 이들에게서 콩을 받아 장을 담그고 두부를 만들어 먹었다.

엄청난 규모의 경지를 지닌 통도사에서도 토지문제를 겪은 1950년대에는 경제적으로 힘든 시기를 보낼 수밖에 없었다. 이 시절에는 곡식이 모자라 밀 껍질을 사서 가루로 빻은 뒤 쌀을 조금 넣고 끓인 죽을 먹기도 했으나, 토지문제가 해결된 1960년대부터는 1천여 마지기의 전답을 직접 관리할 수 있게 되었다. 따라서 당시 식량이 부족했던 대부분의 사찰과 달리 통도사는 공양을 제대로 한다고 하여, 통도사 승려들을 보고 '쌀자루 스님', '밥중'이라는 농을 하기도 했다.

곡식이 확보되었다 해도 농사와 그에 따르는 울력이 많아, 아침을 먹고 나면 모두 들에 나가서 일하는 것은 다른 사찰과 다르지 않았다. 가을이 되면 추수한 나락을 소달구지에 싣고 와 사중의 방앗간에서 직접 찧어 밥을 지었다. 밭에는 온갖 작물을 키우면서, 큰 규모의 대중 살림을 가능하면 자급자족으로 운영하고자 했다. 이에 '추승구족秋僧九足'이라 하여 수확과 월동준비로 눈코 뜰 새 없이 바쁜 사찰의 가을철을 나타내는 말이 있다. 가을 승려는 다리가 9개여야 한다는 뜻이다.

비구니사찰 가운데 운문사는 강원 학인들이 열심히 농사지은 사찰로 알려져 있다. 운문사는 전답과 산림이 많아 자급자족의 삶이 가능했으나, 1958년 강원을 개설한 뒤로 갑자기 많은 학인이 모여들면서, "김치가 소금처럼 짜서 김치 한 쪽이면 밥 한 그릇을 먹는다."고 할 정도로 궁핍한 시절을 보낼 수밖에 없었다. 그러나 학인들이 논농사·밭농사에 밀·보리까지 수확하며 '농사꾼 수행자'로 후원 살림을 이끌어, 각자의 식량을 내는 자비량 없이도 자급자족할 수 있었다. 운문사에서 소유한 세 마리의 소가 논밭을 갈아 주면, 어린 학인들도 일꾼들과 함께 모를 심고 나락을 베어 탈곡기로 타작하면서 속가에서 해 보지 못한 모든 농사를 익혀 나갔다. 방학하면 모내기 철에 맞추어 개학하는 시절이 1980년대 중반까지 이어져, 강원 졸업생들은 이 무렵을 '농경시대', '비구니 농

과대학'이라 부르곤 한다.[334]

모심기 때는 전교생이 효율적으로 일할 수 있도록 모판을 나르는 조, 못줄을 잡는 조, 모판에서 모를 떼어 주는 조, 모를 심는 조로 나누어 논에 들어갔다. 모를 심으며 목청 좋은 승려가 먼저 노래를 부르면 모두 합창하며 힘든 노동을 흥겨운 축제장으로 만들어 나갔다. 또한 보리타작·벼타작을 하고 나면 몸이 가려워 목욕을 해야 했는데, 보리타작은 초여름이라 개울에서 하면 되지만 늦가을의 벼타작은 괴로운 시간이었다. 가마솥에 데운 물을 윗반부터 쓰다 보면 아랫반 학인들 차례에서는 바닥이 나거나 물이 식어서 목욕을 제대로 할 수 없었기 때문이다.[335] 이처럼 운문사 강원을 다닌 노스님들은, 도반들과 함께했기에 고생도 즐겁기만 했다고 회고한다.

그런가 하면 1959년부터 1962년까지 승려 탄허呑虛가 운영한 삼척 '영은사 수도원'의 사례는 주목할 만하다. 탄허는 자급자족하며 공부할 수 있는 도량을 물색해 영은사에 터를 잡은 뒤, 3년간 절을 떠나지 않고 삼년결사三年結社로 공부에 매진할 것을 선포하였다. 이는 선방에서 하는 삼년결사를 강원에서 한 전무후무한 사례였고, 당시 결사에 동참한 학인 등의 대중은 30명 정도였다.

영은사에는 100마지기의 논이 있었는데, 절반은 주민들에게 나누어 짓게 하고 절반은 직접 농사를 지었다. 모든 대중이 많은

---

334 구미래, 앞의 논문(2018), pp. 108~109.
335 남지심, 『명성』(불광출판사, 2016), pp. 140~141.

논에 물을 대어 모내기를 하였고, 나락이 익어 타작해 방아를 찧으면 30가마가 넘게 나와 1년은 거뜬하게 날 수 있었다.[336] 영은사 수도원의 방침은 자급자족의 농사 외에 시간과 노동이 필요한 다른 일은 최소화하여, 공부와 수행에 전념하는 것이었다. 농사를 지었으니 탁발 나갈 일은 없었고, 콩을 심어 메주를 쑤고 장을 담갔으며, 깨를 심어 기름을 짰다. 이러한 모든 일을 일사불란하게 지휘하고 뒷받침한 데는 당시 주지 겸 원주의 원력이 컸다.[337] 당시 탄허는 이곳에 머무는 3년간 『화엄경』 번역과 강의를 마치고 월정사로 옮겨 갔으니, 자급자족과 수행을 온전히 실천한 결사였다. 혜거 · 인보 등 당시 이곳에서 학인으로 수행했던 승려들은 영은사 시절이 출가자로서 평생을 살아가는 데 큰 원동력이 되었다고 한다.

사찰의 식량 관리는 철저하기로 이름 높다. 한 톨의 곡식도 아끼는 수행자의 자세와 함께 궁핍한 현실이 작용하여, 한 끼의 밥을 짓기 위한 쌀은 공양할 실제 대중 수를 파악한 뒤에 나갈 수 있었다. 출타하거나 공양하지 않을 승려는 자신의 공양좌목을 뒤집어 놓는 것으로 표시해야 했는데, 실수든 고의든 절에 없으면서 자신의 명패를 그대로 두거나 명패를 뒤집었다가 공양에 참여하는 경우는 거의 없었다. 규율을 철저히 지켜야 대중생활이 가능하기 때문이다. 주지나 삼직 소임의 승려가 출타할 때면 일단 명패

336 박봉영, "한 장의 사진: 인보 대종사의 출가시절", 「불교신문」 3629호(2020. 11. 14)
337 면담내용 : 금강선원 선원장(혜거), 2017. 12. 27. 금강선원

를 뒤집어 놓은 다음, 따로 밥을 부탁하기도 했다.

이러한 실정이다 보니 갑작스럽게 객승客僧이 와서 인원이 늘어날 때가 문제였다. 이럴 때면 한 술씩 밥을 덜었고, 죽을 끓일 때는 물을 늘리거나 더 퍼지게 두어 양이 많아지도록 만들었다. 이처럼 승가에서 밥이 모자랄 때 대중이 각자 한 숟가락씩 덜었던 데서 '십시일반十匙一飯'이라는 말이 생겨난 것으로 보기도 한다.

특히 노스님들이 궁핍하던 시절의 이야기를 할 때면, "다리 저 너머에서 객승이 걸어오는 걸 보면, 공양주는 죽에다 물을 한 바가지 더 부었다."는 말로 표현하곤 하였다. 밥을 남게 하지 않는 원칙을 우선으로 지키고, 그 속에서 융통성을 발휘하는 것이다. 본격적으로 그 사찰에 머물기 위해 방부를 들이려면 자비량을 내야 했지만, 객승으로 하루 이틀 머무는 것은 가능하였다.

사찰마다 처한 형편에 따라 모습은 조금씩 달랐지만, 1960~1970년대 초반까지는 살림의 규모와 무관하게 승려들이 논농사의 주역으로 일한 것이 보편적 모습이었다. 궁핍한 시절을 거쳐 1970년대부터 식량 사정은 조금씩 안정을 찾아 쌀이 주식으로 자리 잡기 시작하고, 이후 사찰경제도 나아지면서 식량 확보가 그리 중요하지 않은 시기로 접어들게 된다. 그런 중에도 사찰마다 사정이 달라, 남양주 봉선사의 경우 교구 본사이지만 1980년대 중후반까지 살림이 어려워 서울 봉은사에서 쌀을 가져다 먹고 살기도[338] 했다.

---

338 박봉영, "한 장의 사진: 조격스님의 사미시절", 「불교신문」 3555호(2020. 2. 8)

오늘날 대부분의 사찰은 농지가 있는 경우 소작을 주어 쌀로 소작료를 받고, 불공·시주로 들어오는 쌀과 함께 모자라는 곡식은 농가로부터 구입하고 있다. 이처럼 직접 농사를 짓지 않게 되면서 농사일을 맡아 보는 농감農監 소임도 수십 년 전에 사라졌다. 그러나 통도사의 경우 지금도 농사를 이끌어 가면서 농감이 이를 관장하고 있다. 통도사는 트랙터가 나오던 무렵인 1982년에 자작自作을 위해 기계영농에 맞추어 대대적인 경지 정리를 하였고, 근래 영농법인을 구성해 1,200평의 농지에 일꾼을 써서 직접 관리[339]하는 드문 사례이다. 따라서 통도사는 농사를 지은 쌀과 불공·시주 쌀로 식량을 충당하고 있다.

부식의 기반, 채소밭 일구기

반찬거리로는 각종 채소와 작물을 가꾸고, 산야에서 나물과 열매 등을 채취하였다. 찬 재료의 주된 터전은 나름대로 계획해서 다양한 작물을 심을 수 있는 채소밭이다. 조그마한 공터라도 있으면 개간하여, 한 해 동안 기본 반찬으로 삼을 배추·무·고추 등의 김장거리를 중심으로 감자·상추·호박·오이·가지 등 갖은 채소를 심었다. 사찰마다 크고 작은 밭을 가지고 있어 채소 재배는 가장 보편적인 일상의 울력이었다.

----

339 면담내용 : 통도사 방장(성파), 2019. 11. 22. 통도사 서운암

밭의 규모가 크고 땅이 비옥한 사찰에서는 대부분 찬거리를 자급자족할 수 있었고, 김장거리도 충당되었다. 따라서 저장해 두고 먹는 김장김치와 무·시래기·묵나물로 겨울을 나고, 봄이 되면 본격적으로 텃밭을 갈았다. 밭이 부족한 도시사찰에서는 주기적으로 시장을 보거나 마을에서 채소를 구했고, 높은 산중암자에서는 큰 절에서 얻어 쓰기도 하였다.

산이 높고 길이 험한 곳에 자리한 고창 선운사의 경우 마을에 자주 내려갈 수 없으니 인근에 최대한 밭을 갈아서 콩과 보리, 배추와 무, 고추와 상추 등 심을 수 있는 건 모두 심었다. 장을 담가야 하니 콩농사는 필수적이었고, 산에서 얻을 수 있는 수확물도 자급자족에 큰 도움이 되었다. 한국전쟁 때 혼자 산중암자에 남아 감자를 비롯해 각종 채소를 기르고 산나물을 캐 먹으며 수년간 살았던 승려도 있듯이, 식량과 밭작물의 터전이 있으면 자급자족은 얼마든지 가능하였다.

조계산 선암사의 경우 산을 개간하여 만든 산전山田에 무·배추를 심을 때면 특별한 방법으로 거름을 주었다. 말복이 지난 뒤 밭 주변의 나무와 풀을 베어 밭에 놓고 태우는 것이다. 이렇게 직접 태운 재로 거름을 준 다음 모종을 심으면 작물이 튼실하고 색깔과 맛이 좋았다. 무·배추가 제대로 자라면 김장을 하고, 중간 정도이면 국을 끓여 먹었으며, 작을 때는 나물로 무쳐 먹었다.[340] 예전의 경종배추·조선배추는 포기가 꽉 차지 않고 잎이 얇아서, 작황

---

340 임충선, 앞의 논문, p.25.

에 따라 크기가 작을 경우 나물처럼 무쳐 먹기도 하였다.

대중이 많은 사찰에서 밭농사가 풍성하지 않으면 부식 또한 큰 문제가 되게 마련이다. 이러한 사정을 잘 아는 아랫마을에서는 밭농사 수확기에 승려들의 찬거리를 떠올릴 수밖에 없었다. 따라서 비교적 여유 있는 작물을 수확할 때면 승려들을 청하곤 하였다. '내일 고구마를 캐니 줄기를 따러 오시라.', '오이는 언제 따니 오시라.'고 하여 수확 때 함께 작물을 따서 사찰로 가져오곤 하였다. 동학사 또한 본래 전답이 없었던 가난한 살림인 데다 땅이 척박해 채소밭이 강원의 학인 숫자에 비해서 턱없이 부족했다. 마을 사람들도 살림이 풍족하지 않았으나 승려가 워낙 많으니 과외의 것이라도 챙겨 주었다. 이를테면 호박 농사를 지어 애호박과 늙은 호박은 먹고 중간 크기는 가축용으로 모았지만, 동학사 학인들이 수레를 가져오면 그것을 내주곤 한 것이다.

밭농사가 얼마나 풍성한가에 따라 공양의 질이 달라지게 마련이었다. 이에 주지와 후원 소임의 승려들은 손바닥만 한 땅이라도 있으면 무엇이든 심어 보려고 고심하였다. 대찰에서는 원두園頭 · 원감園監 소임의 승려를 두서넛 두어 채소 공급하는 일을 전담케 했다. 파종 · 수확 등 대규모 울력에는 전체 대중이 동참했지만, 일상 공양에 필요한 채소는 소임자가 정성껏 채소밭을 가꾸었다.

북한산 초입에 자리한 진관사는 밭농사가 알찼다. 절의 빈터마다 텃밭을 가꾸고, 사찰 바로 앞 내를 건넌 곳에 널찍한 평지가 있어 그곳에 많은 채소를 심을 수 있었다. 이에 감자 · 호박 · 오이 · 배추 · 무 · 상추 · 고추 · 근대 · 고수 · 우엉(잎) · 시금치 · 가지 ·

곰취 · 쑥갓 · 도라지 · 머위 등을 길렀고, 깨농사도 지었다. 경내에는 몇 그루의 커다란 가죽나무가 있어 잎으로 부각을 만들기도 하고 국물 맛을 내는 채수茶水로 쓸 수 있었다.[341]

사찰에서는 사계절의 흐름에 따라 한 해 농사를 철저히 설계했고, 산중사찰은 일조량이 적으니 밭농사도 이에 맞추어야 했다. 봄이면 밭을 갈아 시금치 · 근대 · 아욱 · 상추 등을 심고, 초파일 무렵 씨를 뿌려서 여름에 오이 · 가지 · 호박 · 감자 · 고추 등을 따 먹었다. 여름철 농사로는 가을 수확을 위해 배추 · 무 등의 씨를 뿌리고, 물을 대어 만든 미나리꽝에도 파종하여 미나리를 늘 요긴하게 먹었다. 콩 농사도 된장을 담글 수 있을 만큼 지어야 했기에 이른 여름 콩을 파종하였다. '하지감자'라 하여 늦은 봄에 심은 씨감자를 하지 무렵에 캐고, 대중 울력으로 감자부각을 만들었다.

가을에는 논농사 추수와 함께 밭에 심은 수확물을 일찍 거둬들여 겨울 준비를 하기에 바빴다. 날이 추워지기 전에 콩을 수확하고, 호박은 썰어서 실에 끼워 말리고 늙은 호박은 따로 씨를 빼서 말렸다. 깻잎 · 콩잎을 따서 장아찌를 담그고, 배추와 무를 수확해 동안거 전에 김장을 하는 한편으로 무장아찌와 시래기도 준비하였다. 이듬해 정월 메주를 쑤어 장을 담그면 한 해 대중이 날 된장 · 간장 · 고추장을 갖추게 된다.

씨를 뿌리고 모종을 옮겨 심으면 그저 자라는 것이 아니어서, 수시로 잡초를 매고 물과 거름을 줄뿐더러 순 자르기, 솎아 주기,

---

341 진관사산사음식연구소, 『진관사 산사음식: 戊戌本』(2018), p.74.

묶어 주기, 지지대 세우기, 벌레 잡기 등으로 작물마다 보살폈다. 삼복더위에 밭을 매면 삼베옷이 땀으로 젖었지만, 한 벌뿐인 승려들은 밤에 말려서 아침에 다시 입고 나가야 했다. 거름은 분뇨와 풀을 썩혀 발효시킨 두엄을 썼는데, 두엄을 나르는 일은 돌아가며 해우소 청소를 맡는 정두淨頭의 몫이었다. 지게에 두엄을 짊어지고 밭둑을 걷다 보면 옷에 묻을 때도 많았다.

밭농사 가운데 콩과 깨는 특히 요긴한 작물이었다. 콩은 장을 담그고 콩나물과 두부를 만들어 먹을 수 있고, 들깨와 참깨는 값비싼 들기름·참기름을 짤 수 있기 때문이다. 그러나 이들 작물은 넓은 경작지가 필요하고 기르기가 까다로워 상대적으로 심는 사찰이 많지 않았다. 따라서 모든 재료가 귀했지만, 두부와 기름류는 후원에서 보기 힘들고 아껴 쓰는 것들이었다. 힘들게 지은 귀한 작물이니 두부는 명절 때나 먹을 수 있었고, 참기름은 벼 잎사귀로 찍어서 한 방울씩 쓰도록 하는 사찰도 있었다.

이처럼 대중이 많은 사찰의 밭농사는 작물이 성장하는 시기마다 대규모 노동력이 필요하게 마련이다. 울력이 있는 날이면 아침 공양 때 대중에게 미리 공지하고, 시간이 되면 목탁을 쳐서 함께 일손을 모았다. 울력목탁 소리가 들리면 행자부터 노스님까지 모두 다 나와서, 젊은 승려들은 밭으로 나가 일하고 기력이 없는 노장들은 나물을 가져오면 다듬는 일을 주로 맡았다. 밭에 나가지는 못하더라도 울력에 동참하며 보청普請의 의미를 실천한 것이다.

그러나 선원을 운영하는 사찰의 경우, 선방 수좌들에게는 가능하면 울력을 맡기지 않고 수행에 집중하도록 하였다. 따라서 울력은 본채 승려들을 중심으로 이루어졌고, 선객들은 일 년 양식인 김장을 하거나 특별한 작물을 수확할 때만 동참하는 것이 일종의 관례였다. 울력의 양이 많을 때는 일꾼을 썼다.

그런가 하면 큰절과 부속 암자의 관계는 세간의 큰집·작은집 과 같아서, 긴밀한 관계를 유지하며 서로 식량과 부식을 나누었 다. 이를테면 범어사와 범어사 대성암은 각자 수확하는 채소와 산 나물을 나눔으로써 식생활이 좀 더 풍성해질 수 있었다. 산 아래 자리한 범어사는 채소밭이 큰 데다 모든 농사가 빠르니 오이·양 배추 등을 수확하면 암자에 가져다주었고, 대성암에서는 산나물 과 버섯을 뜯으면 큰절과 나눈 것이다.

다양한 작물을 키우는 밭농사와 관련해 농사에 서툰 승려들의 일화도 무수하다. 해인사 백련암으로 출가한 승려 원택圓澤은 농사 를 지어 본 적이 없어, 행자 시절 숱한 실수로 은사 성철에게 호된 꾸지람을 들었다. 가을이 깊을 무렵, 배추가 얼지 않고 낙엽이 배 춧잎에 들어가지 않도록 짚으로 배추를 묶는 울력에 동참했다. 다 른 날과 달리 일등을 하여 이상하게 여기던 차에 은사의 고함이 들 렸다. 땅바닥에 처진 큰 배춧잎을 일으켜 배추 속살을 감싸서 묶 어야 했는데, 처진 잎은 그대로 두고 멀쩡히 서 있는 배춧잎만 묶 은 것이다.[342] 어느 해에는 씨감자를 심기 위해 씨눈을 따면서, 감 자를 조각조각 베어 내는 바람에 은사로부터 '바보 대구놈'이라는 호통을 들어야 했다. 움푹 들어간 씨눈을 중심으로 잘라야 하는

---

342 원택, 『성철스님 시봉이야기 1』(김영사, 2001), pp. 143~145.

데, 다른 승려들이 하는 걸 보고 눈짐작으로 그저 감자를 조각내었기 때문이다.[343]

그런가 하면, 승려 고산은 사미계를 받은 뒤 기장에 있는 작은 암자 해불암海佛庵에서 몇 년을 머문 적이 있었다. 어느 날 고추밭한 뙈기에 비료 주는 일을 맡아, 호미로 고추포기 옆을 파서 비료를 넣고 흙으로 덮어 모두 끝냈다. 그런데 뿌리와 한 뼘 정도 띄우지 않고 바짝 붙여서 주는 바람에 고춧대가 모두 말라 죽고 말았다. 자신 때문에 그해 고추는 폐농이 되고 가을철 고추를 사는 데큰돈이 드는 걸 보면서, '사람이 할 수 있는 것은 다 배워서 남을가르칠 수 있는 지도자가 되어야겠다.'는 서원을 세웠다고 한다.[344]또한 해우소의 오물을 퍼서 똥장군에 지고 가던 첫날, 무겁지 않게 7부 정도만 채워서 일어서다가 오물이 전후좌우로 출렁이는 바람에 균형을 잡지 못하고 똥장군을 진 채 고꾸라지고 말았다. 가득 담아 어깨에 짊어지면 그리 무겁지도 않고 흔들리지도 않는다는 걸 나중에야 안 것이다.[345]

이처럼 하나의 작물마다 쏟아야 하는 공정은 실로 여러 가지이다. 끝도 없는 울력으로 피곤한 나날을 보냈지만, 고생이 깊었던만큼 결실의 기쁨과 보람도 컸다. 고랑마다 늘어선 고춧대에 고추가 주렁주렁 달리고, 흙더미 사이로 영근 감자들이 한 무더기씩올라오면 신바람이 나게 마련이었다. 노스님들은 "그렇게 고생하

---

343 위의 책, pp. 103~104.
344 고산스님, 앞의 책, pp. 79~80.
345 위의 책, pp. 91~94.

사진 4-3. 송광사 무 뽑기 울력

면서도 아픈 사람이 별로 없었다.”며, 일하는 가운데 건강이 절로 찾아왔다고 하였다.

근래에는 사찰마다 경내를 정비하면서 채소밭의 규모가 대폭 줄어들었지만, 여전히 일상에 필요한 채소를 기르고 있다. 송광사의 경우 배추·양배추·무·고추·생강·상추·감자·고구마 등 가능하면 많은 채소를 심어, 반 자작으로 농사를 짓고 있다. 김장거리를 거두거나 큰 규모의 울력이 있을 때는 승려들이 함께 일하고, 그 외의 일상적인 밭농사는 마을 주민들에게 맡기는 방식이다. 특히 김장은 매년 수확물로 충당하는데, 2019년의 경우 배추 2,300포기를 심어서 마을에 나누어 주고 1,400포기로 김장을 하였다.[346] 통도사 또한 예전과 비교해 밭농사 작목 종류가 많이 줄어들었으나, 배추·무·고추·호박·상추·감자·토마토·연

---

346 면담내용 : 송광사 원주(시안). 2019. 12. 23. 송광사 원주실

사진 4-4. 통도사 김장 준비

등 김장 재료와 사찰음식의 기본 품목을 재배하고 있다. 일꾼들을 쓰고 있지만 수확기마다 여전히 승려들의 울력이 많은 편이다.[347]

송광사 · 통도사처럼 큰 규모의 채소밭을 두고 외부 도움을 받는 본격적인 밭농사도 있으나, 대부분의 작은 절에서는 사중에서 감당할 만한 크기의 밭농사를 이어 가고 있다. 작은 땅이라도 있으면 일구어 작물을 심는 것은 예나 지금이나 다를 바 없다. 논농사는 없어졌지만, 작물을 길러 수확하는 노동의 기쁨을 밭농사에서 얻을 수 있기 때문일 것이다.

---

347 면담내용 : 통도사 교무과장(혜덕). 2019. 11. 22. 통도사 종무실

산나물 채취

산사의 가장 큰 이점은 절로 자란 갖가지 결실을 채취할 수 있다는 점일 것이다. 깊은 산에는 채소를 가꿀 땅이 부족할뿐더러 숲으로 그늘이 져서 밭농사가 잘 안 되는 곳이 많았고, 조금 심어 놓아도 토끼나 노루 등이 다 뜯어 먹기 일쑤였다. 대신 산에는 나물이 풍부하였고, 산이 깊을수록 귀한 나물을 많이 얻을 수 있었다.

고사리·취나물·원추리·참나물·곰취·미역취·곤드레 등의 산나물뿐만 아니라, 철 따라 싸리버섯·송이버섯·능이버섯 등 각종 버섯을 캘 수 있었고, 감나무·밤나무·참나무·잣나무·소나무 등으로부터 다양한 열매와 식재료를 얻을 수 있었다. 봉암사결사 때 신도들이 "재齋도 안 올리면 스님들은 뭘 먹고 어떻게 살아가려 하십니까?"라고 하자, 승려들이 "산에 가면 솔잎도 많고 물도 흐르니, 우리 사는 것은 걱정하지 마시오." 하고 돌려보냈듯이,[348] 산은 많은 것을 품어 뭇 생명을 이어 갈 수 있게 하였다. 수행자들이 곡식과 된장만 챙겨 산속에서 한 철을 날 수 있었던 것도 이러한 산의 생명력 때문일 것이다.

지금은 산나물이 무척 귀하지만, 1970~1980년대까지만 해도 산나물을 뜯으러 오는 이들이 별로 없었다. 따라서 찬이 부족했던 겨울을 지나 나물 철이 되면, 아침공양을 하고 나서 모든 대중이 나물을 뜯으러 가는 것이 봄철 산사의 가장 중요한 행사였다. 점심으로는 주먹밥에 된장·고추장을 가져가서 직접 뜯은 산나물을 계곡물에 씻어 쌈을 싸 먹었다. 온종일 나물을 뜯어 각자 가득 찬 자루를 후원 앞마당에 풀어 놓으면 나물 무더기가 엄청났다. 그 나물을 삶아서 된장·간장을 넣고 무치면 참기름·들기름 없이도 더없이 훌륭한 맛이었다. 또한 초여름이면 동안거 전의 김장처럼 하안거 전의 산나물 뜯기가 다시 시작되었다.

승려들은 어느 장소에 가면 어떤 나물이 나는지 잘 아는 식물 전문가였다. 특히 비구니 승려들이 산나물에 밝아 "비구니가 산에 가면 산풀들이 떤다."는 말도 생겨났다. 따라서 선임 승려들의 중요한 역할 가운데 하나가 초심자들에게 산나물의 종류를 일러 주는 일이었다. 먹을 수 없는 나물이나 독초를 뜯어서 무쳐 먹었다가 소동을 일으키는 일이 빈번했기 때문이다. 이에 산나물을 잘 모르는 승려는 전문가와 짝을 이루어 먹을 수 있는 것을 구별하며 차근차근 나물을 배워 갔다.

---

348 원택, 앞의 책(2001-2), p.59.

1969년에 석남사로 출가한 승려 도수는 행자 시절에 산나물 뜯는 법을 배웠다. 온 대중이 산나물을 뜯어 오면, 스승 인홍仁弘은 초심자들의 바구니를 한 사람씩 빼놓지 않고 점검하였다. 먹을 나물인지 아닌지 살피는 것은 물론, 가지런히 담지 않고 헝클어지게 넣어 오면 꾸지람을 듣기 일쑤였다. 찬거리는 대부분 밭농사로 충당하는 가운데 봄이 되면 산나물을 뜯는 울력이 수시로 이어졌지만, 몸이 힘들수록 신심이 솟아나는 시기였다.

옛날엔 울력이 참 많았어요. 점심 먹고 나면 산에서 나물 캐는 울력, 들에 모심는 울력, 노다지 울력이었어요. 반찬은 김치랑 나물 한두 가지, 그게 다였어요. 대중이 많다 보니 늘 부족했죠. 그래도 그때는 신심이 발동했어요. 그렇게 일을 했어도 저녁에 씻고 예불 마치고 한 9시 되면 두세 명이 '우리 오늘 삼천 배 하자.' 그러면 딱 법당에 들어가. 그거를 수시로 했어요. 삼천 배 하면 거의 3시 예불 전까지 되거든요. 생각해 보면, 그때 그 신심으로 지금 행복하게 잘 사는 게 아닌가 할 정도로 그렇게 했어요.[349]

나물이 나는 시기를 놓치지 않고 뜯어서, 금세 먹을 나물은 삶아 먹고 나머지는 데친 뒤에 잘 말려 두었다가 일년 내내 반찬으로 썼다. 이러한 묵나물은 오랜 장마로 채소가 다 녹아 내리고 없

---

349 면담내용 : 석남사 전 주지(도수), 2019. 7. 26. 석남사 승방

는 여름철, 채소가 나지 않는 겨울철에 '새 반찬'으로 낼 수 있는 유일한 것이었다. 따라서 채소가 없는 시기에 낭패를 보지 않기 위해서는 가능하면 많은 나물을 저장하고자 했으며, 참나물처럼 귀한 것은 묵나물을 하지 않고 즉시 무쳐 먹었다.

이처럼 잘 말린 나물을 종류별로 곳간에 든든히 저장하는 일은 반드시 해야 할 '봄철 김장'과 같은 일이었다. 따라서 사찰마다 나물을 말리는 덕석과 크고 작은 채반을 여러 개 두었고, 모자라면 방에 널기도 하였다. 상원사의 경우 말린 나물을 보관할 때 짚으로 묶어서 가마솥 위 기둥에 매달아 두기도 했는데, 이러한 훈제법은 연기로 맛과 향을 살리고 살균까지 할 수 있는 방식[350]이었다.

궁핍한 사찰의 채공은 다음 끼니를 앞두고 산을 헤매기 일쑤였다. "뜯을 수 있는 건 다 뜯어 먹었다."는 승려들의 말처럼, 전 대중이 나물 캐기 울력을 몇 차례 다녀오면 산에도 더 이상 뜯을 나물이 별로 없었기 때문이다. 따라서 돌아가며 후원 소임을 살기에, 산과 들로 나가 대중이 먹을 수 있는 찬거리를 알아서 만들어 오는 이가 능력 있는 채공이었다. 김치에 시래기된장국을 내어도 되지만, 조금이라도 새로운 걸 먹이려는 마음에 무언가를 마련해 찬으로 내면 '특별 채공'이라는 말을 듣기도 하였다.

대찰이나 형편이 나은 사찰에서는 대중이 직접 뜯기보다 마을 사람들에게 사는 경우도 많았다. 그런 곳에서는 나물 뜯는 이들이 산에서 내려오는 길에 맨 먼저 사찰에 들렀고, 원주는 나물을 고

---

350 임충선, 앞의 논문, p.34.

루 사서 반찬으로 삼았다. 마을이 가난할 때라 그들에게 울력을 주고 농사를 맡기듯 주기적으로 사찰에서 사 주는 것이다.

특히 높은 산에 철 따라 나는 송이버섯·능이버섯·싸리버섯은 당시에도 나물보다 귀한 음식이었다. 가야산에는 갖가지 귀한 버섯들이 많았고, 비가 내린 다음 산에 오르면 버섯이 쑥쑥 자라 있었다. 초심자들은 몇 번의 나물 캐기로 어떤 풀이 먹는 것인지 알기는 어려웠고, 특히 독버섯이 많아 조심해야 했다. 송이버섯 가운데도 끝이 활짝 핀 것은 제일 하품이고, 어른 엄지손가락보다 조금 굵어야 상품으로 쳤다. 이에 암자에서 상품 송이처럼 귀한 버섯과 산나물을 뜯으면, 큰절이나 암자에서 수행하는 큰스님들께 공양으로 올리는 일이 많았다. 도시사찰에서는 예나 지금이나 산나물이 귀하여, 인연 있는 사찰에서 지리산의 취나물·고사리, 오대산의 곤드레나물·곰취·묵나물 등을 나누기도 하였다.

산사에는 초여름인 5월경 늦은 고사리가 필 무렵이면 소나무의 송화松花도 같이 피어 노란 가루가 날렸다. 이때 송화를 따서 꽃가루를 채취하면 다식·송화밀수 등 고급음식의 재료로 쓸 수 있었다. 봉오리가 터지기 전에 가루를 받는 일이 힘들지만, 노스님들은 송홧가루를 중요하게 여겨 정월이나 큰 제사가 들 때 다식을 만들고, 큰스님이 방문했을 때 꿀물에 타서 밀수蜜水로 대접하고자 했다. 또한 이 무렵 산에 있는 생강나무(산동백나무) 잎을 따서 부각을 만드는 것도 늦봄과 여름철의 일이었다.

가을이면 과실나무의 열매들이 영글어 갔다. 감나무·밤나무는 물론, 참나무에서 얻은 도토리는 겨울의 중요한 별식이자 양식이었고, 잣나무는 정초에 쓸 귀한 잣을 제공해 주었다. 특히 도토리가 많이 떨어질 시기가 되면, 선방에서도 모두 동참해 도토리 울력을 나가는 일이 많았다. 함께 산에 올라가 도토리를 주우면 쉽게 몇 가마가 되어, 묵이나 죽을 쑤어 먹으면서 겨울철의 양식으로 삼는 것이다. 청설모는 잣을 좋아하여 잣 따는 시기를 놓치면 청설모가 모두 따 간다고 하니, 산에 나는 모든 결실은 산중의 동물과 함께 공유하는 음식이었다. 따라서 작은 절에서는 콩 농사를 짓지 못해 장이 떨어지면, 도토리·잣·은행 등을 가져가 마을에 주고 된장·고추장과 바꾸기도 하였다.

진관사는 소나무와 참나무 숲이 우거진 북한산 초입에 자리한 산사여서, 이들 나무로부터 많은 식재료를 얻을 수 있었다. 가을에는 참나무에서 수확한 도토리로 묵을 만들고, 봄에는 소나무의 송화를 따서 밀수를 만들었으며, 솔잎과 솔가지는 음식을 신선하게 보관하기 위한 필수 재료이기도 하였다. 산동백나무는 잎을 따서 부각을 만들고, 제피 잎과 가죽 순도 산에서 조금씩 채취할 수 있는 귀한 재료였다. 북한산은 바위로 이루어져 있기에 산나물의 종류는 많지 않았고 나물을 캐기도 힘든 편이지만, 쑥·냉이·돗나물·민들레 등이 많고 씀바귀도 제법 있었다.[351]

예로부터 사찰에 민간의료법이 발달한 것 또한 이러한 산중생활의 섭생攝生과 깊이 관련된 것이라 여겨진다. 산야에서 나는 음

---

351 구미래, 「진관사의 일상음식: 수행과 나눔의 공양문화」, 진관사산사음식연구소, 『제3회 사찰음식 학술세미나 자료집: 진관사 공양음식 문화』(2020), pp.62~63.

식을 섭취하고 산에 흐르는 물을 마시며, 높은 고지에 자생하는 약초도 캘 수 있었기 때문이다. 예전에는 그다지 귀하게 여기지 않았던 산중 결실물이 근래 최고의 친환경 건강식으로 인식되고 있으니, 산나물과 함께해 온 삶이 승려들의 건강한 심신을 지키는 데 주요한 역할을 했을 것이다.

°
불공과 시주

사찰 외호의 근원, 공양미

신도들이 불공佛供으로 올리는 곡식을 비롯해, 삼보를 향한 모든 시주施主는 사찰 살림의 주된 재원이다. 이는 종교의 기반을 이루는 것으로 그 양상은 다양하게 전개되었다. 연중 주요 명절과 대형 재회에 동참하는 합동 개념의 불공이 있는가 하면, 생일·사십구재·제사·특별기도 등 개별적인 불공도 있다. 또한 특정 불공이나 의례와 무관하게 사찰의 불사와 삼보의 외호外護를 위한 일반적인 시주가 있으며, 승려들의 탁발에 보시하는 것도 이에 포함된다. 따라서 불공과 재齋, 보시가 활성화된 사찰에서는 신도들이 올린 곡식만으로도 식량을 충당할 수 있었다.

예나 지금이나 연중으로 보면 부처님오신날을 비롯해 설에서 입춘·대보름까지 이어지는 정초, 백중·동지 등에 가장 많은 신도가 사찰을 찾아 불공을 올리고 있다. 예전에는 칠석에도 기도하는 이들이 많았고, 서울 등에는 신심 깊은 신도들이 매달 초하루·보름 불공을 올리기도 하였다. 개별적으로는 기자불공祈子佛供에서부터 생일·시험합격·치병·수명장수를 기원하고, 사후의 사십구재와 제사에 이르기까지 한 집안의 대소사와 관련해 불공을 올리게 된다. 이처럼 연례적으로 정착된 세시불공歲時佛供·개인불공 등은 지역과 사찰에 따라 편차가 컸다.

1960~1970년대까지 불공과 시주의 대부분은 화폐보다 쌀이었고, 때로 수확한 작물을 내기도 하였다. 따라서 신도들이 사찰에 올 때면 쌀 한두 되나 많게는 한 말을 짊어지고 왔는데, 당시에는 칠팔십 노인들도 쌀을 이고 다니는 것이 예사였다. 모든 시주가 화폐로 옮아간 오늘날에도 불단을 비롯한 각단마다 쌀 공양은 끊임없이 이어지고 있다.

이처럼 쌀은 '공양미供養米'라 불리며 불공의 상징으로 자리 잡았다. 화폐 개념으로서 쌀의 의미뿐만 아니라, 공양미는 곧 부처님께 올리는 마지를 뜻했기 때문이다. 이에 신도들은 가장 좋은 상품上品의 쌀을 깨끗한 자루에 담아 사찰을 찾았고, 부처님 공양물은 땅에 놓는 법이 아니라 하여 땅에 내려놓지 않은 채 이고 지며 가져왔다. 보문동 미타사 승려가 "예전에는 멀리 종로에서 할머니들이 쌀을 이고 청룡사를 돌아서 여기 탑골승방까지 왔다."[352]고 했듯이, 머리에 쌀을 인 채 두 시간을 족히 걸어 부처님께 쌀을 올리는 정성을 들인 것이다. 이러한 사정은 1980년대까지 이어져,

352 면담내용 : 미타사 주지(원○), 2004. 3. 23. 미타사 요사

농사를 짓지 않는 도시사찰의 신도들도 직접 쌀을 이고 불공을 드리러 사찰을 찾았다.

신도들은 자신이 이고 온 쌀을 부처님께 바치고, 불단에 밥을 지어 올리는 것을 최고의 정성으로 여기며 스스로 흡족해하였다. 형편이 어려운 집은 보리쌀도 함께 가져와서, 쌀은 부처님께 올리고 보리쌀은 신중단에 올렸다. 집의 가장이나 아들 생일이면 불단에 올리기 위해 주부가 직접 백설기를 만들어서, 깨끗하게 손질한 옷을 갖추어 입고 불공을 드리러 오는 이들도 많았다.

공양미에 깃든 정성과 관련해, 승려 일타日陀의 부친이 공양미를 두 번 이고 간 이야기는 유명하다. 불심이 깊었던 일타의 부모는 자식을 낳기 위해 절을 찾아다니며 정성을 다해 생남生男 불공을 드렸다. 공양미로 쓸 논을 따로 두고 고운 풀을 거름으로 사용했으며, 벼가 익으면 낫으로 베지 않고 손으로 직접 훑어 방아를 찧었다. 이렇게 수확한 쌀을 무명 자루에 담아 지게에 짊어진 채, 불공을 드리기 위해 공주에서 마곡사 대원암까지 80리 길을 걸어 다니곤 했다. 그러던 어느 날, 쌀을 지고 가던 부친이 10리 정도 남겨 놓은 지점에서 징검다리를 건너다 그만 방귀를 뀌고 말았다. 이에 방귀 기운이 섞인 불공스러운 쌀로 공양을 올릴 수 없었던 부친은, 집으로 돌아가서 새 쌀로 바꾸어 다시 불공을 드리러 갔다는 것이다.[353]

이렇게 신도들이 지고 간 쌀은 실제 불전에 마지 공양으로 올

353 김현준, 『아! 일타 큰스님』(효림, 2001), pp. 72~73.

려졌다. 합동불공의 개념이 없었던 당시에는, 명절에도 집집이 가지고 온 쌀로 밥을 지어 부처님께 마지를 올리며 승려와 함께 독불공獨佛供을 드린 것이다. 독불공은 정초에 집중적으로 이루어져, 사찰마다 이른 새벽부터 쌀자루를 인 신도들이 줄을 이었다. 한 집에서 승려와 짝을 이루어 부처님께 마지와 불공을 올린 뒤 신중단으로 옮기면, 다른 승려가 다음 집 신도들과 함께 불단 앞으로 갔다. 그렇게 각자 가져온 공양미로 밥을 지어 불단부터 신중단과 산신각山神閣 · 칠성각七星閣 · 독성각獨聖閣 등에 차례로 마지를 올리고 기도하였다.

불공을 마친 신도는 가족 단위로 자신의 마지 밥을 내려 공양하고 갔으니, 후원에서는 가마솥에 불을 때어 종일 밥과 반찬을 만들어야 했다. 그렇게 올리는 독불공이 정월 초이틀부터 시작해 대개 보름까지 이어져, 법당의 승려도 후원 소임자들도 고생은 말할 수 없었다.

이러한 사정을 어떻게 해결할까 고심하던 청담 등 여러 승려가 1970년경, 독불공을 올릴 때 마지 대신 생미生米를 올리도록 권장하였다. 그 무렵부터 생미를 올리는 독불공이 전국에 퍼져 나가는 한편으로, 소모적인 독불공 또한 1980년대 후반부터 점차 없어지기 시작했다. 따라서 지금의 합동차례 · 합동천도재가 자리를 잡게 된 것은 30여 년에 불과한 셈이다. 아울러 오랜 세월 이어 온 독불공은 7장에서 살펴볼 승려들의 식생활에도 독특한 영향을 미치게 된다.

그런가 하면 승려 고산은 1972년 조계사 주지로 취임하자, 불단에 올리는 공양물을 쌀로 통일하였다. 당시 신도들이 육법공양물로 향·초·꽃·쌀 등을 고루 올렸는데, 향과 꽃은 많은 이가 동시에 가져오거나 피움으로써 부작용과 낭비가 많았다. 이에 쌀을 올리면 부처님 마지뿐만이 아니라 승려·신도들이 공양하고, 양로원·고아원까지 전해지니 그 공덕이 한량없음을 알렸다. 이렇게 백미공양을 선포한 뒤 일요법회 때마다 쌀이 10가마가 넘게 들어와서, 사중 식량을 충당하고 남는 것은 좋은 데 쓸 수 있었다.[354]

사찰에 불공을 올릴 때면 본전의 불단과 신중단뿐만 아니라, 각자의 발원에 따라 이에 맞는 전각을 찾아 쌀을 올리고 기도에 들었다. 가족의 이름과 주소를 적은 쌀자루를 올리면서 명부전冥府殿을 찾아 선망 부모·조상의 극락왕생을 기원하고, 산신각을 찾아 사업의 원만 성취와 부를 바라는가 하면, 자식들의 건강과 수명장수를 기원하는 이들은 칠성각을 찾았다.

사찰과 마을의 관계가 돈독한 곳에서는 초파일 한 달 전쯤 주지가 마을에 내려와 신도들의 집을 방문했다. 그럴 때면 집집이 사정에 따라 이런저런 불공을 올려 주기를 부탁했고, 불전으로 농사지은 쌀이나 수확물 가운데 귀한 것들을 내었다. 농사로 바쁜 시절이니 직접 신도 가정을 방문해 그간의 집안 사정을 들으며 의논도 하고, 초파일에 발원할 기도 내용을 파악하는 것이다.

재가 많이 드는 사찰은 그만큼 살림이 여유 있게 마련이다. 보

---

354 고산스님, 앞의 책, pp. 351~354.

문사 · 청룡사 · 화계사 · 흥천사 등 도성의 주요 사찰들은 조선 후기 왕실 · 세도가의 재를 많이 지냈고, 근현대까지 재가 많이 든 사찰로 알려져 있다. 이를테면 암자별로 운영하는 보문사의 경우 "예전에는 법당이 대여섯 개 있어도 모자랐다. 법당마다 재를 하고 또 해서, 한참을 기다려야 했다."[355]는 것이다. 청룡사 또한 1960~1970년대에는 하루에도 크고 작은 재가 몇 개씩 들었다. 강원 · 선원을 운영하면서 본채 승려까지 80명 정도의 대중이 살았고, 법회와 불공도 끊이지 않았다. 이에 아침마다 두부 장수가 모판에 담은 두부를 가져다주었고, 큰 재가 든 날이면 몇 판을 더 가져와야 할 정도였다.[356]

명절은 물론 사십구재나 큰 제사가 있는 날은 승려들도 떡과 부침개, 도라지 · 고사리 등 갖은 나물과 과일을 먹을 수 있었다. 예전에는 재가 들면 사중의 모든 승려가 동참하는 것이 관례였다. 특히 수십 명의 학인이 참석해 독경하면 여법하고 웅장하여 재자齋者들이 아주 좋아하였고, 재를 마치면 모든 재물을 승려 수대로 공평하게 나눈 다담상을 돌렸다. 신도들이 초하루 · 보름마다 불공을 올리는 곳에서는 대중이 먹고도 주기적으로 음식이 조금씩 남았다. 따라서 떡은 말렸다가 간식으로 먹고, 나물 · 전 등은 쉬지 않도록 우물에 넣어 두고 반찬으로 썼다.

이처럼 명절과 재를 치르면서 차리는 갖가지 떡과 음식은 불단

---

355 면담내용 : 보문사 남별당 주지(금주). 2021. 6. 25. 보문사 찻집
356 면담내용 : 청룡사 주지(진홍). 2021. 5. 25. 청룡사 대방

을 중심으로 각단과 영단靈壇에 올리고, 의례가 끝나면 동참한 승려와 신도들이 공양하였다. 따라서 신도들이 올리는 공양미는 승려들의 중요한 식량이자, 그 재원이 성속聖俗의 모든 존재에게 두루 공덕을 미치는 구조를 지녔다. 아울러 명절과 큰 재에 만드는 음식은 사찰 의례음식의 발달에도 큰 영향을 미쳤음을 알 수 있다.

그런가 하면 1960~1970년대 무렵 한국불교의 한 특성으로, 남쪽 지역에서는 경전보다 화두를 중시하는 선풍禪風이 강하였다. 이에 의례를 중요하게 다루지 않아 불공기도와 재를 받지 않는 사찰이 많았다. 석남사나 범어사 대성암 등에서는 이 무렵, 신도들이 명절에 와서 기도하거나 불공을 올리면 사시마지를 올릴 때 축원을 해 줄 따름이었다. 이는 승려 성철의 영향이 컸다. 성철은 봉암사결사 시절부터 말년에 이르기까지, "불공은 스스로 성심껏 기도하는 것이지, 스님이 중간에서 해 주는 것이 아니다."라고 강조하였다. 따라서 불공을 올리려면 누구나 공양간에서 직접 밥을 지어 불전에 공양을 올려야 했다.[357] 자력신앙을 중요하게 여긴 봉암사 시절의 결사정신은 오랫동안 사찰의 경제적 기반, 의례 방식, 발우 재질 등 후원문화에 큰 영향을 미쳤음을 알 수 있다.

주기적인 불공은 안정적인 절 살림과 식량 마련의 기틀이 될 수 있었다. 그러나 1970년대까지의 전반적인 상황을 볼 때 불공과 재가 많이 들었던 사찰은 소수였고, 그렇지 못한 사찰이 훨씬 많았다. 오랫동안 지역의 중심사찰 역할을 해 오거나, 특별히 기

---

357 원택, 앞의 책(2001-2), p. 57, p. 72.

도가 잘되는 사찰로 알려진 곳, 큰스님이 머무는 곳 등에는 멀리서도 신도들이 찾아와 재가 많이 들어오고 식량도 풍부하였다. 그렇지 못한 대부분 사찰은 농사를 지어 자급자족하는 외에 주지 등이 직접 시주를 청하러 다녀야 했다.

다양하게 전개된 시주

명절과 재 불공이 활성화된 사찰이 아닐 경우, 신도들의 시주가 큰 도움이 되었다. 신도들의 자발적인 시주도 많았지만, 식량이 필요할 때면 승려가 시주를 권하는 화주化主 역할을 하였다. '화주'는 특별한 목적을 위해 신도들의 집을 돌며 사찰에 필요한 양식·물건·비용 등의 시물施物을 얻고 법연을 맺게 하는 승려[358]를 뜻한다. 『선원청규』에는 가방街坊·가방화주街坊化主라 하여 총림의 생필품이나 필요한 물자를 보충하기 위해 시가에 나가 탁발하거나 변통해 오는 직책을 따로 두었다. 역사적으로 승려만이 아니라 재가자도 화주 역할을 하는 경우가 많았다.

근현대기에 식량을 구하는 화주 역할은 노스님이나 주지가 주로 맡았다. 사찰의 책임자로서 대중 뒷바라지를 해야 했고, 시주하는 신도들을 대우하는 의미도 있었을 것이다. 이처럼 화주가 시주를 권하는 일을 권선勸善·모연募緣이라 표현하는데, 선한 일을

---

358 곽철환,『시공불교사전』(시공사, 2003)

권하고 좋은 인연을 맺게 한다는 뜻을 지녔다. 사찰에서 이를 '탁발'이라 표현하듯이 시주는 탁발을 포함하는 개념이다. 다만 탁발이 신도·비신도, 아는 집과 모르는 집, 부자와 빈자의 구분 없이 출가수행자로서 식량을 구하고 그들에게 공덕을 짓게 하는 차제걸식大第乞食이라면, 시주는 주로 신도 또는 아는 집에서 청한다는 점이 다르다. 따라서 시주를 하는 이들의 형편이 넉넉하고, 시주의 규모도 제법 크게 마련이다.

노스님들은 자신의 젊은 시절, "양식이 떨어질 때쯤이면 은사스님이 아침에 나가서 걸망 가득히 짊어지고 들어오시곤 했다."고 회상하였다. 사찰마다 신심 깊고 살림도 윤택한 신도들이 있게 마련이어서, 사중에 필요한 것을 미리 의논하여 가지러 가거나 신도들이 가져다주는 경우도 많았다. 따라서 식량은 물론 고추장·콩·채소·곶감 등을 시주하여 큰 힘이 되었다. 1970년대에 고속도로가 나기 전까지, 송광사 또한 외진 곳이라 신도들이 많지 않아 사찰 재정이 어려웠다. 이에 1960년대 후반 원주를 오래 살던 한 승려는, 자진해서 화주가 되어 신도 집에 시주를 권선하러 다니기도 하였다.

특히 불자들은 일 년 중 밤이 가장 긴 동지冬至를 '공덕 쌓는 날'로 삼아 왔다. 이에 동지가 가까우면 민간에서는 '동지건대'라 부르는 주머니에 곡식을 담아서 절에 보시하는 풍습이 있었다. '건대'는 사찰에 시주하는 쌀이나 돈을 담는 주머니를 뜻하는 말이다. 평시의 불공에도 곡식이나 불전佛錢을 올리지만, 특히 이 무렵의 보시에 따로 이름을 붙인 것은 그만큼 동지의 의미를 중요하게 여겼기 때문이다. 이날 낸 건대로 마지를 지어 부처님께 올리고 승려들이 공양하면 그 공덕은 더욱 커지리라는 믿음이었다. 또한 동지는 팥죽을 먹는 날이니, 동지건대로 낸 곡식과 돈을 모아 팥죽을 쑤어 돌리기도 하였다.

> 이 절에서는 춘추로 일 년에 두 번씩 마을마다 신도들이 권대곡식을 거둬 놓고 가지고 가라고 한다. 마을은 먼저 절 가까이에 있는 연화리와 대내리, 당사리, 대변리, 기장읍 등인데 가을철에는 보통 한 마을에 백미 두세 가마씩이었고 봄철에는 보리쌀 한두 가마씩이었다. 많을 때는 소에다 실어오고 적을 때는 내가 지게에다 조금씩 여러 차례 져다 날랐다.[359]

부산 기장군에 있는 해불암 아랫마을에서 '권대곡식'이라는 이름으로 사찰에 매년 두 차례 곡식을 보시한 것이다. '권대'는 '건대'를 달리 표기한 것으로 보인다. 불심이 깊었던 마을 신도들이 사찰에 법등이 끊이지 않도록 '외호의 공양미'를 올린 것으로 주목할 만한 사례이다. 이처럼 명절이 아니더라도 가을 추수가 끝난 뒤 수확한 곡식과 과일을 제일 먼저 사찰에 가져와 부처님께 천신薦新으로 올리는 신도들도 많았다.

이와 관련해 석남사에는 한 가지 음식 재료를 꾸준히 보내 주

---

359 고산스님, 앞의 책, p.68.

어 '참기름보살'·'두부보살' 등이라 불리는 재가불자들이 있다. 특히 참기름보살은 이웃을 동참시켜 10년이 넘도록 매달 큰 병으로 참기름 두 병, 들기름 한 병과 깨소금 두 되를 시주하고 있다. 이에 사람들은 그녀를 '참기름보살'이라 부르며 그 공덕을 칭송하는 것이다.[360]

그런가 하면 사찰의 모든 승려에게 공양을 올리는 대중공양大衆供養의 역사가 깊다. 고려 때부터 '반승飯僧'이라 하여 왕실에서 수천 수만의 승려를 청해 공양을 올렸듯이, 대중공양은 다양한 양상으로 끊임없이 이어져 오고 있다. 신도가 집안 경사와 관련해 떡과 찰밥·미역국을 만들어 와서 대중공양을 올리는가 하면, 집 또는 식당으로 청해 공양을 올리기도 하고, 승려들이 좋아하는 음식을 만들도록 재료를 보내 오기도 한다. 대부분의 대중공양은 찹쌀·김·미역 등 재료를 보내어, 사찰에서 직접 음식을 만드는 것이 일반적이었다. 이런 날이면 들어온 공양물을 대중의 수로 똑같이 나누어 한 사람 앞에 '김 두 장, 두부 반 모'와 같은 식으로 분배되었다.

이러한 보시와 대중공양은 특히 결제에 든 선방에 많이 들어왔다. 불교에서는 수행자가 보시한 공양물을 섭취하고 삼매를 성취했다면, 보시한 자가 무량한 공덕을 짓는 것이라 보고 있다. 따라서 선방에서 수행하는 청정한 승려에게 보시하는 공덕이 더욱 크다고 하여 결제 기간에 집중적인 대중공양이 따르는 것이다.

---

360 면담내용 : 석남사 원주(주형), 2019. 7. 26. 석남사 원주실

1980년 무렵까지 전국의 선방에는 찹쌀·미역·김이 가장 많이 들어왔고, 떡이나 과일·빵 등의 별식이 들어오기도 하였다. 평소 접하기 힘든 과일·간식 등으로 대중공양을 내기도 하여, 당시에 귀했던 바나나·초콜릿·사탕 등을 맛볼 수 있는 시간이기도 했다. 대중이 많은 곳에는 사탕도 가마니 크기의 포대에 담아왔고, 과일은 몇 포대씩 실어서 들였다. 지금도 선방에는 이러한 대중공양이 끊이지 않는다. 계절마다 제철 과일을 비롯해 옥수수·고구마·감자가 들어오는 것은 물론, 근래에는 호떡·와플 등을 굽는 간단한 기계를 가지고 와서 직접 만들어 대중공양을 올리기도 한다.

'산중공양山中供養'이라 하여 결제 중에 산중 모든 암자의 승려에게 올리는 대중공양도 있다. 신도들이 음식 재료나 공양에 쓸 비용을 내면, 찰밥에 미역국과 두부구이 등으로 대중공양을 하는 것이다. 산중공양을 할 때면 100~200명 되는 승려들이 각자의 발우를 들고 주관하는 암자에 모두 모였다.

아울러 부처님 당시 청식請食처럼 우리나라에서도 신도가 집으로 승려들을 청해 공양을 올리는 문화가 있어, 이를 공양청供養請이라 불렀다. 전체 대중을 모실 때는 마을 주민과 함께 음식을 준비하여 나누어 먹고, 다 같이 법문을 청해 들었다. 이러한 문화는 1970년대 무렵부터 점차 사라지고, 음식점으로 청해 공양을 대접하는 문화로 바뀌어 갔다. 돌에서부터 혼례·회갑·장례 등 일생의 모든 의례를 가정에서 치르다가 점차 전문 식당·식장으로 바뀐 것과 동일한 맥락일 것이다. 청식은 평시에도 이루어졌지만,

특히 생일·환갑 등에 승려들을 자신의 집이나 식당으로 청해서
음식을 대접하는 경우가 많았다.

> 신도분들이, 우리 손자 돌잔치 했는데 거기서 쪼금 떼 가지
> 고 스님들께 대중공양을 하겠다고 오죠. 여기 공양할 인원
> 이 한 백 명 넘으니까 짜장면 공양을 내도 최하 50만 원은 들
> 어가니까, 그 정도 갖고 오셔서 대중공양·짜장공양 한번 내
> 시겠다고 오죠. 고기 안 들어간 짜장으로 특별식이라 해서,
> 그렇게 공양을 하는 분들이 많아요. [361]

해마다 아이의 생일이면 부처님께 불공을 올리고 그 제자들에
게 대중공양을 올려, 모든 공덕이 아이에게 미치기를 바라는 마음
을 읽을 수 있다. 그런가 하면 사찰에는 신도 식구들의 생일이 기
록되어 있어, 평소 사찰을 위해 준 신도 집에 생일떡으로 백설기
를 해서 보내기도 하였다. 일방적인 시주를 넘어서서 신도들에게
보답하는 문화도 나란히 이어진 것이다.

또한 선방을 운영하는 사찰에서는 수좌들을 뒷바라지하는 데
최선을 다했다. 출가자의 본분이 수행 정진하여 깨달음을 구하는
것이기에, 본채 승려들은 '선방 수좌를 외호하는 소임'이라는 의식
이 강하였다. 따라서 본채의 주지와 노스님들은 결제 무렵이 가장
바쁜 시기였고, 결제 준비에서 가장 중요한 일 또한 석 달간 먹을

---

361 면담내용 : 법주사 종무실장(안춘석). 2011. 8. 27. 법주사 종무실

식량을 마련하는 것이었다. 준비를 끝내지 못한 사찰에서는 노스님이 선방 대중에게 쌀밥을 먹이기 위해 한거울에도 시주 탁발을 나갔고, 며칠이 지나면 등짐 일꾼들을 이끌고 돌아오곤 하였다. "노스님이 거의 동냥하다시피 하면서 선방을 운영했다."는 것이다.

선방 대중을 지극히 섬기며 고생하는 은사가 못마땅해, 어린 제자가 '선방 스님들이 큰방에서 졸기도 하고, 지대방에서 잡담도 많이 하는데 너무 선방만 위하는 것이 아닌지' 불만을 토로하기도 했다. 그랬을 때 돌아온 은사의 답이 제자의 가슴에 깊이 새겨졌는데, 그것은 '나는 오직 내가 할 일을 하는 것뿐'이라는 말이었다.[362]

1950년대 후반 120명의 대중이 하안거에 들어 정진하던 범어사 선방에 곡식이 떨어진 적이 있었다. 뒤늦게 미감으로부터 그 사실을 듣게 된 도감과 원주는 황망한 채 너무 큰 부탁이라 말할 데가 없어 고심하였다. 대중의 끼니가 달린 문제이기에 얼마 전 부친상으로 사십구재를 치른 신도 집에 달려가 의논하였고, 그 신도는 쌀 30가마를 트럭에 실어 즉시 올려 보내 주었다고 한다.[363] 그는 당연히 할 바를 한 것이라 했으니, 승려를 외호하는 신도들의 계산 없는 보시는 수행자들에게 가장 큰 힘이 되었을 법하다.

이처럼 신도들의 시주는 힘든 시절에 승려들의 중요한 식량이 되었고, 오늘날까지 사찰의 법등法燈을 잇게 하는 원천이 되고 있다. 옛 승려들은 출가수행자로서 시주물施主物이 얼마나 소중하고

---

362 면담내용 : 해인사 자비원(진원). 2018. 1. 7. 진관사 대방
363 고산스님, 앞의 책, pp. 200~202.

무거운 의미를 지니는지 잘 알고 있었다. 노스님들은 싸라기 하나도 버려지지 않도록 철저히 관리했고, 그러한 시주를 받아 공양하는 목적이 부지런히 정진하여 깨달음을 이루는 것임을 다짐했다. 이에 승가에서는 시주에 합당한 삶을 살아가고 있는가에 대해, 스스로 '밥값 못하는 도둑'이 아닌지 돌아보도록 가르친다. 수행하는 이들이 시주음식을 먹고 밥값을 못했다면 도둑이나 다를 바 없다는 뜻으로 새기는 경책이다.

세간의 셈법으로 만나기

파는 일과 사는 일

지금까지 살펴본 식량 마련이 출가자로서 재가자에게 보시를 구하거나, 스스로 자급자족하는 모습들이었다. 그러나 같은 시기 같은 지역의 사찰이라도 상황에 따라 사찰경제는 편차가 컸고, 이와 직결된 후원 살림은 다양한 양상으로 전개되었다. 필요한 식량과 재료의 구입은 물론 판매가 이루어지기도 하고, 사찰을 찾는 이들에게 숙식을 제공하며 곡식을 받는 등 세간의 셈법으로 중생과 만나는 일들이 그것이다.

먼저 사찰에서 대중의 인력을 이용해 생산한 물품을 판매한 것은 조선시대부터 이어진 자구책이었다. 자급자족으로 경작한 곡식과 작물의 잉여분을 판매하거나, 아예 판매할 목적으로 작물을 재배하는 경우들이다. 이러한 판매는 작물과 식량의 물물교환 방식을 취하기도 하였다.

대표적인 사례로 백양사를 꼽을 수 있다. 백양사는 1916년 만암曼庵이 주지로 부임한 이래 철저한 반선반농半禪半農으로 자급자족과 교육사업에 힘을 기울였다. 그의 자급자족이 역대 조사들과 다른 점은 적극적인 생산활동이 포함된다는 것이다. 승려들은 농사를 짓는 틈틈이 양봉을 비롯해 숯을 굽고 죽세공품을 만들어, 그 이익금으로 '선불장選佛場'이라는 공동기금을 조성하였다. 이처럼 선농일치에 의한 생산물을 저축하고 공적인 분야에 활용하는 원칙은 이후 백양사 고불총림古佛叢林의 근간이 되었고, 그의 선농일치는 백양사의 전통으로 토착화되었다.[364]

이를 계승한 제자 서옹西翁도 은사의 정신을 철저히 지켰다. 호남의 여느 사찰과 마찬가지로 1960년대까지 백양사의 살림은 아주 어려웠고, 적은 농사를 지으면서 일부 소작을 준 논에서 쌀을 받아 근근이 끼니를 이었다. 따라서 대중은 백양사 주변에 야생 감나무가 많아 '감골'이라 부를 정도이니, 크기는 작지만 감을 따서 판매할 계획을 세웠다. 그렇게 시작된 감 수확은 가을마다 이어져, 전 대중이 감을 따는 대대적인 울력으로 곶감을 만들어 팔 수 있었다.

소작료로 들어온 곡식을 판매하는 사찰도 있으나 이는 극소수였고, 대부분 사찰의 수입은 밭농사와 과실 농사에서 나왔다. 사과·참외·포도·복숭아·수박 등의 과수원을 운영하여 학인들

---

364 김광식, 「만암의 禪農一致 사상」, 『禪學』 30(한국선학회, 2011), pp. 244~245 ; 이동하(동하), 「해방 후 한국불교 총림과 결사의 특징 비교 연구: 해방공간기 총림과 결사를 중심으로」, 『동아시아불교문화』 44(동아시아불교문화학회, 2020), p. 458.

이 공부할 수 있는 기반으로 삼은 사찰이 있는가 하면, 은행나무로 유명한 양평 용문사에서는 수확 철에 일고여덟 가마의 은행을 따서, 마을의 된장·간장·고추장과 바꾸기도 했다.

순천 선암사는 국내 최초로 표고버섯을 재배해서 판매한 사찰로 알려져 있다. 처음 표고버섯 재배를 시작한 것은 1950년대 중반, 최초의 비구니 강원을 선암사에 개설하면서부터였다. 당시 강원과 선방에 수십 명의 비구니가 정진하였고, 법당을 중심으로 비구니와 대처승이 양쪽에 거주하면서 티격태격하는 상황이었다.[365] 이 무렵 탁발에 의지해 힘들게 살던 비구니 학인들이 처음으로 표고를 재배하기 시작한 것이다. 공부하는 시간을 빼고 온 산의 참나무에 표고 종균을 키워 수확을 앞둔 시점에 대처승에게 밀려나 강원이 폐쇄되고 말았다.[366]

따라서 처음 심은 이들은 수확의 기쁨을 누리지 못했지만, 선암사 표고버섯은 이때부터 시작된 셈이다. 이후 표고버섯 농사를 계속하면서 어느 시기부터 판매를 하게 되었다. 궁핍한 삶 속에서 수확기의 판매로 사찰 살림에 보탬이 되었으니, 백양사 곶감도 선암사 표고버섯도 대중은 거의 맛을 볼 수 없었다. 판매는 신도들을 통해 시장에 내놓거나, 알음알이로 구입처를 확보하는 방식으로 이루어졌다.

그런가 하면 1957년 석남사 주지로 부임해 낡은 대웅전을 승려

---

365 박원자, 『나의 행자시절 2』(다할미디어, 2008), p. 42.
366 휴봉 보각, 앞의 책, pp. 39~40.

들 스스로 고치며 농사를 일군 인홍仁弘은, 신도들에게 의존하지 않고 자체의 수입원을 만들어 나갔다. 당시 대나무가 임산물 수입으로는 제일이라, 겨울철마다 대중 울력으로 사찰 뒷숲의 무성한 대나무를 베어 소득원으로 삼은 것이다. 승려들은 대나무를 베어서 크기대로 배열해 놓고 소쿠리도 만들어 팔았다. '남의 힘 빌리지 않고 자신의 노력으로 산다는 생각을 실천하면 세상에 어려울 일이 없다.'는 것이 인홍의 철학이었다.[367]

전쟁 직후 서울의 미타사와 청량사 또한 힘든 시절을 보냈다. 옥수동 미타사에서는 한강 너머까지 가서 밭작물을 거두는 일을 도와주고 무·배추·무청을 받아 오는가 하면, 우거지를 삶아 팔거나 아카시아꽃을 따서 튀각으로 튀겨 팔기도 했다.

> 노스님 때, 그분들은 전쟁 치르고 힘들 때니까 나물과 우거지를 삶아 가지고 꼭꼭 짜서 팔고 그러셨대. 또 산에 아카시아가 많아서 아카시아꽃을 따서 튀겨 가지고 팔고. 나 어려서까지도 우리 스님이 해 주셔서 그걸 먹었어. 확 안 피었을 때 봉오리를 따 가지고 쌀가루를 묻혀서 그걸 튀겨요. 달짝지근하고 아주 맛있어요. 그리고 예뻐. 근데 예전엔 그걸 팔아서 살아야 했다는데, 어렸을 때 난 몰랐지.[368]

---

367 박원자,『인홍스님 일대기: 길 찾아 길 떠나다』(김영사, 2007), pp.198~200.
368 면담내용 : 미타사 정수암 주지(상덕). 2021. 6. 23. 정수암

은사는 틈나는 대로 탁발하며 삶은 나물과 아카시아꽃 튀각을 팔았는데, 어린 시절의 제자는 그러한 사정을 모른 채 꽃튀각이 맛있고 예쁜 간식으로만 기억된 것이다. 청량사에서도 식량이 모자라 매년 결제 전이면 온종일 탁발을 다녀야 했다. 신도들도 힘든 시절이라 소금을 주고 쌀을 받거나, 민가에서 하기 힘든 부각을 만들어 가서 곡식을 받아 오며 서로에게 필요한 것을 교환하기도 했다. 그러다가 1950년대 후반부터 점차 사찰 살림이 안정되어, 미타사·청량사는 보문사·청룡사와 함께 서울의 4대 비구니 승방으로 위상을 찾게 되었다.

대부분 사찰에서는 학인들의 식량은 물론, 의류·침구 등 생활용품과 학업에 필요한 것까지 개인용품을 전혀 지급할 수 없는 시절이었다. 따라서 이를 스스로 마련하려면 탁발밖에 없으니, 학인들이 적극적인 판매 방안을 마련해 사중에 건의하는 경우도 있었다. 공식적인 울력 외에, 주지에게 허락을 받아 노는 땅을 일구어 도라지·깨 등의 작물을 심거나 도토리·호두·잣을 따서 필요한 물품을 구입해 나누었다. 그러자면 더 많은 울력이 따라야 했고, 사중에서도 원칙에 어긋나지만 서로의 딱한 사정을 이해하기에 가능한 일이었다.

자급자족하는 사찰이라도 경작하지 않는 잡곡이나 채소, 모자라는 곡식과 재료는 구입하게 마련이었다. 그 가운데서도 도시사찰, 경작지가 부족한 사찰, 대중이 많고 재가 많이 드는 사찰에서는 이른 시기부터 마을이나 시장에서 음식재료를 사서 쓰는 비중이 높았다. 따라서 텃밭이 부족한 산중암자에서도 수십 리 떨어진 마을에 수시로 내려가서 장을 봐 와야 했다. 예전에는 마을에 상설시장이 없거나 소규모라서, 필요한 것을 제대로 사려면 5일마다 서는 오일장을 기다려서 가곤 하였다. 장을 보고 나면 재료를 짊어지고 다시 산을 올라야 하니 내려갈 때보다 훨씬 힘든 길을 걸어다닌 것이다.

도시사찰은 일찍부터 상설시장이 형성되어 있었으니, 서울의 경우 그때그때 필요한 물품은 주로 동대문시장·중앙시장·경동시장 등을 이용했다. 각종 곡식과 소금·특산물 등 주기적으로 필요한 것은 각 지역의 농가와 연계하여 구하는 경우가 많았는데, 이는 오늘날에도 마찬가지이다.

진관사에는 1960년대의 다양한 지출결의서가 남아 있다. 구입 품목 가운데는 일상의 반찬거리뿐만 아니라 의례음식에 쓸 재료가 많아, 1960년대에도 재가 많이 들었음을 알 수 있다. 큰 재가 들면 약과·강정·산자·유과 등을 절에서 직접 만들었지만, 작은 규모일 때는 이들 물품을 비롯해 옥춘·대추·곶감·버섯·계피·김·도라지·고사리·당면과 청과물 등을 망라하여 구입했다. 아울러 각종 곡식, 여름김치를 위한 배추·고춧가루, 계절마다 각종 장아찌를 담그기 위한 재료들, 일상의 찬거리 등이 많았다. 당시 진관사 인근에도 소규모 난전은 있었으나, 규모를 갖춘 시장이 형성되어 있지 않아 장을 보려면 동대문시장까지 가야 했다.[369]

---

369 계호, 「1960년대 진관사 공양간 살림: 지출결의서를 중심으로」, 진관사산사음식연구소,

새벽시장에서 추운 날 노점에 앉아 계신 할머니들이 파는 물건을 몽땅 구입하시는 스님의 보살심이 참 훌륭하게 보였어요. 그런데 부처님께 올리는 과일은 동대문 광장시장에서 최상품으로 구입하셨고, 절대 깎지 않으셨어요. 부처님께 공양하는 것을 깎으면 복도 깎인다고 그러셨어요.[370]

당시 제자는, 은사인 주지 진관眞觀이 직접 시장을 보면서 불전에 올릴 공양물을 사는 법은 물론, 노점 할머니들의 물건을 팔아주는 자비심을 함께 배웠다.

청룡사에서는 절 앞의 밭에 각종 채소를 많이 심었다. 따라서 일상의 반찬은 어느 정도 충당되었지만, 대중이 많은 데다 재가 잦아서 찬거리와 재에 쓸 재료를 자주 구입해야 했다. 당시 주지는 직접 여러 곳에서 장을 봐 왔는데 채소는 중앙시장·왕십리시장, 과일은 동대문시장, 초파일 등 많은 양이 필요할 때는 청량리 경동시장을 고루 이용했다. 총무를 살며 은사인 주지와 시장을 함께 봤던 지금의 주지는, 조금이라도 싸고 좋은 것을 사기 위해 시장을 샅샅이 돌아다니는 은사를 따라다니느라 힘이 들었다. 시장 본 물건을 큰길에 내려놓으면 절에서 일하는 거사들이 수레로 실어 왔다.[371]

마포 석불사 또한 신도들이 많이 찾는 사찰이었지만 논농사는

『제4회 사찰음식 학술세미나: 서울지역 사찰의 전통공양간과 음식문화』(2021), pp.194.
370 진관사산사음식연구소, 앞의 책(2020), p.85.
371 면담내용 : 청룡사 주지(진홍). 2021. 5. 25. 청룡사 대방

없어, 곡식을 비롯한 고추·콩 등은 농가에서 주기적으로 구입하였다. 주변에 채소만 조금 심을 따름이어서 예나 지금이나 대부분의 음식재료는 시장을 봐서 쓰고 있다. 또한 재가 많이 들어 참외·수박·사과 등의 과일은 절 아래 마포나루로 들어오는 배에서 사곤 하였다.

특히 큰 사찰 초입에는 대개 두부를 잘 만드는 집이 있게 마련이었다. 두부는 1970년대까지 쉽게 먹을 수 있는 것이 아니었지만, 재가 들거나 명절 때면 꼭 필요한 식재료였다. 따라서 송광사·통도사 등의 경우, 콩 농사는 지었지만 두부를 직접 만들지 않고 마을에서 사다 먹었다. 산나물 또한 대중이 직접 뜯지 않고 산에서 마을 사람들이 해 온 것을 구입하였다. 승려들이 두부를 만들거나 나물을 뜯을 수도 있지만, 울력이 너무 많은 데다 마을이 가난할 때라 사찰에서 사 주는 것이었다. 이에 보름마다 돌아오는 삭발일, 명절이나 큰 재가 있는 날 미리 두부를 주문하면 수십 모씩 지게나 수레로 실어 오곤 하였다.

또한 1950~1960년대에는 사찰에서 고아를 돌보는 경우가 많았다. 자라서 스스로 출가를 결정하기까지 사찰에서 키우며 학교도 보내 준 것이다. 1960~1970년대 의정부 석림사에도 갈 곳 없는 일고여덟 명의 아이가 한 식구로 살고 있었다. 급식이 없던 시절이라 아침마다 도시락을 몇 개씩 싸야 했는데, 주지는 한창 클 나이에 절밥만 먹어서 영양상태가 고르지 않을까 걱정되었다. 이에 자신의 선택과 무관하게 채식주의자가 된 아이들을 위해, 소풍 도시락에는 달걀도 사서 넣어 주고 간혹 고기를 사서 개천가에 데리고 가 먹이고 오도록 하였다.[372] 승려들의 넓고 깊은 마음과 함께, 파는 일과 사는 일이 나란히 이루어진 것이다.

오늘날 이러한 모습은 일반적인 양상으로 정착되었다. 사찰에서 친환경적으로 기르고 만든 차·장류·장아찌·버섯·연근·기름 등의 판매는 물론, 사찰음식을 가르치기도 하여 호응을 얻고 있다. 이를테면 송광사에서는 마을 주민들과 함께 '솔두레'라는 영농조합법인을 만들고 주변 농경지에 친환경 연을 심어, 이곳에서 나온 연으로 가공한 여러 제품을 판매하고 있다. 아울러 직접 농사를 지어 곡식을 수확하는 사찰은 거의 없고 밭농사도 부족하니, 음식재료 또한 인근의 재배자나 시장에서 구하는 것이 일반적이다. 다만 사찰에서는 이미 만들어진 음식을 배제하고, 원재료를 사서 직접 조리하는 것을 원칙으로 삼는 점이 다르다고 하겠다.

숙식 제공

경제적으로 어렵던 시절에 식량을 마련하는 주요 재원의 하나는 사찰을 찾는 재가자에게 숙식을 제공하는 것이었다. 예로부터 산중사찰이 '고시공부 하는 곳'으로 알려져 있듯이, 많은 사찰에 시험을 준비하는 이들이 일정 기간 머물며 공부하였다. 산속에 자리해 인적이 드물고 공기가 좋은 데다, 출가자의 삶에 맞춰 규칙적

---

372 휴봉 보각, 앞의 책, pp.175~177.

으로 생활하니 공부에 더없이 적합했기 때문이다. 이에 사찰에서는 별채를 두고 공부하는 이들을 받아서 숙식을 제공하며 그 수입을 살림에 보탰다.

김천 청암사에서는 1950~1960년대에 주식을 충당하기 위해 장기간 공부하는 고시생을 두었다. 이들에게 하루 쌀 한 되씩의 숙식비를 받았고, 형편이 어려운 학생은 이틀에 한 되를 내고 숙식할 수 있었다.[373] 이러한 숙식 제공은 전국적으로 보편화된 현상이어서, '세끼 공양과 하룻밤 취침에 쌀 한 되'로 비용이 어느 정도 정해져 있었다. 따라서 오래 머무는 고시생들은 당시 쌀값 시세에 해당하는 비용을 돈으로 내었다. 이들이 몇 년씩 사찰에 사는 경우도 적지 않아 대중이 적은 사찰에서는 한 식구로 여겼고, 운동 삼아 승려들과 함께하는 울력을 자청하기도 했다. 그러나 공양은 구분하여 이들이 머무는 방에 작은 상을 차려서 가져다주었다.

산세 좋고 규모 있는 사찰에는 수학여행을 오는 학생들과 관광객이 많았다. 은해사에는 1950년대부터 수학여행단이 찾아들어 숙식을 제공해 온 역사가 깊다. 학생들이 가져온 쌀로 밥을 짓고 반찬은 제철의 채소와 산나물을 뜯어 만드는 한편, 원주와 별좌가 감자조림과 콩장 등을 만들어 주었다.[374] 수학여행단의 대상은 초등학생·중학생으로 제한하여, 자칫 말썽이 일어날 수 있는 일들을 사전에 차단하였다.

---

373 임충선, 앞의 글, p.21.
374 위의 글, p.21.

1960년대까지 도로 사정이 좋았던 것은 아니지만, 버스가 다니는 곳이면 산사는 여행지로 아주 적합하였다. 숙박시설이 별로 없었던 시절이기에 사찰과 명산을 여행하면서 숙식을 해결할 수 있기 때문이었다. 이에 호남의 금산사와 백양사 등에는 1960년대 무렵 봄·가을이면 하루에 몇 백 명의 여행객이 찾아왔고, 숙식하는 수학여행단이 주를 이루었다.

당시 대처와 비구 간의 갈등 속에서 정화된 지 얼마 안 되었는지라, 내 출가 본사인 금산사는 경제적으로 매우 어려웠다. 해서, 밥장사로 경제적 어려움을 보충했는데, 수학여행이 있는 봄가을엔 그야말로 허리가 휠 정도로 바쁜 하루 속에서 코피를 쏟는 나날의 연속이었다. 늦게 도착한 학생들이 먹고 난 뒷설거지를 한 다음, 다음 날 그들에게 줄 도시락 준비를 끝내고 겨우 허리를 펴면 밤 열한 시, 잠깐 눈을 붙이고 새벽 세 시 예불 소리에 눈을 뜨곤 하던 시절이었다.[375]

숙식 제공은 어려운 절 살림에 큰 도움이 되었지만, 궂은일을 도맡았던 행자들과 후원 소임 승려들의 고생은 이루 말할 수 없었던 셈이다. 또한 큰 절이라 해도 재가자들이 숙박할 공간이 많지 않았기에, 대방에서 취침하던 승려들은 방을 내주고 다락이든 어디든 잘만 한 곳을 찾아다녔다.

---

375 빅원자, 앞의 책(2001), pp. 253~254.

수학여행단 등이 도착하면, 먼저 미감과 교사가 지켜보는 가운데 한 명씩 가져온 쌀을 받았다. 한 되로 턱없이 모자라는 쌀을 가져오는 학생도 있었지만, 사찰에서 이를 문제 삼는 경우는 없었다. 지금 시각으로 보면 학생들이 한결같이 쌀 한 되를 지참하고 수학여행에 올랐다는 점이 특이한데, 그만큼 쌀이 보편적 화폐가치로 통용된 시대였음을 알 수 있다. 이들은 대개 오후에 도착하여 당일 저녁과 이튿날 아침을 차려 주고, 점심은 주먹밥 등으로 도시락을 싸 주는 것이 관례였다.

산중암자 등에 몇 명씩 찾아오는 이들도 많았다. 이들 또한 인근의 구경을 마치고 저녁 무렵 절에 도착하여, 가져온 쌀을 한 되씩 내놓고 저녁을 먹었다. 절에서 잠을 잔 뒤 아침을 먹고 나면, 점심으로 먹을 도시락을 받아 산에 올랐다.

그런가 하면 많은 인원이 숙식할 수 없는 작은 사찰에는 지역의 학교에서 소풍을 왔다. 동학사 강원을 다니던 승려 보각은 방학이 되자, 은사가 새 주지를 맡은 안성 칠장사에 가서 학비로 낼 쌀 한 가마를 얻어 올 수 있을지 기대했다. 그런데 막상 가 보니 은사는 홀로 된장·간장까지 탁발하며 끼니를 해결하는 형편이라, 은사와 함께 탁발로 연명하는 나날을 보낼 수밖에 없었다. 방학이 끝날 무렵 빈손으로 돌아갈 걱정을 하던 차에, 인근 학교에서 가을소풍을 청해 온 것이다. 학생 칠팔십 명이 쌀을 한 움큼씩 가져와서 두 끼 밥을 해 주는데, 혼자서 밥과 반찬을 만들며 일주일간 거의 매일 학생들 밥을 해 주고 나니 두 가마에 해당하는 '쌀 부자'

가 되어 있었다.[376]

그러다가 1970년대에 경부고속도로를 시작으로 영동·호남·남해 고속도로 등이 개통되고 사회경제도 좋아지면서 대형 사찰에 관광객·수학여행단이 급격히 증가하게 된다. 사찰 성지순례가 성행하기 시작한 것도 이 무렵이다. 이와 함께 큰 절 주변의 상권이 발달하기 시작했고, 더 이상 사찰에서 숙식을 제공하지 않고도 사찰경제에 큰 도움이 되었다.

이를테면 송광사 또한 당시 살림이 궁핍했으나, 1973년 남해고속도로가 개통되면서 하루에 수십 대의 버스로 관광객들이 몰려오기 시작했다. 절 아래 식당과 숙소가 세워지고 상가는 호황을 이루었으며, 사찰에서도 일주문 앞에 가게를 열었다. 이들은 저마다 법당에 참배하고 불전을 놓아 관광객으로부터 얻는 소득이 사찰경제의 큰 부분을 차지하게 되었다. 이러한 사정은 전국적인 현상이어서, 큰 절 주변에 대형 상가가 조성되고 산수 좋은 사찰이 대표적인 여행지로 떠올랐다.

이처럼 재가자에게 쌀을 받고 숙식을 제공했던 일련의 문화는 어쩔 수 없는 자구책이었지만, 조선시대 유학자들이 출가수행자에 대한 예우 없이 사찰을 유람의 대상과 숙식을 제공하는 공간으로만 여겼던 잘못된 유습과도 연결되어 있다. 따라서 여행의 숙식 부탁에 그치지 않고, 산수 좋은 사찰을 유흥시설로 활용하는 경우도 일부 존재하였다. 승려들이 당시의 숙식 제공을 자조적으로 '밥

---

376 휴봉 보각, 앞의 책, pp. 278~281.

장사'라 불렀듯이, 궁핍한 시절에 피해 가기 힘들었던 또 하나의
문화였다.

토굴생활

예로부터 이어 온 승려들의 수행방식 가운데 토굴土窟생활이 있다. 토굴은 개인 수행처이자 '1인 선방'으로, 많은 수행자가 홀로 정진한 끝에 깨달음을 얻은 상징적 공간이기도 하다. 9년간 면벽한 중국의 달마에서부터 한국의 여러 고승이 대중을 떠나 토굴에서 용맹정진했듯이, 토굴생활은 깨달음에 이를 때까지 수행에만 전념하겠다는 자기 의지의 실현이며 고행의 선택이다. 따라서 여러 차례 안거를 마친 상근기上根機의 수행자가 주로 택하는 수행이지만, 구도 열정이 넘치는 초발심 수행자의 도전이기도 하였다.

토굴살이에도 여러 모습이 있으나, 살아가는 데 필요한 최소한의 문제를 홀로 해결하는 모습이 전형을 이룬다. 많은 승려가 인적 끊어진 산속에 비바람을 피할 수 있는 움막을 지어 목숨만 부지할 정도로 먹으며 수행하였고, 외딴 민가나 인법당 형식의 암자에 머물며 수행하기도 했다. 이러한 여러 모습의 수행처를 모두 '토굴'이라 부르지만, 사회의 번잡함을 피해 혼자 기거하는 요사와

사진 4-5. 청화스님 토굴수행처 (두륜산 남미륵암) ⓒ정진백

는 구별된다.

　토굴생활의 핵심은 자신만의 청규淸規를 지키는 일이며, 그 가운데 무엇보다 중요한 것이 끼니 해결이다. 40여 년간 전국의 선원과 토굴에서 수행 정진한 승려 청화靑華는 하루 한 끼 공양에 눕지 않고 장좌불와長坐不臥하며 평생을 정진한 승려로 잘 알려져 있다. 생식 가루로 석 달을 나는가 하면, 번뇌를 다스리기 위해 한겨울에 찬물을 끼얹어 온몸에 고드름이 언 채로 참선하였고, 자꾸만 굽어지는 허리를 펴기 위해 포대로 기둥에 허리를 묶은 채 수행 정진하였다.

　누군가 그에게 "꼭 이렇게 토굴수행을 할 필요가 있는 것입니까."라고 물었을 때, "삼매수행의 인연조건은 독처한거獨處閑居."라는 답이 돌아왔다.[377] 반드시 깨달아야겠다고 마음먹었다면 대중을 벗어나 홀로 수행함이 바람직하다는 뜻이다. 아무도 없는 한가한 독처에서 더욱 엄하게 자신을 다스릴 수 있는 동력은 깨달음을 향한 절박함에서 나온다. 노스님들이 토굴에서 생사를 초탈하기 위해 열심히 공부했던 시기를 '내 삶의 꽃', '내 인생의 황금기'라고 말하는 이유이다.

승려 혜국慧國은 태백산 도솔암에서 2년 7개월간 쌀가루와 솔잎으로 생식하며 장좌불와한 것을 시작으로, 여러 암자를 찾아 정진하였다. 이러한 토굴수행 이력을 지닌 그는 1977년에 국토 최남단인 제주에 남국선원南國禪院을 열고, 이후 선원을 신축하면서 한 사람만 들어갈 수 있는 토굴 형식의 무문관無門關 7개를 함께 지었다.[378] 무문관은 '문 없는 관문'이라는 뜻의 화두에서 온 말로, 이곳에서는 문을 잠근 채 하루 한 끼와 묵언을 지키며 면벽 수행하고 있다. 이러한 무문관 수행은 쪽문을 통해 넣어 주는 하루 한 끼만으로 일체 외부와 단절한 채 일 년간 정진하는 것이니, 일종의 토굴수행이면서 그보다 더한 처절함을 지녔다. 그런데 지금도 몇 년째 무문관을 나오지 않은 채 정진하는 수행자가 있을뿐더러, 순서를 기다리는 이들로 수행 예약이 차 있다고 한다.

예전에는 홀로 토굴에 가서 수행하는 이들이 많아, 깊은 산속에 여러 모습의 작은 토굴들이 있었다. 자연적으로 형성된 굴에

---

377 정진백, 『성자의 삶』(사회문화원, 2004), p.184.

378 서화동, "禪院산책: 제주도 남국선원", 『한국경제』(2004. 9. 1)

문을 달아 쓰기도 하고, 최소 공간의 외딴 움막을 만들어 수행한 것이다. 노스님 가운데 토굴생활을 해 보지 않은 경우가 드물었으니, 궁핍한 시절일수록 깨달음을 향한 구도의 열기가 뜨거웠다는 말을 실감하게 된다.

홀로 참선수행에 드는 것일 뿐, 토굴수행 또한 안거 기간에 맞추는 경우가 많았다. 여건에 따라 결제와 무관하게 행할 때도 대개 한 철을 작정하고 시작하였다. 선방 안거가 석 달간 대중이 함께 수행하는 것이니, 실제 안거 시기와 무관하게 토굴에서 홀로 수행하는 안거로 여기는 셈이다. 수행이 무르익은 승려들은 시기에 매이지 않고 수년간 이어 가되, 양식을 마련해 다시 수행에 드는 주기도 한 철씩인 경우가 많았다. 특히 안거 철이면 스스로 결제에 들어 석 달간의 수행 정진에 더욱 박차를 가했다.

수행하다 보면 뜻하지 않게 도반을 만나기도 하고, 몇 명이 함께 굳은 결의로 토굴수행에 들기도 했다. 1950년대 초반, 승려 성수性壽는 천성산 가장 깊숙한 곳에 자리한 조계암에서 등을 바닥에 대지 않고 장좌불와로 한 해를 보냈다. 땔나무만 준비해 놓은 채, 사흘에 한 번 밥을 해 놓고 간장과 김으로 하루 한 끼 공양하는 나날이었다. 이때 노보살과 함께 일념으로 수행할 장소를 찾던 비구니 인홍仁弘이 암자에 올랐으나, 이미 그곳에는 좌선 중인 비구가 있었다. 담대한 성격의 인홍은 성수의 허락을 얻어 각자 윗목과 아랫목에 앉아 백일 동안 장좌불와를 마쳤다.[379] 비구·비구니가

379 박원자, 앞의 책(2007), pp. 129~130.

함께 있는 데 대한 경계를 벗어난 지 오래기에, 오로지 정진에만 몰두했던 수행자들의 기개를 엿볼 수 있다.

토굴에서 생활하려면 최소한의 양식을 갖추어야 하니, 한 철 지낼 양식을 짊어지고 들어가게 된다. 먹을거리를 마련하기 위해 며칠간 탁발을 다니면서, 된장·고추장이 고급 반찬이라 얻기 힘들면 소금이나 간장을 구해 푸성귀와 섞어 먹어야 했다.

토굴생활을 할 때 가능하면 불기운을 빌리지 않고 생식生食을 하는 경우도 많았다. 시간을 절약하고 최소한의 육체 조건으로 정진하려는 수행자의 의지이다. 따라서 곡식을 물에 불려 먹거나 가루 내어 타 먹었으니, 생식은 최일선의 수행식修行食이자 고행의 마지막 단계라 할 수 있다. 어느 승려는, 탁발로 얼마간의 쌀이 모이자 토굴에 올라가서 한 끼에 한 홉씩 물에 불린 쌀을 씹으며 수행을 시작했다. 잘게 다진 솔잎·쑥·산나물을 반찬 삼아 지내다 보면, 십 리 이상 떨어진 마을에서 된장 끓이는 냄새가 토굴까지 올라오곤 하였다. 생쌀과 생나물만 먹으니 간이 된 음식이 먹고 싶어 후각이 예민해진 탓이었다.

이처럼 생식에서 가장 힘든 관문은 '된장 맛을 극복하는 일'이었다. 도토리 가루로 생식하며 토굴생활을 하던 승려 지허知虛가 산나물을 팔아 소금을 사려고 시장에 들어섰을 때, 산해진미보다 절실하게 식욕이 발동한 음식이 바로 된장국이었다. 그리하여 "창자가 뒤집히면서 구역질이 일어났다. 된장국 냄새가 물씬 풍겨 나오는 집으로 뛰어 들어가 한 그릇 얻어먹고 싶은 생각이 간절했다."[380]는 것이다.

발효식품 된장은 토종한국인에게 유전인자처럼 배어 있는 아미노산 맛이다. 된장 한 덩이를 구해 먹는 일이 수행에 어긋날 리 없지만, 자신이 세운 규범을 지키고 스스로 다스리기 위함일 것이다. 몸이 반응하는 모든 걸 찬찬히 관찰하면서 다스려 나가는 일 또한 귀한 수행이었다. 생식을 하게 되면 피부에도 탄력이 떨어져 손가락으로 살을 누르면 한참 만에 올라오지만, 몸은 아주 가벼워지고 잠도 더 잘 온다는 것이다.

중생의 눈으로 보면 홀로 산중에 머물며 모든 걸 감내하는 토굴수행은 고행의 나날이지만, 수행자들은 자연과 함께 걸림 없는 마음으로 즐거움을 노래하기도 했다. "들판의 봄은 보릿고개를 안고 오지만, 산골의 봄은 나물을 안고 온다."[381]는 토굴수행승의 글처럼, 봄이 되어 산천에 가득한 산나물을 보며 자연을 찬미하였다.

봄비가 한 번 내릴 때마다 갖가지 산나물과 버섯이 쑥쑥 솟아나니, 산중의 토굴수행자 또한 눈이 녹으면서부터 더욱 바빠지게 마련이었다. 산중사찰에서 승려들이 대중과 함께 살아가기 위해 하는 울력을, 홀로 자급자족을 위해 하는 것이다. 고사목을 채취해 아궁이의 불을 지피고, 탁발양식이 떨어지면 지난가을에 주운 도토리와 밤으로 연명할 수 있었다. 허술하게 얽어 지은 토굴이지만 그들이 꾸려 가는 삶은 자연의 일부인 것처럼 결코 허술하지 않

---

380 지허, 『사벽의 대화』(도피안사, 2016 개정판), p.115.

381 위의 책, p.61.

았다. 땔감과 식량을 구하는 노동 또한 수행의 연장이니, 혼자만의 청규 속에서 방일함 없는 정진이 이어진 것이다.

토굴생활을 하노라면 산짐승과 가까워져 산새가 길잡이를 해 주기도 하고, 청설모와 다투기도 했다. 부엌에 쭈그리고 앉아 밥을 먹다가 산새들에게 조금씩 헌식獻食하다 보면 나중엔 한 식구처럼 되어, 탁발한 달밤에 산 능선을 오르면 낯익은 산새가 앞서며 토굴까지 길을 이끌었다. 또한 잣 따는 시기를 놓치면 잣을 좋아하는 청설모가 입으로 발로 모두 따 가 버리니, 승려든 청설모든 먼저 따는 이가 임자였다. 이에 승려가 잣을 따러 가면 청설모가 화를 내며 나무 위에서 잣을 떨어뜨려 항의하는데, 높은 가지의 잣을 떨어뜨려 주니 더없이 고마운 존재였다는 것이다.[382]

승려 지허는 이곳저곳의 토굴생활을 일기처럼 기록으로 남겼다. 어느 절에서 몇 달간 농사일을 거들고 받은 삯으로, 토굴 지을 연장과 냄비, 쌀·소금·간장을 구해 평창 백석산에 올라 움막을 짓고 겨울을 났다. 한파로 우물이 고갈되자 눈을 녹여 식수로 썼는데, 한 아름의 눈을 뭉쳐 솥에 넣어도 몇 종발의 물이 나올까 말까였다. 물이 귀하니 한꺼번에 며칠 먹을 밥을 지어 바랑에 담아 걸어 두고 꺼내 먹었다. 간장도 소금도 끝을 알려 올 때쯤 마지막 밥을 지어 먹은 뒤, 남은 쌀과 물품들을 방에 두고 "이 모든 물건은 이곳을 처음 들여다본 사람의 몫이오."라는 글을 남긴 채 토굴

---

382 정찬주, 『선방 가는 길』(열림원, 2004), p.71 ; 정찬주, 『암자로 가는 길 3』(열림원, 2015), p.303.

을 떠났다. [383]

　그의 행보처럼 마을과 먼 깊은 산중일수록 토굴에는 식량이 떨어지지 않았다. 토굴수행을 마치고 떠날 때는 다음에 올 수행자를 위해 장작과 식량을 남겨 두기 때문이다. 어쩌다 폭설로 산에 갇힌 이들이 토굴을 발견하고 들어가면, 그곳엔 식량이 있어 얼마간 머물 수 있었다는 것이다. 그렇게 토굴에 머물다가 나서는 나그네 또한 무심히 토굴을 떠날 수 없듯이, 이전 수행자가 남긴 따뜻한 흔적이 다음으로 이어져 토굴에는 늘 식량이 떨어지지 않았던 것이다. 토굴의 일과가 혼자만의 질서와 규범이라면, 이는 토굴수행자들 간에 말없이 지켜져 온 불문율의 전통이기도 하였다.

　　내 토굴생활이라는 것은 표현하자면 비참한 생활이었다. 그래서 내가 내 몸뚱이를 너무나 학대하지 않는가 하여 몸에 대하여 가엾은 생각을 하기도 했다. 그러나 나에게는 다분히 유익했다고 본다. 그리고 어느 정도 공부에 힘을 얻어야 그렇게 할 수 있다는 생각이 든다. 그러나 내가 철두철미하게 다 바르게 살았다는 것은 아니다. 요즈음에는 나같이 토굴생활을 하려는 사람은 거의 없다. 그래서 권고할 생각은 없다. [384]

383 지허스님, 앞의 책(2016), pp. 30~36.
384 정진백, 앞의 책, p. 224.

승려 청화의 소회처럼, 고행과 같은 그의 토굴수행은 가섭존자 迦葉尊者의 두타행을 떠올리게 한다. 자신의 역량에 맞게 때로 밥과 최소한의 찬으로, 때로 생식으로 꾸려 나가는 토굴수행은 지금도 간간이 이어져 수행자의 결연한 의지를 엿보게 한다.

공양간의
수행자들

05

수행정진의 일상사로서 후원문화

출가수행자의 통과의례적 삶

사찰 후원은 출가수행자들이 대중공양에 따르는 노동을 수행정진으로 삼아, 매일의 일상과 평생의 삶을 펼쳐 가는 곳이다. 같은 목표로 함께 모인 출가자들의 대중생활이기에, 그 속에서 이루어지는 음식문화 또한 독자적인 모습을 지니고 있다. 후원과 관련된 이들의 삶을 하루의 일과와 평생의 과정으로 나누어 간략히 살펴보면 다음과 같다.

승려의 하루는 새벽에 일어나 잠자리에 들 때까지 수행의 연속이다. 규칙적인 일과 속에서 맡은 소임에 따라 일사불란하게 전개되어, 흔히 "승려의 생활은 군대와 다를 바 없다."고 말한다. 하루의 일과 속에 자리한 공양은 크게 두 가지 성격으로 구분된다. 하나는 승려들이 수행의 자양분으로 삼는 삼시三時의 공양이고, 또하나는 부처님께 올리는 사시巳時의 마지공양이다.

승려의 공양은 음식을 만들고 먹는 일에 국한되는 것이 아니라, 식량과 재료를 마련하고 갈무리하는 일까지 포함하니 짧게는 한 끼, 길게는 일 년의 긴 호흡 속에서 이루어진다. 특히 살림이 풍족하지 못해 자급자족으로 꾸려 나가야 했던 시절일수록 일과에서 공양을 위해 쏟아야 하는 비중이 크게 마련이다.

'마지'는 부처님께 올리는 공양을 일컫는 말이다. 사찰에서는 매일 정성껏 밥을 지어 불단에 올리는데, 그 시간이 사시(오전 9~11시)로 정해져 있어 이를 '사시마지'라 부른다. 석가모니와 제자들이 오전에 하루 한 끼만 식사하는 오후불식午後不食을 행했기에 그 시간에 맞춰 공양을 올리며 예불하는 것이다.

그 가운데 사시의 마지와 오시午時의 공양은 '승가의 본사本師와 제자들의 공양'으로 긴밀히 연동되어 있다. 또한 마지라는 관념적 공양이 실제의 공양에 중요한 영향을 미치는가 하면, 이류異類중생에게 베푸는 헌식獻食으로 확장되기에 이른다.

승려의 일생은 출가하여 생을 마감할 때까지 수행자로서 여러 단계를 거치게 된다. 그러한 삶은 후원과 밀접하게 연계되어, 후원은 승려들의 통과의례적 삶을 상징하는 공간이기도 하다. 식생활은 삶의 근원을 이루는 것이기에 후원의 소임을 한 단계씩 거치며 정식 승려로 거듭나고, 새로운 단계에서 또 다른 후원의 삶을 열어 가게 되기 때문이다. 이러한 과정은 크게 네 가지로 나누어 살펴볼 수 있다.

첫째, 출가를 결심한 이가 수습기간을 보내는 행자行者의 단계이다. 행자생활은 승려가 되기 위한 첫 관문으로, 최소한 여섯 달 이상 출가자로서 갖추어야 할 습의習儀를 익히고 수행하는 기간이다. 청소·설거지 등 가장 힘든 허드렛일을 맡아 수행자로서 자신을 낮추는 삶을 익혀 나가며 사찰의 형편에 따라 공양주·채공 등으로 본격적인 후원의 일을 하기도 한다.

행자 시절은 출가 후 가장 혹독한 시기에 해당하는 데다, 예전에는 기간이 정해져 있지 않아 몇 년 동안 행자로 살아가는 경우가 많았다. 따라서 행자 때 출가를 포기하는 이도 적지 않았으니, 출가자로서 살아가는 일이 가능한지 스스로 살피고 절에서도 지켜보는 기간이기도 하다. 근래 조계종·태고종·천태종 등 주요 종단에서는 출가 사찰에서 몇 달간 행자생활을 한 다음, 종단이 정한 기관에서 행자교육을 거쳐 사미·사미니 수계를 하고 있다. 행자가 머무는 출가 사찰이 일상교육을 담당하는 주체가 되는 것은 예나 지금이나 마찬가지이다.

둘째, 강원에서 학인學人으로 살아가는 단계이다. 행자생활을 마치면 예비 승려인 사미·사미니가 되어, 강원에서 본격적으로 교학을 공부하게 된다. 따라서 사찰에서는 학인을 '새 중'이라 부르고 있다. 예로부터 학인은 울력의 주체인 동시에 돌아가면서 밥과 반찬을 만드는 후원의 소임을 맡았다. 발우공양을 할 때면 조를 짜서 음식을 배분하는 행익을 전담하며, 음식솜씨가 좋은 학인은 별좌가 되어 원주의 지시 아래 공양간을 주관하게 된다.

강원은 승가대학僧伽大學이라고도 하며 일반 학교와 달리 사찰 내에 두고 운영하여, 학인들은 사찰의 구성원인 동시에 별도의 체계를 지닌 교육기관의 학생 신분으로 살아간다. 전국에서 각자의 개성을 지닌 예비 승려들이 모였으니 사찰에서는 엄한 규율로 학인들을 통제하고, 같은 반 학인들은 단합하여 짓궂은 장난을 벌이는 시절이기도 하다. 지금은 교육과정이 4년제로 통일되었으나 예전에는 강원마다 조금씩 달라서 6년을 넘는 경우도 많았다.

셋째, 비구ㆍ비구니로서 인연 있는 사찰로 흩어져 대중생활을 하는 단계이다. 강원을 졸업하면 구족계具足戒를 받아 정식 승려로 거듭나게 되고, 대개 은사가 있는 절에 머물며 수행자로서 삶을 살아간다. 농사를 비롯해 김장하기, 장 담그기, 나물 캐기, 명절음식 만들기 등 울력에 동참하는 가운데 승랍僧臘이 쌓이면 적성에 따라 원주ㆍ원두ㆍ농감, 나아가 삼직ㆍ주지 등의 소임을 살게 된다. 사찰의 다양한 살림살이와 후원의 일을 맡아 보며 독립하여 살아갈 수 있는 모든 일을 할 수 있게 되는 것이다.

특히 선방을 운영할 경우, 본채의 승려는 선객을 외호하는 임무를 맡아 그들의 공양 뒷바라지에 최선을 다하는 것이 승가의 전통이다. 이들 또한 선방에 방부를 들이면 선객이지만, 본채에 머무는 동안에는 자신의 자리에서 본분을 다하였다.

넷째, 안거 철에 참선 수행을 위해 선방생활을 하는 단계이다. 출가수행자들이 우기인 여름과 혹한기인 겨울의 각 석 달간, 한곳에 머물며 외출을 금하고 오로지 수행에만 전념하는 것을 안거安居라 한다. 여름 안거를 하안거, 겨울 안거를 동안거라 하며, 안거를 시작하고 마치는 것을 맺고 푼다는 뜻으로 새겨 각각 결제結制ㆍ해제解制라 부른다.

동안거ㆍ하안거 시기가 되면 각지의 승려들이 선원으로 모여드는데, 이들을 수좌首座ㆍ선객禪客이라 부르고 있다. 예로부터 "대중이 공부시켜 준다."는 말이 있듯이, 승려들은 뜻을 같이하는 대중과 함께 정진하는 것을 더없이 큰 수행의 복으로 여겼다. 따라서 선방은 또 다른 방식의 후원문화가 펼쳐지는 곳으로, 각자 소임을 나누는 용상방을 짜서 대중생활의 규율과 화합을 도모하며 수행에 들게 된다.

이처럼 승려로서 법랍을 쌓아 가는 동안, 자급자족으로 살아갈 수 있는 능력도 무르익게 마련이었다. 밥과 반찬을 만드는 일에서부터 빨래와 바느질, 농사와 집수리, 의식을 집전하는 일에 이르기까지 모든 일을 자체적으로 해결할 수 있게 되는 것이다.

> 옛날 중은 다 그래요. 50년대, 60년대, 70년대. 10년 주기로 스님들이 바뀌어요. 내가 59년도 중이니까 내 또래만 해도 절에서 하는 모든 의전을 하나도 안 빼 놓고 다 할 줄 알지. 예를 들면 재를 지낼 때 꽃을 만드는 거부터 바느질, 손수 전부 할 줄 알아야 돼. 그러니 음식은 말할 것도 없지. 공양주·채공을 다 해야 하니, 그 과정 거치면 음식 못하면 안 돼. 지금도 마찬가지라서, 누구에게 뭘 시켜도 알아야 제대로 시킬 수 있는 거지.[385]

승려 혜거慧炬의 말처럼 옛 승려들은 '출가수행자란 궁극적으로 혼자이니, 어디서든 살아갈 수 있는 자생적 능력을 키워야 한다.'고 보았다. 재가자는 남녀의 일이 구분되어 있고 농부와 선비의

---

385 면담내용 : 금강선원 선원장(혜거), 2017. 12. 27. 금강선원

일이 따로 있었다. 그러나 승려는 수행하는 가운데 일상에 필요한 모든 것을 스스로 할 수 있어야 하니, "세간에서 남녀·직업에 따라 구분된 일을 모두 통달한 전인全人이 되어야 했다."는 말이 실감나는 대목이다.

승려의 하루와 공양

구분	시간	내용
도량석	3시경	천지 만물을 깨우고 도량을 정화함 목탁을 치고 게송을 읊으며 경내를 돎
새벽예불	3시 반경	부처님께 예경하며 수행정진을 다짐함 본전 예불 후에 각 전각의 예불을 올림
정진		참선 · 간경 · 염불 등
아침공양	6시경	조공 · 신죽 · 조죽이라고도 함
정진		참선 · 간경 · 염불 · 울력 등
사시마지	10시 전후	불전에 공양을 올리며 사시예불을 행함
점심공양	11시 이후	오공 · 재식이라고도 함
정진		참선 · 간경 · 염불 · 울력 등
저녁공양	17시 이후	약석이라고도 함
저녁예불	18시경	부처님께 예경하며 수행정진을 다짐함 각 전각 예불 후에 본전 예불을 올림
정진		참선 · 간경 · 염불 등
취침	21시	잠자리에 듦

표 5-1. 사찰의 하루 일과

하루의 일과

승려들의 하루 일과는 어느 절이든 다를 바 없다. 아침 3시경에 도량석과 함께 일어나 저녁 9시에 취침할 때까지 새벽·사시·저녁의 삼시예불三時禮佛을 중심으로, 세 차례의 공양과 네 차례의 정진이 따른다. 시간은 시대와 지역에 따라 조금씩 다르지만 일과의 구성은 이를 기본으로 삼고 있다. 사찰의 식생활 문화를 좀 더 깊이 이해하기 위해 수행자의 하루를 간략히 살펴보면 〈표 5-1〉[386] 과 같다.

사찰의 하루는 새벽 3시경의 도량석道場釋으로 시작된다. 도량석은 인시寅時(3~5시)에 천지 만물을 깨우고 도량을 청정하게 하고자 경내를 돌며 목탁을 치고 경문을 외우는 일[387]이다. 마을과 가까운 사찰에서는 너무 이른 시간이라 4시경에 도량석을 하고 있다. 도량석은 우리나라에만 있는 의식으로, '풀 석釋' 자를 쓰는 데서 어둠을 풀고 하루를 여는 의미를 담고 있음을 알 수 있다.

도량석 소리에 승방마다 불이 켜지고, 의습을 갖춘 승려들이 새벽예불을 올리기 위해 법당으로 모인다. 도량석을 마치면서 사찰 문이 열리니 새벽기도를 올리려는 부지런한 신도들도 하나둘 절을 찾기 시작한다. 작은 절에서는 법당에 승려들이 모이면 바로 새벽예불이 시작되나, 큰 절에서는 도량석을 마칠 무렵에 '종송鐘頌'

---

386 구미래, 「산사 무형유산의 가치와 특성」, 『산사, 한국의 산지승원 학술총서: 무형유산Ⅱ』 (산사세계유산등재추진위원회, 2017), p.346 수정 보완.

387 심상현, 『불교의식각론 Ⅲ: 日用儀範 上』(한국불교출판부, 2001), p.10.

을 하고 '불전사물佛殿四物'을 울린다. 종송은 대방 툇마루나 법당에 걸린 작은 종을 치며 염송하는 것으로, 쇳소리를 내면서 염불한다고 하여 '쇳송'이라고도 부른다. 이어 범종각에서는 범종梵鍾·법고法鼓·목어木魚·운판雲版의 불전사물을 울린다. 도량석의 목탁 소리로 대중을 깨운 다음, 종송으로 지옥중생의 구제를 발원하고, 사물을 울려 세상의 모든 존재가 미혹함에서 깨어나도록 교화의 범음梵音을 전파하는 것이다. 이들 법구法具는 본래 대중에게 무언가를 알리기 위한 용도였으나 점차 사물로 묶어 조석예불 등의 의식에 사용하게 되었다. 맨 마지막에 범종을 28회 울리고 나면 법당에서 새벽예불이 시작된다.

새벽예불은 수행 정진하는 이들이 깨달음을 이룬 부처님을 예경하며 스스로 목표를 되새기는 가운데 하루를 시작하는 의례이다. 새벽예불은 아침예불이라고도 하며, 저녁예불과 짝을 이루어 조석예불朝夕禮佛이라 부른다. 약 30분에 걸쳐 본전의 새벽예불을 마치면 각 전각의 예불이 이어진다. 이는 대중이 참여하지 않고 각 법당의 부전副殿 소임을 맡은 승려가 올리는 예불이다.

선원의 새벽예불은 간소하다. 도량석을 하면 선방의 입승立繩이 죽비 3타로 대중을 깨우고, 잠자리를 정돈하고 법복을 갖춘 승려들이 죽비 소리에 따라 중앙을 향해 불법승 삼보께 삼배를 올리는 것으로 예불을 마친다. 참선 수행자는 깨달음을 이루려는 용맹심으로 모인 미래의 부처들이기에, 의식에 얽매이지 않는 의지의 표현이라 하겠다.

새벽예불을 마치면 정진에 든다. 정진은 예불과 공양을 제외하

고 하루의 대부분을 차지한다. 일정한 시간을 정해 행하는 참선參禪·
간경看經·염불念佛은 물론, 포행布行과 울력 또한 정진에 해당한다.
한국불교에서는 '삼문수업三門修業'이라 하여 경전·염불·참선을
세 가지 문으로 삼아 수행하고 있어, 각자의 소속에 따라 공부를
하는 것이다.

후원의 소임자들은 이 시간에 밥과 국과 반찬을 준비하여, 6시
경 대방 또는 식당에 모든 대중이 모여 아침공양을 하게 된다. 후
원 소임의 승려들은 물론, 행자들도 새벽예불에 참여해야 하는 사
찰이 많아 공양 준비는 철저한 준비와 시간 안배 속에 이루어진
다. 사찰에서는 아침공양을 조공朝供이라 하며, 아침에 주로 죽을
먹었던 전통에 따라 신죽晨粥·조죽朝粥이라고도 부른다.

사시巳時가 되면 본전의 부처님을 시작으로 각 법당에 공양을
올린다. 아침이나 저녁에는 남은 밥으로 공양하는 경우가 있더라
도, 사시에는 마지를 올리기 위해 반드시 새로 밥을 지었다. 불전
에 마지와 함께 예불을 올리니 이를 사시예불·사시불공이라 하
며, 신도들은 하루 중 사시예불에 가장 많이 참석하게 된다. 오전
10시 전후라는 시간의 적합성과 함께, 부처님께 공양을 올리는 공
덕에 동참하면서 신도들의 본격적인 발원과 축원이 따르기 때문
이다.

점심공양은 사시예불을 마친 뒤 11시~11시 30분 무렵에 행한
다. 이를 오시午時(11~1시)에 행하는 공양이라 하여 오공午供, 계율에
따른 법다운 식사라는 뜻에서 '재식齋食'이라 부른다. 재식은 승가
의 공양을 통칭하는 말이지만, 오후불식이 초기불교의 규범이니

점심을 뜻하는 말로 쓰이는 것이다. 정오가 되기 전, 부처님에 이어 제자들이 공양하는 것이기에 가장 여법한 승가의 공양으로 여긴다.

저녁공양은 5시 이후에 행한다. 초기불교에서는 오후불식을 원칙으로 삼았으나, 수행환경이 다른 대승불교권에서는 이른 시기부터 저녁공양을 하고 있다. 도를 구하기 위해 쇠약해진 몸을 다스리고자 공양한다는 뜻에서 이를 '약석藥石'이라 부른다. 저녁공양은 예불 후에 공양하는 아침·점심과 달리 저녁예불을 보기 전에 하게 된다. 이는 부처님께 인사 드림으로써 하루 일과를 마치고 각자 처소로 돌아가기 때문이다.

대중이 함께하는 하루의 마지막 일과는 6시경의 저녁예불이다. 새벽예불과 마찬가지로 종송과 사물과 예불이 차례로 이어지는데, 새벽예불과는 형식이 다소 다르다. 새벽예불은 종송을 15분 정도로 길게 하지만, 저녁예불은 종을 다섯 망치 치면서 모든 중생이 번뇌와 삼악도에서 벗어나 깨달음을 얻기를 기원하는 것으로 간단히 끝낸다. 이어 불전사물에서는 맨 마지막에 울리는 범종을 제외하고 새벽과 반대의 순서를 따르고, 범종의 타종은 33회이다.

저녁예불을 올리는 법당의 순서도 아침과 반대이다. 각 전각의 부전 승려들이 먼저 예불을 올린 다음, 마지막으로 본전에서 대중이 모여 저녁예불을 올린다. 아침에는 높은 단부터 인사를 올려 낮은 단으로 내려왔다면, 저녁에는 낮은 단부터 시작해 높은 단으로 마감하는 것이다. 이는 가장 큰 어른께 하루의 맨 처음과 마지막의 인사를 올리는 뜻을 담고 있다. 이후 저녁 정진을 하다가 9시가 되면 일제히 잠자리에 든다.

이처럼 하루를 시작하고 마감하면서 대중이 모여 부처님께 올리는 조석예불, 불전에 마지를 올리는 사시예불을 합하여 '삼시예불三時禮佛'이라 부른다. 보조지눌의 『계초심학인문誡初心學人文』에 "예불에 나아가되 조석으로 근행하여 스스로 게으름을 꾸짖으며….'라고 한 것을 볼 때, 고려시대에도 조석예불이 있었음을 알 수 있다. 사찰의 의례와 문화도 시대의 변화와 함께 많이 바뀌었지만, 삼시예불은 옛 전통을 지키며 정착되어 아무리 작은 절에서도 반드시 행하고 있다.

삼시의 공양

승려들의 공양법에는 발우공양과 상공양이 있다. 발우공양鉢盂供養은 밥을 먹는 일이 수행과 다르지 않음을 새기며, 일정한 법식에 따라 정립해 놓은 식사법이다. 상공양床供養은 밥상 또는 식탁에서 하는 공양으로, 인원이 적을 때나 편의에 따라 행하는 방식이라 하겠다. 따라서 많은 대중이 모여 사는 사찰에서는 승가의 전통에 따라 발우공양을 하였고, 하루 세 끼 모두 발우를 펴는 사찰이 많았다. 그러다가 출가자 감소와 의식의 번거로움 등으로 인해 발우공양을 하는 사찰이 급격히 줄어들었고, 근래에는 강원이나 선원이 있는 사찰에서 하안거·동안거에 주로 행하고 있다.

사진 5-1. 마지를 나르는 행자 (송광사)

발우공양을 일상으로 하던 시절에도 대중울력이 있었거나 특식을 할 때는 상공양을 했는데, 승려들은 이를 '뒷방공양·찬상공양'이라고도 불렀다. '뒷방공양'이란 대방에서 법식대로 하는 공양이 아니라, 공양간에 딸린 뒷방이나 지대방 등에서 공양한 데서 나온 말이다. '찬상공양' 또한 반찬을 담은 찬상을 가운데 두고 여럿이 둘러앉아 공양하는 것을 뜻한다. 이러한 공양일 경우에도 다른 밥그릇을 사용하지 않고 자신의 발우 한두 개를 사용하게 된다. 울력 등을 하고 툇마루에 앉아 가장 큰 발우 하나만으로 먹을 때면, '짝발우공양'이라 부르기도 했다.

아울러 사시마지와 오시공양은 '승가의 근본 스승[本師]으로서 부처님과 그 제자들의 공양'이라는 의미로 연동되어 있다. 오후불식을 행한 부처님의 공양 시간에 맞추어 사시에 마지를 올린 다음, 제자들이 이어 오시에 공양하는 것이다. 따라서 삼시의 공양 가운데 오시공양을 중요하게 여겼다.

이러한 의미는 발우공양과 법공양의 구분에서 잘 드러난다. 사찰에서는 발우공양 가운데 가사를 갖추고 「소심경」에 따른 게송을 외며 행하는 공양을 '법공양法供養'이라 구분하고 있다. 법공양이 아닌 경우 평상복에 게송을 외지 않는 묵언작법黙言作法으로 행하지만, 절차와 정신은 동일하다. 어느 시기부터인가 한국불교에서 법공양은 오시에 하는 전통이 자리를 잡았다. 부처님께 사시마지를 올리고 나서 제자들이 공양한다는 뜻을 담고 있어, 가사를 갖추고 게송을 외는 여법한 법공양을 이 시간에 두는 것이다.

오시에 이루어지는 송광사의 법공양은 이러한 의미를 잘 구현하고 있다. 송광사에서는 10시 30분이 지나면서부터 각 법당의 마지 퇴공退供과 청수 퇴수退水가 이어진다. 오시공양을 알리는 종은 '11시 7분'으로 정해져 있는데, 이는 사시예불과 연동된 것이다. 사시예불을 마치고 대웅전에서 마지를 퇴공하면 소종을 다섯 망치 쳐서 공양의 시작을 알리는데, 이 종을 사중에서는 '밥종·공양종'이라 부른다.

이러한 일련의 행위가 이루어지는 공간 배치도 주목할 만하다. 모든 법당의 마지와 청수가 통과하는 선열문禪悅門은 대방 뒤로 나 있고, 문 바로 옆에 퇴수구가 있다. 공양종 또한 마지가 통과하는 문 옆에 달아 놓아, 대기하고 있던 소임자가 대웅전 마지 퇴공과 청수 퇴수를 확인한 다음 종을 치는 것이다. 따라서 공양종은 오시공양을 알리는 소리이자 부처님 마지를 마쳤다는 신호이기도 하다. 공양종이 울리면 사시불공을 마친 승려들과 선방 승려들이, 가지런히 열을 지어 날아가는 기러기처럼 안행雁行을 이루어 선열문으로 들어선다. 스승의 사시공양이 끝난 뒤 그 제자들이 오시공양을 한다는 뜻이 일련의 행위에 잘 담겨 있는 것이다.

이처럼 법공양은 하루 중 오시에 올리는 것이 한국불교의 전통이었다. 그러나 발우공양은 물론 법공양을 할 경우에도 아침에 하는 추세로 바뀌고 있다. 오시 무렵이면 신도들이 많은 데다 행사 등으로 격식을 갖춘 공양을 하기가 번거롭고, 새벽예불을 올리고 나서 어둠이 채 가시지 않은 무렵이 여법한 공양의식을 행하는 데 적합하기 때문이다.

아울러 법공양을 할 때면 생반生飯이라 하여, 각자의 밥알을 몇

사진 5-2. 마지 퇴공과 공양종 올리기 (송광사)

개씩 거두어 굶주린 중생에게 베푸는 헌식을 하게 된다. 생반의식
은 묵언으로 하는 발우공양에서는 하지 않고 게송을 외는 법공양
에만 따르는 절차이다. 그런데 아침에는 법공양을 하더라도 생반
을 하지 않는 것을 원칙으로 삼는다. 헌식은 부처님께 마지를 올
린 뒤에 행하는 것이어서, 오시에 법공양을 할 때만 생반을 하는
것이다. 법공양을 하지 않는 대부분 사찰에서는 사시예불을 마치
고 퇴공한 마지를 떼어 헌식하고 있다.

아침에 게송을 외며 법공양을 하는 석남사의 경우, 승려들 스
스로 "실제 법공양이 아니다."라고 하였다. 그만큼 사시에서 오시
로 이어지는 부처님과 제자의 공양이 중요한 의미를 지녀, '오시공

양=법공양'으로 정착되어 있음을 알 수 있다.

그런가 하면 선종의 규범에 따라 아침에는 죽을 먹는 신죽晨粥의 전통 또한 꾸준히 이어졌다. '이시죽반二時粥飯'이라 하여, 아침에 죽을 먹고 오시에 밥을 먹는 『선원청규』의 법식에 따른 것이다. 그런데 1960년대 무렵까지 아침 죽공양은 복합적인 성격을 지녔다. 선종의 법식을 이어 가는 것이기도 했지만, 식량이 부족해 죽을 먹을 수밖에 없었던 현실도 작용했기 때문이다. 새벽 3시에 일어나 수행과 울력을 병행하려면 죽만으로 점심공양까지 버티기 힘들어, 노스님들은 '죽 한 술을 뜨고 돌아서면 배고프던 시절'이었다고 회상했다.

"이 음식이 어디서 왔는고. 내 덕행으로 받기가 부끄럽네. 마음의 온갖 욕심 버리고 몸을 지탱하는 약으로 삼아, 도업을 이루고자 이 공양을 받습니다."

승려들은 공양을 할 때 이러한 오관게五觀偈의 정신을 가장 중요하게 새긴다. 발우공양을 할 형편이 못 되면 공양 전에 「오관게」를 외우며, 공양이 지니는 의미와 함께 수행자로서 자신을 성찰하였다. 옛 선사들이 대방을 '오관당五觀堂'이라 불렀던 것도 이러한 초심을 잃지 않기 위함일 것이다.

아울러 살림이 조금씩 윤택해질수록 때가 아닌 때에 먹는 것을 엄하게 경계했다. 특히 행자나 학인들이 밤 늦게까지 공부하다가 몰래 밤참을 먹는 일이 많았다. 그런 문화를 경책하기 위해 "사람이 발우 소리를 내면 아귀의 목구멍에서 불이 난다."는 말이 생겨났다. 고요한 밤에 그릇 소리와 음식 냄새가 나면 굶주린 아귀들이 고통을 받는다는 말이다. 이처럼 공양은 자칫 수행자의 자세를 잃고 흐트러뜨리기 쉬운 일이기에 끊임없는 경계와 성찰이 따랐다.

부처님의 공양, 마지

마지에 담긴 정성

한국불교에서는 불보살과 성현에게 밥을 올리면서 이를 '마지'라 부른다. 마지는 '공들여 만든[摩] 맛있는 음식[旨]'[388]이라는 뜻으로 새겨 '마지摩旨'라 쓰기도 하는데, 우리나라에만 있는 말이다. 그런가 하면 '손으로 만져서 지은 밥'이라는 뜻에서 '마지'라 부른다는 견해도 있다.[389] 예전에는 쌀에 뉘나 돌, 깨진 쌀이 많이 섞여 있어 이를 일일이 골라 낸 다음 조리로 일어서 정성껏 밥을 지었고, 주걱으로 매끈하게 매만져 담기까지 일련의 과정을 표현한 것일 터이다. 두 가지 모두 공들여 지은 음식이라는 공통의 뜻을 지니며, '摩旨'는 이를 한자로 새긴 것이다.

---

388 정각(문상련), 『한국의 불교의례』(운주사, 2001), p. 211.

389 자현, 『스님의 비밀』(조계종출판사, 2016), pp. 242~244.

불교학자 윤창화는 '마지'가 산스크리트어에서 비롯된 말일 가능성이 크다고 보았다. 산스크리트어로 'maghi'가 '영약靈藥의 약초'를 뜻하고, 당나라 때 편찬된 불교용어사전『일체경음의一切經音義』에도 한자는 다르나 음이 같은 '마지'가 있어, 이를 신단神丹이라 불렀다는 것이다. 따라서 산스크리트어를 한국불교에서 한자로 음차音借한 것일 가능성이 있다.

'마지'는 어른의 밥을 뜻하는 우리말 '진지'와 같은 끝말을 지녀, 두 용어의 관련성을 짐작하게 한다. 선후관계를 단언할 수 없지만 마지가 범어梵語 'maghi'에서 왔다면, 부처님의 밥을 공경의 뜻으로 '마지'라 부르게 된 데서 '진지'가 파생되었을 수 있기 때문이다. 진지 또한 맛있는 음식을 뜻하는 '지旨'를 끝말로 두기에 적합하여 '珍旨'라는 한자어로 표현하기도 한다. 초기에는 한자가 없었더라도 그에 적합한 뜻으로 표기한 셈이다.

마지를 올리기 위해 공양주는 매일 정성껏 밥을 지어 굽다리 그릇에 소복이 담는다. 불기佛器에 담긴 고봉의 마지는 사찰 후원에서 피워 내는 신성한 꽃과 같다. 흰색이 지닌 성스러움과 봉긋하게 풍요로운 모습은 '밥'이 지닌 보편의 가치와 함께 부처님께 올리는 최상의 공양물로 부족함이 없기 때문이다. 마지를 올리는 이는 사찰에 따라 학인, 행자, 신도 등으로 다양하다. 마지를 나를 때는 불기의 밑부분을 오른손으로 받쳐 어깨 위로 올리고, 왼손은 오른쪽 팔꿈치를 받친 후 조심스레 걷는다. 이는 불전에 올릴 공양물을 귀중하게 받든다는 의미와 함께 침이 튀지 않도록 하기 위함이다. 부처님께 올리는 공양을 지녔기에 큰스님을 만나더라도

사진 5-3. 불단에 올린 마지
(통도사 대웅전)

사진 5-4. 마지를 올리고 배례하는 모습
(통도사 대웅전)

절을 올리지 않는다.

불단에 마지를 올린 다음 몇 걸음 뒤로 물러나 삼배를 하고, 사
시예불을 올리면서 뚜껑을 열게 된다. 이처럼 사시예불은 불단에
마지와 함께 올리는 불공이니, 초기불교 당시 부처님과 제자들에
게 공양을 올린 데서 유래한 것임을 알 수 있다. 따라서 아무리 작
은 암자에서도 출가·재가의 제자들은 하루도 빠짐없이 본사인
부처님께 공양을 올린다.

이 무렵은 전각마다 부전 소임의 승려가 신도들과 함께 불공을
올리면서, 사찰이 본격적으로 살아 움직이는 시간이기도 하다. 사
시예불은 10시 무렵에 시작되니, 본전의 소임을 맡은 노전爐殿 승
려가 헌좌진언獻座眞言을 할 무렵 법당의 소종을 다섯 망치 울리고
나서 마지 뚜껑을 열게 된다. 이때 치는 종은 부처님께 마지를 올

린다는 신호이니 '마지쇠·마지종'이라 부른다. 삼보를 청해 공양 올리는 삼보통청을 염송하고, 부처님께 공양을 올리는 공덕이 동참자들에게 두루 미치도록 축원을 이어 가게 된다. 이처럼 마지를 사시에 올리니 오전에 시작하는 재齋는 대개 이 시간에 맞추어 진행하고 있다.

통도사에서는 소임자가 대웅전 마지를 올리고 나오면서 법당 바깥에 있는 소종으로 다시 마지쇠를 울린다. 법당 안의 마지쇠가 부처님과 동참 대중에게 알리는 것이라면, 법당 밖의 마지쇠는 각 전각에 알리는 신호이다. 이렇게 바깥 종성鐘聲으로 대웅전 마지를 올렸다는 신호를 보내면, 각 전각에서 마지를 올리는 목탁 소리가 울려 퍼지게 된다. 예불을 마치면 마지를 중단으로 퇴공退供하여 중단예불을 올리고, 모든 전각의 마지를 퇴공 솥에 모아 대중공양으로 삼게 된다.

남송시대에 편찬된 여러 청규를 참조할 때, 당시 중국 선종사원에서는 대웅전 소임을 맡아 보는 지전知殿이 사시마지를 올린 것으로 보인다.[390] 따라서 우리나라에서도 이른 시기부터 사시마지를 행했으리라 짐작되며, 어떤 식으로든 불전에 공양을 올린 것은 불교의 역사와 함께했다고 볼 수 있다. 초기부터 부처님께 올리는 공양 개념이 있었을 뿐만 아니라,『삼국유사』등에 신라 효소왕이 '금은 그릇 5기 두 벌[金銀五器 二副]'을 백률사에 바친 내용[391]이 나온

390 윤창화, 앞의 책(2017), p.87.

391 『三國遺事』권4 塔像 '柏栗寺'

다. 여기서 금은으로 된 그릇은 불전에 사용한 공양 그릇을 뜻[392]
한다.

아울러 1871년『임하필기林下筆記』에는 "송광사에 금발우[金鉢]
5합이 있는데, 대소를 막론하고 아귀가 서로 딱 들어맞았다."[393]고
기록하였다. 따라서 이 용기를 사용할 당시 불전에 공양을 올리던
용기는 현재와 같은 불기가 아니라 발우였고, 크기가 서로 달라
포갤 수 있는 오합발우였던 것이다. 이는 승려가 사용하는 발우와
다르지 않았지만, 부처님께 올리는 것이니 금은과 같은 귀한 소재
로 구분했던 셈이다. 그 뒤 하나의 용기에 밥을 담아 올리게 되면
서 오늘날과 같은 굽다리 그릇을 사용했음을 알 수 있다.

마지와 관련된 기록이 드문 가운데 조선 후기인 17~18세기 의
식집들을 보면, 수륙재 당일에 사시마지뿐만 아니라 이른 아침에
도 마지를 올린 내용이 나온다. 이를테면『천지명양수륙재의범음
산보집』에는 축시丑時(새벽 1~3시)에 마지를 올리도록 지정하였고,[394]
대부분 의식집에서 이른 아침에 마지와 죽공양을, 점심에 사시마
지와 오시 밥공양을 하도록 했다.

따라서『선원청규』「이시죽반」의 영향을 받아 예전에는 마지
또한 하루 두 번을 올렸으리라는 추정이 가능하다. 이른 아침에
마지를 올린 다음 공양하고, 점심에 부처님께 사시마지를 올리고

---

392 자현, 앞의 책, p.245.

393 『林下筆記』권26 「春明逸史」, '松廣寺佛器'

394 「志磐三晝夜作法節次」·「十卷仔夔文三晝夜作法規」등,『天地明陽水陸齋儀梵音刪補集』(1721,
　　重興寺 本)

오시午時에 공양하는 일상의 규범이 통용되었으리라는 것이다. 따라서 하루 한때의 사시마지로 확립되기까지는 이러한 두 번의 마지가 유지되었을 가능성이 크다.[395]

이와 관련해 고대 간다라 지역에서는 점심·저녁에 부처님 발우[佛鉢]에 공양을 담아 불단에 올렸다는 기록[396]이 있고, 일본에서는 우리나라에서 사라진 아침 마지를 살필 수 있다. 일본의 일련종 사찰에서는 아침과 사시 무렵에 하루 두 차례씩, 밥과 함께 그날 만든 음식을 조금씩 담아 작은 상에 차려서 부처님께 공양을 올리고 있다. 특히 정오 이전의 공양인 아침·점심의 경우 승려들이 공양하면서 부처님께 올리지 않기가 힘들었음이 짐작되며, 하루 한 번 공양을 올릴 때는 사시마지에 의미를 부여했음을 알 수 있다.

아울러 불전에 사용한 공양 그릇이 5기器로 이루어졌듯이, 예전에는 발우에 반찬까지 담아 올렸으나 조선 후기를 거치면서 이러한 모습이 사라졌을 가능성[397]이 있다. 이는 일본 일련종의 마지에서도 드러나는 모습이다. 오늘날 중국 선종사원에서는 종지만한 작은 그릇에 밥이나 쌀을 담아 올린다니, 동북아 삼국의 다양한 마지 양상이 흥미롭다.

그런가 하면 예전에는 불공을 드릴 때 어김없이 공양물로 쌀을 가져왔다. 각자 독불공을 올렸던 1980년대까지 공양미供養米는 불

---

395 계호, 「진관사의 의례음식: 마지와 발우공양」, 진관사산사음식연구소, 『제3회 사찰음식 학술세미나 자료집: 진관사 공양음식 문화』(2020), p. 30.
396 『高僧法顯傳』(한글대장경 248, 동국역경원, 1998), p. 503.
397 자현, 앞의 책, p. 245.

전에 직접 지어 올릴 마지를 뜻했기 때문이다. 따라서 신도들은 가장 좋은 쌀을 깨끗한 자루에 담아, 땅에 닿지 않도록 조심스레 이고 절을 찾았다. 쌀에 돌과 싸라기가 많았던 시절이기에 절에서도 택미擇米가 필수적이었다. 특히 탁발해 온 쌀은 여러 집에서 모은 것이라 택미를 거쳐 온전한 쌀만 마지로 올렸다. 큰 상에 한지를 깔고 쌀을 부은 다음, 깨진 쌀은 물론 금이 간 쌀과 이물질을 일일이 골라내고 체로 걸러 작은 티까지 모두 없앴다. 택미는 승려들이 정성을 들이는 것이라 하여 재가자에게 맡기지 않고 직접 행하는가 하면, 마지를 지을 때 쓰는 조리나 바가지를 따로 구분하기도 했다.

또한 밥을 짓는 공양간과 반찬을 만드는 채공간을 따로 두어, 마지에 반찬 냄새가 배지 않도록 하며 마지 짓기에 정성을 기울였다. 사찰의 부엌이 현대식으로 바뀌고 효율성을 우선하면서 이러한 풍습도 조금씩 바뀌었지만, 지금도 대부분 사찰에서는 마지 쌀을 중요하게 여기며 일반 쌀과 구분하고 있다.

밥을 하면 가운데 제일 잘된 부분을 맨 먼저 마지로 뜨는 것은 물론, 마지 올릴 전각이 많은 큰 절에서는 마지솥을 따로 두었다. 지금도 장작불을 때어 밥을 하는 통도사에는 전통 공양간에 4개의 커다란 가마솥이 나란히 걸려 있는데, 맨 왼쪽의 작은 것이 마지를 짓는 솥이다. 이곳에서는 마지솥에 밥을 해서 전각마다 올리는 소임을 학인들이 맡는다. 공양간 외벽에는 17곳의 전각 명칭을 써 놓고 불기를 진열한 탁자를 두어 마지를 뜨고 있다. 빈틈없이 계량해서 짓고 뜨니 마지 솥의 밥은 한 톨도 남지 않는다.

사찰에서는 불기에 마지를 담는 것을 '마지 괸다.'고 표현한다. 마지를 괼 때는 밥을 뜨는 큰 주걱과 함께, 물을 묻혀 봉긋하게 괴는 작은 주걱이 필요하다. 따라서 진관사 공양간에서는 마지를 괼 때 밥주걱을 길게 반으로 잘라 만든 '마지칼'을 사용하고 있다. "마지는 주걱으로 봉긋하게, 빈틈없이 매끈하고 수북하게 잘 괴어야 복이 많고 중노릇 잘한다."는 것이 승가에서 내려오는 전통적인 마지 괴는 방법이요, 담론이었다.[398] 또한 마지는 주걱으로 밥을 섞거나 휘젓지 않고 그대로 떠야 하는데, 운문사 승려들은 이에 대해 "뒤집어 뜨지 않고 잘라 세워서 담는다."고 표현하였다. 밥솥의 밥을 케이크 자르듯이 수직의 방사형으로 잘라 불기에 담은 뒤 모양을 다듬는 것이다.[399]

마지의 종류와 각단 마지

마지에도 여러 종류가 있다. 일상의 마지는 백미로 지은 쌀밥이지만 명절이면 불단에도 다채로운 절식節食을 마지로 올린다. 설날의 '떡국 마지'에서부터 대보름의 '오곡밥 마지', 동지의 '팥죽 마지'가 있고, 추석에는 쌀밥과 함께 송편이 오르게 마련이다. 섣달그믐에 묵은 제사를 지내는 절에서는 이날 '떡만둣국 마지'를 올리기도 한

398 계호, 앞의 논문(2020), p.44.
399 김성순, '운문사 발우공양' 조사내용(2019. 11. 11)

다. 특별한 음식을 만들면 집안 어른께 먼저 드리듯이, 세시_{歲時}에 맞는 음식을 부처님께 올리면서 제자들이 함께 공양하는 의미가 자연스레 실천되는 것이다.

그러다 보니 동짓날 '팥죽 마지'를 둘러싼 설화도 생겨나, 동일한 줄거리를 지닌 '나한의 동지팥죽' 이야기[400]가 여러 절에 전승되고 있다. 이야기는 동짓날 불씨 꺼진 아궁이에서 시작되어 나한의 신이담_{神異譚}으로 전개되는데, 대략적인 내용은 다음과 같다.

어느 절의 승려가 동짓날 새벽에 팥죽을 쑤려고 나가 보니, 아궁이에 불씨가 한 점도 남아 있지 않았다. 팥죽을 쑤어 부처님께 공양을 올려야 하는데 눈앞이 캄캄해져, 부랴부랴 아랫마을에 불씨를 얻으러 갔다. 그런데 그 댁 노인이 말하기를 "새벽에 동자승이 절에 불씨가 꺼져 부처님께 팥죽 공양을 올리지 못하게 됐다고 왔기에, 추워 보여 팥죽 한 그릇을 퍼 줬더니 얼른 먹고 불씨를 챙겨 돌아갔다."고 하는 것이다.

어리둥절해진 승려가 급히 돌아와 보니 아궁이에 장작불이 활활 타고 있었다. 영문을 따질 겨를도 없이 얼른 팥죽을 쑤어 부처님께 올린 다음, 다시 한 그릇을 받쳐 들고 나한전으로 올라가니 나한 성중 가운데 한 분의 입가에 팥죽이 묻어

---

400 동래 마하사, 대흥사 성도암, 양주 오봉산 석굴암 등 나한신앙이 강한 여러 절에 전승되고 있다.

있는 게 아닌가. 나한의 가피로 팥죽 마지를 무사히 올리게 되었음을 알고, 승려는 수없이 절을 올리며 불씨 단속을 철저히 하게 되었다.

동짓날의 마지로 반드시 올랐던 팥죽의 보편성과 함께 나한의 자재하고 유쾌한 행보가 결합된 설화이다.

1960년대 말, 청담青潭이 주석하던 도선사에서는 사시마지로 국수를 올려 "불전에는 쌀밥 마지를 올린다."는 틀을 깨었다. 쌀이 절대 부족하던 당시에 혼식·분식을 하지 않으면 많은 국민이 끼니를 거를 수밖에 없어, 밥 대신 국수를 올리도록 한 것이다. 실제 극심한 식량난으로 쌀이 귀했던 1950~1960년대에는 쌀이건 보리건 있는 대로 마지를 지어 올릴 수밖에 없었다.

각 전각에 올리는 밥의 전체 양이 대중의 공양 인원보다 많을 때는 생미生米로 마지를 올리기도 한다. 진관사에서는 예전부터 전각마다 올리는 밥의 양이 대중의 인원보다 많을 때면 생미로 마지를 올리는 전통을 세워 나갔다. 마지는 퇴공해서 제자들이 공양하는 것이니, 밥을 남겨서 말려 먹기보다는 생미를 올리는 것이 삼보에 바친 식량을 귀하게 다루는 것이라 여겼기 때문이다. 따라서 생미 마지는 밥을 남기지 않기 위해, 부처님을 위시한 성중과 승가 대중의 공양을 가늠해 올리는 지혜로운 선택이기도 하였다.

'독성獨聖은 생식을 한다.'고 보아 나한전에는 아예 생미를 올리는 절도 있었다. 양주 오봉산 석굴암에는 이와 관련된 영험담이 전한다. 1950년대 중반 승려 초안이 석굴암에 움막을 짓고 중창

사진 5-5. 산령각에 마지를 올리는 학인 (통도사)

사진 5-6. 조왕단에 마지를 올리는 행자 (송광사)

발원 기도를 하던 중, 노보살 셋이 불공을 드리기 위해 찾아왔다. 석굴이 비좁았기에 초안은 석굴 밖으로 나와서 기도를 올렸다. 그런데 불공을 올리던 노보살들이 불기에 생미가 담긴 걸 보고, "나한님 마지를 생쌀로 올리는 걸 보니 게으른 절이군." 하며 험담을 했다. 그런데 불공이 끝날 무렵 노보살들은 혼비백산하고 말았다. 독성의 입과 가슴·무릎 여기저기에 쌀알이 붙어 있고 불기의 쌀은 움푹 파여 있었기 때문이다. 그때부터 "석굴암 나한님이 생쌀을 드신다."는 소문이 퍼져, 공양미를 들고 몰려든 신도들 덕에 중창불사를 원만히 회향했다는 사연이다.[401] '팥죽마지 설화'와 함께, 어떤 단壇에 오르는 어떤 마지에도 저마다의 내력과 공력이 있음을 새겨 보게 한다.

이처럼 불단佛壇만이 아니라 각단各壇에도 마지가 오른다. 1960년대 말에 출가한 어느 승려는 행자 시절, 아침마다 대웅전에서부터 산신각까지 마지를 올리고 각단 예불을 드리고 오면 꼬박 두 시간이 걸렸다고 한다.[402] 대웅전을 제외한 전각은 마지를 올리는 이가 직접 예불까지 하고 내려왔는데, 당시에는 칠정례를 하지 않고 대예참을 했기에 시간이 더 소요되었던 것이다.

오늘날에도 일상의 마지를 올리는 대상이 불보살에 국한되지 않고 산신·칠성신·조왕 등에 이르기까지 열려 있다. 신도들은 산신각에 마지 올려 주기를 원하고 절에서는 부처님 법에 어긋난

---

401 여태동, "경기도 오봉산 석굴암", 「불교신문」 2416호(2008. 4. 9)
402 구미래, 앞의 논문(2018), p.197.

다고 하여 갈등을 빚은 때도 있었지만, 단을 세워 모신 존격尊格이라면 모두 마지를 올릴 대상이라는 사실을 확인하게 된다. 사찰마다 마지 공양의 대상으로 삼는 존격의 범주가 서로 다른 것은 각자 여건에 따른 선택일 따름이다.

사시마지를 올리는 전각의 수가 각각 17곳·12곳인 통도사와 송광사의 하위 신격을 비교해 보면 이러한 사실이 잘 드러난다. 통도사에서는 가람신을 모신 가람각과 산신을 모신 산령각에 마지를 올리고, 조왕단에는 마지를 올리지 않는다. 이에 비해 송광사의 경우 산신각에는 마지를 올리지 않지만, 조왕은 마지 공양의 대상으로 삼고 있다. 한 칸짜리의 작은 가람각과 산령각에 학인이 마지를 올리고, 조왕단의 마지 뚜껑을 연 행자가 죽비를 세 번 치자 주방의 모든 이들이 합장배례하는 두 사찰의 모습은, 경건하고 정성스러움에 소홀함이 없었다.

예전에는 존격에 따라 마지 올리는 시간을 구분하였다. 칠성신·산신·조왕신 등의 경우 사시에 함께 올리지 않고 늦은 오후에 따로 올린 것이다. 여러 의식집에 "사성四聖은 오전에 모시고, 육범六凡은 해질녘에 부른다."고 했듯이, 본래 깨달음에 이르지 못한 존재는 오후에 청하였다. 사성은 불·보살·성문·연각이고, 육범은 천상·인간·아수라·축생·아귀·지옥의 윤회하는 중생이니, 존격에 따라 일상의 마지 시간을 구분한 것이다. 따라서 조왕기도·사천왕재·산신재 등도 늦은 오후에 지냈다. 근래에는 각단 마지를 올리는 경우 이러한 구분 없이, 마지 공양을 지었을 때 다 함께 올리고 있다.

쌀이 절대적으로 부족하던 사찰에서도 '부처님 마지는 쌀밥으로 올려야 한다.'는 생각이 강하였기에, 그나마 마지를 내려 쌀밥을 조금씩 먹을 수 있었다. 묽은 시래기죽으로 저녁을 때우고 아침은 보리밥으로 발우를 퍼다가, 점심에야 마지 섞인 공양으로 쌀밥 구경을 하는 것이다. 그런 중에도 보리밥을 뜸 들일 때 마지 밥을 가운데 얹어 어른들부터 순서대로 쌀밥을 섞고 나면, 하판과 후원 소임들은 쌀알조차 찾기가 힘들었다.

특히 찰밥은 귀한 별식이었고, 보름 주기로 돌아오는 삭발일에는 찰밥을 하는 곳이 많았다. 이날은 마지도 찰밥을 올리게 마련이라, 1970년대 운문사 학인들은 찰밥 마지가 오를 때마다 이를 노렸다. 대웅전 마지는 퇴공하지만, 삼성각 등의 부전 소임은 학인들이 맡았기에 마지를 내가지 않고 탁자 밑에 숨겨 두는 것이다. 그리고 "어느 전각에 찰밥 마지 안 내렸다."는 정보가 오가면서 몇몇 도반끼리 몰래 가서 찰밥을 나눠 먹곤 하였다.[403]

마지 불기는 크기가 커서, 12곳 전각에 마지를 올리는 송광사의 경우 마지 내린 밥을 모으면 40명 분량이 넘는다. 따라서 사시에 지어 올린 마지를 모아 저녁공양을 하고 있다. 이처럼 전각마다 마지를 올릴 경우, 전각 대비 승려 수를 계산하면 대부분 그날 내린 마지로 한 끼가 해결될 듯하다. 실제 송광사처럼 저녁공양은 따로 짓지 않고 아침에 남긴 밥과 마지 밥을 함께 쪄서 먹는 곳이 많다.

---

403 면담내용 : 해인사 지비원(진원). 2018. 1. 7. 진관사 요사

사진 5-7. 마지 담기 (봉은사)

　근래 대방 구들과 전통 공양간 아궁이를 복원한 서울 봉은사에
서는, 매일 장작불을 때어 대웅전부터 조왕단까지 12곳에 사시마
지를 지어 올리면서 공양간이 활기를 되찾게 되었다. 퇴공한 마지
는 이들 전각을 하나씩 맡아 청소와 마지 올리는 일에 봉사하는 전
각부 신도들의 몫으로 나누고 있다. 홍천사의 경우처럼, 각단에
올린 마지를 일상적으로 신도들과 나누기도 한다. 종무소 앞에 밥
을 둥글게 뭉쳐 비닐에 싸 놓고 "부처님 마지(밥) 챙겨 가세요."라
고 써 놓아 필요한 신도들이 가져가도록 하고 있다.

　신도들은 특히 불단에 오른 마지를 귀하게 여겼다. 그 밥에 부
처님의 가피가 깃들어 있다고 보기 때문일 것이다. 따라서 예전에
도 식량 사정이 나쁘지 않은 절에서는 퇴공한 마지 밥을 얻어 가

려는 신도들에게 흔쾌히 베풀었다. 근래에는 예전처럼 적극적이지 않지만 마지에 깃든 공덕의 의미는 그대로이니, 여전히 신도들은 이를 귀하게 여긴다.

　마지 밥을 공유하는 존재 또한 인간에 국한되지 않는다. 사시불공을 마치면 헌식 소임이 한 숟가락을 덜어 헌식대에 올려 두는데, 이는 굶주린 중생을 위한 보시이다. 재가 있어 떡·과일·한과 등 다양한 재물을 불단에 올렸다면, 이 또한 승려에서부터 이류중생에 이르기까지 고루 맛볼 수 있다. 이처럼 마지는 초월적 존재에게 올리는 공양물이지만 제사를 지내고 음복하듯이 내려서 먹는 것이기에, 마지를 둘러싼 후원문화 또한 다양하게 전개되었다.

。

행자생활

삭발식

행자行者는 승려가 되기 위한 과정의 수습생이다. 1970~1980년대까지만 해도 행자 기간이 따로 정해져 있지 않아, 짧게는 1년에서 길게는 3년간 행자생활을 하는 경우가 많았다. 그런가 하면 석 달만에 행자 신분을 벗어나기도 하여, 어떤 인연으로 출가사찰과 은사를 만나게 되는가에 따라 행자로서 삶이 크게 좌우되던 시절이었다. 하는 일 또한 사찰의 형편 따라 달라서 청소·나무하기·설거지 등의 허드렛일을 거친 뒤 후원 소임을 맡기도 하고, 처음부터 밥과 반찬을 만들기도 하였다.

행자생활에서 가장 중요한 시점은 삭발일이다. "머리를 깎는다."는 말이 곧 출가를 뜻하듯이, 삭발은 속가와 단절된 출세간의 삶을 시작하는 출발점이자 징표이기 때문이다. 출가자를 나타내는 말 가운데 '방포원정方袍圓頂'이라는 표현이 있다. '방포'는 가로로 긴 장방형의 가사를 뜻하고 '원정'은 삭발한 둥근 머리를 가리키니, 예로부터 가사와 삭발은 출가수행자의 상징이었다. 따라서 아직 세간·출세간의 경계 지점에 있기에, 삭발하며 앉아 있을 때면 여러 가지 감정이 밀려와 자신도 모르게 눈물을 떨구는 경우가 많았다.

머리를 깎아 주는 시기 또한 절마다 달랐고, 삭발하면서부터 비로소 정식 행자로 받아 주었다. 본래 행자로 사는 동안에는 머리를 깎지 않는 것이 원칙이었다. 따라서 예전에는 행자를 마치고 사미·사미니가 되는 수계의식을 득도식得度式이라 불렀다. '득도'란 정식으로 불문佛門에 든다는 뜻으로, 이때 머리를 깎아 주었던 것[404]이다. 그러나 실제로는 대개 얼마간 지켜본 다음 승려가 될 자질이 있으면 삭발을 허락했는데, 이는 일찍부터 출가자로서 스스로 마음가짐을 다지게 하려는 뜻이 크다. 점차 삭발에 의미를 두면서 행자의 머리를 깎아 주는 것을 득도식이라 부르기도 한다.

정식으로 행자가 되는 일도 쉽지 않았다. 행자가 되기까지 절에 들어와 살며 얼마간의 시간이 필요한 것은 물론, 아예 거절하기도 했기 때문이다. 사찰경제가 힘들던 시절에는 학인도 승려도 각자 자비량을 내고 머물렀지만, 행자들은 그러한 대상에서 제외된 존재였기에 무한정 수용하기도 힘들었음을 짐작하게 된다.

1970년대 무렵까지 사찰마다 행자가 많았고, 작은 절에도 대여섯 명의 행자가 있게 마련이었다. 따라서 행자가 많은 큰 절에

---

404 홍윤식, "득도식(得度式)", 『한국민족문화대백과사전』, 앞의 책

서는 선임과 신임을 구분하여 행자실을 따로 두고 위계를 분명히
하는 한편, '행자반장'을 두기도 했다. 나이 많은 후임자가 세속의
잣대를 적용하면 규범이 무너질 수 있기에 승가에서는 세속 나이
와 상관없이 출가 나이로 위계질서를 세운다. 따라서 '올깎이 · 늦
깎이'라는 말을 쓰면서, 나이가 많아도 늦게 출가한 늦깎이 승려는
동진 출가한 올깎이 승려에게 깍듯이 대하는 것이다.

　행자실로 입방入房하기 전까지 사찰의 일꾼들과 함께 기거하며
일하다가, 출가자의 자질을 인정받게 되면 삭발과 함께 행자복을
받는 경우가 많았다. 이전까지는 속복俗服을 입고 머리를 기른 채
였다면, 삭발과 함께 비로소 괴색 · 황토색의 행자복을 받고 행자
실에 들 수 있는 것이다. 따라서 삭발할 때 행하는 간단한 의식을
'행자 입방식'이라고도 불렀다. 선배들은 신참 행자가 머리를 깎기
전 며칠간, 발심 기도를 열심히 하도록 이끌어 주기도 하였다. 옛
선운사 · 해인사 등에서는 머리를 깎기 전까지 '처사處士'라 부르며
한동안 나무를 해 오는 부목負木이나 산을 돌보는 산감山監 일을 주
로 시켰다.

　1960년대 초 금산사에는 승려도 행자도 많아 행자에 대한 심사
가 엄격하였다. 노동을 할 수 있는 능력과 건강도 중요하게 여겨,
한 승려는 당시 어리다는 이유로 쫓겨날 뻔했다가 울며 매달려서
간신히 행자 입방을 허가받을 수 있었다.[405] 행자로 받아 주지 않
아 한 달 동안 객실에 머물며 "쫓아내면 목숨을 끊겠다."는 위협까

405　박원자, 앞의 책(2001), p.108.

지 하여, 산감 노릇 석 달 만에 입방하는 경우도 있었다.[406] 그런가 하면 한 달 반이 지나 삭발을 할 때, 출가 스승으로부터 "삼 년 동안 행자생활을 착실히 해야 정식으로 중이 된다."는 다짐을 받기도 했다.

해인사 백련암으로 출가한 승려 원택은 1972년, 일주일 동안 삼천 배씩 기도하여 이만일천 배를 마친 뒤에 삭발 날짜를 잡을 수 있었다. 은사 성철이 삭발과 관련된 모든 의식을 없앴던 터라, 아무런 의식 없이 대야에 물을 떠 놓고 원주가 직접 가위와 바리깡으로 머리카락을 자르고 밀었다.[407] 바리깡을 사용하지 않던 1960년대까지는 머리를 밀 때 놋대야로 만든 커다란 삭도削刀를 사용하였다. 날이 무디면 기와 가루에 날을 갈아서 머리를 깎았는데 부드럽지 않아 통증이 심했다고 한다.

근래 해인사에서는 절에 들어와 일주일이 지나면 '행자 삭발식'을 하고 있다. 삭발하는 날이면 원주와 모든 행자가 동참하여 삼귀의·반야심경·참회진언·사홍서원 등이 따르는 가운데 머리를 깎아 주고 행자복을 갈아입힌다. 삭발식을 마치면 선임 행자 중 막내가 삭발한 머리카락을 땅에 묻고 「반야심경」을 외움으로써, 후임 행자가 장애 없이 행자생활을 마쳐 사미계를 받을 수 있도록 기도해 주고 있다.[408] 해인사 행자실은 예전부터 규율이 엄하기로 이름 높았다. 행자실이 위채와 아래채 두 개가 있었는데, 위

---

406 위의 책, p.171.

407 원택, 앞의 책(2001-1), pp.68~71.

408 "해인사 행자실: 피의 삭발식", 『월간 해인』341호(2010. 7)

채의 상행자들을 향해서는 눈도 바로 볼 수 없었다는 것이다.[409]

　머리를 깎고 나면 행자들은 수계 때까지 힘든 후원생활을 하는 한편으로 행자교육을 받으며 수행자의 길을 걸어간다. 1950~1960년대까지 행자 신분에서 벗어나는 기간이 3년인 경우가 많았고, 스승의 판단에 따라 대폭 짧아지기도 했다. 이를테면 본래 3년이 지나야 수계를 했더라도, 행자가 부지런하고 신심이 깊으면 "각단 예불을 드리니 계를 일러 장삼을 입혀야겠다."며 몇 달 만에 사미계를 주기도 한 것[410]이다.

　이처럼 머리를 깎아 정식 행자로 입방하는 단계, 행자로 살아가는 단계를 차례대로 거쳐 '예비 승려'가 될 수 있었다. 출가하여 가장 힘든 시절이기에 노스님들은 "행자는 늘 들락날락하였다.", "계를 받을 때쯤이면 함께 입방한 행자 가운데 반도 남지 않았다."고 회상하였다. 승가에 "행자 때 지은 복으로 평생 중노릇한다."는 담론이 전하듯이, 그만큼 행자 시절은 대중을 위해 힘들게 일하는 시간이었다.

　한편 행자는 계를 받기 전에 누구를 은사로 할지 결정하여 미리 법명을 받게 된다. 은사는 대개 출가 전이나 출가 사찰에서 지내는 동안 인연이 되어 서로 정해 두는 경우가 많았는데, 최종 결정은 행자의 몫이었다. 또한 제자가 스승의 법을 이어받는 것을 '의발衣鉢을 잇는다.'고 하듯이, 은사는 수계 제자에게 가사와 장삼

409　박원자, 앞의 책(2001), p. 102.
410　위의 책, p. 76.

과 발우를 내려 준다. "행자에게 새 옷 해 주면 복이 줄어든다."고 하여 예전에는 어른들이 입던 장삼을 주는 경우가 많았다. 긴 통과의례를 거치고 승려의 법복을 갖추어 '새 중'이 된 제자는, 스승과 함께 산중 어른들에게 인사를 다니게 되는 것이다.

1970년대가 되면 여섯 달 정도 행자생활을 하고 계를 받은 다음, 바로 강원에 가서 4년간 공부하여 구족계를 받는 승려들이 나오기 시작하였다. 그렇지만 당시에도 이러한 사례보다는 사찰의 자율적인 규범을 따르는 경우가 많았다. 이를테면 승려 성철은 교학보다 참선을 중요하게 여겨, 그가 머물던 해인사 백련암에서는 사미계를 받아도 여러 경전을 공부한 뒤 선원에 가도록 이끌었다. 따라서 성철 문중의 사찰은 2~3년 정도 행자생활을 하면서 기도에 전념하기도 했다.

대방의 일원으로 자리하기

행자들에게 대방은 선망의 공간이었다. 큰스님부터 학인에 이르기까지 모두 대방에 모여 여법하게 발우공양을 하는 모습, 강원·선원의 대중이 경을 읽거나 참선에 든 모습을 보면 신심이 절로 나곤 한 것이다. 하루빨리 자신도 저 자리에 앉고 싶은 마음이 간절하여, 물을 긷거나 나물을 다듬으러 대방 앞을 지날 때마다 울 너머로 훔쳐보기도 하였다.

게를 받고 나서야 갈 수 있는 강원 공부는 물론, 행자가 노스님을 비롯한 전체 대중과 발우공양을 함께 하기란 힘이 들었을 법하다. "행자들은 공양할 때 윗스님들과 같이 못 앉았다. 지금과 달리 옛날에는 어림도 없었다.", "행자와 학인의 위상은 하늘과 땅 차이라서 한자리에 편히 앉지 못함은 물론 무릎을 꿇고 있을 만큼 규율이 엄격했다."[411]고 했듯이, 아직 승려가 아닌 신분이기에 대방에 나란히 앉을 수 없는 것이다.

그런데 실제 행자가 발우공양에 동참하는 일이 그리 드물지 않았다. '수계자만 발우공양을 함께 할 수 있다.'는 관습이 있었다 해도 해당 사찰에 국한된 것이지 승가의 법칙은 아니어서 융통성 있게 적용된 것이다. 이를테면 1959년의 삼척 영은사에서는, 행자들이 부지런히 밥을 지어 대방에 들이고 나서 함께 발우공양을 할 수 있었다. 그뿐만 아니라 끼니마다 밥을 하면 행자가 공부할 시간이 없으니 아침에 한꺼번에 밥을 하여 점심까지 먹도록 하였다.[412] 한동안 처사 신분으로 일하게 한 다음 행자로 받아들인 선운사에서도, 정식 행자가 되기 전의 처사들까지 모두 대방에서 발우를 폈다. 이로 보아 행자 이전의 처사 신분은 마음가짐을 파악하기 위한 절차였고, 그들 또한 행자이자 수행자의 일원으로 받아들였음을 알 수 있다.

이러한 융통성이 가능했던 이유는, 예전의 발우공양은 안거 등 특별한 때만 행한 것이 아니라 일상의 공양이었기 때문일 것이다.

---

411 위의 책, p.177.
412 면담내용 : 금강선원 선원장(혜거), 2017. 12. 27. 금강선원

따라서 행자들이 공양간이나 뒷방에서 따로 먹는 사찰이 대부분인 가운데, 일상의 공양을 함께 하는 문화도 나란히 전승되었던 셈이다.

선객들이 수행하는 선방에도 이러한 분위기가 있었다. 승려가 사찰에 방부를 들일 때면 까다롭게 받아들이는 곳이 많았지만, 참선 수행에 있어서는 근기와 의지가 중요할 뿐이라는 호방함이 있었다. 물론 이러한 문화가 가능한 데는 그곳의 정신적 지주에 해당하는 큰스님의 의지가 가장 중요했을 것이다.

몇몇 사찰을 꼽아 보면 1960년대 구례 천은사 선방, 1970년대 수덕사 견성암 선방을 비롯해 석남사 등에서는 지금도 행자가 발우공양에 동참하고 있다. 석남사의 경우 1957년에 인홍이 주지로 부임하면서부터 이어진 문화였고, 이 또한 1954년 태백산 홍제사에서 대중을 이끌며 수행하던 시절에 시작되었다. 당시 각방이 없어 행자들도 노스님을 비롯한 15명의 승려와 함께 선방에 앉아 수행하고, 발우공양도 취침도 함께 했던 것[413]이다. 수계의 구분 없이 한방에서 수행과 일상을 공유하면서, '누구도 수행하러 들어온 이는 뒤에서 속인같이 먹지 않는다.'는 인홍의 사상이 공고해졌음을 짐작하게 한다.

대방의 대중으로 앉는 것이 간절한 바람이었던 행자들은, 발우공양에 동참함으로써 출가자로서 긍지를 느낄 수 있었다. 한편으로는 대방에서 큰스님부터 어른들이 서열대로 앉은 가운데, 탁자

---

413 박원자, 앞의 책(2007), p.148.

밑에 앉아서 밥과 반찬을 나르고 어른들의 눈치를 봐야 하는 공양이 불편한 시간이기도 했다. 이는 학인이든 행자든 하판에 자리한 승려들이 거쳐야 할 통과의례였던 셈이다.

수계와 무관하게 행자들은 후원에서 음식을 준비하고 나르며 공양 뒷바라지를 하느라 대방에 들어오기가 힘들었다. 따라서 행자가 발우공양에 동참하기까지는 사찰의 배려와 의지가 있어야 가능했을 것이다.

오늘날 송광사·통도사 등 큰 절에서는 대방에 드는 인원이 많은 데다, 공양 중에 행자가 할 일이 많으니 대부분 발우공양에 함께하지 않고 있다. 예전에는 운문사에서도 행자가 발우공양에 동참했으나, 1970년대 이후 학인 수가 증가하면서 그러한 문화가 사라졌다. 전체 대중이 많을수록 후원의 일이 많아지니 행자를 발우공양에 들일 엄두조차 낼 수 없었고, 대중이 발우공양을 마치고 나면 행자들끼리 따로 공양하였다. 아울러 통도사처럼 대방의 수용 인원에 한계가 있어, 전체 대중의 반 정도씩 돌아가며 발우공양에 참석하는 경우도 있다. 따라서 행자가 발우공양에 동참하지 못하는 것은 수계 여부보다 현실적인 이유가 더 크게 작용한 것이라 하겠다.

근래 여러 사찰에서는 행자들이 출가사찰에서 석 달을 보내고, 본사에서 안거의 석 달을 보내도록 하고 있다. 이는 강원과 선원의 선배 승려들이 수행하는 모습을 보면서 배우도록 하기 위함이다. 따라서 발우공양을 하는 사찰의 경우 이러한 행자교육의 의미와 함께 승려 수의 감소로 행익을 맡을 인원이 부족하니, 행자의 발우공양 참여도 자연스럽게 늘어날 것으로 보인다.

하소임의 용맹정진

속가에서 편히 살다가 출가해 피눈물 나는 고생을 하며 성장해 가는 승려들의 행자생활 이야기가 많이 전한다. 행자 시절이 매운 시집살이에 비유되는가 하면, "행자는 절집 고양이보다 못하다."는 말도 회자된다. 고양이한테도 절을 할 만큼 자신을 낮추고 굽혀야 한다는 뜻이다.

칠보사 승려 석주昔珠는 1920년대 중반에 출가해 행자로 여섯 해를 살았다. 당시 선학원에 들어가 자연스레 행자가 되었는데, 혼자서 대중의 뒷바라지와 모든 살림을 전담했다. 꼭두새벽에 일어나 도량을 청소하고 장을 봐 와서 공양을 준비함은 물론, 나무시장에 가서 마차로 실어 온 통나무를 패서 쌓아 놓은 뒤, 방마다 군불을 지피다 보면 하루 해가 저물었다는 것이다.[414] 격동기 불교개혁의 공간이었던 선학원의 특성을 감안하더라도, 어린 나이에 출가해 언제 끝날지 모르는 행자생활을 견디어 낸 이들이 무수하였다. 우연히 인연을 맺은 은사가 "보리 동냥해서 갱죽 끓여 먹어가며 수행할 자신이 있는가."라며 호된 고생을 예고하는가 하면, 인연이 닿지 않아 이 절 저 절로 떠돌며 행자생활을 거듭하는 경

---

414 박원자, 앞의 책(2001), pp. 20~22.

우도 있었다.

행자가 많을 때는 거친 일부터 차례대로 맡았다. 처음 행자가 되면 주로 산에 가서 나무를 해 오는 부목負木, 방마다 아궁이에 불을 때는 화두火頭, 물을 길어 오는 수두水頭, 해우소를 치우는 정통淨桶 등의 소임이 돌아왔다. 특히 사찰에서 나무를 하고 물을 길으며 궂은일을 하는 승려를 '부목浮穆 · 부목한浮穆漢 · 불목하니'[415]라 부르기도 한다. 이는 조선 후기 이옥李玉이 지은 소설『부목한전浮穆漢傳』에 처음 나온 말로, 나무를 하는 부목을 '부목한'이라 부른 것으로 보인다. 이외에도 그는 소설에서, 승려였다가 환속한 이를 '중속한 重俗漢'이라 칭했듯이 소설적으로 만든 명칭들인 셈이다.

다음 행자들이 들어오면 선임 행자는 설거지하고 상을 차리는 간상看床 등을 맡고, 점차 국을 끓이는 갱두, 반찬을 만드는 채공을 거쳐 마지막으로 밥을 짓는 공양주를 살게 된다. 국을 전담하는 갱두 외에 찌개만 전담하는 '찌개 행자'를 두는가 하면, 인원이 많을 때는 선임과 후임이 짝을 이루어 상하 관계를 이루기도 하였다. 행자의 소임은 사찰의 규모와 성격에 따라 달라졌다. 강원이 없거나 작은 절이라면 행자가 맡는 일의 범위가 넓어질 것이요, 강원이 있거나 큰 절이면 후원생활 또한 위계에 따르게 되므로 허드렛일을 중심으로 하게 되기 때문이다.

일상의 후원 소임뿐만 아니라 논농사 · 밭농사와 산나물 울력에 이르기까지 모든 승려가 함께 하는 울력에도 앞장서서 해야 하

---

415 김봉렬, 앞의 책(2006), p.376.

는 이들이 행자였음은 물론이다. 이처럼 일이 많고 고된 나날이라도 전 대중이 참석하는 새벽예불에는 행자 또한 빠질 수 없었고, 예불을 마치면 후원으로 달려가 공양 준비를 했다. 그런 가운데 행자로서 익혀야 할 공부도 있으니, 일하면서 경전을 외우고 부지깽이로 아궁이를 두드리며 「천수경」을 외우던 시절이었다.

그런가 하면 1940~1950년대 범어사에서는 예불을 올리기 전에 행자들이 번갈아 가면서 운판·목어·법고·범종의 사물을 치고,[416] 도량석을 돌기도 하였다. 이는 1960년대 용주사를 비롯해 행자가 많은 여러 사찰의 일상으로, 사찰 또한 체계를 잡아 가던 시절의 모습이었던 셈이다. 신심 깊은 행자들은 아침 도량석을 도반에게 뺏기지 않으려고 이불 속에 도량석 목탁을 감춘 채 잠들기도 하였다.

일이 익숙지 않아 '반창고 행자'로 불리며 다치는 일이 빈번한 이가 있는가 하면, 일솜씨가 좋아 뭐든 척척 해내는 '만능 행자'도 있었다. 지게를 진 채 산에서 내려오다가 고꾸라지기도 하고, 물지게를 처음 지다가 일어날 때 중심을 잡지 못해 물벼락을 맞기도 하였다. 쌀에 섞인 지푸라기를 바람에 털어 내기 위해 키질을 할 때면 높이 올리지 못할뿐더러 마당에 쏟기 일쑤였고, 키를 흔든다는 것이 자신의 몸만 흔들어 대 대중의 웃음거리가 되기도 한 것이다.

1970~1980년대부터 행자 기간이 여섯 달로 정착되고 대우도

---

416 고산스님, 앞의 책(2009), p.39.

점차 좋아지기 시작했지만, 가장 아래 소임으로 사중을 뒷받침해야 하는 행자생활은 늘 힘들게 마련이다. 행자가 몇 개월만 사는데다 점차 출가자의 수가 줄어드니 사찰마다 재가자를 두게 된 지도 오래이다. 따라서 행자들은 허드렛일을 중심으로 하면서, 압축된 시간 동안 출가자로서의 전반적인 습의를 익히는 데 집중하도록 이끌고 있다.

근래의 사례로 통도사를 보면,[417] 행자는 2시 40분경 일어나 9시에 잠들면서 조석예불에 참석하고, 공부·청소·휴식을 제외한 시간에는 세 차례 공양간·주방을 오가며 밥과 반찬 만드는 일을 돕고 있다. 공양간에서 밥 짓는 일은 학인들이 맡고 행자는 쌀을 씻거나 불을 때는 일, 밥·국·찬상을 옮기는 일 등을 맡았다. 공양을 마치면 청소와 정리를 말끔히 하고, 공양간에 장작이 모자라지 않도록 쌓아 두었다. 주방에도 행자의 일이 쌓여 있다. 이곳에서 일하는 재가자는 여섯 명으로, 모든 반찬을 만들고 신도들의 밥 짓는 일을 전담한다. 많은 신도가 찾아와 공양하니 늘 일손이 모자라서 행자들이 반찬거리를 다듬는 일과 청소 등을 함께 하고 있다.

이처럼 오늘날의 행자는 조리에서 벗어나 있지만, 예전에는 후원의 다양한 소임을 고루 익혔고, 농사일까지 웬만한 일은 모두 습득하였다. 경전 공부보다 일을 수행으로 삼아 몇 년을 보내다 보니 살아가는 데 필요한 대부분을 행자 때 익혔다는 것이다. "요

417 면담내용 : 통도사 교무과장(혜덕)·학인(무여)·학인(정혜). 2019. 11. 22. 통도사 종무실

즘 학인 4년을 마쳐도 못 익힐 일을 그 시절에 다 했다."는 노스님들의 말이 실감나는 대목이다. 그들은 또한 출가하여 처음 배운 『초발심자경문』이 행자 시절에 큰 지침이 되었고, 이후에도 힘들 때마다 출가의 발심을 끊임없이 일깨워 주었다고 한다. 자신의 삶에 확신이 서면 현재의 고난 또한 의미 있는 것이 되고, 기꺼이 받아들일 수 있게 된다는 것이다.

> 나는 수행자로서 지녀야 할 신념이 행자 시절에 세워져야 한다고 생각한다. '나는 이렇게 살겠다, 무엇을 하겠다.'라는 신념을 행자 시절에 세우지 않고 그 시절을 적당히 보낸 사람 치고 중노릇 시원하게 하는 것을 보지 못했다.[418]

이처럼 승려들은 출가 이후의 가장 중요한 시기로 행자 시절을 꼽았다. 경전 공부나 참선 공부보다 초심 시절의 공부가 더 큰 힘이 되었기 때문이다. 모든 힘든 일을 다 해 보면서 그만한 수행이 없었고, 신심이 솟아오르던 시절이었기에 고생 또한 기꺼이 할 수 있었다. 스스로 선택한 고난의 길을 무사히 마친 자만이 출가수행자의 길을 걸을 수 있던 것이다.

> 바쁜 와중에서도 공부하고 소임에도 충실했던 행자들은 무사히 사미계를 받고 마치 연어처럼 강원으로 돌아왔다. 하

---

418 박원자, 앞의 책(2001), p.274.

지만 피로에 지쳐 공부는 뒷전이었던 행자들이 다시 세속으로 돌아가던 일도 생각난다.[419]

---

419 양관스님, "다시 읽는 초발심자경문", 「불교신문」 3643호(2021. 1. 9)

학인생활

학업과 노동의 병행

행자생활을 마치면 예비 승려가 되어, 강원講院에서 학인學人으로 본격적인 공부와 수행을 이어 간다. 전국 각 사찰의 사미·사미니들이 강원을 운영하는 사찰에 모여 학생 신분으로 일정 기간을 살아가게 되니, 마치 대학생이 되어 기숙생활을 하는 것과 흡사하다. 승가대학인 강원에는 학장과 강사가 있어, 학년별로 정해진 교육과목을 이수하게 된다.

이들은 대방에서 숙식과 공부를 하며 함께 살아가, 출가자의 일생을 통틀어 진정한 대중생활이 이루어지는 시기이기도 하다. 인원이 많아 전체 학인을 한방에 수용할 수 없으면 고학년의 순으로 별도의 요사에 기거하였다. 같은 학년은 졸업할 때까지 한 공간에서 살아가게 되므로, 일생을 함께할 마음 맞는 도반道伴도 대부분 이 시기에 만나게 마련이다. 이들은 사찰의 규범을 따르는 가운데, 학인이라는 신분의 또 다른 공동체문화를 이어 나갔다.

예전에는 본격적인 강원이 드물었고 운영 또한 체계적이지 않아 은사나 큰스님에게 배우는 경우가 많았다. 교육기간도 4~6년 등으로 다양했지만, 1970년대부터는 점차 체계를 갖추기 시작하여 4년제로 자리를 잡았다. 배우는 과목에 따라 학년의 반 이름을 구분하여 1학년을 치문반緇門班, 2학년을 사집반四集班, 3학년을 사교반四敎班, 4학년을 대교반大敎班이라 부른다.

학생이자 예비 승려의 신분으로 모였으니 사찰에서는 더욱 엄하고 체계적인 규율을 적용하였다. 한국불교의 강원생활은 엄격하기로 이름 높아 '사관학교'라는 별칭이 붙기도 하면서 허물에 대해 가차 없는 경책이 따랐다. "사방에서 관심을 가지고 보는 눈들이 많아 여기저기서 얘기가 막 들어온다.", "1학년은 일 년 내내 습의가 이루어진다고 보면 된다."고 했듯이, 행자 시절에는 용서되던 일도 학인 때는 평가가 엄격해지는 것이다. 신입 학인들은 하루의 수행 일과와 함께 발우공양하는 법과 가사·장삼 다루는 법 등 승려생활에 필수적인 습의를 거듭 배웠다. 의식에 밝은 강사가 며칠 동안 1학년을 대상으로 이러한 습의를 가르치고 나면, 다음에는 2학년이 맡아 본격적으로 가르치고, 그 뒤에도 추가 교육이 필요하다고 판단되면 4학년을 투입하여 집중교육이 이루어지기도 한다.

학인들은 후원의 모든 일을 돌아가면서 고루 맡았다. 후원에서 음식을 만드는 일이 소임에 해당하는 것이라면, 더 큰 비중을 차지한 것은 식량 마련과 관련된 '울력과 탁발'이었다. 석남사·운문사·통도사처럼 전답이 많아 어느 정도 자급자족이 가능했던 사찰에서는 학인들이 농사의 주체가 되다시피 했다. 소작을 주더라도 사찰 인근의 경작지는 일꾼들과 함께 직접 농사를 지었기에 모심기와 추수, 밭작물의 재배와 수확에 이르기까지 일하며 수행하는 나날을 보낸 것이다. 따라서 일은 더 고됐으나 자비량은 따로 내지 않아도 되었던 셈이다.

어렵던 시절에 강원의 가장 큰 문제는, 많은 학인의 식생활 해결이었다. 이에 학인들은 학비에 해당하는 자비량을 내야 했고, 은사 또한 형편이 넉넉하지 않으니 대부분 탁발로 이를 마련하였다. 1960~1970년대 동학사·봉녕사는 참으로 가난한 살림이었기에, 이곳의 학인들은 다른 강원보다 오랫동안 자비량을 내야 했다.

1956년에 최초로 비구니 강원을 연 동학사의 경우, 1970년대 학인들 사이에 '울력이 제일 없는 비구니 강원'으로 꼽혔다. 학인들이 두 명씩 짝을 이루어 며칠씩 돌아가며 후원 소임을 살았고, 나무를 해 오거나 많지 않은 밭에 작물을 키우는 정도였다. 대신 식량이 절대적으로 부족하니 오랫동안 자비량을 내면서, 탁발수행을 가장 많이 한 비구니 학인들이기도 하였다. 흉년이 겹친 해에는 몇 달씩 방학을 주어 은사의 사찰에 가 있도록 하는가 하면, 수학여행을 온 학생들이 숙식비로 가져온 쌀이 사찰경제에 큰 힘이 되었다. 그래도 부족하면 저렴한 정부미를 구해 먹거나, 외국에서 원조로 들어온 강냉이가루를 수녀원에서 탁발해 오기도 하였다.

반찬거리 또한 턱없이 부족하니 마을에서 잘 먹지 않는 작물을 얻기도 하고, 김장을 아주 많이 하여 주된 반찬으로 삼았다. 고춧가루는 적고 소금만 많이 넣어 절였기에 물을 부으면 그대로 김칫국이 될 정도로 아주 짜게 담근 김치였다. 이러한 사정은 1970년대 후반까지 계속되었다.

수원 봉녕사 또한 빈궁한 살림 속에서 1974년 승려 묘엄妙嚴이 강원을 개설하자, 배움에 목마른 사미니들이 몰려들어 일 년이 지나 70명이나 되었다. 그들은 20평이 조금 넘는 대방에 함께 기거하면서 매일 한 끼는 멀건 국물만으로 된 된장국을 반찬으로 먹어야 했다. 밭이 부족하고 형편이 넉넉지 못하니 많은 학인에게 채소를 넣은 된장국을 먹일 형편이 되지 못했던 것이다.[420]

봉녕사도 동학사도 별좌나 채공을 맡은 학인은, 김치ㆍ된장국 외에 먹을 반찬이 없는 날이 계속되면 무조건 밖으로 나갔다. 나물 철이 지나도 들과 산을 헤매다 보면 먹을 만한 푸성귀가 더러 있어, 이를 뜯어 와 된장을 풀고 국을 끓이면 환호를 받았다. 배가 고프면 방학 때 은사 사찰에서 미숫가루를 얻어 온 학인들이, 커다란 양푼에 이를 풀어서 나눠 마시며 힘을 내었다. 그래도 대부분 학인은 비좁은 잠자리나 부족한 공양에도 불평 없이 공부에 전념하며 수행자의 청빈한 삶으로 여겼다.

이에 비해 운문사 강원은 학인들이 열심히 농사지으며 학업과 노동을 병행한 곳으로 이름이 높다. '운문사 농과대학'이라는 말을 들을 정도로 봄부터 겨울까지, 사시사철 학인들이 농사꾼 수행자

---

420 김택근, "수원 광교산 봉녕사", 「법보신문」 1253호(2014. 7. 16)

로 일하며 후원의 살림을 이끌었다.

1980년대 중후반 운문사의 후원과 관련된 연구를 보면, 당시 김장은 배추김치·동치미·총각김치·깍두기 등을 이틀간 담가 50개의 김칫독에 저장했는데 모두 농사지은 것으로 충당이 되었다. 참기름·들기름을 직접 짜서 쓰고 갖은 채소를 길렀으며, 추석 무렵에 산초를 따서 저장하고, 겨울에는 비닐하우스에 콩·보리·감자·고추·우엉·연근·생강 등을 재배하였다.[421] 2000년대 초에도 이러한 사정은 비슷하였다. 이 무렵 큰 절에는 후원 살림을 도와주는 재가자를 두는 곳이 많았지만, 운문사에는 나무를 해 오는 부목만 있었다. 곡식을 제외하고 채소 대부분을 학인들이 일구어 반찬으로 썼다. 하루에 학인 공양주들이 하는 밥이 쌀 한 가마에 이르고, 김장김치는 배추만 1만2천 포기였으며, 콩 네 가마를 삶아 메주를 쑤고 된장과 간장을 빚었다.[422]

이러한 전통은 지금까지도 이어져 운문사 밭에는 고추·배추·무·고수·가지·아욱·토마토·호박 등이 빼곡히 자라고 있다. 특별히 울력이 많은 날이면 빵·국수·피자 등의 새참이 나오고, 김장 때면 붕어빵 장수가 기계를 가지고 와서 10시부터 3시까지 종일 붕어빵을 구워 주었다. 그러다가 그간 승려가 전담하던 운문사 후원에도 2018년부터는 재가자를 두기 시작했다.[423]

---

421 漢陽大學校 韓國生活科學研究所, 「우리나라 傳統的인 生活樣式의 研究: 운문사 여승의 의·식·주생활을 중심으로」, 『韓國生活科學研究』 5(1987), p.19.

422 곽병찬, "여명서 황혼까지 오로지 버리고 따르다", 「한겨레」(2002. 11. 13)

423 면담내용: 운문사 원주. 2018. 12. 1. 운문사 요사

공부하고 공양하고 울력하는 하루의 반복…. 안 그러면 자급
자족하던 시절에 그 많은 학인을 누가 먹여 살릴 수 있겠어.
일은 힘들었어도 당연하게, 즐겁게 일했어요. 속가에서 농
사일을 안 해 봤는데 '낮이 절로 간다.' 할 정도로 잘됐고, 모
내기도 하면 누가 빨리 심나 내기를 하며 했다니까? …도반
들과 함께 하니까 더 힘이 났던 것 같아요. 그 당시에 몇 년
씩 행자 하면서 살아남아 강원에 온 스님네들은, 힘들수록
수행이라고 여기는 그런 게 있었어.[424]

운문사 강원을 졸업한 승려 계호의 말처럼, 예비 승려로 거듭
난 학인들은 학업과 노동이 함께하는 시간 속에서 수행자의 삶을
다져 갔다. 특히 학인 가운데는 고된 일과뿐만 아니라, 수십 명의
대중이 한 공간에서 살아가는 생활을 힘들어하며 포기하는 이도
있었다. 그러나 행자로 사는 동안 대중생활이 출가수행자 본연의
삶임을 터득했기에, 대부분 학인은 공부를 무사히 마치고 은사가
머무는 사찰로 돌아갈 수 있었다.

---

424 면담내용 : 진관사 주지(계호). 2017. 11. 28. 진관사 요사

강원이 있는 사찰에서는 예나 지금이나 후원의 대부분 소임을 학인들이 맡는다. 원주의 관리 아래 학인들이 후원의 중심을 이루고, 행자는 그 아래에서 보조하는 것이다. 학인 가운데서도 저학년 중심으로 공양주·채공·갱두 등을 돌아가면서 맡아 이를 '돌림 소임'이라 불렀다. 학인 수에 따라 고루 돌아갈 수 있도록 인원과 기간을 정했고, 대개 두 명씩 짝을 이루어 3~7일간 맡게 되니 몇 달에 한 번씩 같은 소임을 살았다.

이들 외에 별좌別座를 따로 두었다. 별좌는 원주 아래서 후원 일을 총괄하며 소임자들을 이끌어 가는 직책이다. "별좌는 강원 방에서 나온다."는 말이 있듯이, 본채에서 맡지 않고 주로 고학년 학인 가운데서 별좌를 정했다. 음식솜씨가 있는 이들이 맡아 별식의 반찬을 주로 만들고, 4학년은 후원 소임에서 물러나는 시기라서 대개 3학년이 해당된다. 별좌 또한 돌림이지만 '한 철 소임'이라 하여 석 달 정도씩 맡아, 원주에게서 식재료를 받아 후원 살림을 꾸려 나갔다.

이처럼 4년간의 본격적인 공부와 울력 속에 대중공양이 중요하게 자리 잡고 있었다. 울력도 소임도 노동이지만, '울력'이 대중 전체의 공동 노동이라면, '대중공양의 소임'은 개인에게 맡겨진 전체 대중의 문제였다. 따라서 소임을 살 때는 실수나 미숙함으로 지적받는 일이 없도록 각별히 신경을 썼다. 특히 그들은 발우공양 때 진담했던 행익行益을 가장 힘든 소임으로 꼽았다.

또한 이 무렵은 사찰 노스님의 시자侍者를 살기 시작하는 시기이기도 하다. 행자 시절에 어른들이 지켜보면서 성실하고 음식솜씨가 있는 이들에게, 노스님들을 따로 시봉하며 상도 차려 내도록 맡기는 것이다. 제자가 은사의 시자를 맡는 경우도 많다. 승려들 간에는 "대중상大衆床보다 독상獨床이 힘들다."는 말이 있다. 이는 독상을 받는 이가 까다롭기 때문이 아니라, 어른의 상을 차려야 하는 이의 입장이 그만큼 어렵다는 뜻이다.

학인이 적은 곳에서는 더 힘든 나날을 보내야 했다. 후원 소임을 몇 개월씩 살고, 발우공양 때는 적은 인원으로 선방 승려들을 수발하기에 바빴다. 학인이 많으면 행익도 며칠에 한 번씩 돌아왔지만, 인원이 없으니 공양 때마다 행익을 맡아야 하기 때문이다. 1960년대 초 서울 청룡사처럼 예외도 있었다. 당시 청룡사에는 80명 대중 가운데 학인이 20~40명이었지만, 학인은 별좌를 비롯해 간상看床과 행익만 돌아가면서 맡았다. 음식은 행자와 재가자가 만들게 함으로써 학인들이 상대적으로 공부에 열중할 수 있었다.

이처럼 학인들이 대중공양의 주체가 되어 온 후원문화는 사찰 음식이 체계적으로 전승될 수 있는 소중한 기반이었다. 학인들이 후원 소임을 맡지 않고 솜씨 좋은 승려와 재가자가 전적으로 음식을 장만한다면, 사찰음식은 출가자와 멀어지고 특정 전문가의 영역에 머물고 말 것이다. 따라서 4년 동안 모든 학인이 직접 재료를 장만하고 음식을 만들어 본 경험은, 사찰음식이 전승될 수 있는 필수요건이었던 셈이다.

이들은 강원을 졸업한 뒤 각자 인연 있는 사찰로 흩어져, 자신이 있는 곳에서 대중공양을 거뜬히 장만하며 사찰음식을 전승시켜 나갔다. "본래 끼니 한 상을 차려 낼 수 없을 정도로 솜씨가 없고, 반찬 하는 것에는 머리가 안 돌아갔다."는 한 승려도, "어느 날 절에서 배운 대로 저절로 머리가 터지기 시작했다."고 하였다. 이처럼 수행자의 음식은 보고 배우는 일상 속에서 이어져 왔다.

돌아가며 음식을 만들어 봄으로써 지금껏 알지 못했던 자신의 음식솜씨를 발견하기도 하였다. 이렇게 소질 있는 이들은 학년이 높아지면서 별좌를 맡게 되고, 대중공양의 전문 지식과 소양이 축적되어 사찰음식의 전문가로 성장하는 것이다. 따라서 3학년 때 후원을 이끌며 한 철 동안 전체 대중의 반찬을 만들어 본 별좌의 경험은, 이들에게 큰 힘이 되었던 셈이다.

예나 지금이나 학인들이 가장 힘들어하는 발우공양을 살펴보자. 학인은 행자들과 함께 음식과 찬상을 준비하고, 공양이 시작되면 청수 · 밥 · 국 · 숭늉을 분배하는 행익行益은 물론, 퇴수退水와 찬상을 들고 나는 일까지 모두 맡는다. 행익은 대중 수에 따라 방을 가로 세로로 나누어 1~4개의 조가 움직이게 되는데, 한 조마다 3명 정도가 맡으니 큰 절에서는 대개 12명이 필요하다. 법랍이 낮은 순서대로이니, 아랫반에서 돌아가며 순번을 정해 일주일, 열흘, 보름 정도씩 청수 · 밥 · 국의 행익을 교대로 맡았다.

조실과 주지, 사중의 모든 어른과 선배들 앞에서 위의威儀에 맞게 행동거지를 잘하기는 참으로 어렵다. 게다가 발우공양의 자리 배치는 어른들의 바로 앞에 가장 낮은 차서次序의 승려가 앉게 되어 있다. 그동안에 익힌 습의를 점검받기 위한 것으로, 행익에서부터 공양하는 모습까지 어른들이 지켜보는 가운데 해야 하는 것이다. 이에 "처음 어른스님들 코앞에 앉으면 밥이 어디로 들어가는지 알지 못했다."고 하듯이, 바늘방석 같은 발우공양이 하루하루 거듭되면서 승려로서 위의도 무르익어 가는 셈이다.

특히 발우에 밥을 담아 줄 때는 모양을 잘 갖추는 것이 중요했다. 밥을 풀 때면 '담는다'는 표현 대신 '된다'고 하여 분량을 측정한다는 뜻을 담았다. 주걱으로 양쪽을 한 번씩 눌러서 요령 있게 뜨면 두 번 푸는 법 없이 정확하게 '서 홉 밥'이 나오기 때문이다. 일정한 양을 보기 좋게 담아 내는 것은 윗반에서 아랫반에 전수하는 비법이기도 하며, '밥 뜨는 실력이 좋은 학인'으로 인정을 받기도 했다.

어느 승려는 "발우공양은 40분 가까이 걸리는 의식이다. 우리는 그저 받아먹으니까 그나마 괜찮지만, 행익 하는 학인들은 긴장의 연속이라 그 자체로 힘든 일이다. 힘든 일을 겪고 났으니까 나중에 받아먹을 자리에 올라가게 된다."고 하였다. 이처럼 학인들의 행익은 대중공양의 뒷바라지를 소중한 수행으로 여기며 법랍을 쌓아 가는 출가수행자의 상징적 통과의례이기도 하다.

오늘날 학인들의 후원 소임을 통도사와 운문사를 사례로 살펴보면 다음과 같다. 가마솥에 밥을 짓는 통도사의 경우[425] 1학년·2학년에서 반두 소임을 맡고, 채공 소임은 재가자가 맡고 있다. 각 전각에 올리는 사시마지는 2학년 사집반의 노공爐供 소임자가 담

----
425 면담내용 : 통도사 교무과장(혜덕)·학인(무여)·학인(정혜). 2019. 11. 22. 통도사 종무실

당하고, 3학년은 소임에서 물러나 전각마다 기도 올리는 일을 한다. 따라서 2학년에서 상반두 1명, 1학년에서 하반두 1~2명을 두며 기간은 철마다 바뀌어 3개월씩 소임을 살게 된다.

반두를 뽑을 때는 건강한 학인 가운데 안경 쓴 이를 제외하는데, 김이 서려 일에 방해가 되지 않도록 하기 위함이다. 하반두는 상반두가 지정하고, 상반두는 하반두를 거친 이가 맡아 일이 원활하게 이루어지도록 한다. 아울러 발우공양 때 죽비를 쳐서 의식을 진행하는 입승立繩 소임은 4학년 대교반의 대표가 맡고 있다.

밥과 반찬을 모두 맡는 운문사 학인들의 경우[426] 전반적인 후원 관리를 3학년이 맡는다. 후원의 책임자인 별좌를 3학년에서 맡아 한 철씩 소임을 살게 되니, 3학년에서 총 4명의 별좌가 나오는 셈이다. 별좌는 반찬을 주로 맡는데, 1~2학년 중에 작은 별좌를 두어 전·튀김과 같은 특식을 만들고 있다. 별좌의 주된 임무는 국·김치·장아찌를 제외하고 끼니마다 새로운 재료로 새 반찬을 만드는 일이다. 예전에는 중간 별좌도 있어 각각 '큰별·중간별·작은별'이라 불렀다. 별좌 아래 밥을 짓는 공양주와 반찬·국을 만드는 채공을 두고, 이들 또한 상황에 따라 상중하로 나누어 3학년에서 1학년까지 난이도에 따라 배분하였다.

학년별로 맡아야 할 후원의 일거리도 정해져 있는데, 일의 성격에 따라 별칭을 붙인 점이 흥미롭다. 1학년은 '종두반鐘頭班'이라 부른다. 종두는 '종을 치고 잔심부름하는 소임'을 뜻하는 말로, 밥

426 면담내용 : 운문사 강원 교수(은광) · 별좌(동암) · 학인(도림). 2018. 12. 1. 운문사 요사

사진 5-9. 발우공양 전의 대방 청소 (통도사 학인들)

사진 5-10. 발우공양의 행익 (운문사 학인들)

상을 차리고 후원과 대방 청소를 비롯해 공양과 관련된 부수적인 일을 맡는다. 2학년은 '원두반園頭班'으로, 채소밭에서 필요한 채소를 수확해 후원에 가져다주는 일을 한다. 3학년은 후원을 이끄는 주체로 '엄마반'이라 부른다. 이들은 후원에서 가져온 채소를 다듬는 일을 비롯해 밥과 반찬을 책임지며, 행사가 있어 별식을 만들 때도 주축을 이룬다. 4학년은 학인들의 전반적인 생활을 관리하고 의논하는 일을 맡아 '아빠반'이라 부른다. 학년별로 일을 구분하고, 소임별로 구체적인 일을 맡아 체계적으로 후원 살림이 돌아갈 수 있도록 하는 것이다.

이처럼 사찰음식이 생명력을 잃지 않고 전승되는 근원에는 대중생활이 자리하며, 그 가운데 강원은 이러한 특성을 전승해 나가는 토대가 됨을 알 수 있다. 사부대중이 어우러지고 승려들도 문명의 이기를 적극 활용하며 포교하는 오늘날에는, 수행자의 음식 또한 세간의 음식과 뒤섞이기 쉽다. 그러나 엄격한 규율이 작동하는 대중생활과 수행자가 이끄는 후원 속에서 사찰음식의 생명력을 이어 올 수 있었다.

유쾌한 후원문화

강원은 학년마다 한 반밖에 없어서, 학인들은 '같은 학년'을 '같은 반'이라 부른다. 같은 반 학인들은 수년간 한 공간에서 삶을 함께 하니 단합이 아주 잘되었고, 학인 시절이기에 가능했던 다양한 문화를 공유하면서 수십 년이 지나서도 도반들과 깊은 인연을 이어가는 승려들이 많다.

강원의 학인들 또한 체육대회도 하고 소풍도 가며, 방학이면 들뜬 마음으로 은사의 절에 돌아갔다. 특별한 날 학인들이 연극을 준비하여 선보이는가 하면, 종강 무렵이면 스승에게 감사하고 자축하는 책거리를 하는 등 배움의 과정에 있는 학생들의 오랜 전통이 강원에도 있었다.

소풍은 대개 사찰이 자리한 산에 올라, 반별로 준비해 온 음식을 먹으며 도반들과 일상에서 벗어난 하루를 보내는 것이 즐거움이었다. 이때는 직접 주먹밥을 만들기도 하고, 형편이 나으면 단무지·시금치·당근 등을 넣어 김밥을 말기도 했다. 나들이의 들뜬 마음과 함께 각자의 숨었던 장기들이 나오고, 수행자들의 유행가 자락이 계곡에 울려 퍼지는 날이기도 하다. 나물이 많이 나는 봄철에는 '화전대회' 등의 이름으로 학인들의 음식솜씨를 겨루었다. 반별로 학인들이 산과 들에서 구해 온 재료로 요리를 하면, 어른들이 품평하며 봄철을 즐기는 행사였다. 어려운 시절일수록 일상에서 벗어난 시간이 주는 즐거움은 더욱 컸다.

학인들의 가장 보편적인 행사는 책거리이다. 경 한 권의 공부를 마치거나 종강을 하면 간단하게나마 음식을 차리고 축하하는 자리를 가졌다. 강원마다 책거리의 모든 준비는 학인들 스스로가 하는 것이 불문율이다. 사중에서 특별히 찰밥이나 떡을 해 주는 경우가 있었지만, 대개는 학인들이 재료를 구하거나 돈을 모아 음식을 준비하는 책거리 문화였다. 이는 가르쳐 준 스승을 비롯해 어른들에게 감사를 올리는 의미가 가장 크기 때문이다.

따라서 돈을 조금씩 모아 인절미 등 떡을 만들기도 하고, 찰밥에 미역국을 끓여 스승과 사중 승려들에게 대중공양을 대접하였다. 책거리를 하는 날 학인들이 마련한 음식과 함께, 사찰에서도 강사에게 과일·다과·차 등으로 간단한 상을 올리게 마련이었다. 종강할 때면 반별로 음식을 한두 가지씩 만들어 강사에게 올리는 '반공양' 전통도 있었다. 전국에서 모여든 학인들이기에 각자 고향의 독특한 음식이 나오기도 하면서 솜씨를 선보이는 자리였다.

승려들은 은사가 있는 절을 '집'이라 표현한다. 은사 또한 학부형의 입장이 되어 제자가 강원생활에 잘 적응하고 있는지 궁금했고, 때로 편지와 필요한 것을 보내기도 하였다. 선암사에 비구니 강원을 운영하던 1950년대 중반, 학인이었던 보각은 수시로 편지를 보내 주는 스승으로 인해 일약 유명해졌다. 백설기를 잘게 잘라 방바닥에 말린 것을 봉투에 담아 부치면서, 세상에 둘도 없는 상좌에게 이것저것 당부를 써 보내곤 했기 때문이다.[427] 제자가 있는 강원에 은사나 사형이 찾아와 대중공양을 내는 경우도 드물지 않았다. 이에 대해 학인 간 위화감을 준다는 일부 비판도 있었다니 세간의 학생·학부모의 구도와 다를 바 없는 모습도 볼 수 있다.

학인들이 방학하는 날은 곧 '집에 가는 날'이었다. 방학 때 은사절에 돌아가도 많은 일이 기다리고 있었지만, 제자는 방학을 손꼽아 기다렸고 은사도 지체함 없이 돌아오도록 명하였다. 어느 강원

---

427 휴봉 보각, 앞의 책, pp. 33~34.

에서는 여름방학 하는 날, 많은 비로 개울의 다리가 모두 물에 잠겼기에 어른들이 다음 날 가도록 했지만 남으려는 학인은 아무도 없었다. 수십 명이 산문을 나서서 불어난 개울물에 서로 넘어지지 않도록 손을 잡은 채 힘겹게 건널 수 있었다. 그러나 결국 시간이 지체되어 차를 타지 못해 포교당에서 하룻밤 자고서야 각자의 '집'으로 돌아갈 수 있었다는 것이다. 노심초사하는 어른들의 마음도 아랑곳없이 길을 나서는 학인들의 모습에서, 방학을 맞은 아이들과 다를 바 없는 마음을 읽어 보게 된다.

방학을 마치고 돌아올 때면 갖가지 간식과 필요한 물품을 챙겨 오는 것도 기숙생활을 하는 학생들과 다르지 않았다. 학인들은 간식뿐만 아니라 각종 식재료를 가져오는 것이 특징이었다. 간식거리는 미숫가루, 바짝 말려서 오래 먹을 수 있는 떡이 대부분이었고 김이나 떡국을 가져오기도 했다. 옷에 풀을 들일 때 쓰는 밀가루, 비누 등도 각자 가져오는 필수품이었다. 은사의 살림이 조금 넉넉한 학인들은 자신이 채공 소임을 맡을 때 쓰려고 고추장·고춧가루·참기름·깨소금 등의 귀한 식재료를 챙겨 왔다. 양념은 원주로부터 정해진 양만 받을 수 있었기에, 사물함에 숨겨 두고 채공 때 조금이라도 맛있는 찬상을 올리기 위함이었다.

여름·겨울방학이 아니더라도 초파일에 방학을 주는 강원이 많았다. 은사의 절이 바쁘니 일손을 도와주도록 한 것이지만, 명절불공으로 들어온 쌀을 학비로 받아 오도록 배려하는 뜻이 더욱 컸다. 은사의 절에 갈 상황이 못 되는 학인은 도반을 따라가기도 했다. 도반 은사의 절에서 불공을 열심히 해 주면 쌀 반 가마 정도의 값을 받기도 했으니, 방학 때 아르바이트로 학비를 버는 학생들과도 다를 바 없다.

학인들끼리 반찬을 만들 때면 누가 무채를 더 빨리 써는지, 또는 더 가늘게 써는지 내기를 하였다. 김장에 쓸 무채는 엄청난 양이 필요하기에, 솜씨 좋은 몇 명의 학인들이 누가 가장 빠르고 균일하게 써는지 겨루었다. 빨리 마칠수록 그 무채는 기계로 썬 듯 고르고 예뻤다. 또한 가늘게 썰기를 겨룰 때면, 무채를 던져 천장에 붙는 이가 승자였다. 이겨도 누가 상을 주는 게 아니건만 도반들끼리 재미있게 일하다 보면 힘들고 많은 일도 쉽게 지나갔다.

아무리 규율이 엄격해도 학인들의 장난은 끊이지 않았다. 대개 10대 후반에서 20대 초반이라 장난기가 많을 때였고, 배고픈 시절이었기에 장난은 대부분 먹는 것과 관련되었다. 원주가 요긴할 때 쓰려고 모아 놓은 누룽지부터 곶감, 감자, 찹쌀가루에 이르기까지 먹거리와 관련된 것이면 무엇이든 학인들의 공략 대상이 되었다. 어쩌다 한두 번이면 들키지 않았지만, 반마다 주기적으로 그렇게 하다 보면 '동치미 건더기 누가 다 건져 먹었나.', '재에 쓸 곶감은 누가 다 빼먹었나.' 등으로 대중공사가 벌어지기 일쑤였다.

의생활 재료가 식생활 재료로 탈바꿈하는 경우도 있었다. 당시는 무명 옷에 풀을 해서 입던 시절이었다. 1960년대에 쌀가루 풀은 엄두도 내지 못하였고, 옷을 빨 때면 각자 가져온 밀가루로 풀을 해서 말려 입었다. 그런데 한 달에 하루 쉬는 날이면, 같은 반 학인들끼리 풀을 쑬 밀가루를 조금씩 걷어서 수제비를 끓여 먹곤 했던 것이다. 작은 솥과 소금을 챙겨 개울가로 나가서, 돌을 주워 솥을 앉힌 다음 나뭇가지로 불을 때고 개울물로 밀가루를 반죽해 끓여 먹는 수제비였다. 쉬는 날마다 이런 일들이 관례처럼 벌어졌고, 계곡 바위틈에 숨겨 놓은 대야가 비 오는 날 떠내려가기도 하였다.

특히 인근 암자를 터는 일도 비구·비구니 구분 없이 학인들의 전매특허였다. 몇 명씩 조를 짜서 암자의 물김치·동치미·고추장 등을 서리해 오면, 나머지 도반들은 후원에 감춰 둔 식은 밥을 꺼내 와 기다리다가 함께 꿀맛처럼 먹었다. 감자·고구마를 서리해 와서 군불아궁이의 물이 담긴 가마솥 안에 넣고 아무도 모르게 삶아 먹는가 하면, 재에 쓰려고 수조에 담아 둔 과일도 서리의 대상이었다. 이에 다음 날 암자의 노스님이 본절로 달려와 소동이 일어나는 일이 잦았다.

가벼운 장난은 대중참회로 끝나고 범인을 밝히지 못한 채 마무리되기도 했으나, 정도가 심할 경우 대중에게 피해를 주지 않으려면 자수할 수밖에 없었고, 그에 따른 엄벌이 내려졌다. 며칠간 매일 삼천 배를 하고 대방에서도 쫓겨나, 수업에 들어가지 못하는 것은 물론 잠도 끼니도 헛간에서 때워야 했다. 그 밖에 각자 기도를 맡은 법당 탁자 밑에 누룽지·홍시·찰밥 등을 숨겨 놓기 일쑤였고, 어른들이 지켜보는 가운데 발우공양을 하다가 실수한 이야기 또한 무궁무진하다.

1960년대 초 인근 암자를 대상으로 장난이 심했던 동학사의 비구니 학인들은, 어느 날 자신들이 당하게 되었다. 새벽에 일어나 보니 댓돌 위의 신발이 모두 사라지고, '계룡산 산신령이 기도하느라고 이러이러해서 가져갔노라.'고 적힌 종이만 있었다. 산에 올라가 보니 신발을 줄줄이 엮어서 나뭇가지에 걸어 놓았는데, 알고 보니 산 너머의 갑사 비구들이 한 장난이었다. 이에 복수전을 마음먹고 작전까지 짜 놓았지만 어른들이 못하게 막았고, 갑사까지 20리의 밤길을 가야 했기에 실행에 옮기지는 못하였다.[428] 이처럼 4년 이상 한 공간에서 같은 목표로 동고동락한 도반들과 함께했기에 어려움은 무게가 줄고 즐거움은 더욱 커졌던 셈이다.

학인으로 살아가는 강원의 대중생활은 공부에서 일상사에 이르기까지, 수행자로서 익혀야 할 모든 일을 차근차근 배우며 자신의 것으로 만들어 가는 시간이었다. 하나하나의 일을 할 수 있는 능력은 물론, 서로 협력하면서 각자의 책임을 다하는 자질도 단단해져 구족계를 받아 정식 승려로 거듭나게 되는 것이다.

---

428 위의 책, pp.60~61.

。

대중생활

후원의 소임

강원을 졸업하고 구족계를 받아 정식 승려가 되면, 각자 인연 있는 사찰로 흩어져 대중생활을 하는 가운데 다시 후원의 소임을 맡는다. 같은 목적의 출가자들이 모여 소임을 분담하고 차질없이 행하는 일은, 여법한 대중생활의 시작이자 마지막이라 할 만큼 중요한 일이다. 이에 승가에는 "대중의 눈이 신장神將의 눈"이라는 말이 전한다. 특별히 잘잘못을 논하지 않더라도, 대중의 눈에 비친 서로의 모습은 거울에 비친 것처럼 속일 수 없다는 뜻이다. 선방에서 수행할 때만이 아니라, 오히려 일상의 허드렛일 속에서 수행자의 진면목이 드러나게 마련인 것이다.

대중생활에서 음식을 만드는 소임은 원주院主를 중심으로 공양주·채공·갱두가 전담하며, 사찰에 따라 원주 아래 별좌別座를 두기도 하였다. 음식을 만드는 이외에 식생활과 관련된 보편적인 소임으로 곡식을 관리하는 미감米監, 논밭의 경작과 수확을 담당하는 농감農監, 산을 지키고 관리하는 산감山監, 채소밭을 가꾸고 관리하는 원두園頭, 상을 차리는 간상看床, 물을 나르고 관리하는 수두水頭, 아궁이와 불을 관리하는 화두火頭·노두爐頭, 나무를 하는 부목負木 등이 있다〈표 5-2 참조〉.

원주·농감·산감·원두 등 책임자의 위치이자 지속성이 필요한 성격의 직책은 어느 정도 법랍 있는 승려에게 고정으로 맡겼다. 그 외의 경우는 일정 기간 돌아가며 맡는 '돌림 소임'이 대중생활의 기본원칙이다. 돌림 소임 가운데 별좌·공양주·채공·갱두 등은 강원이 있는 사찰의 경우 학인이 맡고, 행자들은 별좌를 제외한 나머지 소임을 사찰 형편에 따라 맡았다. 강원이 없거나 행자가 부족한 사찰에서는 승려들이 나누어 맡고 재가자를 두는 경우도 많다. 돌림 소임은 구족계를 받기 이전에 하는 것이 일반적이지만, 하소임을 자초하여 구족계를 받은 승려는 물론 노스님이 맡기도 하였다.

별좌別座는 원주를 도와 공양간을 이끌며 중간 역할을 하는 돌림 소임이다. 주로 강원이 있는 사찰에서 고학년 가운데 음식솜씨 있는 학인을 별좌로 두었다. 자신이 맡은 일만 하는 공양주·채공·갱두 등의 소임은 대개 닷새·일주일씩이지만, 관리를 겸하는 별좌의 경우 지속성이 필요하기에 몇 달씩 돌아가며 소임을 살았다. 따라서 별좌는 원주와 함께 밭에 심을 작물과 나물을 채취할 시기, 한 주의 식단과 시장에서 살 품목 등 후원의 크고 작은 일들을 의논하였다. 아울러 아래 소임자들을 이끌며 별식이나 새 반찬을 만드는 일도 별좌의 중요한 몫이었다.

1960~1970년대까지 우리나라에도 '전좌典座'라는 명칭의 소임을 둔 사찰이 더러 있었고, 이들 또한 특별한 음식을 주로 만들었다. 전좌는 중국 선원에서 이른 시기부터 음식과 주방의 모든 일을 관장하는 소임의 명칭이었다. 아울러 중국에는 '별좌'라는 소임

고정 소임	돌림 소임	하는 일
원주院主		공양간의 살림을 관리함
미감米監		곡식을 관리함 = 미두米頭
농감農監		논밭을 경작하고 수확함
산감山監		산을 지키고 관리함
원두園頭		채소밭을 가꾸고 수확함
	별좌別座	원주 아래서 공양간을 관리하며 반찬을 만듦
	공양주供養主	밥·죽을 만듦 = 반두飯頭
	채공菜供	반찬을 만듦
	갱두羹頭	국·찌개를 만듦
	간상看床	상을 차림
	수두水頭	물을 나르고 관리함
	노두爐頭	숯을 관리함
	화두火頭	불을 지피고 아궁이를 관리함
	부목負木	나무를 함

표 5-2. 일반 사찰의 후원 소임

이 없는 것으로 보아, 우리나라의 경우 '전좌'의 명칭이 '별좌'로 바뀐 것으로 보인다. 음식솜씨가 뛰어난 승려에게 별좌 소임을 맡기면서 봉급에 해당하는 쌀 서 말을 지급하는 사찰도 있었다.

공양주供養主와 채공菜供은 각기 밥과 반찬을 하는 소임으로 짝을 이룬다. 국·찌개를 만드는 갱두羹頭를 따로 두기도 하지만, 작은 사찰에서는 채공이 갱두 역할을 함께 하였다. 따라서 갱두 없이 두 명의 채공을 상채공·하채공으로 나누는 경우가 많았다. 공양주는 밥과 죽을 위주로 하여 국수·수제비 등 주식을 만드는 소임이다. 이에 비해 채공은 온갖 재료로 반찬을 만들어야 하니 공양주보다 더 힘이 들게 마련이다. 그래도 공양주를 더 중하게 여기는 것은, 부처님의 마지를 짓는 신성한 소임인 데다 주식으로서 '밥'이 지닌 상징성 때문이라 하겠다. 아울러 가마솥에 직접 불을 때면서 물과 불을 잘 조절하여 수백 명의 밥을 짓는 일 또한 결코 쉬운 일이 아니었다. 따라서 공양주와 채공을 맡은 초보 소임자들은 밥과 반찬을 만들 때마다 탈 없이 맛있게 되기를 조왕에게 기도하였고, 대방에 들인 음식이 빈 그릇으로 나와 뒷말이 없을 때까지 마음을 놓을 수 없었다.

"사찰에 속인을 두지 않는다."는 방침이 철저한 곳도 있었지만, 예전부터 반찬을 만드는 채공 소임으로 재가자를 두는 사찰 또한 드물지 않았다. 주로 반찬 만드는 일에 서툰 비구사찰 가운데 능숙한 재가자가 일상의 반찬을 만들고 김장·장 담그기 등을 주도한 경우가 많았고, 후원 일이 많은 비구니사찰 또한 채공 소임을 따로 두기도 했다. 이들은 반찬을 주로 만들어 '채공 보살'이라 부르기도 했지만, 대개 '공양주 보살'로 통칭하였다.

큰 절의 신심 깊은 재가 공양주는 음식을 대하는 자세가 출가자와 다를 바 없어, 사찰의 역사와 함께하며 안정된 솜씨를 발휘하였다. 행자와 학인들은 속가의 어머니처럼 의지하며 따랐고, 공양주 보살이 있는 곳에서는 학인과 행자들이 하채공의 역할을 하게 마련이었다. 그런가 하면 해인사처럼 1980년대 초반까지 재가자를 두지 않고 대중이 모든 음식을 만들었던 큰 절도 있다.

미감米監은 곳간을 관리하면서 끼니때가 되면 공양주에게 쌀을 내주는 소임이다. 대중의 식량을 체계적으로 꼼꼼하게 관리하는 일이라 주로 젊은 승려가 고정 소임으로 맡았다. 곡식 종류별로 식량이 모자라지 않는지 미리 파악해서 원주에게 알리는 것은 물론, 무엇보다 곡식이 상하지 않도록 돌보는 일이 중요했다. 따라서 날이 더울 때면 벌레가 꾀지 않도록 매일 곳간을 깨끗이 청소하고 햇볕을 쐬어 습기를 없애는가 하면, 숯과 고추 등을 곳곳에 두어 벌레의 접근을 막았다. 정초나 명절에 저마다 독불공을 올리고 난 뒤 많은 밥이 남을 때면 며칠에 걸쳐 잘 말려 보관하거나, 솔잎 물과 함께 독에 담아 저장하는 일도 주관하였다.

아울러 각자의 곡식으로 자비량을 내던 시절에는 학비로 낸 학인들의 식량을 거두는 일, 선방에 든 선객들에게 서 홉 쌀을 거두는 일도 미감의 몫이었다. 따라서 미감은 전체 대중의 명단이 적힌 장부를 지니고 있으면서, 각 개인이 낸 식량의 양과 날짜별로 실제 공양한 끼니를 면밀하게 계산해야 했다. 그뿐 아니라 수학여행을 온 학생들이 각자 세끼의 양식으로 가져온 한 되 분량의 쌀을 한 명씩 되로 측량해서 받는 임무까지 맡았으니, 사소한 시비가 생기지 않도록 융통성도 갖추어야 했음직하다.

소임을 맡지 않더라도 사중의 울력에는 대중이 동참하였다. 채소 수확처럼 작은 울력은 행자와 학인과 공양간 소임자들이 주로 맡았지만, 사중 전체가 동원되는 '대중울력'에는 노스님도 예외가 없었다. 따라서 "대중울력에는 죽은 송장도 일어나야 한다."는 말까지 생겨났다. 이때는 전날 대방에서 공양을 마치고 공지한 다음, 당일에 운집 목탁을 쳤다. 논농사를 짓는 사찰의 모심기·추수를 비롯해 김장·장 담그기, 산나물 채취 등 짧은 기간에 집중적으로 해야 하는 일에 따르는 울력이다. 거동이 불편한 노스님들 또한 일은 하지 않더라도 현장에 나와 지켜보거나 격려하는 일로 힘을 보탰다. 이는 노스님들 스스로 만들어 온 대중생활의 규범이었다.

한편 후원의 일은 별도의 교육이나 교재 없이 보고 듣고 행하는 가운데 전승되는 성격의 것이다. 따라서 많은 사찰에서 전임자가 후임자에게 전할 내용을 다양한 방식의 기록으로 남기고 있다. 대개 특정 시기의 원주·채공·별좌·공양주 등이 이전부터 내려오는 지침과 자신들이 맡아 온 일을 정리한 것으로, 오래된 기록부터 근래의 기록까지 다양하게 전한다. 대표적인 것으로 운문사의 「채공일지」·「야채요리책」을 비롯한 「별좌 인수인계서」·「채공 인수인계서」·「공양주 인수인계서」, 송광사의 「찬상일지」·「후원노트」, 불영사의 「원주일지」·「별좌일지」·「채공일지」·「공양주일지」, 진관사의 「사찰음식일지」, 석남사의 「원주일지」 등이 있

사진 5-11. 운문사 야채요리책

사진 5-12. 송광사 찬상일지

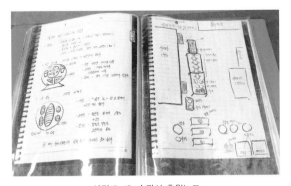

사진 5-13. 송광사 후원노트

다. 특히 운문사에서는 선배 별좌들이 만든 「야채요리책」을 책으로 만들어 복사본을 공유하고 있다.

내용을 보면 음식 종류에 따른 조리법, 매일의 찬상 구성, 발우 공양의 소임별 세부지침, 큰스님 상차림, 명절음식의 준비, 재료 고르는 법, 행사별로 준비할 음식과 분량 등 방대한 내용이 담겨 있다. 세부적으로는 가마솥에 밥 짓는 법, 마지 푸는 법, 김치 써는 법, 잔반 처리법 등 실제 현장에서 유용한 팁들이 무수하다.

이러한 기록은 해당 사찰의 후원 가풍과 특성이 전승되는 소중한 자료이다. 승려들은 일지에 담긴 내용을 일기로 여겨 외부 공개를 꺼리며, 때로 주지도 모르는 후원 소임자 중심으로 전승되면서 그 사찰의 음식문화는 끊이지 않고 이어지고 있다.

후원의 능력자, 원주

원주院主는 후원의 총책임자로, 음식솜씨가 뛰어나거나 사찰음식에 밝고 관심이 많은 승려가 맡았다. 작은 절이나 암자에서는 주지가 원주를 겸하기도 하며, 대중의 식생활을 이끌어 나가는 가운데 직접 음식도 만들었다. 따라서 한 사찰의 공양 내용을 좌우하는 것은 경제력이지만, 그에 못지않게 원주의 영향력이 크게 작용하였다. 사중의 의견과 경제적 상황을 반영하는 가운데 주어진 여건 내에서 자율권을 지니고 있기 때문이다.

사찰의 살림이 가난하든 여유 있든 원주는 대중의 공양을 책임져야 하는 막중한 역할이었다. 따라서 "보살이 아니면 원주를 오래 못 산다."는 말도 생겨났다. 농감·원두는 대찰에서나 필요한 소임이었고, 대부분 절에서는 원주가 계절의 흐름에 맞춰 밭농사와 산나물 수확, 김장·장 담그는 일까지 모두 설계하며 살아갔다. 또한 공양간 근처의 원주실에 머물면서 식재료 조달과 식단을 궁리하여 주기적으로 장을 보고 조리방식 등을 결정하였다. 그런가 하면 식재료 곳간을 관리하며 고춧가루·참기름 등의 양념과 특별재료를 소임자에게 내어 주는 한편으로, 대중의 영양과 입맛을 고려하고 별식과 제철 음식에도 신경을 써야 했다.

특히 교통도, 도로 사정도 좋지 않던 시절에 사찰마다 시장을 봐 오던 원주의 고생은 이루 말할 수 없었다. 재가 있을 때는 물론 일주일에 한두 번은 마을에 나가서 필요한 식재료를 직접 사 와야 했기 때문이다. 걸망을 지고 산을 넘어 수십 리 길을 걸어서 시장에 다녀오는 것을 잘 알기에, 대중은 그 누구도 마음속으로나마 음식에 대해 원망도 타박도 할 수 없었다.

승려 고산은 범어사 원주로 살 당시에 식량이나 짐이 많을 때는 트럭을 이용했지만, 자동차 대여비가 비싸니 보통 때는 온천장까지 30리 길을 늘 걸어 다녔다. 아침공양이 끝나자마자 출발하면 두 시간 걸려 장에 도착했고 시장을 봐서 돌아오는 길은 세 시간이 걸렸다. 등에 물건이 가득 담긴 걸망을 지고, 양손에는 참기름·콩기름을 각각 두 되씩 들고 걸어야 했기 때문이다.[429]

---

429 고산스님, 앞의 책, pp. 191~192.

1960년대 초 삼년결사로 운영한 삼척 영은사의 주지 겸 원주 보경의 정성은 놀라울 정도였다. 당시 영은사에서는 탄허와 함께 약 30명의 대중이 자급자족하는 농사일 외에는 공부에 전념하며 보냈는데, 원주는 대중의 손을 최소한으로 빌리면서 스스로 수많은 일을 해냈기 때문이다. 그는 콩을 심어 메주를 쑤고 일반 장뿐만 아니라 청국장·막장 등을 담갔으며, 깨를 심어 기름을 짰다. 철마다 부각을 만드는가 하면, 신도들도 오지 않는 명절에 떡은 물론 조청과 두부를 만들어 유과·다식·만두까지 내었다.[430] 보경은 탄허의 제자로 온전히 결사 대중을 위해 헌신하며 논밭에서 살아, 힘들게 보낼 각오가 되었던 대중들은 원주의 재량으로 명절 음식까지 먹을 수 있었던 셈이다.

　　예전에는 원주를 잘 살면 사중에서 계속 소임을 보게 하여 수년씩 하는 경우도 많았다. 당시 원주가 직접 반찬을 만들었기에 "원주를 잘 산다."는 말은 음식솜씨가 뛰어나다는 뜻이기도 했다. 송광사에는 걸출한 원주가 여럿 있었는데 그 가운데 1960년대의 현문, 1970년대의 영진이 꼽힌다. 구산九山의 상좌 현문은 원주를 12년 정도 살았다. 노스님들은 당시를 기억하며 "현문스님을 따라 갈 자가 없다.", "현문스님이 만든 고기 안 들어간 절 짜장면은 정신이 확 돌아올 정도"라 하였다. '전생에 비구니'라 불릴 정도로 특별히 음식솜씨가 훌륭하고 감각이 있었다는 것이다. 특히 송광사 깻잎장아찌는 일품으로 알려져 요리연구가 왕준련이 현문을 직접

430　면담내용 : 금강선원 선원장(혜거), 2017. 12. 27. 금강선원

찾아와 배우고 갔을 정도[431]라 한다.

그 뒤를 이어받은 영진은 보성^{普成}의 상좌로, 1973년부터 원주를 맡은 뒤 4년간 여섯 차례 원주 소임을 하여 '후원 방장'이라는 별명을 얻었다. 그는 또 다른 방식으로 독특한 맛과 풍미를 지닌 깻잎장아찌를 만들었고, 특히 면류가 일품이었다. 여름이면 농사지은 콩을 갈아 콩국수를 내고, 면을 밀어 칼국수·만두도 자주 만들어 대방에 들였다.[432] 당시의 원주들은 수많은 책임을 떠안은 데다 직접 후원에 뛰어들어 별식을 만들며 대중공양에도 힘쓴 능력자였다.

선방을 운영하는 사찰에서는 원주가 선객 외호의 책임을 맡아 그들의 공양에 최선을 다했다. 주지와 원주를 겸했던 암자의 경우 쌀이 부족할 때면 주지가 탁발해서라도 선방에는 쌀밥을 들이고자 했고, 산에서 갖가지 재료를 채취해 말려 두었다가 안거 때 차를 달여 내었다. 이들 또한 선방에 방부를 들이면 선객이지만, 본채에 머물 동안에는 본분을 다하는 것이다.

한편으로 원주는 절 살림을 잘 알고 있었기에 물자를 최대한 아껴야 했다. 이에 참기름을 벼 잎사귀로 찍어 쓰게 하는가 하면, 손가락 마디만큼 양을 측정해 일주일간 쓸 고춧가루를 덜어 주는 사례도 있었다. 원주가 단속하지 않으면 음식의 맛을 내는 데 주력하는 별좌나 채공이 양념을 많이 써 버리기 때문이다. 이처럼

431 임충선, 앞의 논문, p.24.
432 "송광사 도감 영진스님", 블로그 '승보종찰 송광사(songgwang01)'

원주는 어려운 살림에도 자구책을 마련해 공양의 질과 맛을 우선으로 삼기도 하고, 한편으로는 사중의 물자를 철저하게 아끼며 검소한 살림을 꾸리기도 했다. 제한된 여건 속에서 모든 승려의 식생활을 도맡으며 대중을 뒷바라지했기에 그 책임감이 참으로 컸음을 알 수 있다.

공양 소임의 공덕

불교에서는 후원에서 대중공양을 뒷바라지하는 공덕을 무엇보다 소중하게 여기고 있다. 이는 깨달음의 자양분으로 삼을 출가수행자들의 공양이 그만큼 소중함을 나타내는 것이자, 후원에서 매일 음식을 만드는 일은 자신을 낮추어 시봉하는 일로서 큰 공덕을 지니기 때문이다.

> 우리 스님은 옛날부터 절집에서 내려온 말로, '하소임을 많이 한 자는 수행하는 데 장애가 없다.'는 걸 늘 강조하셨어. 이 말씀은 매우 중요한 겁니다. 공양주로, 채공으로 대중공양을 많이 하면 수행할 때 장애가 없을 만큼 그 공덕이 크다는 가르침이거든요.[433]

---

433 면담내용 : 진관사 주지(계호), 2020. 6. 23. 진관사 요사

'하소임으로 대중공양을 많이 하면 수행에 장애가 없다.'는 것은 출가자에게 가장 의미 있는 공덕이라 할 만하다. 이는 음식을 만드는 일뿐만 아니라 대중생활을 위한 모든 울력을 수행으로 여겨 온 승려들의 삶이 반영된 담론이기도 할 것이다. 이처럼 대중공양의 뒷바라지가 무량한 공덕을 지니는 것이라 여기며, 수행의 방편으로 공양주를 자청하는 경우가 많았다. 특히 선방을 찾아온 수좌들이 방부를 들이면서 "공양주를 시켜 주면 이 절에 살고, 안 시켜 주면 다른 절로 가겠습니다."라는 조건을 달기도 했다.

> 봉암사 선방에 살 때다. 그땐 스님들이 공양주를 살았는데 나도 공양주 지원을 했다가 대기순번으로 밀려나 기다려야 할 정도였다. 한여름, 땀을 비 오듯이 흘리며 가마솥에 장작불로 공양을 짓는 일은 여간 힘든 일이 아니다. 그럼에도 불구하고 그런 일을 먼저 하겠다는 것은 공덕을 짓고자 하는 마음에서다.[434]

자진해서 한 철 공양주를 살고자 지원했다가 대기순번으로 밀려나 기다리는 경우까지 있었다니, 노스님들이 들려준 옛 선방의 놀라운 풍경이다. 이때의 공양주는 반드시 밥을 짓는 소임만을 뜻하기보다는, '공양간의 공양주'라는 뜻으로 후원 소임을 통칭하는 것이라 하겠다. 이처럼 승려들의 공양주 자청은 자리이타自利利他

---

434 동은스님, "공양주 예찬", 「불교신문」 3561호(2020. 2. 29)

의 보살도^{菩薩道}를 실천하는 것이었다. 자신의 수행이 남을 이롭게 하며, 남을 향한 자비심이 나의 수행을 이롭게 한다는 자타일체를 실천하면서 한 철 좌선 수행의 큰 힘으로 삼은 것이다.

부처님의 별칭 가운데 '양족존^{兩足尊}'이라는 말이 있는데, 이는 '지혜^{智慧}와 복덕^{福德}을 족하게 갖춘 분'이라는 뜻이다. 불교에서는 지혜와 복덕을 함께 갖추어야 원만한 법을 성취할 수 있다고 본다. 아울러 복덕이란 타고나는 게 아니라 살아가면서 스스로 짓는 것이며, 그 가운데 대중을 시봉하는 공덕을 무엇보다 크게 여겼다. 부처님 또한 "복과 덕이 없으면 물기가 없는 씨앗과도 같아 싹을 틔울 수 없으니, 마땅히 공덕을 쌓고 업장을 소멸하는 데서부터 출발해야 한다."고 하였다. 장애가 생기면 수행도 진척이 없으니, 스스로 장애가 심하다고 느낄 때면 선지식들이 고된 공양주 소임을 자청하여 복덕을 쌓은 것이다.[435] 이처럼 후원 소임은 업을 녹이고 수행을 이롭게 한다는 담론 속에서 소중한 의미를 지녀 왔다.

이뿐만 아니라 사찰 후원에는 "공양주를 잘 살면 복이 증장하고, 채공을 잘 살면 지혜가 증장한다."는 말이 전해 내려온다. 공양간의 소임이 밥과 반찬을 만드는 일이기에, 이를 지성껏 하면 복과 지혜를 얻을 만큼 큰 공덕을 짓는다는 뜻이 압축된 말이다. 예로부터 밥은 복을 상징하고, 채공은 늘 무슨 반찬을 할지 머리를 써야 했기에 공양주와 채공을 각각 복과 지혜로 연결한 것임을

---

435 채문기, "백담사 무금선원 유나 영진스님", 「법보신문」 (2012. 4. 2)

알 수 있다. 따라서 "스님으로 십 년 수행하는 것보다 공양주로 삼 년 일하는 공덕이 더 크다.", "행자 때 지은 복으로 평생 중노릇 한 다."는 말 또한 쉽게 들을 수 있는 것이었다.

1943년 여름, 법주사 복천암 선방에서는 그 절의 가장 어른인 조실祖室이 하안거 대중의 공양주를 자청했다. 당시 성철과 함께 여러 수좌가 모여 소임을 의논할 때 옆에서 지켜보던 조실이 "모인 스님들 면면을 보니 든든합니다. 이번에는 내가 공양을 맡을 테니 여러분은 공부나 하십시오."라고 한 것이다. 큰 어른께 힘든 소임을 맡길 수 없어 모두 민망해하던 차에 성철이 나섰다. '어른의 뜻을 받들어 더 열심히 정진할 것'을 다짐하며, 대신 자신이 먼저 보름간 공양주를 하겠다고 한 것이다. 당시 성철은 생식을 하고 있었지만 공양주 역할을 잘 해내었고, 수좌들은 한 철 조실이 지어 준 공양을 얻어 먹었다.[436]

1940년대에 수덕사 견성암으로 출가한 비구니 대영은, 5년간 묵언하면서 공양주로 살았다. 한 달도 하기 힘든 묵언을 5년간 한 것은 굉장한 수행이 아니면 불가능한 일일뿐더러, 공양주로 5년을 사는 것 또한 지극한 원력을 지녔기에 가능한 일일 것이다. 이는 엄두를 내기 힘든 특수사례이지만, 한 철이나 1~2년간 스스로 공양주를 산 승려는 수없이 많은 시절이었다.

그런가 하면 깨달음을 얻은 뒤에도 변함없이 하소임을 자처한

---

436 김택근, "성철스님 평전: 배가 고파도 선방 일화들이 꽃처럼 곱게 피어났다", 「법보신문」 1297호(2015. 6. 10)

고승들이 많았다. 당나라의 설봉雪峰, 근대의 혜월慧月은 이러한 면모를 보여 준 대표 인물들이다. 선종 역사에서 최초로 대중을 많이 거느린 당나라 말의 설봉은 어느 절에 가든지 공양주를 자청하여 늘 쌀 이는 조리를 가지고 다닌 것으로 알려져 있다. 경허의 제자 혜월은 짚신을 삼다가 확철대오하였고, 그 뒤에도 "혜월스님 가는 곳에 사전寺田 개간이 있다."는 말이 생겨날 정도로 선농일치의 삶을 살았다. 이러한 고승들의 사례는 하소임으로 공덕을 쌓아가는 수행자의 귀감이 되게 마련이었다.

대중공양에 담긴 의미는 재가자들에게도 다를 바 없이 적용되었다. 사찰에서 일하는 재가 공양주 가운데는 출가수행자들을 위해 음식 만드는 일을 큰 공덕으로 여기며 깊은 신심을 지닌 이들이 많다. "밥을 짓는 공덕으로 평생 탈 없이 사는 사람도 있다."며 후원에서 하는 일은 노동이 아니라 복을 짓는 일이라 보았다. 또한 자신에게 닥친 불행을 겸허히 받아들이며 지금까지의 업장을 조금씩 씻어 내기 위해 사찰을 찾아 공양주를 자청하는 이들도 있다. 따라서 사찰에서 재가 공양주를 구할 때면 "무주상無住相 보시로 공덕 지으실 공양주님 구합니다."라는 문구를 쉽게 살필 수 있다.

이러한 공양 소임에 대한 공덕 개념은, 오늘날에도 출가·재가의 구분 없이 불자라면 누구에게나 남아 있을 것이다. 그러나 사회의 흐름과 함께 변화된 현실은 이와 조금씩 거리가 멀어졌다. 출가자의 감소로 점차 공양간의 일을 재가자가 맡게 되고, 근래에는 원주 아래 음식을 만드는 모든 이들이 재가자로 구성되는 사찰이 많아졌다. 따라서 '방장보다 더 높은 이는 주방장(공양주)'이라는 말도 생겼다. 공양간은 일이 고되고 신심도 있어야 하니, 사찰에 적합한 공양주를 찾기 또한 힘들고 그만큼 잘 모셔야 한다는 뜻이다.

규모가 있는 비구사찰에도 주지와 총무 · 교무 · 재무의 삼직 소임만 있고 원주가 없는가 하면, 법랍 30년 이하의 승려들 가운데 행자 · 학인 시절에 음식을 해 보지 않은 경우가 많다. 출가자 가운데 인력이 없어 후원 소임을 두지 못하는 사찰이 많을뿐더러, 대중이 많은 사찰에서도 승려들이 후원과 멀어지는 추세이다. 그런 가운데 승려가 음식을 만들고 제자에게 전수하기도 하면서, 한편으로 자연스러운 전승 또한 나란히 이루어지고 있다.

선방생활

수선안거修禪安居의 전통

승려들은 여름·겨울의 안거 철이 되면 선방禪房(선원)을 찾아다니며 한 철씩 안거安居에 든다. 선방은 전국 각지에서 행자를 갓 벗어난 예비 승려부터 법랍이 높은 승려에 이르기까지 함께 모여 수행 정진하는 곳으로, 외부인의 출입이 차단되어 있다. 선방은 사찰의 부속 암자로 독립 운영하거나, 경내에 선방을 두어 운영하기도 한다. 경내의 선방은 본채에서 준비한 음식을 대방이나 식당에 모여 본채 승려들과 선방 수좌들이 다 함께 공양하고 있다.

하안거는 고대 인도의 장마철과 관련해 생겨난 수행문화이다. 인도에서는 여름 몬순기에 접어들면 많은 비가 내려, 수행자들은 석 달간 승원이나 동굴 등에 머물며 수행에만 전념했다. 폭우로 인해 유행遊行이 힘들뿐더러, 우기에는 벌레들이 땅 위로 나와 활동하므로 이때 바깥 걸음을 많이 하면 자신도 모르게 생명을 밟아

살생을 범하게 되기 때문이다. 산스크리트어로 안거를 의미하는 '바르시카varsika'라는 말도 우기雨期라는 뜻을 지녔다.

초기불교에서 비구는 안거하려는 수행처에 가서 무릎 꿇고 합장한 채 다음과 같이 말하도록 하였다. "장로께서는 깊이 생각해 주소서. 저 아무개 비구는 이 주처에서 안거를 나고자 합니다. 3개월 동안 어떠어떠한 도로와 마을을 의지하겠고, 만약 승방이 파괴되면 이를 보수하겠습니다."[437] 자신의 소속을 밝히며 방부를 청하고 어떤 길을 이용해서 탁발할 것을 밝힘과 동시에, 자신이 머물던 방사가 파손되면 마땅히 보수할 것을 아뢰었다.

중국불교에서는 남방불교에 없던 삼동결제三冬結制의 동안거 개념이 생겼다. 5세기에 성립된 『범망경梵網經』에 동안거 관련 내용이 등장하여, 일찍부터 동북아시아에서는 동안거가 행해졌음을 알 수 있다. 당송시대 여러 청규의 연중행사 기록에는 하안거에 대한 언급만 등장하여, 동안거가 정식 안거가 아닌 상태로 상당 기간 지속되었을 가능성[438]도 짐작된다. 날씨가 추운 북방에서는 여름 못지않게 겨울 안거가 필요했으나, 인도불교에 없던 개념이라 초기에는 제도화되지 않은 상태로 운영된 것이다.

특히 하안거의 결제일과 해제일은 동지ㆍ설과 함께 당송시대 선종사원의 4절節로 중요하게 여겼다. 『선원청규』ㆍ『칙수백장청규』에 기록된 하안거 의식을 보면, 결제일 새벽 4시에 수좌ㆍ유나ㆍ

---

437 『十誦律』권4 '四誦 4'(한글대장경 127, 동국역경원, 1995), p.123.
438 윤창화, 앞의 책(2017), pp.307~310.

감원 등 대소 소임자들과 대중이 모두 방장실로 가서 삼배를 올리며 상견례를 나누었다. 날이 밝으면 법당에서 방장의 결제 법어를 듣고 함께 다회茶會·대중공양 등을 열어 정진 수행의 첫 발걸음을 내디뎠다.[439] 안거를 시작하고 마치는 날을 4대 명절로 여길 만큼 선종에서는 참선을 깨달음에 이르는 길로 중요하게 여겼음을 알 수 있다.

우리나라에도 신라 말에 선종이 들어와 아홉 곳의 산에 선문구산禪門九山을 세웠듯이, 여름·겨울의 안거 철에는 승려들이 두문불출하고 수행에 힘썼다. 고려 후기 태고보우太古普愚의 법어집에 "도를 닦는 데 도움이 될 만한 곳이 있어 동안거 결제를 청했다."[440]는 대목은 일상화된 수선안거의 전통이 이어졌음을 말해 준다. 전통적으로 선방에 들려면 강원의 사교과·대교과를 마치고 구족계를 받아야 했으나 이러한 규범은 점차 사라졌다.[441] 특히 근현대 이후 교학보다 선학을 중시하는 문중에서 행자를 마친 사미·사미니들이 강원 대신 선원을 찾는 경우가 많았다. 지금도 총림의 전문선원을 제외하고, 행자를 마치면 누구든 자유롭게 수행할 수 있도록 선방 문을 열어 두고 있다.

선방에서 참선 정진하는 승려들을 수좌首座·납자衲子라 하며, 이곳저곳을 찾아다니며 선을 닦는다고 하여 선객禪客이라고도 부른다. 결제에 앞서 선객은 머물고자 하는 사찰의 허락을 얻게 되

---

439 위의 책, pp. 304~305.
440 『太古和尙語錄』
441 이지관, "선원(禪院)", 『한국민족문화대백과사전』, 앞의 책

는데, 이를 '방부榜付 들인다.', '입방한다.'고 표현한다. '방부'는 '용상방·결제방에 이름을 붙인다.'는 뜻이고, 입방은 '入榜'과 '入房'의 두 가지가 두루 쓰인다. 입방入房은 선방에 들어간다는 뜻이고 입방入榜은 용상방에 이름이 들어간다는 뜻이니, 일관된 의미로 보아 '入榜'이 더 맞는 표현[442]이라 하겠다.

중국 선종사찰에서는 방부와 같은 말로 '괘탑掛塔'이라는 말을 사용했다.[443] 괘탑이란 발우가 담긴 걸망을 건다는 뜻이니, 정해진 각자의 자리에 발우를 걺으로써 대중생활을 위한 자격이 주어짐을 나타내는 것이다.

규모 있는 사찰마다 손님을 안내하는 지객知客 소임을 두었는데, 선방에서는 이들이 선객의 방부를 받았다. 예전에는 방부를 순순히 들이지 않았고 일종의 통과의례를 치르기도 했다. 안거 전에 며칠간 대중생활로 근기를 시험받는가 하면, 1960년대 말 해인사 선방에서는 「능엄주」를 모두 염송토록 해 객실에서 급히 이를 외우는 한바탕의 소란이 일기도 했다. 송광사의 경우는 결제기간에 지킬 청규를 일러 주고 이를 어기면 퇴방조치되었는데, 내용 가운데는 선원의 일반 규칙과 함께 '승용차 불허', '자유정진 불허'처럼 시류에 따라 첨가된 것도 있다.[444] 오늘날에도 대중지침에 해당하는 청규를 대방 입구에 붙여 놓은 곳이 많다.

---

442 윤창화, 앞의 책(2017), pp.270~271. 이와 관련해 '방부' 또한 선방에 있기를 청한다는 뜻으로 '房付'라 표기하기도 하나, 본래 뜻은 '榜付'이다.

443 『禪院清規』 제1「掛塔」: 최법혜 역주, 앞의 책, pp.83~91.

444 박부영, 앞의 책, pp.84~85.

사진 5-14. 송광사 하안거 용상방 짜기

사진 5-15. 봉암사 하안거 용상방

　　결제를 앞두고 안거 대중이 미리 모여 소임을 짠 다음, 소임 명
칭과 그 아래 법명을 쓴 결제방結制榜을 크게 만들어 잘 보이도록
붙여 둔다. 안거가 끝날 때까지 각자가 맡은 일에 충실하고 수행
에 지장이 없도록 하기 위함이다. 결제방의 명칭은 '용상방龍象榜'
이라 쓴다. 용龍은 물속의 우두머리요, 코끼리[象]는 뭍의 수령이니
용상은 천하를 아우르는 영장의 표상이다. 송광사의 대방에는 용
상방 대신 '사자좌목獅子座目'이라 쓰여 있다. 부처님의 설법을 '사자
후'라 하듯이, 사자는 모든 동물을 능히 조복시키는 권능과 위엄을
지녔기 때문이다. 이처럼 높은 벽에 대중의 용상방을 걸고, 각자
법명이 적힌 선반 자리에 발우가 정갈하게 놓이면서 본격적인 안
거가 시작된다.

　　선방 수좌들의 일과는 하루를 사분四分하여 정진하는 사분정근 ·
사시좌선四時坐禪을 따른다. 1970년대 어느 선방의 일과를 보면, 새
벽 · 아침 · 오후 · 저녁에 3시간씩 벽을 향해 결가부좌하여 하루

사진 5-16. 학림사 오등선원 안거정진

12시간씩 좌선에 드는 강행군이었다.[445] 일제강점기의 자료에 따르면 해인사 선원은 하안거에 8시간, 동안거에 11시간 정진하였고, 월정사와 범어사 선원은 하안거·동안거 모두 10시간씩이었다.[446] 오늘날에도 하루에 8시간 이상의 정진을 원칙으로 삼고 있으며, 대개 50분간 수행하다가 10분 정도 운동 겸 포행을 하거나 차를 마시는 시간을 갖게 된다.

이러한 일반정진 외에 일정한 기간을 정해 평소보다 더 많은 시간 동안 좌선하는 가행정진加行精進, 하루 18시간 이상 거의 잠을 자지 않는 용맹정진勇猛精進이 있다.[447] 예전에는 용맹정진이 밤새 잠을 자지 않는 것을 뜻했다. 특히 동안거 반 살림을 마치고 나서

---

445 지허스님, 앞의 책(2010), p.41.
446 渡邊彰 纂集, 「朝鮮僧侶修禪提要」, 『韓國近現代佛敎資料全集』65(民族社, 1996). pp.65~72.
447 선원청규편찬위원회, 『대한불교조계종 선원청규』(조계종출판사, 2010), pp.227~228.

음력 12월 초하루부터 성도절인 음력 12월 8일 새벽까지 철야로 용맹정진을 하는 것이 선방의 불문율이었다.

선방의 규율은 엄한 것으로 이름 높다. 용맹정진 때는 물론, 평시도 하루 10시간 가까이 참선에 들다 보면 졸음 때문에 힘들게 마련이다. 따라서 조는 이들을 경책하기 위한 용도로 선방마다 빠짐없이 '장군죽비'를 갖추었다. 장군죽비는 수좌들끼리 순서를 정해 불침번을 서며 서로 경책하는 용도로 사용하거나, 방장·조실 등이 수좌들을 경책하기 위한 용도로도 사용했다. 수좌들끼리 사용할 때는 조는 이가 있으면 그 앞에 가서 방바닥을 내리치는 정도였으나, 어른의 장군죽비는 당사자의 등을 사정없이 내리치곤 하였다.

해인총림의 방장이었던 성철은 당시 수시로 선방을 드나들었고, 조는 이의 등줄기를 장군죽비로 호되게 내리치면서 "졸지 말고 밥값 내놔라!" 하고 호통을 쳤다. 선방 승려가 졸면서 참선을 하지 않는다면 절에서 공짜로 주는 밥을 먹을 자격이 없다는 꾸짖음이다. 120㎝ 정도 길이의 장군죽비는 반드시 물푸레나무로 만드는데, 낭창낭창하여 유연성이 좋고 때려서 잠은 깨우되 크게 아프지 않기 때문이다.[448] 장군죽비는 유난히 잘 부러져, 지금도 해인사에서는 결제 때마다 목공소에 주문 제작을 맡기고 있다. 특히 동안거·하안거의 용맹정진에 앞서 미리 선원과 강원에 장군죽비를 보내 경책 요령을 연습하도록 하는 것이다.[449]

---

448 원택, 앞의 책(2001-2), p.113.
449 법광스님, "용맹정진", 「불교신문」 2493호(2009. 1. 7)

생사를 해결하는 간절함으로 선방을 찾는 이들이어서 스스로 엄격한 수좌들 또한 많다. 따라서 한 번 들어가면 일정 기간 내에 나올 수 없는 무문관無門關 선방에 들고자 순서를 기다리는 이들이 넘쳐 나는가 하면, 묵언수행을 원하는 이는 대중의 허락을 받아 '묵언默言'이라 새긴 묵언패를 착용하기도 하였다. 하루 한 번 공양하는 일종식一種食, 또는 하루 두 번 공양하지만 오후불식하는 이들이 선방마다 있게 마련이며, 이들도 발우공양 때는 빈 발우를 편 채 대중과 함께 참석[450]하고 있다.

그런가 하면 3장에서 살펴봤듯이 한국의 선방에는 불단을 조성하지 않은 곳이 많다. 따라서 1960~1970년대 무렵까지 아침에 일어나면 이부자리를 수습한 뒤, 서로 마주한 채 서서 반배하며 새벽예불을 끝냈다. 부처님을 모신 경우 불단을 향해, 또는 불단이 없으면 본전을 향해 예경을 표하는 곳도 있었다. 그런데 이때도 목탁을 치며 예불하는 것이 아니라, 죽비 삼배로 조석예불을 대신하고 바로 그 자리에 앉아 좌선에 들었다.[451] 지금도 전문 선원에서는 목탁예불을 올리지 않는 곳이 많지만, 선방에 따라 자유롭게 열어 두고 있다.

아울러 선방 수좌들은 정진·공양은 물론 취침도 대방에서 함께 했지만, 근래에는 개인 승방을 두어 하루 정진 일과를 마치면 각자의 방에서 기거하는 곳이 많다. 이는 강원의 학인을 제외하면

---

450 문순회(퇴휴스님), 「조계총림선원 안거수행에 관한 고찰: 2020년 선원 하안거를 중심으로」, 『남도문화연구』 42(남도문화연구소, 2021), p.332.

451 면담내용 : 해인사 자비원(진원). 2018. 1. 7. 진관사 대방.

대부분 사찰에서 독방 또는 2~3명씩 방을 따로 쓰는 추세와 함께 하는 것이다.

> 요즘은 대부분 개인 방을 씁니다. 여기는 독방이 여덟 개밖
> 에 없어서, 결제 때 본사 스님은 자기 방에서 지내면 되는데,
> 타사 스님은 여덟 분밖에 못 받거든. 그래서 방이 모자라면
> 밑의 스님들은 두 명, 세 명씩 같이 쓰기도 해요.[452]

노스님들은 '독방 쓰지 마라.'는 경계를 새기며 살았다. 24시간 함께하는 삶은 서로에게 거울이 되어 심신을 가다듬는 큰 힘으로 작용하기 때문이고, 특히 선방의 대중생활은 예외 없이 적용되었다. 그러나 대방에서 함께 기거하는 삶은 경제적 여건과도 밀접한 관련을 지니기에, 개인 공간을 원하는 수행자들의 자연스러운 변화를 선방에서는 가장 늦게 수용한 셈이다.

안거를 마친 수행자들은 걸망을 메고 산문을 나서서 각자 만행萬行을 떠난다. 선방의 결제가 '위로 깨달음을 구하는 상구보리上求菩提의 수행'이라면, 만행은 세상으로 나가 '아래로 중생을 교화하는 하화중생下化衆生의 포교'라 하겠다. 아울러 여름·겨울의 결제기간이 '공부철'이라면, 봄·가을의 해제기간은 '산철'이라 부른다. 맺은[結] 경계를 풀었으니[解] 산철은 '풀고 흩어진다[散].'는 의미로 새기는 듯하다. 산철에도 좌선 수행의 고삐를 놓지 않고 안거에

---

452 면담내용 : 봉선사 원주(성의). 2019. 12. 9. 봉선사 대방

드는 선객들이 있어 이를 '산철결제'라 한다. 불영사 천축선원에서
는 산철의 봄안거 · 가을안거를 '산중결제'라 부르며 하루 10시간
이상씩 수행을 이어 간다.[453] 이처럼 산철결제 · 산중결제 하는 선
방이 드물어 방부를 들이기가 본철보다 더 힘들다고 하니, 선방
승려들의 수행 열기가 참으로 놀랍다.

선방의 소임과 울력

승가에서는 같은 뜻을 지닌 출가자들이 모여 함께 수행하는 것을
더 없는 청복淸福으로 여긴다. 예로부터 "대중이 공부시켜 준다.",
"대중은 신장神將과도 같아서 그 속에 있기만 해도 정진이 된다."는
말이 전하듯이, 여법한 수행 분위기는 서로에게 큰 힘과 동력이
되기 때문이다.

　1960년대 부산 선암사 선방에 처음 방부를 들였던 한 승려는,
함께 정진하는 수좌들에게서 생사 일대사를 해결하기 위한 절실
함이 저절로 느껴졌다. 누가 일러 주지 않아도 선방 수행자들이
그대로 부처님들이라는 생각으로 용맹심이 났고, 소임을 짤 때 후
원 일을 맡아 공양을 짓는 일에도 최선을 다하게 되었다. 1940년
대 후반에 해인사로 출가해 행자로 살던 고봉 또한, 맑은 눈빛으
로 단아하게 가부좌를 틀고 앉아 있는 선방 수좌들의 모습에 신심

453　일운, 『불영이 감춘 스님의 비밀레시피』(담앤북스, 2011), p. 86.

이 절로 솟았다. 참으로 힘든 시절이었지만 하나같이 눈 푸르게 정진하는 그들을 보면서, "춥고 배고플 때 발심한다."는 말을 두고두고 절감했다는 것[454]이다.

안거 철의 선방은 참선수행을 위해 한시적으로 모인 수행자 집단이다. 따라서 같은 사찰에서 수년간 함께 살아가는 승가의 일반 대중생활보다 더욱 조심스럽고, 무엇보다 평등을 기반으로 한 화합과 규율이 중요하였다. 이에 인원이 적든 많든, 모든 대중은 한 사람도 빠짐없이 소임을 맡는 것이 선방의 특성이다.

근대 이후 각 선원에서는 안거 대중의 법명·직명·연령·본사 등을 기록하여 책으로 묶은 방함록芳啣錄을 남기기 시작했다. 이는 경허鏡虛의 의지에서 비롯된 것으로, 방함록으로 인해 선원의 전통과 가풍을 온전히 남길 수 있었다.[455] 이러한 근대 초기 선원의 방함록과 청규 등을 보면 참선 대중의 소임을 빠짐없이 부여하고, 노동과 참선을 병행하는 풍토를 중요하게 여겼음을 알 수 있다.

역사 편을 참고해 몇 가지 사례를 살펴보자. 1903년 경허는 범어사 계명암 선원을 개설하면서 소임자 선출의 중요성, 대중울력, 납자의 위의 등 주요점을 청규로 규정하였고[456] '상하 대중이 모두 울력에 동참'할 것을 밝히면서 소임으로 17개의 직을 두었다. 1925년 용성이 개설한 망월사 만일참선결사의 경우, '선방 내의 일을 맡는 내호법반'과 '사찰의 일을 맡는 외호법반'으로 소임을 구

---

454 박원자, 앞의 책(2001), pp.39~43.
455 강문선, 앞의 논문, p.161.
456 위의 논문, p.191.

분해 밝힘으로써 선방과 본채의 관계를 분명히 하였다.

이후에도 선원마다 같은 소임의 명칭이 조금씩 바뀌기도 하고 새로운 소임이 나오기도 하는 등 여러 양상을 살필 수 있다. 아울러 근현대 대부분 선원은 재가자와 함께 좌선하지 않는 것을 원칙으로 삼는 가운데, 우바새·우바이 계를 받았거나 독실한 재가자는 입방을 허용[457]하는 곳도 있었다.

오늘날까지 선원에 주로 배치되는 소임을 살펴보면 다음과 같다. 대중을 이끄는 정신적 지도자인 방장·조실, 수행경력과 덕이 높은 선덕禪德, 대중의 모범이 되는 한주閑住, 결제대중을 통솔하는 열중悅衆·입승立繩, 열중을 보필하면서 대중을 통솔하는 청중淸衆, 헌식을 담당하는 헌식獻食, 어른을 보필하는 시자侍者, 대중의 건강과 병자를 돌보는 간병看病, 전각 관리를 맡은 지전知殿, 때에 맞춰 등을 켜고 끄는 명등明燈, 밤중에 순시하는 야순夜巡, 손님을 안내하고 대접하는 지객知客, 문서를 담당하는 서기書記, 차를 준비하고 내는 다각茶角, 풀을 끓이는 마호磨糊, 목욕물을 준비하는 욕두浴頭, 해우소를 청소하는 정통淨桶, 선방 내외를 청소하는 소지掃地, 공양간 소임의 원주·공양주·채공·갱두, 물과 불을 맡은 수두·화두 등이다.

소임은 방장·조실과 선덕·한주 등 어간御間 외에, 상판·중판·하판으로 나누어 맡는 것이 불문율이다. 이를테면 헌식과 명등은 상판, 마호와 정통은 중판, 시자와 다각은 하판에서 소임을

457 위의 논문, pp.172~193.

맡는다.[458] 세간의 눈으로 보면 해우소를 청소하는 정통의 경우 하판에서 맡을 법한데 오히려 중판에 맡기는 사례 등 선방 나름의 질서와 배려를 읽어 볼 수 있다.

선방의 후원문화와 관련해 주목되는 소임은 차를 준비하고 내는 다각茶角이다. 차나무 산지인 호남의 경우 이른 시기부터 사찰마다 차를 마시는 문화가 자리 잡았지만, 다른 지역에서는 1980년대 이후부터 선방의 차가 중요한 역할로 자리하게 된다. 이에 휴식 때 자유롭게 차를 마시는 것은 물론, 오전과 오후 입선入禪에 들 무렵 공식적으로 차를 돌렸다. 따라서 다각은 앉은자리마다 차를 내고 거두는 일을 주관하는 동시에, 본채를 오가며 차와 관련된 대중의 의견을 원주에게 전하는 역할을 맡았다. 소임의 성격상 다각은 하판의 젊은 승려 몫이게 마련인데, 이러한 선방 정서를 모른 채 엉뚱한 소임이 나오기도 했다. 선원 경험이 별로 없는 상판의 수좌가 하심의 자세로 대중을 모시고자 다각을 자원할 경우, 대중은 오히려 그를 모시는 마음이 되기에 한 철 내내 멋쩍은 차담이 되는 것[459]이다.

다각은 차와 관련된 일뿐만 아니라 대중공양 보시가 들어왔을 때 고루 분배하는 일도 맡았다. 결제 철의 선방에는 인연 있는 승려와 신도들로부터 수좌들의 수행을 격려하기 위한 대중공양이 많이 들어왔다. 주로 찹쌀·김·미역이 주를 이루었고, 더러 과일·

---

458 법광스님, 『선객』(주류성, 2016), p.92.

459 위의 책, p.92, pp.149~150.

떡·빵도 들어왔다. 이에 대중공양이 들어오면 식량은 잘 관리했다가 공양을 지었고, 떡·김·과일 등은 선방 대중의 수에 맞추어 선방에 들였다. 다각은 선방으로 음식이 올라오면, 마루에서 대중 수대로 그릇을 진열한 다음 무엇이든 똑같이 나누어 돌렸다.

선종의 가르침을 실천하는 곳이기에 선방에서는 울력을 무엇보다 중요하게 여겼다. 한암은 1922년에 개설한 건봉사 선원에서 '보청普請 시에는 마땅히 나가며, 빠져서 대중의 마음을 동요시키지 않아야 한다.'는 규정을 두었다.[460] 1923년부터 학명이 운영한 내장사 선원의 경우, 황무지를 개간하며 본격적인 반선반농半禪半農의 삶을 실천하였다. 이곳에서는 하루를 오전학문·오후노동·야간좌선의 3단계로 나누고, 동안거에는 좌선을 위주로 하며 하안거에는 학문과 노동을 위주로 하는 규범[461]을 세워 나갔다. 이 외에도 방함록 직명에 농감農監·농막農幕 등이 기재된 곳이 많아 선농일치에 근거한 선원 운영이 이루어졌음을 알 수 있다.

이처럼 근대 초 울력을 강조하는 '선농일치'의 풍토는 선방에서 비롯되었으나, 점차 '본채 승려가 선방 승려를 외호한다.'는 관념에 따라 자연스럽게 선방 울력이 제한되어 온 셈이다. 따라서 "점심공양을 하고 나면 수좌들도 모두 울력 나가기에 바빴다."는 노스님들의 말처럼, 선방에서도 1970~1980년대까지 본채 대중과 함께 움직이는 문화가 나란히 존재하였다.

---

460 정재일(적멸), 앞의 논문(2007), pp. 203~204.
461 姜裕文,「內藏禪院一瞥」,『佛敎』46·47합호(佛敎社, 1928. 5), p.83.

후원 소임 또한 원주는 본채 승려의 몫이지만, 선방에서 별좌·공양주·채공 등을 돌아가며 맡는 곳도 많았다. "선방 소임은 일주일씩 살고 강원 소임은 삼 일씩 산다."고 하여 대개 일주일이나 열흘씩이었다. 이때 노스님과 젊은 승려가 함께 짝을 이루어 음식을 가르치고 배우는 가운데 후원 일을 할 수 있게 하였다. '선방 수좌가 약단지 갖고 다니는 것은 수치'로 여기는 분위기 또한 팽배하여, 어지간히 아파도 병원이나 약국에 가지 않고 버티던 시절이었다.

1990년대 무렵부터는 전반적으로 선방 수좌들이 공양간에서 음식 만드는 소임을 살지 않고 특별한 일 외에는 울력도 하지 않는 문화가 자리 잡았다. 선과 노동이 다르지 않음을 중시하는 선종의 울력문화가 점차 쇠퇴하면서, 예전부터 이어 온 '선방 외호'의 관념이 지배적인 시대로 접어든 것이다. 따라서 본채에서는 선방 수좌들이 수행에 전념하도록 울력을 최소화하는 한편, 선방이 경내에 있는 경우 안거 기간에는 재齋도 잘 받지 않았다. "옛날처럼 선방에 울력이 많으면 큰일 난다. 일 많은 선방에는 아예 방부를 들이지 않는다."는 말도 들을 수 있었듯이, 이러한 경향은 울력과 멀어진 전반적인 시대 변화와 함께하는 것이라 하겠다. 사회전반적으로 자급자족의 시대에서 벗어난 것은 물론, 출가자 부족으로 후원 소임에 재가자의 비중이 높아지게 되었기 때문이다.

그러나 예나 지금이나 선방에도 김장은 삼동결제와 뗄 수 없는 관계로 묶여 있다. 김치는 겨울철에 먹을 가장 소중한 찬이요, 김장은 연중 가장 큰 울력으로 추운 날씨에 엄청난 양의 김치를 담그는 일은 참으로 힘든 일이다. 따라서 승려들 사이에 "동안거는 김장을 함께 해야 공부할 자격이 있다."는 불문율이 있다. 선방의 김장 날짜는 결제 전에 잡히니, 방부를 들인 승려는 김장하는 날짜를 미리 파악해 그때 맞추어 들어가게 마련이었다. 피치 못하게 김장에 빠지면 벌칙으로 콩 한 말을 내는 곳이 있었는가 하면, 1970년대 『선방일기』에도 김장 울력이 끝난 뒤에 온 선객들은 스스로 낮 좌선을 포기하고 땔나무를 하여 송구스러움을 면했다고 한다.

선방의 공양문화

예로부터 "선방에 음식문화가 발달했다."는 말이 전한다. 전국에서 모여든 승려들이 소임을 살 때 각자 특색 있는 음식으로 실력을 발휘했기에 솜씨 좋은 승려가 채공으로 들어가면 맛있는 음식이 나오니 모두 좋아하였다. 또한 선방 수좌들이 몸을 상하지 않고 공부에 전념할 수 있도록 본채에서 공양으로 뒷받침하는 문화를 이어 왔다. 신도들도 수행에 도움이 되도록 대중공양을 올리고, 음력 4월 보름과 10월 보름의 결제 때면 떡을 해서 정진을 응원했다.

　같은 재료로 반찬을 만들 때도 조리방식이 지역마다 조금씩 다르니, 수좌들이 공양간 소임을 보던 시절의 선방은 전국의 사찰음식이 교류하는 거대한 장場이기도 하였다. 특별한 날이면 선방과 본채 승려들이 함께 시절음식을 만들어 먹는 풍습도 곳곳에서 펼쳐졌다. 날씨가 좋으면 개울가로 솥을 들고 나가서 수제비도 만들어 먹고, 제철 채소로 갖가지 전도 부쳤다. 명절이면 선방에서도 떡을 만들고 만두를 빚는 일에 동참하였다. 1970~1980년대 해인사에서는 단오 무렵이면 강원·선방 구분 없이 모든 대중이 대대적으로 쑥 뜯기 울력을 펼쳐, 직접 만든 쑥개떡을 며칠 동안 자유롭게 먹을 수 있었다. 특정 작물이 날 때 선방에서 자원하여 특별식을 만들기도 했다. 여름철 아욱이 무성하면 쌀·아욱·된장에 밀가루 수제비를 떼어 넣은 아욱죽을 끓이기도 하고, 상추 대궁이 높게 올라오면 잘라 내어 한두 시간 만에 먹을 수 있도록 맛있는 상추김치를 만들기도 했다.

선방의 노스님들 가운데 음식에 해박한 이들이 많아, 승려들은 스스로 '선방은 까다롭고 늘 공양에 신경을 써야 하는 곳'이라 말한다. 때로 음식에 불만을 지니는 수좌도 있게 마련이어서, 1990년대 태안사 선방을 연 청화는, 격의 없이 소참법문小參法門을 할 때면 '먹는 것에 마음 뺏기지 말 것'을 당부하였다. 이와 관련해 송광사에서는 최근에 공양 후 들어가는 차담茶談을 공식적으로 없애기도 하였다. 선방에서 인터넷을 찾아 가며 본채에 청하는 음료수가 자꾸 생기니 함께 마음을 비워 나가자는 뜻이다.

그런가 하면 식량문제로 힘든 시절에도 선방 승려들을 뒷바라지하기 위한 본채 승려들의 눈물겨운 노력이 많았다. 결제 무렵에는 노스님이 신도 집까지 수십 리 길을 걸어 다니면서 선방 대중을 위한 식량과 찬거리를 시주받아 등짐으로 지고 오는가 하면, 쌀

밥을 먹이려고 멀리까지 탁발을 나갔다가 일주일 만에 돌아오기도 했다. 자급자족할 수 있는 형편이 못 되니 결제 철이면 거의 동냥하다시피 선방을 운영하여, 힘든 시절에 선방을 꾸려 가는 작은 절의 주지와 원주는 사부대중의 존경을 받았다.

해인사 방장 시절의 성철은 선방 수좌들을 워낙 존중하여, 주지 등 절 살림을 꾸려 가는 주인들이 전혀 기를 펴지 못하고 살았다. 어떤 수좌든 해인사 선방에 들어오면 모두 주인 노릇을 할 수 있었던 건 전적으로 성철의 후원 덕분이라는 것이다. 대신 선방 수좌들에게는 엄격한 수행을 요구하여, 누구든 용맹정진에 탈락하면 걸망을 싸서 쫓아 버렸다.[462] 성철의 제자이자 석남사 주지인 인홍 또한 스승을 이어 "직을 사는 이들은 수행하는 스님들을 잘 모셔야 한다."는 가르침을 늘 강조하였다. 따라서 비구니선원을 운영하면서, 결제 때면 삭발하는 날마다 반드시 찰밥에 미역국을 끓여 선방 수좌들의 근기를 보충시키고자 하였다.

선방의 공양문화는 철저한 평등 공양이다. 대중공양으로 들어오는 것은 다각 소임이 떡이든 과일이든 똑같이 나누었다. 과일이 한 개씩 돌아가지 않을 때는 인원 수대로 계산해서 한 쪽씩 등분하였고, 김도 들어온 수대로 한두 장씩 나누어 주면 각자 밥을 싸서 먹었다. 먹을 것이 귀한 시절이라 다시마도 반찬에만 쓰지 않고 선방에 올리는 경우가 있어, 각자의 몫으로 잘라 주면 간식거리로 삼곤 하였다.

---

462 원택, 앞의 책(2001-2), pp.86~87.

선방은 발우공양이 가장 여법하게 실천되어 온 현장이기도 하다. 일상의 식사법이던 발우공양이 점차 안거 철의 의식으로 바뀌어 가듯이, 수행 현장인 선방은 발우공양의 최후 보루이기도 한 셈이다. 선종사찰에서는 아침에 죽을 먹는 것이 전통이었고, 한국사찰에서는 특히 쌀로 끓인 흰죽을 중요하게 여겼다. 흰죽은 곡식의 으뜸인 쌀로 끓인 죽이요, 아무것도 섞이지 않은 순백의 신성함을 지녔다. 따라서 불전에 올리는 '쌀밥 마지', 정각을 이루기 전 부처님께 수자타가 올린 '하얀 유미죽乳米粥'과도 통하는 상징성이 담겨 있다.

쌀이 귀했던 시절이라 '죽에 하늘이 비칠 정도'로 묽게 끓이더라도 아침공양은 흰죽을 내는 사찰이 많았다. 가마솥에 쌀죽을 끓이면 수조에 띄워 한 김 식힌 다음 큰방에 들였는데, 승가에서는 이른 아침 적당히 식은 흰죽의 미덕을 귀하게 여겼다. 이처럼 아침에는 가능하면 흰죽을 위주로 하되 잡곡이 섞인 죽도 끓였고, 갱죽·시래기죽 등은 저녁에 먹거나 발우를 펴지 않은 채 뒷방공양으로 먹기도 했다. 이로 미루어 보아 아침죽은 곡식류를 넣고 끓인 정갈한 죽을 추구했음을 알 수 있다.

죽공양은 청규의 법식을 따르는 것이기도 했지만, 식량 부족과도 직결되는 문제였다. 경제적 기반이 튼실한 일부 사찰을 제외하면 대부분 식량을 확보하지 못해 죽을 먹을 수밖에 없는 형편이었기 때문이다. 따라서 1960~1970년대까지 곡식을 조금 넣고 끓인 시래기죽·나물죽을 일상적으로 먹었고, 쌀죽 또한 미음처럼 묽게 끓이는 곳이 많았다.

사찰 형편에 따라 죽공양의 양상은 다양하였다. 식량이 부족하니 양을 늘리고자 죽이 퍼질 때까지 두었고, 객스님이 오면 곡식을 더 내는 것이 아니라 물을 부어 양을 늘렸다. 이처럼 죽을 묽게 끓여야 했던 사찰이 있는가 하면, 기운을 잃지 않고 든든한 한 끼가 될 수 있도록 빡빡하게 끓인 사찰도 있었다. 그러니 사찰에 따라 공양주는 흰죽을 되게 끓여 걱정을 듣기도 했고, 묽게 끓여 야단을 맞기도 했던 셈이다. 죽을 많이 먹다 보니 밥을 간장에 찍어 먹는 습관이 생기기도 했고, 탁자 밑 시절의 막내 승려는 상관에서 죽이 내려올 때마다 '내 앞에서 죽이 떨어졌으면' 하고 바랐다. 굶고 있으면 공양간에서 누룽지라도 얻을 수 있기 때문이었다. 울력이 많은 절에서는 아침에도 밥으로 공양하면서, 조죽朝粥의 다양한 변주가 이어졌다.

송광사에서는 오늘날까지 아침 죽의 발우공양 전통을 변함없이 이어 가고 있다. 송광사의 경우 오래전부터 아침에 죽공양을 많이 했으나, 1970년대 초 사찰 형편이 좋아지면서 밥으로 바꾸었다. 이에 1977년 하안거 때 당시 주지인 보성菩成의 제안으로 다시 죽공양이 시작되었다. 배고픈 시절이라 죽을 주면 다 싫어했기에 일주일 정도 지났을 무렵 선방의 입승이, "아침에 죽을 먹어서 힘드니 밥을 먹었으면 좋겠다."는 대중의 뜻을 전하였다. 그러자 보성은 부처님이 말씀한 아침 죽의 열 가지 공덕을 일러 주며 함께 그 가르침을 따라 보자고 권했다. 이때부터 검소하면서 수행에 도움 되는 '영양도 좋고 맛도 좋은 송광사 죽'이 시작되었다.

특히 밤새 잠을 자지 않고 용맹정진을 할 때면 어느 선방에서

나 자정이 지날 무렵 밤참으로 죽이 나왔다. 속을 다스리고 공부에 박차를 가하도록 응원하는 '용맹정진의 죽'이다. 용맹정진 죽은 부처님의 유미죽을 상징한다. 6년 고행으로 쇠약해진 싯다르타가 수자타의 유미죽을 정각 성취의 기력으로 삼았듯이, 자신과의 싸움 속에서 새벽의 정진 죽은 부처님의 길을 따르는 원동력이 되었다. 따라서 일주일간의 용맹정진 때면 후원에서도 뜬눈으로 밤새우기는 마찬가지였다. 노스님들은 특히 '해인사 선방에서 용맹정진 때 나온 잣죽 맛이 일품'이었다고 한다. 1960~1970년대 다른 사찰에서는 잣죽을 구경하기 힘들었지만, 해인사에는 잣나무가 많아 잣죽을 주로 낸 것이다. 성철은 평소 잣죽이 수행자의 음식으로 과분한 것이라 하여 금했지만 1970년대에도 잣죽이 나온 걸 보면, 힘을 북돋우는 용맹정진 죽에는 예외를 두었던 듯하다.

용맹정진의 마지막 날에는 평소에 하나이던 장군죽비가 서너 개 등장하였다. 일주일간 자지 못해 잠이 쏟아질 정점이니, 여럿이 돌면서 끝까지 독려하기 위함이다. 마침내 용맹정진을 마치고 조죽朝粥으로 속을 다스린 뒤, 수좌들은 곧바로 눕지 않고 산행길에 올랐다. 그래야 피로가 빨리 풀리기 때문이었고, 용맹정진을 무사히 마친 발걸음은 어느 때보다 가벼웠다. 이날은 부처님이 샛별을 보고 깨달음을 얻은 성도절이라, 용맹정진을 마친 새벽에 산행에 오르는 환희심이 더없이 컸을 법하다.

또한 선방에 딸린 지대방은 차를 마시며 다담을 나누는 휴식처였기에 '선방의 지대방은 다방茶房'이라는 말이 생겨났다. 본채에서 마련해 주는 차뿐만 아니라 수좌들이 각자 대중공양물로 차를 가져와, 승려들이 즐긴 차는 선방에서 가장 신속하게 정보 교류와 품평이 이루어졌다. 이때 등장하는 차의 종류는 시대와 사중 형편에 따라 달라지게 마련이었다. 1960~1970년대에는 오미자차·구기자차·생강차·대추차·쌍화차·인삼차 등이 주를 이루었고, 작은 선방에서는 호남지역 승려들이 가져오는 녹차를 맛보기도 했다. 1980년대 이후 선방마다 보이차·우롱차를 비롯해 처음 보는 귀한 차들이 등장하였고, 근래에는 커피가 선방의 빠질 수 없는 주요 품목으로 자리를 잡았다.

선방 수좌들은 철저한 정진 못지않게 유머도 풍부했다. 지대방과 관련해 수좌들 사이에서는 '뒷방(지대방) 조실'이라는 말을 만들었다. 대방 조실은 법력으로 결정되지만 뒷방 조실은 병기病氣와 구변口辯으로 결정된다는 것이다.[463] 늘 몸이 아프다며 지대방을 차지하거나 입담이 좋아 지대방에서 활약을 펼치는 수좌를 뜻한다. 2018년 석남사를 방문했을 때 대방 툇마루 앞에 '대방청규'가 붙어 있었다. 그 내용 가운데 '지대방 사용 자제'라는 말이 있어 가능하면 지대방에서 머물지 않도록 권장하는 분위기를 엿볼 수 있었다.

그런가 하면 학인 시절의 장난과 식탐이 선방에서도 여지없이 발휘되었다. 젊은 수좌들이 곳간에서 감자를 훔쳐 아궁이에 구워 먹는가 하면, 동안거 때 동치미를 훔쳐 먹는 일 또한 흔하였다. 발우공양을 할 때 찰밥이 나오면 어른들 몰래 밥을 뭉쳐 서로 던지

---

463 지허스님, 앞의 책(2010), p.41.

기도 하고, 만두공양이 있는 날 몇 개의 만두 속에 고춧가루나 소금을 넣는 경우까지 있었다.

해제 전날이면 '오늘은 숨통 트는 일을 좀 하겠다.'고 만장일치를 보아, 둥글게 둘러앉아 성불도놀이·윷놀이로 천진난만하고 활발한 웃음판을 펼쳤다. 또한 대방에서는 말없이 무표정하던 수좌도 디딜방아를 찧거나 김장할 때면 파안대소하며 갖가지 얘기로 대화를 이끌었다.

이처럼 대중생활을 하며 한 철 좌선에 드는 선방은 철두철미한 정진의 장이자, 유쾌하고 즐거운 수행의 발걸음이기도 하였다. 그 가운데 공양은 수행을 가능하게 하는 기반이자 윤활유와 같은 역할을 하면서 다양한 선방문화를 형성해 왔음을 알 수 있다.

수행자의 일상식, 발우공양

공양과 발우

공양의 의미

발우공양鉢盂供養은 대중생활을 하는 출가수행자들이 일정한 법식에 따라 발우에 담아 먹는 식사법을 말한다. 불교에서는 밥 먹는 일을 단지 주림을 면하거나 맛을 음미하는 데 두지 않고 수행의 일환이라 여긴다. 음식의 내용보다는 먹는 과정과 마음가짐을 중요하게 다루면서 공양을 하나의 의식으로 정립한 것이다. 수행자의 일상식인 사찰음식도 이러한 발우공양에 담긴 정신과 역사 속에서 전승되어 왔다.

불교에서는 이처럼 음식 먹는 일을 '공양'이라 부르고 있다. 공양供養의 원래 의미는 삼보와 경배의 대상에게 공물供物을 올리는 행위를 뜻한다. 아울러 불보살에게 올리는 향·등·꽃·차·과일·쌀[香燈花茶果米]을 '육법공양물'이라 하듯이, 공물은 음식뿐만 아니라 정성이 깃든 여러 물품을 포함하는 개념이다.

그런데 신적 존재에게 올리는 제물祭物·공양물은 음식이라 여기는 것이 보편적이다. 이는 초월적 존재도 음식을 섭취하며 살아가리라는 인간 중심의 생각과 함께, 생명을 이어 가게 하는 음식이야말로 공양물의 근원이라는 생각을 아울러 살필 수 있다. 불교에서도 불단佛壇은 물론 각단各壇에 정성을 들일 때, 음식으로 올리는 공양이 가장 정성스러운 것이라 여겨 왔다. 그뿐 아니라 삼보의 한 존재인 승려들에게 음식을 공양하는 반승飯僧이 신도들의 중요한 신앙 행위이기에, 공양물을 음식 중심으로 인식한 것은 자연스러운 일이라 하겠다.

이러한 관념 속에서 공양이 곧 식사를 뜻하는 말로 쓰이게 되었음을 짐작할 수 있다. 불보살과 승려에게 공양물로서 음식을 일상적으로 올려 왔기에 '공양물=음식'이자, '공양=음식을 먹는 일'이라는 생각이 자연스레 생겨났을 법하다. 아울러 불교에서는 모든 중생이 부처가 될 수 있는 불성佛性을 지녔다고 보기에 일반 중생에게도 공양이라는 말을 자연스레 적용할 수 있었던 셈이다. 특히 아래에서 위를 향한 공양뿐만 아니라, 부처님의 가르침을 중생에게 베푸는 뜻으로 쓰는 '법공양法供養'이라는 말처럼 '일방을 벗어난 공양'의 상징성을 부여할 수 있을 것이다.

불교에서 식사를 '공양'이라 부르게 된 데는 이처럼 여러 의미가 복합적으로 작용한 듯하다. 이와 관련하여 '누군가가 공양한 음식을 먹는다는 것을 상기시켜서, 시은施恩을 잊지 않게 하려는 깊은 뜻'[464]으로 해석하거나, '부처님께 공양을 올린 뒤 그 공양을 물려서[退供] 공양한다는 의미'[465]라 보기도 한다. 모두 음식을 중심으로 전개되는 '공양'에 부여된 합당한 의미들이다.

또한 식사를 뜻하는 용어로 '공양'은, 우리말의 '밥'과 유사한 의미를 지니기도 한다. 일반적으로 공양·공양주라 하면 각각 '식사'·'음식을 만드는 이'를 뜻하지만, 소임을 나누어 맡을 때의 공양주는 '밥을 짓는 이'로 반두飯頭에 해당한다. 공양간 또한 음식을 만드는 부엌을 뜻하면서, 세부적으로는 반찬을 만드는 채공간과 구분하여 '밥을 짓는 부엌'을 나타낸다. 그만큼 '공양'은 보편적 의미를 지니는 가운데 '밥'과 긴밀하게 연결되어 있음을 알 수 있다.

'밥'은 쌀 등의 곡식으로 지은 음식을 뜻하지만, 밥이 주식인 우리에겐 '끼니'와 동의어로 사용된다. 따라서 "밥 먹었니?"라는 일상용어가 곧 식사했는지를 묻는 말이 되는 것이다. 이처럼 '식사(공양)=밥'의 의미가 연장되어 공양주·공양간 등의 용어가 좁게는 '밥'과 관련된 의미를 나타내게 되었다.

아울러 '발우'와 '공양'을 합한 '발우공양'이라는 말은 근현대에 생긴 개념이고, 예전에는 이를 '묵언작법'·'식당작법'이라 불렀다. 점차 부처님 당시부터 이어진 발우의 의미를 중요하게 여기면서 '발우공양'이라는 용어로 정착된 것이라 하겠다.

---

464 홍윤식, "공양(供養)", 『한국민족문화대백과사전』, 앞의 책.
465 김호성, 『계초심학인문 새로 읽기』(정우서적, 2005), p.80.

발우의 유래와 역사

발우鉢盂는 승려가 공양할 때 사용하는 그릇을 일컫는다. 인도에서
는 수행자가 지니고 다녀야 할 도구의 하나로 식기를 '빠뜨라pātra'
라 했는데, 중국에서 이를 음역해 발다라鉢多羅로 표기[466]하였다. 따
라서 발鉢은 이를 약칭한 말이며, 우盂는 밥그릇이라는 한자어이
다. 발우를 바루·바리·바리때·바루라 등으로 부르는 것은 모
두 음운변화에 따른 현상이다.

부처님 당시 출가자들은 매일 발우를 들고 마을에 가서 탁발托鉢
로 끼니를 해결하였다. 이처럼 발우는 재가자에게 걸식하던 데서
기원하여, '중생의 뜻에 따르는 그릇' 또는 '수행자에게 합당한 그
릇'의 의미로 응량기應量器라고도 부른다. 중생의 공양을 받을 만한
이가, 보시한 음식을 수행에 필요한 만큼 취하여 정진의 밑거름으
로 삼는다는 뜻이라 하겠다.

율장에 따르면 '오철철발五綴鐵鉢'이라 하여, 꿰맨 자국이 다섯 군
데가 되거나 음식물이 새어 쓸 수 없을 때까지 새 발우로 바꾸지
못했다. 여분의 발우가 생기면 즉시 승가 공동소유로 귀속시켜야
했는데, 열흘의 여유를 준 것은 유행 중이거나 천재지변 등을 고
려한 것이다.[467] 이처럼 발우는 걸식에 의지하는 출가자의 상징물
이자 스스로 청정 수행을 점검하는 그릇이었다.

---

466 장충식, "바루", 『한국민족문화대백과사전』, 앞의 책.
467 『根本薩婆多部律攝』 권7 '乞鉢學處'(한글대장경 190, 동국역경원, 1995), pp. 172~173.

사진 6-1. 통도사 사합발우

경전에 기록된 최초의 발우는 사천왕이 부처님께 바친 돌발우이다. 석가모니가 보리수 아래서 정각을 성취한 지 칠칠일이 되던 날, 근처를 지나던 두 상인이 유미죽을 올리고자 했으나 받을 그릇이 없었다. 그때 하늘에서 사천왕이 내려와 돌로 만든 발우를 각 하나씩 올리자, 이를 받아 4개를 하나로 포갠 뒤 공양을 받았다는 것이다.[468] 이는 교단사에 처음 등장하는 발우로, '사천왕 봉발奉鉢'이라 부른다.

'사천왕 봉발' 이야기는 우리나라에서 사용하는 사합四合의 발우가 부처님이 사용한 불교 최초의 석발우에서 비롯되었다는 사실을 말해 준다. 이와 관련해 부처님의 발우를 숭배하는 봉발신앙奉鉢信仰이 간다라 지역에 성행했는데, 불발佛鉢을 형상화할 때의 특징은 테두리를 4겹으로 표현하여 4개의 발우를 하나로 포갠 것을 상징한다는 점이다. 402년 파키스탄의 페샤와르를 방문했던 법현法顯 또한 그가 목격한 불발에 대해 다음과 같은 기록을 남겼다.

이곳에는 7백여 명의 승려가 있다. 정오가 되면 부처님 발우를 꺼내 재가자들과 함께 여러 가지 공양을 올리고, 점심을 먹었다. 해질 무렵 향을 사를 때도 그렇게 했다. 부처님 발

---

468 『方廣大莊嚴經』권10, '24. 商人蒙記品'(한글대장경 155, 동국역경원, 1995), pp. 261~276.

우는 그 용량이 2두升 정도로 색깔은 흑색이 짙은 잡색이며,
4개의 테두리[際]가 분명하고 두께는 2푼 정도로 매우 광택
이 났다. 가난한 이는 그 속에 꽃을 조금만 넣어도 발우가 가
득 차지만, 부자는 많은 꽃으로 공양하려고 백천만 곡斛을
넣어도 끝내 발우를 채울 수가 없다고 한다.[469]

부처님께 공양을 올리는 발우에 4겹의 테두리를 두름으로써
'사천왕 봉발'에 전하는 최초의 발우가 지닌 특성을 드러낸 것이
다. 이러한 4겹 테두리의 발우는 우리나라 백제 유물에서도 발견
된다. 부여박물관에 있는 보물 '부여 석조'는 지금까지 석연지石蓮
池로 알려졌으나, 근래 여러 근거를 제시하며 부처님의 발우를 형
상화한 조형물임을 밝힌 연구[470]가 나왔다. 실제 이 석조의 구연부

사진 6-2. '부여 석조'의 구연부 ©한정호

사진 6-3. 통도사 봉발탑

---

469 『高僧法顯傳』, 앞의 책, p.503.
470 한정호, 「백제 석조의 성격과 미륵신앙」, 『미술사학연구』 306(한국미술사학회, 2020), pp.
　　69~91.

를 보면 4겹의 테두리가 뚜렷하다. 이 외에 '법주사 희견보살상', '통도사 봉발탑' 등 발우를 모신 석조물이 여럿 전한다.

발우는 불법의 위신력을 나타내는 법구法具를 상징하기도 한다. 「증도가證道歌」에는 '항용발降龍鉢'이라 하여 '용을 항복시킨 발우'라는 말이 나온다. 이는 깨달음을 얻고 난 부처님이 처음으로 다섯 비구에게 법을 설하여 제자로 삼은 뒤, 자이나교도인 가섭 삼형제를 귀의시킨 일화[471]에서 비롯되었다. 당시 부처님은 불을 내뿜는 독룡毒龍에게 삼매의 신통력으로 불을 발하고, 독룡의 몸을 작게 만들어 발우에 담았다. 이를 본 가섭은 크게 놀라 많은 논쟁과 대결을 거쳐 제자 500명과 함께 부처님께 귀의했고, 두 동생도 500명을 이끌고 출가하여 부처님의 제자는 1천 명이나 늘어나게 되었다.

당시 가섭을 교화한 일은 불교 교단이 본격적으로 형성되는 중요한 계기가 되었기에, 경전에서는 이러한 사건을 설화적으로 기록한 것이다. 이때 석가모니의 신통력을 발하는 데 발우가 상징적 구실을 하여, '항용발'이라 하면 불법의 신묘한 위력이 담긴 발우라는 뜻을 나타내게 되었다.

아울러 초기불교에서는 출가자가 지니고 다녀야 할 여섯 가지 용구로 대의 · 중의 · 하의의 법의法衣, 발우, 좌구坐具, 녹수낭漉水囊의 '비구 6물比丘六物'을 두었다. 좌구는 앉거나 누울 때 펴는 천이고, 녹수낭은 물을 거르는 주머니로 물속의 작은 벌레를 걸러 생명을 보호하기 위한 용도로 쓴다. 이는 수행에 필요한 최소한의

---

471 『過去現在因果經』 권4(한글대장경 156, 동국역경원, 1995), pp.115~136.

의식주 용구들로 출가자의 구도정신을 담고 있다. 그 가운데 승복과 발우를 삼의일발三衣一鉢·의발衣鉢이라 부른다. 출가자와 평생을 같이하는 의발은 그를 대신하는 유일한 물품이기에, 점차 제자에게 의발을 물려주는 것이 곧 법의 전수를 상징하게 되었다.

특히 중국 선종에서는 의발 전승으로 법을 이어 가는 가풍이 성행하였다. 초조 달마達磨부터 6조 혜능慧能에 이르기까지, 선사들은 제자에게 가사와 발우를 남기면서 자신의 법을 전하는 증표로 삼았다. 그 뒤 점차 의발 전수가 문중의 갈등을 불러일으킴에 따라 혜능에 이르러 공식적인 의발 전수는 이루어지지 않았다.[472] 그러나 법을 잇는 표시로 스승이 제자에게 의발을 전수하는 것은 여러 불교국가에서 자연스러운 풍습으로 이어졌다. 실제 의발 전수가 이루어지지 않더라도 스승의 법을 제자가 이어받는 것을 '의발을 잇는다.'고 표현하고 있다.

우리나라에도 이른 시기부터 승려의 식기인 발우에 대한 언급이 자연스럽게 등장한다. 원광圓光이 보시를 모두 절을 짓는 불사에 쓰고 남은 것은 '의발'뿐이었다는 『삼국유사』의 기록[473], 원효와 함께 무애행으로 살아간 대안이 구리로 만든 동발銅鉢을 두드리고 다닌 『송고승전』의 기록[474] 등을 비롯해 고대의 여러 자료가 전한다.

---

472 지명(智明) 스님, 앞의 책, p.118.
473 『三國遺事』 권4 義解 '圓光西學'
474 『宋高僧傳』 권4 義解 '新羅國黃龍寺元曉傳'

발우공양의 용구

—

발우의 재질과 개수

현재 우리나라 사찰에서는 나무로 만든 사합四合발우를 주로 쓰고 있다. 발우는 나라마다 자연환경과 문화에 따라 다양한 재질과 개수를 사용한다. 일반대중과 마찬가지로 자국에서 많이 생산되는 재료, 가볍고 다루기 쉬운 재질을 발우로 선택하게 마련이다.

인도를 비롯해 탁발하는 남방불교 국가의 경우, 초기불교 당시부터 발우 수가 하나인 대신 크기가 큰 철발우를 많이 쓰고 있다. 탁발할 때 여러 개의 그릇을 들고 다닐 수 없으니 발우는 하나지만 크기를 크게 한 것이다. 또한 나무가 귀한 열대지역에서는 목기木器가 사치품일뿐더러, 고온다습하여 탁발한 음식이 상하지 않도록 발우째 불에 올려놓고 데워 먹으려면 불연성 소재를 쓸 수밖에 없었을 것이다.

이에 비해 북방지역에 속한 대승불교권에서는 탁발정신을 출가자의 근본으로 삼고 있지만, 환경적·사회적 요인으로 탁발을 하지 않는다. 아울러 정주생활을 하며 공양을 지어 먹었기에, 밥과 반찬을 따로 먹는 문화권의 특성과 함께 발우의 숫자 또한 용도별로 갖출 수 있게 되었다. 특히 북방지역은 국물이 많고 따뜻한 음식을 좋아하여, 발우 또한 열전도율이 낮고 음식이 잘 식지 않는 나무를 선호한다.

석가모니 당시 인도의 수행자들이 사용했던 발우는 재질에 따라 금·은·진주·묘안석·청동·유리·주석·납·구리·나무 등 여러 종류가 있었다. 석가모니는 비구들에게 민중이 사용하는 그릇 재질로, 철발鐵鉢이나 흙으로 구워 만든 와발瓦鉢만 허용하였고 석발石鉢을 사용하기도 했다.[475]

중국에서도 6세기 천태종의 『입제법』을 보면 식기는 철제나 질그릇을 사용하도록 했고, 우리나라 또한 마찬가지였다. 고려 때까지 흙과 놋쇠 등이 그릇을 만드는 주재료였는데, 이는 신라의 승려 대안이 구리로 만든 발우를 지닌 데서도 알 수 있다. 고려 사뇌사지思惱寺址를 비롯한 여러 곳의 사지에서 청동발우가 다수 발견되었으며, 이들 중 몇 개는 원래 뚜껑이 있었던 것으로 보고 있다.[476] 또한 태안 앞바다에서 침몰한 배에서는 고려청자 와발우가 대량으로 출수[477]되어, 초기불교와 마찬가지로 놋쇠를 주조하고 흙을 구워 만든 발우를 사용했음을 알 수 있다.

목기에 옻칠한 목발우가 등장하기 시작한 것은 조선시대에 들어와서이다. 고려시대에는 사원에서 사용할 청자를 전담해서 만드는 곳을 둘 정도로 지배층으로서 특권을 누렸다면, 조선시대의 사정은 완전히 달라졌다. 아울러 임란을 겪고 난 뒤 왕실 제례에서도 그동안 주로 사용한 금속 제기 대신 백자를 사용하기 시작했고, 목공업의 발전과 함께 목그릇의 대중화가 이루어지게 되었

475 전재성 역주, 『쭐라박가: 율장소품』, 앞의 책, pp.681~687.

476 최응천, 「水多寺址 出土 고려시대 금속공예품의 성격과 명문」, 『강좌미술사』47(한국불교미술사학회, 2016), pp.243~246.

477 태경, 『고려 옹기와 정자에 음식을 남다』(양사재, 2020), p.38.

다.[478] 이후 목발우는 지금까지 수행자의 공양 용기로서 상징성을 지니고 있다.

그러다가 20세기 중후반에 많은 사찰에서 목발우를 폐기하고 철발우·와발우를 쓰게 된 적이 있었다. 수행자 본연의 모습을 회복하기 위해 출범한 1947년 봉암사결사에서, 부처님 당시 목발우는 외도들이 사용하던 것이라 하여 금했던 율장을 따르고자 뜻을 모았기 때문이다. 봉암사결사의 「공주규약」에는 와발瓦鉢(土鉢) 이외의 사용을 금했으나 실제로는 철발우도 허용하였다. 따라서 1970년대 초반까지 목발우와 나란히 철발우·와발우의 사용이 이어졌다.

특히 석남사를 비롯해 영남지역 사찰에서는 철발우를 사용하는 곳이 더욱 많았다. 철발우는 오래 쓰다 보면 색이 벗겨져 주기적으로 구워서 쓰는 것이 특징이다. 발우에 들기름을 바른 뒤 아궁이에 산죽이나 생솔가지로 불을 피워 그 연기로 그을려 까맣게 만드는 것이다. 『사분율四分律』에 '연기를 쐬어 검은색·붉은색으로 만들어야 한다.' 하였고, 『선견율비바사善見律毘婆娑』에 '철발은 다섯 가지로 훈燻하고 토발은 두 가지로 훈한다.'고 하였다.[479] 이처럼 발우를 연기에 굽는 것은 율장에도 등장하는 내용으로, 철발우를 쓰는 사찰마다 반질반질해질 때까지 기름을 발라 굽기를 몇 차례 거듭하였다.

478 한수진, 앞의 논문(2020), pp. 288~289.

479 대한불교조계종 교육원, 『습의교육(習儀敎育)』(2018, 개정 3판), p.97.

1970년대에는 '뿔발우'라 하여 실용적이고 저렴한 플라스틱 재질의 발우가 나와, 상대적으로 비싸고 흠이 잘 생기는 목발우를 대체하였다. 그러나 뿔발우가 유행하던 시절에도 계를 받은 승려들은 목발우를 갖고자 간절히 원했고, 은사가 목발우를 내려 주는 날이면 참으로 기뻤다는 소회도 전한다. 발우는 평생 지니는 것이요 수행자의 삶을 상징하는 것이기에, 옻칠하여 윤이 나는 목발우의 단아한 품격을 선호한 것이다. 근래에는 플라스틱과 재질이 거의 같고 목발우와 비슷한 멜라민 발우가 개발되기도 하였다.

그런가 하면 탁발하지 않는 중국·한국·일본 등 대승불교권에서는 대중이 함께 모여 한 벌로 구성된 각자의 그릇으로 발우공양을 하지만 발우 수가 각기 다르다. 『선원청규』(1103) 「부죽반赴粥飯」을 보면, 가장 큰 발우를 두발頭鉢이라 하고 나머지는 분자鐼子라 하였다. 발우 수에 대한 분명한 언급은 없지만, '자리가 좁으면 3개만 펼치도록' 허용한 것으로 보아 사합발우를 사용했음을 알 수 있다. 아울러 사합의 경전적 배경은 부처님께 바친 '사천왕 봉발'에서 비롯된 것이라 하겠다.

이처럼 중국 선종에서 사합발우를 사용한 것은 원대에 편찬된 『칙수청규』(1338)에 이르기까지 마찬가지였다. 오늘날 중국불교에서는 긴 탁자와 의자가 있는 재당齋堂에서 2개의 주발에 밥과 반찬을 담아 공양하고 있는데, 이는 명나라 때 재당이 생기면서 바뀐 것으로 보인다.[480] 아울러 우리나라는 종단의 구분 없이 사합을 쓰

---

480 윤창화, 앞의 책(2017), pp.312~314.

지만, 일본에서는 선종의 경우 사합, 다른 종파에서는 5~6개의 발우를 쓰는 경우도 많다.

그런데 우리나라에서도 오합발우가 함께 사용되었다. 앞 장에서 살펴봤듯이, 조선 후기 송광사에 아귀가 들어맞는 크고 작은 금발우 오합이 있었고, 신라 효소왕이 '금은 그릇 5기씩 두 벌[金銀五器 二剳]'을 백률사에 바쳤다는 기록이 있다. 사찰에 시주한 그릇이니 발우이고, 한 벌이 5개였으니 오합을 뜻한다.

근현대에도 오합을 쓰는 사례들이 많고, 용도도 다양하였다. 1990년대까지 진관사와 해인사 삼선암 등에서는 오합을 썼는데, 가장 큰 발우를 하나씩 지녔다가 대중공양으로 떡·과일 등이 돌면 그곳에 받아서 차담용으로 썼다는 것이다. 발우공양과 무관하게 별도로 둔 발우이지만 오합의 전승을 보여 주는 사례이다.

이에 비해 지옥·아귀 중생에게 공양하기 위한 시식施食 발우로 5개 1조를 구성하기도 하였다.[481] 차담용이 오합 중 가장 큰 크기였다면, 시식용은 몇 개의 밥알을 떼어 내는 생반生飯에 썼으니 가장 작은 크기였을 것이다. 2021년 9월 서울 백련사의 발우공양 참관 때도 두 명의 노스님이 오합발우로 공양을 하였다. 찬발우보다 작은 발우를 하나씩 더 지녔는데, 주로 양념류를 덜어 먹는 용도로 썼다.

이처럼 오합발우를 사용한 흔적이 옛 기록은 물론 근래까지 남아 있다. 이에 대해 동양문화권의 경우 숫자 4의 발음이 '죽을 사

---

481 박부영, 앞의 책, p.118.

死'와 같아서 이 숫자를 의도적으로 피하니, 중국불교에서 오합을 썼을 가능성이 크고 우리도 이를 따랐을 것[482]이라 보고 있다. 어느 시기부턴가 중국·한국 등에서 오행과 관련된 숫자 '5'의 상징성과 함께 관습적으로 사합·오합을 혼용하다가 점차 사합으로 굳어졌을 가능성이 있다. 아울러 청규에 발우 수를 명확하게 밝히지 않은 것은 융통성을 둔 것일 수 있고, 오합발우를 썼다면 제5의 발우는 시식용처럼 특별한 용도였을 가능성도 열어 두어야 할 것이다.

—

공양용구

발우공양에 필요한 용구는 발우 일습, 음식을 담아 나르는 운반용구, 반찬을 담는 찬상으로 구분할 수 있다. 발우 일습은 발우 한 벌과 그에 따른 부속물로 발우보·발우수건·발우받침·수저·수저집 등이다. 운반용구는 밥통·국통·청수주전자·숭늉주전자·퇴수통이 있고, 찬상은 반찬그릇과 상으로 구성된다.

먼저 발우 일습을 살펴보자. 『선원청규』에 나오는 발우의 구성물은 총 일곱 가지 정도이다.

사진 6-4. 발우 일습 (통도사)

---

482 자현, 앞의 책, p.57.

사진 6-5. 선반에 가지런히 놓인 발우 (운문사)

사진 6-6. 긴 주머니 형태로 만든 발우보 (통도사)

이는 발우를 싸는 복파複帕, 세정 수건인 발식鉢拭, 무릎 덮개인 정건淨巾, 발우 깔개인 발단鉢單, 생반 및 발우를 닦는 발쇄鉢刷, 수저 주머니인 시저대匙筋袋, 발우 1조 등이다.[483] 오늘날 한국사찰에서 사용하는 구성물 또한 이와 유사하며, 천으로 만든 것은 모두 흰색이나 회색을 사용하고 있다.

발우

네 개를 한 벌로 삼는 사합을 주로 사용한다. 가장 큰 순서대로 밥을 담는 어시발우, 국을 담는 국발우(보시발우), 물을 담는 청수발우(천수발우), 찬을 담는 찬발우(연각발우)를 포개어 두며, 어시발우에 맞는 발우 뚜껑을 쓰기도 한다. 대부분 밤색의 목발우를 사용하는 가운데, 근래 가볍고 실용적인 멜라민 재질이 늘어나는 경향이다. 큰스님들의 발우는 외국 승려와의 교류나 인연 따라 여러 발우를 지니게 되어 상대적으로 다양한 편이다. 흑색 발우, 밝은 나무색에 문양이 있는 발우, 도자기 재질의 발우 등도 볼 수 있어 다양한 재질과 색깔을 허용하고 있음을 알 수 있다.

발우보

발우를 싸는 보자기이다. 긴 주머니 형태로 되어 발낭鉢囊이라고도 한다. 평소에는 발우를 묶어 두다가, 길을 떠날 때면 발우를 넣는 용도로 쓴다. 승려들은 바랑에 발우와 가사·장삼을 지니고 다니

---

483 한수진, 앞의 논문(2019), p. 488.

는데, 이때 발우가 움직이지 않도록 발낭에 넣는 것이다. 서울 백련사 노스님들은 평소에도 발낭에 발우를 넣어 보관하고 있다.

발우수건

발우를 덮는 수건으로 발건鉢巾이라고도 한다. 운문사 · 진관사 등에서는 흰 발건을 빳빳하게 풀을 먹인 다음, 두 번 접어서 'ㅅ'자 모양으로 발우를 반듯하게 덮어 두고 있다. 승려들은 "정갈하게 각이 잡힌 하얀 발건으로 발우를 덮어 놓으면 환희심이 절로 난다."고 하였다. 발우를 닦는 속발건을 따로 두고 있다.

발우받침

발우를 펼 때 맨 밑에 펴는 것으로 발단鉢單이라고도 한다. 방바닥에 발우를 놓을 수 없으니 발우를 펼쳐 놓을 수 있도록 밥상 역할을 하는 받침이다.

수저와 수저집

수저는 대개 목발우와 같은 색깔의 나무 수저를 사용한다. 수저집은 수저를 넣는 작은 주머니이다.

헌식기와 생반대

헌식기獻食器는 생반을 떼어 놓는 그릇이다. 2~3명에 1개씩 작은 접시를 사용하거나, 몇 개의 헌식기만 사용해 상판에서부터 돌리기도 한다. 밥알을 더는 생반용 작은 나무숟가락을 각자 지니고 다니면서 이를 '생반대'라 부른다.

운반용구

운반용구로는 밥과 국을 담아 나르는 밥통 · 국통, 청수와 숭늉을 나르는 청수주전자 · 숭늉주전자, 청수를 거두는 퇴수통 등이 있다. 사찰에서는 이러한 용구를 의식에 필요한 주요 법구로 다루어 왔으나, 수십 년 사이에 재질과 형태가 대폭 바뀌었다. 전통 용구는 대부분 놋쇠로 만들어 무게 때문에 행익을 할 때 무리가 있고 다루기 불편하기 때문이다. 일부 사찰에서는 전통 용구를 쓰거나, 새로운 재질로 전통 형태를 복원하여 쓰기도 한다.

밥통 · 국통

밥과 국을 나르는 용기이다. 사찰의 전통 밥통과 국통은 구전으로 '더도리'라 부르는 용구를 사용했다. 더도리란 여러 몫을 고루 나누고 나서 남은 것을 다시 돌며 나누는 행위[484]를 말한다. 대부분 놋쇠 재질로, 많은 양을 담을 수 있는 넓고 둥근 몸통에 낮은 굽이 있다. 양쪽에 손잡이가 있거나 없는 것으로 나뉘며, 손잡이가 없는 것은 바깥으로 벌어진 입구를 잡는다.

백련사 · 봉원사 · 송광사 등에서는 지금도 놋쇠로 만든 더도리

---

484 한국불교문화사업단 · (재)불교문화재연구소, 『전통 공양구 문화상품 제작사업 완료보고서』 (2015), p. 22.

사진 6-7. 밥·국을 담는 더도리 (통도사) ©하지권

그릇을 사용하고 있다. 송광사의 경우 이를 '불기佛器'라 부르면서, 운반할 때도 아래로 내리지 않고 어깨에 올려놓은 채 마지 불기와 같은 방식으로 옮기고 있다. 통도사에서는 놋쇠로 만든 전통 더도리를 사용하다가, 최근에 같은 모양의 스테인리스 재질로 바꾸었다. 진관사 등 비구니사찰에서도 무게가 무거워 전통 용기는 보관하고 스테인리스로 교체하였다. 아울러 더도리의 사용은 밥통에

한정하는 곳이 많다.

대부분 사찰에서는 스테인리스 재질에 뚜껑 있는 원형 용기를 밥통과 국통으로 사용하며, 국통의 경우 양동이를 사용하기도 한다. 국통과 짝을 이루는 국자는 대부분 일반 스테인리스용품을 사용하고 있다. 그 가운데 백련사에서는 나무로 큼지막하게 만든 전통 국자와 주걱을 사용하고, 통도사에서는 놋쇠 재질의 기다란 전통 국자를 복원하였다.

청수주전자 · 숭늉주전자

청수와 숭늉을 나르는 용기로, 수관水罐이라고도 부른다. 전통 수관은 놋쇠 재질의 주전자 모양으로, 양쪽 손잡이를 두 손으로 잡은 채 들도록 하였으며 아래에는 굽이 달려 있다. 전통 수관을 쓰는 곳은 백련사 · 봉원사 등이고, 대부분 사찰에서는 스테인리스 주전자를 사용하고 있다.

사진 6-8. 씻어서 엎어 놓은 더도리 · 청수다관과 국자 (백련사)

발우 씻은 물을 담는 용기이다. 퇴수통退水桶은 청수동이 · 절수통
折水桶이라고도 부른다. 전통 퇴수통에는 '옴마니반메훔'의 육자진
언 등을 써 놓은 것이 많은데, 청수는 굶주린 아귀餓鬼를 위한 것이
기에 감로수로 변환시키는 의미이다. 퇴수통은 사찰마다 다양한
재질과 형태를 지녔다.

몇 가지 사례만 살펴보면, 통도사의 퇴수통은 금색을 입힌 스
테인리스 재질에 양쪽 손잡이가 달린 커다란 용기로, 몸체에는 육
자진언을 새겼다. 예전에 쓰던 퇴수통은 단지처럼 컸으나 무게 때
문에 근래 새로 제작한 것이다. 석남사에서는 양손잡이가 달린 오
목하고 속이 깊은 철제 원형 용기에 흰색 칠을 하여 사용하고 있
다. 송광사의 경우 플라스틱 양동이를 사용하면서 몸통에 커다란
글씨로 '옴 마휴라세 사바하'라는 진언을 써 놓았다. 그 외에 양동
이를 사용하는 경우가 많다.

사진 6-9. 발우 씻은 물을 담는 퇴수통 (통도사)

찬상

찬상饌床은 반찬그릇을 담는 상이다. 반찬이 담긴 여러 개의 찬그 릇과 수저를 올려 두며, 대개 3~5명이 함께 나누어 먹을 분량으로 찬을 담는다. 다리가 달린 나무 소반을 많이 쓰고, 스테인리스· 플라스틱 재질의 쟁반을 쓰기도 한다. 찬상의 경우 상판과 하판을 구분하는 곳이 많은데, 송광사에서는 받침 높이가 더 높은 소반을 상판용으로 쓰고 있다. 쟁반을 찬상으로 쓰는 사찰에서도 상판은 대개 나무 소반을 쓴다.

신촌 봉원사에서는 찬상을 따로 쓰지 않고, 반찬 종류별로 커 다란 그릇에 담아 오면 각자 자신의 찬발우에 직접 덜도록 하고 있 다. 이는 봉원사에서 영산재를 행할 때 식당작법에서 하는 방식과 동일하다.

찬상은 몇 사람이 함께 사용해야 하니, 옆으로 옮기기 편하도 록 장치를 고안해 쓰기도 한다. 백련사는 찬상에 바퀴를 달아서 사용해 온 역사가 깊다. 이는 찬상을 끌면서 장판이 긁히지 않도 록 1970년대의 주지가 창안한 것이다. 송광사에서는 찬상 아래에 까는 바닥보를 만들어, 옆으로 움직일 때 바닥보를 당김으로써 소 리가 나지 않도록 하였다. 바닥보는 퇴수통을 놓는 용도로도 쓰 며, 양쪽에 고리를 달아 평소에는 벽에 걸어 두고 있다.

찬그릇의 경우 접시 또는 주발 형태의 그릇을 자유롭게 쓰고 있다. 송광사와 진관사에서는 발우와 같은 색깔의 밤색 멜라민으 로 만든 주발을 쓰며, 통도사에서는 스테인리스 주발을 쓴다.

사진 6-10. 더도리, 국통과 국자, 수관, 바퀴 달린 찬상 등의 운반용구 (백련사)

그 외에 송광사에서는 휴대폰 크기의 작고 도톰한 바닥 걸레를
만들어, 발우공양을 할 때 곳곳에 배치해 두고 있다. 바닥에 떨어
진 물이나 음식 등을 닦기 위한 용도이다. 다른 사찰에서는 휴지
를 쓰고 있으나, 정갈한 흰 천으로 바닥 걸레를 만들어 좀 더 여법
한 모습을 갖추고자 하였다.

발우공양의 전승

。

의식문의 성립

우리나라의 발우공양과 관련된 초기 기록은 보조지눌이 1205년(희종 1)에 찬술한『계초심학인문誡初心學人文』에 실려 있다. 공양할 때 지켜야 할 예법과 마음가짐을 중심으로 약술한 것이다. 특히 '공양은 몸이 야윔을 치료하고 깨달음을 이루기 위함'이라 하여『선원청규』오관게의 핵심을 담았고, 반드시「반야심경」을 염송하도록 하였다.

그 뒤 1496년에 간행된 작자 미상의『승가일용식시묵언작법僧家日用食時默言作法』(이하『승가일용』)에는 공양의식 절차가 상세히 실려 있다.『선원청규』의 영향을 받아 정립한 것이지만 한국불교의 독자적인 내용이 풍부하며, 의식집의 간행과 함께 조선시대에 널리 유통되면서 오늘날 발우공양의 기반을 이루어 왔다.

『승가일용』에는 발우공양 내용을「묵언작법默言作法」과「식당작법食堂作法」으로 구분하여 실었다. 「묵언작법」은 사찰에서 일상적으로 행하는 발우공양이고, 「식당작법」은 영산재와 같은 대규모 재회齋會를 행할 때 발우공양을 의식화하여 치를 수 있도록 한 것이다.

「묵언작법」의 공양 절차는 중국의 청규보다 훨씬 세밀한 절차를 갖추었다. 『선원청규』·『칙수청규』에 없는 다섯 편의 게송이 추가되었는데, 이는 하발게·육진언·봉반게·정식게·삼시게이다.[485] 이에 따라 「묵언작법」의 게송은 총 14편으로 정립되었으며, 이러한 게송이 곧 공양 절차를 의미한다.

이후 1935년에 안진호는 『석문의범』에 『승가일용』의 내용을 싣게 된다.[486] 『석문의범』 송주편誦呪篇을 「조송주朝誦呪」·「석송주夕誦呪」·「반야심경」으로 나눈 다음, 『승가일용』의 「식당작법」 내용을 「반야심경」에 싣고, 「묵언작법」은 「반야심경」의 부록에 「소심경小心經」이라는 이름으로 실었다. 명칭을 '반야심경'이라 한 것은 「식당작법」에 보조지눌이 강조한 반야심경 염송이 주요 절차로 들어가 있듯이, 반야심경의 뜻을 새기며 공양해야 함을 나타낸 것이라 하겠다. 이에 비해 「묵언작법」에는 반야심경이 들어 있지 않아 「소심경」이라 하였다. 따라서 「식당작법」에 해당하는 「반야심경」을 '대심경'이라 부르며 「소심경」과 구분하기도 한다.

또한 『석문의범』 재공편齋供篇을 「상주권공常住勸供」·「영산재靈山

---

485 각 게송의 내용에 대해서는 '2장 역사'에서 다루었다.

486 安震湖, 『釋門儀範 上』, (卍商會, 1935), pp.98~107, pp.128~132.

齋」로 나눈 다음, 「영산재」의 부록에 「식당작법」을 실었다. 따라서 『승가일용』의 「식당작법」은 『석문의범』에 '반야심경'과 '식당작법'이라는 두 가지 이름으로 거듭 들어가 있다. 송주편의 「반야심경」이 「식당작법」의 절차와 게송 내용만 추려서 실은 것이라면, 재공편의 「식당작법」에는 의식 진행에 필요한 설명과 팔정도 도상 등을 추가하였다. 이를 도식화하면 다음과 같다.

승가일용	석문의범	참조
묵언작법	소심경	절수게折水偈 다음에 해탈주를 추가하여 14가지에서 15가지로 게송이 늘어남
식당작법	반야심경	「식당작법」의 절차와 게송 내용만 게재함 ※ 현재 이를 '대심경'이라 칭함
	식당작법	「식당작법」을 기반으로, 의식 진행에 필요한 설명과 팔정도 도상 등을 추가함

표 6-1. 『승가일용』 공양의식이 『석문의범』에 반영된 양상

이처럼 근래 발우공양의 의식문을 '소심경'이라 부르는 것은 『석문의범』의 편성을 따른 것이며, 본래는 『승가일용』의 「묵언작법」을 뜻한다. 오늘날 한국사찰에서는 『석문의범』에 실린 「소심경」을 참조하여 해당 사찰에 맞게 축약하여 사용하고 있다. 시대에 따라 순서와 내용이 조금씩 달라져도 의식의 근간과 기본정신은 다르지 않다.

발우공양의 유형

발우공양은 의식의 방법에 따라 다시 발우공양, 법공양, 식당작법의 세 가지 유형으로 구분된다.

첫째, 발우공양은 게송 없이 묵언으로 행하는 의식이다. 대개 짧은 두루마기인 동방의東方衣와 바지로 구성된 평상복을 입고, 게송을 외지 않은 채 죽비에 따라 공양 절차를 진행한다. 게송을 외지 않을 뿐 기본절차와 정신은 동일하다.

둘째, 법공양은 게송을 염송하는 가운데 행하는 의식이다. 일반 발우공양과 비교할 때 몇 가지 점에서 차이를 지닌다. 게송을 염송하는 점과 함께 점심인 오시에 행하고, 의식 절차에 생반生飯이 따르며, 장삼과 가사를 갖추어 입는 점 등이다.

법공양은 수행을 위해 공양하는 출가자의 다짐이 담긴 게송들

구분	차이점
발우공양	의식 : 게송을 외우지 않고 죽비에 따라 행함 복식 : 동방의(짧은 두루마기) 착용
법공양	의식 : 죽비에 따라 게송을 외우며 행함 시간 : 점심의 오시午時에 행하며, 생반이 따름 복식 : 장삼·대가사 착용
식당작법	대규모 의례를 행할 때 작법과 더불어 행하는 발우공양 의식 : 게송을 범패로 염송하며, 작법무가 따름 복식 : 장삼·대가사 착용

표 6-2. 발우공양의 유형과 내용

을 함께 외며, 그 의미를 새기는 가운데 행한다. 점심에 법공양을 하는 이유는, 사시에 부처님께 올린 마지를 내려서 오시에 제자들이 공양한다는 의미를 중요하게 여기기 때문이다. 아울러 부처님 마지를 올린 후에 헌식을 행하니, 오시의 법공양에는 헌식을 위한 생반이 따른다. 따라서 낮에는 사찰이 번잡하여 아침에 법공양을 하더라도 생반을 하지 않는다. 본래 '오공 - 법공양'이 짝을 이루는 것이지만, 게송의 염송 여부로 법공양을 구분하고 있는 셈이다. 아울러 법공양을 중시하여 복식 또한 가사를 갖추는 것이며, 사찰에 따라서는 오조가사五條袈裟를 착용하거나 가사를 착용하지 않기도 한다.

이러한 발우공양·법공양의 개념을 가장 잘 지켜 나가는 대표 사찰이 송광사이다. 송광사에서는 산철 결제를 포함해 9개월의 결제기간 동안 아침에는 발우공양, 점심에는 법공양으로 하루 두 차례의 공양의식을 행하고 있다. 발우공양 때는 동방의 등을 입고 게송 없이 죽비에 따라 공양하며, 법공양 때는 장삼에 대가사를 갖추고 게송을 염송하면서 공양한다. 법공양에 생반이 따르는 것은 물론이다.

셋째, 식당작법은 영산재·수륙재·예수재 등 대형 재회에서 대중공양의 의미를 의식화하여 치르는 발우공양이다. 그 절차는 『석문의범』에 편성된「식당작법」을 따른다. 식당작법은 한국불교의 특성이 담긴 공양의식으로, 야외에서 의식문을 범패梵唄로 염송하고 각종 악기와 작법무作法舞가 함께하는 가운데 장엄하고 복잡한 양상으로 전개된다. 부처님께 공양과 예불을 올리는 상단권공

上壇勸供을 마친 후에 시작하니, 법공양의 구도와 같음을 알 수 있다.

식당작법에서는 팔정도八正道의 올바른 수행을 다짐하며 깨달음의 과정을 단계적으로 표현하는 가운데 발우공양을 한다. 아울러 수행에 대한 경책과 성찰, 불법의 환희와 찬탄을 드러내는 불교 종합예술의 장이 펼쳐진다. 이처럼 식당작법은 일상의 발우공양을 의식으로 체계화하고 종교적 예악禮樂으로 표현함으로써 발우공양에 담긴 정신과 가치를 극대화하고 있다.[487]

이상에서 살펴본 바에 따라 발우공양, 법공양, 식당작법의 핵심을 간략히 정리하면 〈표 6-2〉와 같다. 식당작법의 개념은 비교적 명확하게 설정되어 있으나, 법공양의 실제 설행 양상은 '게송염송'에 초점을 두면서 시간과 복식은 편의에 따르고 있다.

근현대의 전승 양상

—

송광사 · 석남사의 발우공양

고려 때 『계초심학인문』이 찬술되고 조선 전기에 발우공양 의식문이 전국에 유통되었듯이, 출가수행자의 식사법은 이른 시기부터 발우공양을 근간으로 하고 있음을 알 수 있다. 또한 승려들은 한국전쟁 당시를 회고하면서 "낮에는 국군과 경찰이, 밤에는 빨치산

---

487 식당작법에 대해서는 다음 논문 참조. 沈祥鉉, 「靈山齋 成立과 作法儀禮에 關한 硏究」(威德大學校 佛敎學科 博士論文, 2011), pp. 320~362.

이 들어오기를 반복하는 전쟁 기간에도 발우공양이 이어졌다."[488]
고 하였다. 그만큼 발우공양이 일상이었다는 사실과 함께, 바깥이
어지러울수록 본분을 지키고자 하는 마음을 읽을 수 있다.

사찰에 따라 편차는 있지만, 1970~1980년대까지만 해도 이러
한 모습은 그리 다르지 않았다. 묵언으로 하거나 게송을 외는 등
방식은 다양했지만, 좌차에 따라 대방에 앉아 법식대로 발우를 펴
는 것이 대중생활의 중요한 일상식이었던 것이다. 특히 1970년대
이전에는 하루 세 끼 모두 발우공양을 하는 사찰이 많았다.

한편으로 발우공양은 일정한 의식을 따라야 하는 번거롭고 불
편한 식사법인 것이 분명하다. 따라서 예나 지금이나 이를 그리
환영하지 않는 분위기가 있었다. 사찰의 원로들은 발우공양을 하
여 법도를 이어 나가자 했고, 젊은 승려들은 가능하면 상공양을
원한 것이다. 송광사·석남사 사례를 통해 발우공양의 전승 모습
을 살펴보자.

송광사는 승보사찰僧寶寺刹로서의 위상에 걸맞게 발우공양의 전
승 맥락이 튼실하다. 따라서 '1년 365일 발우공양을 하는 사찰'이
자, 가장 여법하게 발우공양을 하는 사찰로 널리 알려져 있다. 승
려들 사이에 "송광사에서는 상추쌈을 싸거나 국수를 먹을 때도 발
우공양을 한다."는 말이 전한다.

특히 1969년에 초대 방장으로 취임한 구산九山은 "중노릇 제대

---

488 이성수, "한국전쟁 70주년, 6·25와 불교: 법인스님이 겪은 한국전쟁", 「불교신문」 3532호
(2019. 11. 6)

로 하려면 '예불·대중공양·울력' 세 가지만 잘하면 된다."고 하여, 승가의 발우공양 전통을 지켜 나가야 한다는 의지가 확고하였다. 스스로 발우공양에 빠진 적이 없을 뿐만 아니라, 남는 음식이 있으면 후원에서 처리하지 말고 대방에 들이도록 하여 가장 먼저 자신의 발우에 덜었다. 외출할 일이 있을 때면 공양을 마친 뒤, "대중에게 한 말씀 드리겠습니다. 오늘 법회 다녀오겠습니다."라고 보고하였다.[489] 이처럼 사찰의 최고 어른으로서 누구보다 성실히 공양에 임하며 발우공양의 기틀을 튼튼히 다져 나갔다.

1997년에 방장으로 추대된 제자 보성 普成 또한 이러한 가풍을 그대로 이어받았다. 2000년대에 들어와 발우공양을 하지 않는 사찰이 많아졌고, 하더라도 안거 철의 발우공양으로 자리를 잡아 가던 시절이었다. 어느 해 강원이 방학 중인 데다 큰스님(보성)이 며칠 외출하여, 몇 명 남지 않은 학인들이 원주를 설득해 후원에서 상공양을 하기 시작했다. 큰스님이 오고 나서도 방학 중이라 별일 아닌 듯 후원 공양을 이어 가던 중 갑자기 나타난 보성의 벼락이 떨어졌다. "대중이 다섯만 모여도 발우공양 해!"라는 호통이었다.[490] 따라서 방학이라 학인들이 없거나 큰스님이 외출해도 '365일 발우공양'이 이어졌고, '다섯만 있어도 발우공양 한다.'는 가르침 또한 함께 전승되고 있다.

근래에는 출가자의 감소로 송광사에서 연중 발우공양을 하는

---

489 이연정, "송광사 도감 영진스님", 승보종찰 송광사 블로그(www.songgwangsa.org)
490 "상좌스님들이 전하는 보성스님", 「불교신문」(2019. 2. 19)

시기가 하안거·동안거를 포함해 9개월로 조정되었다. 동안거·하안거를 마치고 한 달 지나서부터 각 45일간 산철 결제를 두어 결제 기간 동안 발우공양을 하는 것이다. 또한 9개월간 아침에는 묵언의 발우공양, 점심에는 게송을 외는 법공양을 하면서 다른 사찰에서 일찍이 사라진 하루 두 차례의 발우공양을 이어 가고 있다.

석남사는 한국전쟁으로 폐허화되다시피 했다가, 1957년 주지로 부임한 인홍仁弘이 사찰을 중건하고 선원을 세워 비구니 참선도량으로 가꾸어 나갔다. 이후 석남사로 출가하는 이들이 많아 대중은 늘 100명이 넘었고, 안거와 무관하게 매일 하루 세끼 발우공양을 했다. 인홍은 여법함을 잃지 않는 가운데 발우공양을 간소화하는 방안으로, 대가사 대신 오조가사를 갖추도록 하였다. 옛 대방

사진 6-11. 석남사 발우공양

의 크기는 지금보다 작지만 인원은 훨씬 많았기에, 발우공양을 할 때면 이중의 중좌中座를 만들고 지대방까지 사용하며 방을 가득 메웠다.

당시 저녁공양만이라도 편히 먹기를 원하는 젊은 승려들이 많았지만, '상추쌈을 싸 먹더라도 발우를 펴도록' 하여, 공양이 곧 수행이 되도록 하였다. 어쩌다 뒷방공양을 하면, "출가자란 존재는 부처님의 제자이고 인천人天의 대스승이거늘, 어찌 스스로 수행자의 위의를 흩뜨리느냐."는 인홍의 호통이 떨어지곤 하였다. 발우공양을 마치고 대중공사 때면 항상 인홍의 가르침과 경책이 따랐다.[491]

이후 점차 대중 수가 줄어들고 학인들 또한 방학에만 돌아오니, 결제철 이외에는 발우공양을 하기가 힘들게 되었다. 1997년 인홍이 입적한 뒤로도 약 10년간 안거 때면 사시에 법공양을 이어오다가, 근래 아침으로 옮겼다. 석남사에서는 아침에 게송을 염송하는 법공양을 하고 있지만, 스스로 이를 법공양이 아닌 '장삼 공양'이라 부르고 있다. 여건상 사시 법공양을 하지 못해 아침으로 바꾸었고, 생반을 하지 않으며, 대가사 대신 장삼에 오조가사를 착용한 채 약식으로 행하기 때문이라 한다. 아울러 죽을 먹거나 무더위·우천 등으로 의식을 하기 힘들 때는 장삼 대신 동방의를 입고 게송을 생략한 채 발우공양을 하는데, 이를 '동방아(동방의) 공양'이라 부르고 있다.

---

491 면담내용 : 석남사 전 주지(도수), 2019. 7. 26. 석남사 승방

그런가 하면 죽은 예나 지금이나 출가자의 소중한 수행 음식으로 꼽힌다. 석가모니가 6년 고행 끝에 유미죽을 정각 성취의 기력으로 삼았듯이, 수행 정진에 집중하는 안거 때면 아침으로 죽 공양을 하는 사찰이 적지 않다. 따라서 인홍은 아침마다 정갈한 '흰 죽 발우공양'을 전통으로 삼았다. 대신 공양주가 죽을 묽게 끓이면 야단을 맞았다. 별다른 간식이 없던 배고픈 시절이라, 되직하게 끓여서 든든한 한 끼로 수행에 힘쓸 수 있도록 배려한 것이다.

송광사에서는 지금도 아침마다 죽으로 발우를 펴고 주말 아침에는 떡국이 오른다. 죽을 기본으로 하는 신죽晨粥의 아침 공양은 수십 년 동안 이어 온 송광사의 전통이다. 전날 밥을 이용해 죽을 끓이되, 잣죽 · 호두죽 · 땅콩죽 · 흑임자죽에서부터 콩나물죽 · 무죽 · 감자죽 · 아욱죽 · 시금치죽 등에 이르기까지 매일 재료를 달리하여 영양이 부족하지 않도록 배려하고 있다. 따라서 송광사 죽은 맛이 좋기로 이름나서, 힘을 많이 쓰는 처사들도 밥보다 죽을 선택하는 경우가 많다고 한다.

—

서울지역 전통사찰의 발우공양

서울지역 전통사찰의 음식문화를 조사한 필자의 2021년 연구[492]에 따르면, 서울에 자리한 60개 전통사찰 가운데 발우공양을 하는 곳은 3개 사찰에 불과하였다. 따라서 발우공양을 하는 장소로 대방

---

492 구미래, 앞의 논문(2022), pp. 197~230.

구분		상주승려	대방	발우공양	운영 특성	면담대상·날짜
미타사	조계종, 비구니사찰	약 15명	○	–	암자별 운영 7개 암자	정수암 주지 : 21.6.23
백련사	태고종, 비구사찰	약 20명	○	매일 아침 (법공양)	승려 20가구	회주, 주지 : 21.7.25 21.9.18
보문사	보문종, 비구니사찰	약 40명	○	–	암자별 운영 5개 암자	남별당 주지, 중실 승려 : 21.6.25
봉원사	태고종, 비구사찰	약 40명	○	동안거 58일 (법공양)	승려 40가구	원로승려 : 21.10.17
봉은사	조계종, 비구사찰	23명	○	–		기획국장, 원주, 전각부장 : 21.9.4
승가사	조계종, 비구니사찰	7명	○	–	선원 운영 10명	기획국장 : 21.6.5
진관사	조계종, 비구니사찰	약 20명	○	매일 아침 (발우공양)		주지, 총무 : 21.5.12 21.10.2
청량사	조계종, 비구니사찰	약 20명	○	–	암자별 운영 4개 암자	중실 회주 : 21.9.26
청룡사	조계종, 비구니사찰	5명	○	–		주지 : 21.5.25
화계사	조계종, 비구사찰	7명	○	–	국제선원 운영 12명	주지 : 21.9.2
흥천사	조계종, 비구니사찰	7명	○	–	선원 운영 7명	주지 : 21.9.15

표 6-3. 서울지역 11개 전통사찰의 발우공양 현황 (2021년 현재)

이 남아 있는 곳을 포함해, 11개 사찰을 조사대상으로 삼아 연구를 진행하였다. 이들 사찰의 발우공양 전승 양상을 살펴보면 다음과 같다.

사례의 모든 사찰은 근래 3~4년 전, 멀리는 수십 년 전까지 발우공양을 하였다. 11개 사찰 가운데 법공양으로 행한 백련사·봉원사·미타사를 제외하고, 8개 사찰에서 이전까지 행한 것은 묵언의 발우공양이었다. 아울러 발우공양을 행한 시간은 11개 사찰 모두 아침이 공통적이다.

1960년대의 미타사 사례를 보면, 당시 대중은 8개 암자에 약 40명이었고 안거 철에만 발우공양이 있었다. 공양 시간이 되어 대북을 치면, 북소리를 들은 각 암자의 스님들이 가사를 갖춘 채 각자 발우를 들고 대방으로 모였다. 대개 발우공양은 목탁이나 종을 쳐서 알리지만, 흩어져 있는 암자마다 잘 들리도록 법고를 친 것이다. 또한 노스님들은 새벽예불을 마치고 발우공양을 하기 전에 미리 대방에 모여 독경을 하는 여법한 전통이 있었다. 반찬은 암자마다 돌아가면서 만들어, 발우공양 때면 각 암자의 음식을 맛볼 수 있는 시간이기도 하였다.

암자별로 운영되는 미타사 사례처럼, 승려별로 가구를 구성하고 있는 봉원사에서는 발우공양에 나오는 국을 승려들이 돌아가며 준비하는 전통을 이어 가고 있다. 따라서 배추·무·감자·버섯 등 국에 쓸 재료를 손질해서 직접 공양간에 갖다 놓으면, 공양주 승려가 그 재료로 국을 끓였다. 그러다가 근래에는 '방납房納'이라는 이름으로 국을 끓이는 비용을 내고, 주방에서 준비하는 방식으로 바뀌었다.

미타사와 같이 여러 암자로 구성된 청량사 · 보문사를 함께 살펴보면, 청량사 또한 대방에서 전체 암자의 대중이 모여 발우공양을 하였다. 그러나 암자별 운영과 대방의 발우공양을 병행하기가 불편한 탓인지 미타사 · 청량사는 모두 1970년대가 되기 전에 발우공양이 중단되었다. 이에 비해 보문사의 경우 규모가 크고 인원이 많아, 암자별로 각자 행하는 발우공양이 1980년대까지 이어졌다. 보문사에서는 묵언으로 발우공양을 했지만, 암자마다 마지막 퇴수가 나갈 때 해탈주解脫呪를 외는 전통이 있었다. 아울러 1960~1970년대에는 사찰마다 양육하는 아이들이 많았는데, 보문사의 경우 열 살이 되면 삭발을 하지 않은 채 발우공양에 참석시키면서 성인이 되어 스스로 출가를 결정하도록 했다.

1960년대의 청룡사는 강원 · 선원이 있어 대중이 많을 때는 70~80명까지 되었다. 이 무렵에는 삼시 세끼 모두 발우공양을 하면서 많은 인원이 등을 맞대어 중좌로 앉곤 하였다. 그 뒤 1970년대까지 아침 · 점심에 발우공양을 하다가, 선원 · 강원의 해체와 함께 1980년대에 들어서면서 대중이 급격히 줄어들어 발우공양도 중단되었다. 승가사의 경우는 수십 명의 상주 승려와 함께 2000년대 초까지 발우공양이 이어졌으나, 이 무렵부터 선원 신축불사가 이어져 2008년에 불사를 마쳤을 때는 7명 정도밖에 남지 않게 되었다.

화계사는 가장 최근까지 발우공양을 하였다. 1980년대에 국제 선원을 건립해 외국인 승려들과 함께 하는 발우공양이 이어졌으나, 2000년 계룡산 자락에 무상사(국제선원)가 세워져 수행승들이 옮겨 가면서 잠시 단절되었다. 그 뒤 대적광전의 1층에 주방이 있어 2층을 대방으로 개조하여 2006년부터 발우공양을 이어 오다가, 행익 인원의 부족 등으로 3~4년 전에 중단되었다. 홍천사 또한 대방과 주방이 멀어서 찬상 나르기가 힘들고 인원이 부족하여 오래전에 중단된 경우이다.

지금까지 발우공양을 이어 오고 있는 사찰은 백련사 · 봉원사 · 진관사이다. 이들 사례는 모두 사찰이 정비되면서 발우공양을 시작하여 지금까지 끊이지 않고 50~60년 이상의 역사를 이어 오고 있다. 진관사는 중창 불사를 마친 1960년대 중반부터 아침 · 점심에 발우공양을 하다가, 이후 점심은 상공양으로 바꾸고 아침은 빠짐없이 발우공양을 이어 오고 있다. 백련사는 동안거에만 발우공양을 하다가 1970년대부터 매일의 의식으로 정착시킨 경우이다. 봉원사는 1950년대부터 지금까지 동안거 약 두 달 동안 발우공양을 하고 있다. 동안거 기간을 음력 10월 10일부터 성도절인 12월 8일까지 58일간으로 정해 두고 있어, 발우공양 또한 두 달 정도[493] 하게 된다. 백련사와 봉원사는 태고종 사찰로 발우공양에서도 유사한 점이 많다. 두 사찰 모두 예전에는 '삼동결제三冬結制 발우공양'이라 하여 동안거의 공양의식으로 자리 잡은 점, 법공양을 이어가는 점, 경쇠를 사용하는 점 등을 들 수 있다.

---

493 10일 입재일은 모든 동참자가 모여 신중대례 불공을 올리고 이튿날부터 발우공양을 하므로, 실제 발우공양을 하는 기간은 57일이다.

발우공양의 유형을 보면 묵언작법의 진관사, 법공양의 백련사·봉원사로 구분된다. 공양 절차가 서로 유사한 백련사·봉원사의 경우 의식에 참관한 백련사를 중심으로 살펴보면, 『석문의범』에 「반야심경」이라는 이름으로 실린 「식당작법」의 절차를 따르고 있다. 공양절차는 동일하지만, 「소심경」과 달리 '전발게' 다음에 '발우공양'을 염송하고 전반적으로 다라니가 많이 삽입된 것이 특징이었다.

발우공양에 참석하는 인원은 진관사와 백련사 모두 15명 내외

구분	진관사	백련사	봉원사
시기	매일 아침	매일 아침	동안거 약 2달, 아침
유형	발우공양 (묵언)	법공양 (게송)	법공양 (게송)
인원 구성	스님 15명 내외	스님 15명 내외	스님 30명, 신도 30명 내외
복식	동방의	장삼	장삼, 가사
절차 진행	죽비	경쇠, 죽비	경쇠, 죽비
생반	없음 (사시마지 후 헌식)	없음 (사시마지 후 헌식)	있음 (여등대 사용)
발우	목발우 / 사합	목발우 / 사합, 오합	목발우 / 사합, 오합
운반용구	스테인리스 (전통 용기 보관)	전통 용기 (밥, 청수)	전통 용기 (밥, 청수)
찬상	4개(3~4명당)	2개(7~8명당) 바퀴 달림	직접 덜어 담음 (별도 그릇)

표 6-4. 서울지역 발우공양 설행 사찰 현황

사진 6-12. 진관사 발우공양의 청수 행익

의 사중 승려들이다. 봉원사는 신도들과 함께 동안거 발우공양을 하는 전통에 따라 평일에는 승려 30명과 신도 30명 내외로 60명 정도이지만, 주말이면 신도들의 수가 50명이 넘는다. 복식의 경우 진관사에서는 동방의를 입고 발우공양을 하고 있으며, 백련사에서는 가사를 갖추어야 하는 법공양이지만 일상의식으로 자리 잡게 하고자 가사 없이 장삼만 갖추고 있다. 봉원사에서는 결제의 의미도 있을뿐더러 새벽예불을 하고 난 뒤 그 자리에서 발우공양이 이루어지니, 모든 승려가 가사를 갖추게 된다.

조계종에서 공양 절차를 죽비로 알린다면, 백련사·봉원사의 공통점이자 태고종 발우공양의 독특한 점은 경쇠를 사용한다는

사진 6-13. 백련사 발우공양에서 절차를 알리는 경쇠

것이다. 경쇠는 놋으로 만든 작은 주발처럼 생긴 종에 자루를 단 모습이며, 노루뿔 등으로 만든 막대로 쳐서 종을 울린다. 백련사의 경우 죽비는 처음 시작하는 전발게와 공양을 시작할 때만 치고 모든 절차를 알리는 역할은 경쇠가 맡았으며, 죽비를 칠 때도 경쇠가 따랐다. 죽비와 경쇠는 불단 좌우에 앉은 입승과 지전 소임이 맡았다.

진관사·백련사의 경우 생반生飯을 하지 않는 데 비해, 봉원사에서는 아침이지만 생반을 하고 있다. 자루 달린 생반 용기로 '여등대'를 갖추어 두었다가, 소임자가 걷으러 다니면 각자 작은 대나무 숟가락으로 일곱 개[七粒] 정도의 밥알을 덜어 놓는 방식이다. 이처럼 봉원사에서 아침에 생반을 하는 것은, 많은 대중이 십시일반으로 헌식하는 공덕을 중요하게 여기기 때문이라 한다.

또한 봉원사에서는 발우공양 때 묵언패黙言牌를 사용하는 것이 특징이다. 출생게를 마친 뒤 공양을 하기 직전에 두 명의 종두 소임자가 일어나 묵언패를 양손에 들고, "묵~언~알~요."라고 외친 다음 패를 '짝짝짝' 세 차례 친다. 공양할 때는 일체 묵언할 것을 이르면서 '묵언을 아뢴다.'는 말을 네 자로 줄여 길게 소리 짓는 것이다. 만약 대화하는 이가 있으면 그를 향해 묵언패를 치고, 대상이 노스님이면 그 앞에 묵언패를 갖다 놓고 절을 하였다. 이를 '묵언 맞았다.'고 표현하며, 예전에는 '묵언 맞은 스님'이라 하여 쌀을 내어 떡을 하는 문화도 있었다고 한다.

발우와 운반용구를 살펴보면, 세 사찰 모두 발우는 사합을 기본으로 한 목발우를 사용하고 있다. 백련사에서는 한때 흙으로 만든 옹기발우·토발우를 쓴 적이 있었다. 아울러 백련사의 발우공양 참관일에 두 승려가 오합을 지니고 있었는데, 찬발우보다 조금 작은 크기였다. 밥·국·청수를 나르는 운반용구로 백련사·봉원사는 전통 더도리 그릇과 놋쇠 수관을 사용하며, 진관사에서는 무게 때문에 전통 용기는 보관하고 스테인리스로 교체하였다. 특히 백련사의 전통 주걱과 국자는 나무로 큼지막하게 만들어 독특한 모습을 지녔다.

찬상의 경우 진관사는 3~4명당 하나씩 쓰도록 4개의 찬상을 차린다. 백련사는 2개의 찬상만 쓰고 있는데, 1970년대부터 옮기기 편하도록 찬상에 바퀴를 달아서 쓰고 있다. 봉원사에서는 찬상을 따로 쓰지 않고 반찬 종류별로 큰 그릇에 담아 돌리면 각자 찬발우에 덜어 먹는데, 이는 봉원사 영산재의 식당작법에서 행하는 것과 같은 방식이다.

매일의 발우공양은 출가자의 여법한 일상 수행을 지키는 일이자 사찰음식을 전승하고 대중화합을 다지는 중요한 기능도 아우른다. 진관사의 경우 발우를 닦아 먹기 위해 무짠지(짠무)·단무지·무김치를 빠짐없이 담그고 고춧가루를 덜 쓰며, '아침 국은 맑은 국'이라는 전통을 이어 가고 있다. 각자 살림을 하는 백련사의 경우 발우공양이 아니면 함께 모일 수 있는 자리가 드물어 대중화합의 기능을 중요하게 여기고 있다. 봉원사에서는 재가자와 함께하는 동안거 발우공양의 오랜 역사가 이어지고 있어 보기 드문 사례로 주목된다.

지금까지 살펴본 서울 전통사찰의 사례에서도 드러나듯이, 1980~1990년대 이후 발우공양을 하는 사찰이 급격히 줄어들었다. 일상적으로는 상공양을 하더라도 많은 대중이 수행·정진할 때는 발우공양을 하는 것이 전통이었으나, 근래에 와서는 안거 중이라 하더라도 점차 간편한 상공양으로 대체해 간 것이다. 특히 가사를 갖추고 게송을 염송하는 법공양은 아주 드물게 볼 수 있을 따름이다.

발우공양은 행익을 포함해 10명 정도가 되어야 하는 것이 일반적이나, 전국적으로 5명 이하의 승려가 머무는 사찰이 큰 비중을 차지하고 있다. 인원에 구애받지 않고 발우를 펴기란 현실적으로 힘든 일이어서, 출가자의 감소는 발우공양을 하는 데 가장 큰 장애로 작용하고 있다. 이와 함께 의식의 번거로움으로 인해 승려들이 이를 꺼리는 점, 행사가 많아 발우공양을 하기에 곤란한 점 등은 큰 절에서 발우공양을 하지 못하는 주요 요인이라 하겠다.

발우공양의 내용

음식과 주요 소임

발우공양에 나오는 음식은 밥과 국과 반찬이다. 찬상에는 대개 김치 · 간장을 제외하고 세 가지 반찬이 기본을 이루어, 발우공양을 할 때면 '일식삼찬一食三饌'이라는 말을 많이 쓰고 있다.

　반찬은 장아찌류 · 조림류 등과 함께, 매일 바뀌는 나물류의 새 반찬을 둔다. 진관사에서는 '새 반찬'을 '파란 반찬'이라고도 부르는데, 주로 제철 나물이 나오기에 붙여진 이름이다. 또한 발우공양을 할 때는 마지막에 발우를 깨끗이 닦아 먹기 위한 용도로, 고춧가루를 쓰지 않은 짠무 · 단무지 · 무김치 등을 반드시 올린다. 반찬 또한 쉽게 닦이고 물에 잘 씻기도록 고춧가루를 많이 쓰지 않고 기름 성분이 없는 음식을 위주로 내게 마련이다. 따라서 두부를 부칠 때도 기름을 잘 쓰지 않는다.

　근래에는 부족한 영양소를 공급하기 위해 별도의 돌림 그릇에

사진 6-14. 진관사 찬상

후식을 내는 사찰이 많다. 석남사에서는 찐 채소 하나를 포함한 세 종류의 과일·채소와 함께, 치즈를 한 장씩 올리고 있다. 진관사에서도 과일과 함께 마·감자·고구마·옥수수·연근 등을 쪄서 내고, 찬상에 담기 힘든 부각·튀김 등을 내기도 한다. 아울러 승려들이 제피·산초 등을 좋아하여 석남사에서는 제피가루를 대방에 비치해 두고, 진관사에서는 발우공양 찬상에 늘 산초간장이 오른다.

송광사·통도사 등 비구사찰에서는 후식을 담은 돌림 그릇이 없는 대신, 발우공양의 반찬 가짓수가 한 가지 정도 더 많다. 이를테면 두 사찰에서는 대중의 기호를 반영하여, 발우공양 때마다 찬상에 청국장찌개나 된장찌개를 올리고 있다. 송광사의 경우 점심에는 고추장과 참기름을 따로 내어 취향에 따라 첨가해서 먹도록 하였다.

찬상에 음식을 담을 때도 반듯하게 간추리는 것이 후원의 법도이다. 포기김치의 경우 줄기와 잎 부분을 고루 먹을 수 있도록 반 반씩 앞뒤로 간추린 뒤, 칼등으로 길이를 맞추어 정갈하게 썬다. 나물도 둥글게 담지 않고 반듯하게 길이를 정해서 줄을 세워 올리는 사찰이 많다. 특히 구이류는 따뜻하게 먹을 수 있도록 찬상이 나가는 시간을 점검하면서 요리해야 하니, 후원 소임자들에게는 '모든 게 시간 싸움'이라 한다.

발우공양에서는 특히 청수淸水의 변환을 중요하게 여긴다. 천수다라니千手陀羅尼의 신묘한 기운으로 아귀를 위한 감로수로 변환시킨다고 여겨, 청수를 '천수물'이라 부르기도 한다. 따라서 대방의 천장 중앙에 천수다라니를 붙여 놓은 사찰에서는, 그 아래 퇴수退水를 놓아서 물에 천수다라니가 비치도록 하고 있다.[494] 천수천안 보살의 자비로 감로수를 이루어 지옥 아귀를 구하고자 하는 것[495]이다.

천수千手와 관련된 내용은 청규에 나오지 않고 예전부터 전해 내려온 풍습도 아닌 것으로 보인다.[496] 그러나 발우 씻은 물을 아귀에게 베푼다는 설정 아래, 감로인甘露印을 맺고 다라니를 염송하여 이를 감로수로 변화시키고자 하는 것은 일관된 관점의 의식이다. 송광사·통도사·석남사 등의 대방 천장에 천수다라니가 붙어 있듯이, 이는 발우공양에서 밀교적 성격이 강한 한국불교의 특성이라 하겠다.

---

494 耘虛龍夏 編, "천수물[千手水]", 『佛敎辭典』(동국역경원, 1961), p.844.
495 태경, 앞의 책, p.35.
496 윤창화, 앞의 책(2017), pp.319~321.

발우공양을 할 때 중요한 소임은 '죽비'와 '행익'이다. 모든 절차는 죽비소리에 따라 진행하므로, 죽비는 대중의 상황을 잘 살펴서 느리거나 빠르지 않게 다음 단계를 알려야 한다. 죽비를 치는 일은 대개 입승立繩 또는 부전副殿이 맡고, 송광사에서는 찰중察衆이 죽비를 친다. 죽비는 주로 강원의 고학년 학인이 맡아, 통도사의 경우 4학년 대교반의 대표가 입승 소임을 보고 있다.

행익行益은 발우공양을 하는 대중 가운데 하판 소임자들의 몫이다. 따라서 사미·사미니인 학인들이 주로 맡게 되며, 청수·밥·국·숭늉을 분배하고 발우 씻은 물을 모으는 일까지 하게 된다. 행익 중에서도 밥과 국을 분배하는 일을 '진지進止'라 하여 선배가 맡고, 청수와 숭늉 돌리는 일은 후배가 맡는다.

특히 밥을 분배할 때는 일정한 양을 담아 주는 것이 무엇보다 중요했다. 일정하게 담지 않으면 뒷사람의 밥이 부족한 상황이 생기기 때문에, 정확한 배식을 위해 모래나 눈으로 연습하는 승려도 있었다. 만약 밥이 모자라면 제일 먼저 배식한 승려부터 시작하여 차례로 내려가면서 "감반減飯입니다."라고 하면, 각자 한 숟가락씩 자신의 밥을 덜어 주었다.[497]

행익은 대중 수에 따라 1~4개의 조가 움직이고, 한 조마다 3명이 배당되니 최소 3명에서 최대 12명이 필요하다. 그 밖에 찬상을 들이고 내가는 일은 행익과 함께 여럿이서 함께 하는 것이 관례이다. 행익을 하는 이들은 음식을 나눈 다음 공양을 해야 하니 늘 시

---

497 임충선, 앞의 논문, p. 22.

사진 6-15. 통도사 발우공양 (행익 장면) ⓒ하지권

간이 부족하여 밥을 적게 받았다고 한다.

　그런데 송광사에서는 예전에 어른들만 찬상을 따로 차리고, 대
중들의 경우 반찬까지 행익으로 나누었다.[498] 이는 송광사뿐만 아
니라 발우공양의 변화 속에서 거쳤을 초기단계의 모습이라 여겨
진다. 현재 봉원사 발우공양에서 반찬을 나누는 방식이 그러하다.
찬상을 따로 쓰지 않고 반찬 종류별로 커다란 그릇에 담아 오면 각
자가 찬발우에 덜고 있어, 옛 모습을 유추할 수 있다.

498　면담내용 : 송광사 원주(시안). 2019. 12. 23. 송광사 원주실

오늘날 행하는 발우공양의 의식 절차를 보면, 사찰마다 염송하는
게송의 수만 차이를 보일 뿐 큰 흐름은 동일하다.『석문의범』「소
심경」에 실린 15편의 게송을 모두 염송하면 많은 시간이 소요되므
로 핵심 내용을 선별하여 행하고 있다. 게송의 경우『승가일용』
「묵언작법」에는 총 14편이 실려 있고,『석문의범』「소심경」에는
'해탈주'를 추가하여 15편에 이른다. 이에 비해 근래 발우공양에서
염송하는 게송 수는 이 가운데 5~8편 정도이다.

따라서 발우공양을 여법하게 행하는 사찰이자 8편의 게송을
염송하는 송광사의 사례를 중심으로 의식 절차를 살펴보고자 한
다.[499] 그전에 먼저『승가일용』「묵언작법」에 실린 게송을 기준으
로, 송광사 등 근래의 발우공양에서 사용하는 8편의 게송을 비교
해 보면 〈표 6-5〉와 같다.

발우공양은 게송을 염송할 때뿐만 아니라 세부적인 공양 절차
마다 죽비를 쳐서 진행하게 된다. 따라서 법공양의 경우 핵심 의
미를 지키면서 체계적인 의식을 진행하자면, 8편의 게송을 포함
해 15차례 이상의 죽비가 따른다. 이에 비해 게송 없이 묵언으로
하는 발우공양에서는 대개 7차례 정도 죽비를 치고 있다.

〈표 6-6〉은 송광사 발우공양(법공양)의 절차이다. 죽비를 칠 때

---

499 송광사 발우공양 사례는 2019년 한국불교문화사업단 주관의 '발우공양 원형발굴 연구조
　사'에서, 필자가 책임연구원으로 연구 조사한 내용을 토대로 수정·보완하였다.

『승가일용』·「묵언작법」	근래의 발우공양
① 하발게(下鉢偈)	
② 회발게(回鉢偈)	① 회발게 = 불은상기게
③ 전발게(展鉢偈)	② 전발게
④ 십념(十念)	③ 십염불
⑤ 창식게(唱食偈)	
⑥ 수식게(受食偈)	
⑦ 육진언(六眞言)	
⑧ 봉반게(奉飯偈)	④ 봉반게 = 봉발게
⑨ 오관게(五觀偈)	⑤ 오관게 = 오관상념게
⑩ 생반게(生飯偈)	⑥ 생반게 = 출생게
⑪ 정식게(淨食偈)	
⑫ 삼시게(三匙偈)	
⑬ 절수게(折水偈)	⑦ 절수게 = 절수상념게
⑭ 수발게(收鉢偈)	⑧ 수발게 = 식필상념게

표 6-5. 발우공양의 계송 비교

마다 행위나 염송이 바뀌므로 이를 중심으로 일련번호를 부여하였다.

절차는 편의상 준비 단계, 공양물을 나누는 단계, 공양 단계, 마무리 단계로 나누어 살펴보고자 한다. 이어지는 발우공양 의식 절차의 일련번호는 계송과 행위가 같을 경우 하나의 번호로 묶어서 다루었다.

번호	죽비	행위	게송
1	1성	합장	① 회발게(불은상기게)
2	1성	합장	② 전발게
3	3성	합장반배→ 발우 펴기	
4	1성	합장	③ 십염불
5	1성	행익→ 청수, 밥, 국, 반찬 나누기	
6	1성	발우 정대	④ 봉반게(봉발게)
7	1성	합장	⑤ 오관게(오관상념게)
8	1성	밥알 덜기(생반)	
9	1성	감로인	⑥ 생반게(출생게)
10	3성	합장반배→ 공양하기	
11	2성	숭늉 돌리기→ 발우 닦기	
12	1성	찬상 나가기→ 퇴수통 들이기	
13	1성	발우 씻기	
14	1성	청수 거두기	
15	1성	감로인	⑦ 절수게(절수상념게)
16	1성	합장→ 발우 거두기	⑧ 수발게(식필상념게)
17	3성	합장반배→ 마침	

표 6-6. 송광사 발우공양(법공양)의 절차

준비 단계

① 회발게 염송

부처님의 4대 성지를 생각하는 게송이다. 공양을 하기 전에 가장 먼저 부처님의 삶을 돌아보면서 스스로 깨달음에 대한 의지를 다지는 뜻이 담겨 있다. 회발게는 불은상기게佛恩想起偈라고도 한다.

『승가일용』「묵언작법」에서는 회발게 이전에 선반에서 발우를 내릴 때 하발게下鉢偈를 염송했으나, 근래에는 생략한다.

> 부처님께서는 카필라성에서 태어나, 마갈타국에서 성불하고,
> 바라나시에서 설법하고, 구시라 쌍림에서 열반하셨도다.
>
> 불생가비라 佛生迦毘羅   성도마갈타 成道摩竭陀
> 설법바라나 說法婆羅奈   입멸구시라 入滅拘尸羅

② 전발게 염송, 발우 펴기

죽비를 한 번 치면, 합장하고 전발게展鉢偈를 염송한다. 모든 이에게 삼륜三輪이 청정하기를 바라는 게송이다. 삼륜이란 보시를 하는 사람, 보시를 받는 사람, 보시물을 말한다. 보시하는 이는 아무것도 바라는 마음이 없어야 하고, 받는 이는 보시하는 이의 공덕에 감사하며 구도심을 내어야 하고, 보시물은 수행에 필요한 물건이어야 한다. 이 세 가지 모두가 청정하고 어디에도 집착함이 없을 때 진정한 보시 공양이 되기 때문이다.

부처님이 내리신 발우를 내 지금 얻어 펴노니

원컨대 모든 중생 다함께 삼륜이 공적하소서.

여래응량기 如來應量器　　아금득부전 我今得敷展

원공일체중 願共一切衆　　등삼륜공적 等三輪空寂

이어 죽비를 세 번 치면 발우를 편다. 발우받침 위에 정해진 순서대로 발우를 놓는다. 어시발우는 왼쪽, 국발우는 오른쪽에 놓고 찬발우는 어시발우 앞, 청수발우는 국발우 앞에 둔다.

③ 십염불 염송

죽비를 한 번 치면, 십염불十念佛을 염송한다. 십염불은 비로자나불·노사나불·석가모니불·아미타불·미륵불의 다섯 부처와 시공에 두루 충만한 모든 부처, 시공에 두루 충만한 모든 진리, 문수보살·보현보살·관세음보살·지장보살의 네 보살과 모든 보살에 귀의하며 염송하는 게송이다.

청정법신비로자나불　　원만보신노사나불

천백억화신석가모니불　　구품도사아미타불

당래하생미륵존불　　시방삼세일체제불

시방삼세일체존법　　대지문수사리보살

대행보현보살　　대비관세음보살

대원본존지장보살　　제존보살마하살

마하반야바라밀

「묵언작법」에서는 십념 뒤에 공양의 이로움을 찬탄하는 창식게唱食偈를 염송하였으나, 생략한다.

—

공양물을 나누는 단계

④ 청수 · 밥 · 국, 반찬 나누기

죽비를 한 번 치면, 청수 · 밥 · 국의 순서대로 상판에서 하판으로 음식을 나누는 행익을 시작한다. 청수는 두 손으로 청수발우를 들어서 받고, 물의 양이 적당하게 차면 발우를 좌우로 조금 흔들어 그만 따르라는 신호를 보낸다. 밥은 행익하는 이에게 어시발우를 건네주어 주는 대로 받고, 국은 두 손으로 국발우를 들어서 받는다. 찬상의 반찬은 함께 나눌 인원 수를 헤아리며 각자 먹을 만큼 담는다. 밥과 국의 행익을 마친 다음, 밥이 부족하거나 많은 이를 위해 다시 대중 앞을 지나면서 밥을 추가하고 덜어 내는 가감이 따른다.

「묵언작법」에서는 공양을 받으며 모든 중생을 축원하는 수식게受食偈, 불 · 법 · 승 · 계 · 정 · 혜의 육진언六眞言을 염송했으나, 생략한다.

⑤ 발우 정대, 봉반게 염송

죽비를 한 번 치면, 밥이 든 어시발우를 두 손으로 받들어 눈썹 높이에 정대頂戴하고 봉반게奉飯偈를 염송한다. 수행자로서 공양을 받을 때면 모든 중생을 생각하면서, 참선의 기쁨을 밥으로 삼고 법

의 기쁨을 함께 누리게 되길 발원하는 내용이다. 봉반게는 봉발게
奉鉢偈라고도 한다.

공양을 받을 때는 마땅히 원할지니 모든 중생이
선의 희열을 음식 삼아 법의 기쁨이 충만하길.

약수식시 若受食時   당원중생 當願衆生
선열위식 禪悅爲食   법희충만 法喜充滿

⑥ 오관게 염송

죽비를 한 번 치면, 합장하고 오관게五觀偈를 염송한다. 음식을 들
기 전에 수행자로서 다섯 가지를 깊이 생각하는 게송이다. 음식이
내 앞에 오기까지 수많은 이들의 수고로움이 있었기에 그 공덕을
헤아려 보고, 자신의 덕행이 이렇듯 귀한 공양을 받을 자격이 있
는지 성찰한다. 그리고 공양을 하는 목적이 수행으로써 깨달음을
이루는 데 있다면 그 뜻을 새겨 탐·진·치 삼독을 끊고, 이 공양
을 몸이 병들지 않도록 치료하는 약으로 새기면서 부지런히 정진
하여 깨달음을 이루겠다고 다짐하는 것이다.

이 음식이 어디서 왔는지 헤아려 보니
내 덕행으로는 받기가 부끄럽네.
온갖 욕심 버리고 마음을 바르게 하여
이 몸을 지탱하는 약으로 삼아
깨달음을 이루고자 이 공양을 받네.

계공다소양피래처 計功多少量彼來處

촌기덕행전결응공 忖己德行全缺應供

방심이과탐등위종 防心離過貪等爲宗

정사양약위료형고 正思良藥爲療形枯

위성도업응수차식 爲成道業應受此食

　오관게는 발우공양 정신의 핵심을 담고 있어 이를 가장 중요하게 여긴다. 공양의식이 대폭 축소된 중국 선종사찰에서도 오관게는 반드시 염송하며, 식당을 오관당五觀堂이라고도 부른다. 오관게는 오관상념게五觀想念偈라고도 한다.

⑦ 밥알 덜기, 생반게 염송

죽비를 한 번 치면, 각자의 밥알을 3~7개 정도 떼어 놓는 생반生飯을 한다. 생반은 이류異類중생을 위한 보시로, 헌식기가 돌면 그곳에 담아 모은다. 각자의 발우 일습에 작은 나무숟가락으로 만든 생반대를 지니기도 하며, 봉원사에서는 이를 '여등대'라 부른다. 『선원청규』에서는 자와 같은 긴 나무판의 끝에 천을 붙인 발쇄鉢刷에 밥알을 놓도록 하였다.

　　귀신의 무리여, 내 지금 공양을 베푸나니
　　이 음식이 시방에 두루 하여 모든 생명이 공양 받을지어다.
　　여등귀신중 汝等鬼神衆　　아금시여공 我今施汝供

차식변시방 此食遍十方   일체귀신공 一切鬼神供

옴 시리시리 사바하 (3회)

죽비를 한 번 치면, 두 손으로 감로인甘露印의 수인手印을 취하며 굶주린 귀신들을 위한 생반게生飯偈를 염송한다. 배고픈 생명들에게 각자의 밥을 덜어 공양을 베푸는 게송이다. 마지막에 마음을 모아 '옴 시리시리 사바하'라는 진언을 세 차례 외우는데, 이는 수행자들의 원력으로 모든 생명이 먹을 수 있도록 변환시키는 뜻을 지닌다.

「묵언작법」에서는 생반게를 마치고 정식게淨食偈와 삼시게三匙偈를 두었다. 정식게는 모든 음식물에 깃들어 있는 생명을 청정하게 하는 게송이며, 삼시게는 악행을 끊고 선행을 닦아 깨달음을 위해 정진하겠다는 발원을 담은 게송이다. 생반게는 출생게出生偈 · 출반게出飯偈 · 산반게散飯偈라고도 하며, 재가 있는 날에는 출생게를 생략한다.

—

공양 단계

⑧ 공양하기

죽비를 세 번 치면, 합장반배한 뒤 공양을 시작한다. 수행과 다르지 않은 발우공양이기에 음식을 먹을 때 지켜야 할 규범이 많다. 모든 음식은 발우를 들어 입을 가리면서 먹되 씹을 때는 발우를 내려놓는다. 밥은 숟가락으로 먹고 반찬은 젓가락으로 먹어야 하며,

밥을 담은 어시발우에는 다른 음식을 올려서 먹을 수 없다. 두리 번거리거나 말하는 것 등은 모두 금물이다.

일단 공양이 시작되면 소리 내지 않는 것을 중요하게 여겼다. 수저가 그릇에 부딪치는 소리, 음식을 먹는 소리 등이 나기 쉽지만, 발우공양에서는 수십 명이 모여 음식을 먹는데도 지극히 조용하다. 발우공양을 할 때 수저나 그릇 등을 떨어뜨려 큰 소리를 내는 것을 '작성作聲'이라 하고, 소리 낸 이를 '작성자'라 부른다. 만약 모두가 쳐다볼 정도의 작성이 있었다면, 공양을 마친 뒤 작성자는 스스로 앞으로 나와서 반성을 해야 했다. 이 외에 '반찬 씹는 소리가 한 사람 건너서 들리면 작성'이라 보고 있다. 공양할 때는 무나 김치 한 조각을 국물에 씻어 남겨 두는데, 이는 나중에 발우를 닦아 먹기 위함이다.

⑨ 숭늉 돌리기, 발우 닦기

공양을 어느 정도 마칠 때쯤 죽비를 두 번 치면, 상판에서부터 숭늉을 돌린다. 어시발우에 숭늉을 받아 청수발우를 제외한 각 발우에 숭늉을 조금씩 부어 무 조각으로 깨끗이 닦아 먹는다. 찌꺼기가 남아 있으면 한 차례 더 반복하면서 발우를 다 닦은 다음, 숭늉을 모두 마시고, 닦았던 무 조각도 먹는다.

이 무렵에 죽비를 한 번 치면, 하판 승려들이 일어나서 찬상을 바깥으로 내간다. 아울러 퇴수통이 들어온다.

⑩ 발우 씻기

죽비를 한 번 치면, 발우를 씻기 시작한다. 청수발우의 물을 각 발우에 붓고 한 점의 찌꺼기도 남지 않도록 손으로 깨끗이 발우를 씻는다. 먼저 어시발우에 물을 부어 씻고, 국발우에서 수저를 씻고, 국발우·찬발우의 순서대로 씻는다. 청수로 닦기 전에 이미 한 톨의 찌꺼기도 없기에, 마지막 찬발우에 담긴 청수는 처음 받을 때처럼 깨끗해야 한다.

⑪ 청수 거두기

죽비를 한 번 치면, 발우 씻은 물을 퇴수통에 거둔다. 하판에서부터 시작해 퇴수통을 돌리면, 각자의 청수를 조심스레 부어 퇴수한다. 근래에는 퇴수통에 가라앉은 찌꺼기가 있으면 따로 버렸지만, 예전에는 각자 퇴수할 때 발우의 마지막 부분을 조금 남겨 마시는 것이 관례였다. 한 점의 고춧가루나 양념도 시주물이라 버리지 않는 것이고, 아귀가 마실 때 목에 걸려 고통을 받지 않게 하기 위함

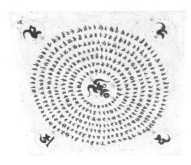

사진 6-16. 운문사 천장에 붙여 놓은 천수다라니

사진 6-17. 운문사 대방 앞의 퇴수구

이다. 아귀는 배가 크고 목구멍은 바늘귀만 하여 미세한 찌꺼기라도 들어 있으면 불로 변해 목구멍을 태운다고 설정되어 있다. 따라서 아귀에게 고통을 주지 않도록 발우 씻은 물은 맑고 깨끗해야 하는 것이다.

거둔 퇴수통은 천장 중앙에 붙여 놓은 천수주千手呪 아래 놓는다. 청수에 다라니를 비춤으로써 신묘한 기운을 받도록 하기 위함이다.

공양을 시작할 때의 청수는 상판에서 하판으로 내려오지만, 공양을 마친 퇴수는 하판에서 상판으로 올라간다. 어른들이 아래서부터 올라온 퇴수통을 보면서 물에 찌꺼기가 있는지 살펴보기 위함이다. 따라서 상판으로 올라간 청수가 지저분하면 어른들로부터 지적을 받게 되고, 예전에는 이런 잘못이 거듭되면 다시 내려보내어 나누어 마시기도 하였다.

—

마무리 단계
⑫ 절수게 염송

죽비를 한 번 치면, 감로인을 맺으며 퇴수통을 대방 가운데 놓고 절수게折水偈를 염송한다. 굶주린 아귀가 감로수를 마시고 고통에서 벗어나기를 바라는 게송이다. 이때 '절수折水'라 한 것은 발우 씻은 물을 반으로 나눈다는 뜻이다. 윗부분은 퇴수통에 붓고, 아랫부분은 혹시 찌꺼기가 남아 있을 수 있어 마셨기 때문이다.[500] 이어 소임자가 퇴수통을 바깥으로 내어 퇴수구에 붓는다. 퇴수구는 아귀구餓鬼口라 부르기도 하는데, 대개 기와를 연꽃 모양으로 세우고 안에 자갈을 깔아 둔다. 절수게는 절수상념게折水想念偈라고도 한다.

> 내가 발우를 씻은 이 물은 하늘의 감로수와 같도다.
> 아귀 무리에게 이를 베푸니 모두 배부르게 하소서.
>
> 아차세발수 我此洗鉢水   여천감로미 如天甘露味
> 시여아귀중 施與餓鬼衆   개령득포만 皆令得飽滿
> 옴 마휴라세 사바하 (3회)

⑬ 수발게 염송, 발우 거두기

죽비를 한 번 치면, 수발게收鉢偈를 염송하고 발우를 거두기 시작한다. 수발게는 공양으로 얻은 힘과 공덕을 일체중생에게 회향하겠다고 다짐하는 게송이다.

> 공양 마치니 몸의 기운 충만하여
> 시방삼세에 위엄 떨치는 영웅과 같도다.
> 인과가 생각 중에 있지 않으니

---

500 윤창화, 앞의 책(2017), p.322.

모든 중생이 신통을 얻을지어다.

반식이흘색력충 飯食已訖色力充

위진시방삼세웅 威振十方三世雄

회인전과부재념 回因轉果不在念

일체중생획신통 一切衆生獲神通

발우를 거둘 때는 발우수건으로 발우와 수저를 깨끗이 닦은 다음, 발우는 포개고 수저는 수저집에 넣어 처음처럼 마무리한다. 수발게를 식필게食畢偈 · 식필상념게食畢想念偈라고도 한다.

⑭ 마치기

죽비를 세 번 치면, 발우를 들어 올렸다가 합장반배하는 것으로 공양을 마친다.

⑮ 대중공사

대중공사大衆公事는 공양을 마치고 여러 목적으로 별도의 시간을 가지는 것을 말한다. 사중의 모든 대중이 한자리에 둘러앉아 있기에, 어느 때보다 소통과 화합의 시간을 가지기에 적합하다. 따라서 어른이 간단한 소참법문을 내리기도 하고, 공지 또는 의논을 하거나 경책할 일을 다루기도 한다.

지금까지 살펴봤듯이, 발우공양은 음식을 먹는 일을 의식으로 정립해 놓은 것이기에 편하지 않은 식사임을 알 수 있다. 기름진 음식, 사교와 식탐이 풍성하여 하루 중 가장 이완된 현대인의 식탁과 정반대에 놓인 자리이다. 따라서 발우공양은 일상의 가장 풀어지기 쉬운 시간에 수행자답게 공양함으로써 '불편하지만 스스로 일깨우는' 출가수행자의 식사법이라 하겠다. 우렁차고 검박하게 외는 게송마다 공양에 임하는 수행자의 마음가짐이 담겨 있어, 노스님들은 "출가의 목적을 끊임없이 일깨워 주는 공양"이라 하였다.

따라서 출가수행자의 일상식은 발우공양의 정신과 역사 속에서 전승되어 왔음이 분명하다. 이에 발우공양의 의미를 간추려 보면 다음과 같다.

첫째, 공양을 대하는 마음가짐을 일깨운다는 점이다. 발우를 펴면서부터 마칠 때까지 하나하나의 과정은 '밥 먹는 일'이 생명을 유지하는 필수적이고 귀한 일로, 지극한 감사가 따라야 하는 행위임을 새기도록 이끈다. 특히 오관게는 이러한 사상을 잘 담고 있다. 음식이 나에게 오기까지 수고한 모든 이들의 공덕을 헤아려 감사하고, 스스로 음식을 받을 자격이 있는지 성찰하여, 공양이 곧 수행 정진을 위한 것임을 다짐하게 하는 것이다. 아울러 온전히 먹는 일에 집중하며, 밥 한 톨과 김치 한 조각, 물 한 모금에 이르기까지 새로운 관점으로 바라볼 수 있게 해 준다.

둘째, 생명과 생태환경을 중요하게 여김으로써 더불어 사는 삶을 지향한다는 점이다. 생명을 지닌 모든 존재는 또 다른 생명을 먹고 살아갈 수밖에 없기에, 밥을 먹기 전에 이러한 연기적 삶을 되새긴다. 공양을 통해 모든 중생이 공덕 받기를 발원하고, 이류중생을 함께하는 중요한 공양 대상으로 여긴다. 한 톨의 음식 찌꺼기도 용납하지 않고, 발우를 씻은 마지막 물이 처음의 청수처럼 맑아야 하는 이유 또한 아귀를 위함이다. 이는 숭늉으로 발우를 닦아 그 물을 마시고, 청수로 발우를 씻은 물에 혹시 찌꺼기가 남아 있을까 염려하여 퇴수 때 조금 남긴 물을 다시 마시는 행위로 실천하였다. 이러한 설정은 '고통받는 아귀에 대한 자비심'과 '환경을 생각하는 생태적 사상'의 만남이라 하겠다. 음식을 남기지 않으니 물자가 절약되고, 별도의 설거지가 필요 없으니 환경이 오염되지 않아 더할 나위 없는 친환경적 식사법인 것이다.

셋째, 독상과 겸상의 미덕을 갖추면서 차별 없이 평등하게 공양한다는 점이다. 발우공양은 완벽한 독상이면서 배타적 서열이 사라진 평등한 밥상이다. 조선시대 양반들은 독상獨床을 받았고 5첩·7첩 등 반찬 수에 따른 반상飯床도 독상을 원칙으로 한 것이다. 이러한 독상은 지위·나이·성별에 따른 차별을 전제한 것이었기에 서열이 다른 아랫사람들은 윗사람이 남겨 상물림한 음식을 먹었다. 독상의 불편함과 배타성으로 인해 겸상이 등장한 것은 당연한 일이었고, 겸상과 공동식의 친화적 장점에도 불구하고 환경문제 등은 여전히 해결하지 못한 화두가 되고 있다. 여기서 한 걸음 나아간 지점에 독상과 겸상의 미덕을 갖춘 발우공양이 있는 것이다. 발우공양은 내 밥상을 내가 관장하면서 함께 어우러져 평등하게 먹는 변증법적·대안적 식사라 할 만하다.

평등한 공양은 관념적으로까지 나아간다. 자신에게 분배된 밥을 나만의 것으로 여기지 않고 뭇 중생과 함께하는 밥으로 보며,

이러한 정신은 몇 차례에 걸쳐 반복적으로 드러난다. 봉반게를 염송할 때 밥이 담긴 발우를 높이 들어 이 공양이 위로는 부처님부터 아래로는 일체중생까지 차별 없이 평등하게 올리는 것임을 드러낸다. 생반게에서 밥을 먹기 전에 밥알을 덜어 모아 배고픈 귀신들과 함께하는 것, 한 점의 오염도 없도록 깨끗이 모은 청수를 아귀에게 베푸는 것은 발우공양에 함께하는 모든 존재를 상정한 것이다.

공양간의
수행자들

07

후원의 민속과 세시 음식문화

。

조왕신앙과 후원민속

한국불교의 조왕신앙

조왕竈王은 공양간을 지키는 신이다. 특히 부뚜막과 불을 관장한다고 여겨 전통 공양간에는 부뚜막 위쪽에 조왕단을 마련하여 모신다. 사찰에서는 대중의 생명과 건강을 책임지는 공양간을 신성한 공간으로 여기며 청결하게 다루었고, 이곳을 지키는 조왕을 섬김의 대상으로 삼아 온 역사가 깊다.

조왕은 주周나라 왕조에서 7대 제사[七祀]의 마지막 신으로 모셨고, 기원전 5~3세기에 민간에 알려져, 한대 이후 조왕신앙이 성행한 것으로 보고 있다.[501] 또한 진한대 이전부터 오사五祀라 하여 민가를 수호하는 다섯 신의 하나로 정립되어 있었다. 이들 다섯 신

---

501 정연학, 「중국의 가정신앙: 조왕신과 뒷간신을 중심으로」, 『한국의 가정신앙: 상』(민속원,
    2005), p. 366 ; 신영순, "조왕(竈王)", 『한국민속신앙사전: 가정신앙』(국립민속박물관, 2011)

542

이 머무는 곳은 대문, 방문, 부엌, 우물(또는 길), 지붕(또는 집터)을 말한다.[502] 우리나라에서도『삼국지』「위서동이전」에 "귀신에게 제사 지내는 방법은 다르나, 문의 서쪽에 모두 조신竈神을 모신다."[503]고 하여 조왕신앙의 역사가 기원전부터 이어진 것임을 알 수 있다.

조왕신앙은 중국·한국·일본·베트남 등 동아시아에 널리 퍼져 있다. 조왕을 둘러싼 기본 담론은 부엌을 지키는 동시에 인간의 행위를 감시하는 역할을 맡고 있다는 것이다. 이는 도교의『포박자抱朴子』등에 "매월 그믐밤 조왕이 상제上帝에게 죄를 고해, 죄가 큰 자는 300일의 수명을 감하고 가벼운 자는 3일을 감한다."[504]고 기록한 데서 유래하였다. 조왕신이 인간의 죄를 감시했다가 하늘에 올라가 이를 알리는 역할을 한다고 본 것이다. 조왕의 승천 시점은 매월 그믐 밤으로 보다가 점차 연말의 한 차례로 여기게 되었다.

따라서 우리나라에서는 섣달그믐에, 중국에서는 춘절春節을 일주일 앞둔 섣달 23일에 조왕을 섬긴다. 맛있는 음식을 차려 놓고 한 해의 보살핌에 감사하는 동시에 선처를 바라는 뜻의 제사이다. 민간에서는 이 무렵 각별하게 말을 조심하고, 제물로 엿을 빠뜨리지 않았다. 여기에는 천상에 가서 엿처럼 달콤한 말만 하기를 바라는 마음, 입이 붙어서 아무 말도 하지 못하도록 하려는 마음이

---

502 김일권, 「19세기 도교 언해서『조군영적지』구성과 조왕신의 도교신격 고찰」,『道敎文化硏究』53(한국도교문화학회, 2020), pp. 296~298.

503 『三國志』「魏書東夷傳」'弁辰'

504 『抱朴子』微旨篇'東漢緯書'

두루 담겨 있다.

조선 왕실에서도 군주가 백성을 위한 칠사七祀를 지낼 때 계절마다 각 신을 모시면서, 음식을 관장하는 조신竈神은 여름에 제사 지낸다고 하였다.[505] 이처럼 민간은 물론 불교·유교에서도 조왕을 중시하며 전승기반을 공고히 해 온 것은, 불을 신성시하고 불씨를 소중하게 여기는 전통 관습에 기반을 두고 있기 때문이다.

조왕은 대개 남신으로 여기지만, 이른 시기의 조왕은 여신인 경우가 많았다. 이는 모계사회를 반영하는 것이자 부엌을 다루는 어머니의 존재가 투영된 것으로, 이후 부계질서 강화와 함께 점차 남신으로 인식되기에 이르렀다. 그런가 하면 민간에서는 '남성 중심의 조상 제사'와 '여성 중심의 가신 신앙'을 구분하여, 낮은 제사의 신격으로 조왕의 여성성이 부각되기도 하였다.[506] 이렇듯 조왕은 성 정체성에서도 시대와 의례 주체에 따라 다양한 양상을 지닌 채 우리의 삶과 함께해 왔다.

사찰의 조왕은 대개 탱화幀畫로 모신다. 탱화 속의 조왕은 머리에 관을 쓰고 문서를 든 모습이다. 또한 아궁이 땔감을 대는 담시 역사擔柴力士와 음식을 만드는 조식취모造食炊母를 양쪽에 거느린 모습[507]이 많다. 이를 통해 천제의 명으로 지상에 파견되어 인간의 일을 엄중하게 기록하는 관리의 역할이 부각되어 있음을 알 수 있

505 『世宗實錄』 권128 五禮, 吉禮序例, '神位'

506 자넷윤선리,「부뚜막 신에 대한 재고:『규합총서』를 통해 본 조선 지식인의 조왕 인식」,『한국학논집』79(계명대학교 한국학연구원, 2020), pp.63~64.

507 安震湖, 앞의 책, pp.69~70.

다. 탱화 대신 '나무조왕대신南無竈王大神'이라는 위목位目을 써서 모시기도 한다. 가정에서는 '조왕중발'이라 하여, 주로 부뚜막 위에 작은 물그릇을 놓아 신체神體로 삼았다.

조선 후기의 『작법귀감作法龜鑑』에는 산신·칠성신과 함께 조왕신을 위한 의식을 따로 정립해 두었다. 「조왕청竈王請」을 보면 "안팎을 길하고 융창하게 하며, 걸림돌을 벗어나 편히 머물게 하며, 온갖 질병을 없애 주며, 선악을 분명하게 가려내며, 들고 남에 자재하고, 한 곳에만 늘 머물며 집안을 보호하는 조왕"[508]이라 하였다. "경사를 만나게 하고, 악귀와 백 가지 병을 물리치는 신"[509]이라 본 경전도 있다. 부엌은 생명을 이어 가게 하는 신성한 영역이기에, 이곳을 지키는 조왕의 능력 또한 확장된 셈이다. 먹는 일이 만복과 만병의 근원이니, 부엌에서 생명과 건강과 복이 시작된다는 뜻을 담고 있다. 그런가 하면 『석문의범』에는 104위 신중 가운데 조왕신을 집과 관련된 신에 포함시키고, 그 역할로 '인간사를 엄정히 살펴 선악을 가리는 신[檢察人事分明善惡主]'이라 적었다.

이처럼 사찰에 모신 조왕 또한 공양간을 삿된 침입으로부터 지키고 복을 주는 역할과 함께, 인간의 죄를 감시하는 엄정한 책무를 지닌 존재로 자리하고 있다. 공양간은 부처님께 올릴 마지와 대중공양의 음식을 만드는 소중한 영역이다. 따라서 승려들은 조왕에게 부여된 '선악의 감시'가 외부의 삿된 적뿐만 아니라, 내면

----

508 『作法龜鑑』 권上 '竈王請'
509 『佛說竈王經』·『佛說歡喜竈王經』 등

사진 7-1. 운문사 조왕단

사진 7-2. 보문사 조왕단

사진 7-3. 통도사 조왕단

사진 7-4. 송광사 조왕단

의 삼독三毒도 끊임없이 점검할 것을 깨우치는 가르침으로 받아들이고 있다.

조왕의 능력이 점차 확장된 것은 민속신앙에서도 마찬가지이다. 민간에서는 조왕이 삼신처럼 육아의 기능을 지닌 데다 운수와 재물을 다룬다고 여겼다. 이는 음식으로 생명을 양육하고, 아궁이의 불이 재물 번성을 상징하기 때문일 것이다. 주부들은 아침마다 부뚜막 조왕중발의 정화수를 갈며 식구의 안위를 빌고, 집안에 일이 생기거나 외지에 나간 이가 있으면 따로 정성을 들였다. 명절이면 솥에 밥을 지어 식구 수대로 숟가락을 꽂은 뒤 '어진 조왕님'으로 시작하는 기도를 올리며, 식구와 함께 부뚜막과 밥을 공유하는 신으로 자리해 왔다.

특히 사찰에서는 예로부터 "조왕은 안을 지키고 산신은 바깥을 지킨다." 하여, '내호조왕內護竈王 외호산신外護山神'이라는 말이 전한다. 이러한 전통에 따라 사찰마다 조왕과 산신을 안팎으로 섬기는 신앙이 깊다. 오늘날 민가의 주거 공간과 생활양식이 변하면서 집안 곳곳을 지켜 주던 가신家神도 함께 사라졌지만, 사찰에서는 조왕을 모시지 않는 곳이 드물다. 전통 공양간이 해체되고 현대식 주방과 식당으로 바뀌었어도 조왕을 모시는 전통은 지속되고 있다. 공양간의 모습은 달라져도 승가 공동체가 꾸려 가는 대중생활의 기반은 변함없이 전승되고 있기 때문이다.

조왕을 섬기는 의례

사찰후원의 하루는 조왕에게 합장배례하면서 열어 가고 있다. 공양 소임을 맡은 이들은 아침마다 후원에 나오면, 맨 먼저 조왕단竈王壇에 불을 밝히고 청수를 갈아 주며 하루의 원만함을 기도한다. 후원 승려들에게 조왕은 공양간을 지켜 주는 존재일 뿐 아니라, 공양간에서 나간 모든 음식이 무탈하게 수행의 밑거름으로 작용하도록 보살피는 신격으로서 믿음이 깊다.

가마솥 아궁이에 불을 지펴 공양을 짓는 통도사에서는 새벽 4시가 되면 반두飯頭와 행자가 공양간 조왕단에 촛불을 밝히고 청수를 간다. 이어 합장반배하며 오늘 하루의 무사를 기원하고, 사부대중을 위해 "이 공양 드시고 성불하십시오."라는 발원을 세운다. 통도사의 조왕탱은 관리 복장을 한 조왕과 그 뒤로 수행승이 함께한 독특한 도상이며, 조왕단은 다기·향로·촛대를 갖춘 작고 단출한 모습이다.

사찰에 따라 밥을 다 지으면 조왕에게 간단한 감사의 기도를 올린 다음 대방으로 들이거나, 불단에 올릴 마지를 불기佛器에 퍼서 조왕단에 먼저 예를 갖춘 다음 내가기도 하였다. 이를테면 해인사의 경우, 예전에는 아침공양을 지어 놓고 공양주가 죽비를 치면 행자와 재가불자들이 모두 기도한 다음 밥을 퍼서 대방에 올렸다. 일상으로 되풀이되는 공양이지만, 늘 감사한 마음으로 끝까지 소홀함이 없는 정성을 느낄 수 있다.

매일의 마지 또한 부처님뿐만 아니라 각단에 모신 산신·칠성신·조왕신 등에게도 올렸다. 이는 불공의 대상과 밀접한 관련을 지닌 것이라 여겨진다. 1980년대까지만 해도 불공은 불단과 각단을 모두 돌아가며 드렸기에, 일상의 마지도 각단을 포함하게 마련이었다. 그러나 매일 각단 마지를 올리는 것은 식량 사정이 나은 사찰에서나 가능한 일이라, 조왕단에 마지를 올리지 못할 형편이면 솥뚜껑을 열어 놓고 절하는 것으로 대신하는 곳도 있었다. 아울러 조왕 등 중단에 속하는 신격은 늦은 오후에 마지를 올리는 것이 관례여서, 예전에는 마지를 올릴 때 이를 철저히 지켰다.

봉은사·석남사·송광사처럼 지금도 조왕단에 마지를 올리는 사찰이 많다. 다만 근래에는 시간을 구분하지 않고 사시마지를 지어 다 함께 올리고 있다. 강남 봉은사에서는 전통 공양간을 복원하여, 대웅전 불단과 조왕단을 포함해 매일 12곳의 전각에 올릴 사시마지를 이곳에서 짓고 있다. 송광사는 각단 마지의 전통이 깊은 사찰이다. 매일 학인과 행자들이 각 전각의 마지를 내간 다음 조왕에게 마지를 올린다. 행자가 조왕단 마지의 뚜껑을 열고 죽비를 치면, 주방의 모든 이들이 일손을 멈추고 합장반배로 예를 표한다. 송광사 조왕은 나무로 짠 작은 감실 안에 탱화로 모시고, 문을 여닫을 수 있도록 하여 연기와 그을음을 막았다. 탱화 속의 조왕은 좌우에 담시역사·조식취모와 두 명의 시동侍童을 거느린 관리의 모습으로 그려졌다.

공양간에 모신 조왕단에 매일 조왕불공 하지. 마지도 매일 올리고. 또 공양간에서는 무조건 조왕님한테 올렸어. 매일

부엌에서 생산되는 거는 다 조왕단에 올린다고 보면 돼. 바깥에서 뭐 먹을 게 들어와도 일단 조왕단에 올렸다가 먹지, 우리가 직접 먹는 법이 없어.[510]

노스님의 말처럼, 동대문 청량사에서는 새로 만든 음식과 밖에서 들어오는 음식 모두 먹기 전에 조왕에게 먼저 올리는 것을 법도로 삼았다. "매일 조왕불공 한다."는 말에서 알 수 있듯이, 예전에는 조왕을 향한 일상 예배 또한 지금처럼 간단한 합장반배가 아니라 예경문을 염송하는 것이었다. 조석예불을 할 때면 본전의 새벽예불 후와 저녁예불 전에 각 전각의 예불이 이어지는데, 이때 조왕단에도 예불을 올린 것이다.

아침저녁의 조왕 예경이 다른 사찰에서는 자취를 감췄으나, 선암사에서는 지금까지 이어지고 있어 주목된다. 선암사는 예로부터 육방살림으로 운영되었기에, 육방六房의 공양간마다 조왕단을 모시고 조석으로 예경을 올렸다. 육방을 해체하고 공양간을 적묵당寂默堂으로 합친 뒤로는, 이곳에 모신 조왕을 대상으로 예경이 이루어진다.[511]

이러한 일상의 섬김과 함께 섣달그믐이면 조왕단에 재물을 차려 놓고 불공을 올릴 뿐만 아니라, 매달 그믐마다 조왕불공을 이어 가는 곳도 많다. 해와 달이 바뀌는 일단락의 시점에, 공양이 닿

---

510 면담내용 : 청량사 중실 회주(동희). 2021. 9. 26. 청량사 요사
511 서정매, 「선암사 새벽예불의 음악적 특징과 무형문화적 가치」, 『남도문화연구』 42(남도문화연구소, 2021), pp. 279~280.

기까지 무수한 은혜에 감사하고 성찰하며 올리는 기도이다. 이때는 일상의 마지가 아니라 특별한 불공이기에 초저녁 시간을 지키게 마련이다.

서울의 전통사찰 가운데 보문사·봉은사·승가사·진관사·미타사·청량사 등에서는 매달 그믐마다 조왕불공을 올리고 있다. 이들 사찰은 노스님들이 지극정성으로 조왕을 섬겨 온 전통을 잇고 있으며, "불전佛錢을 놓아야 복을 받는다."고 하여 승려들도 조왕단 앞에 불전을 놓고 절하는 풍습이 있다.

그 가운데 암자별로 운영하는 보문사와 미타사의 경우, 보문사에는 전통 공양간이 있어 암자마다 각자 재물을 가져와 차례대로 조왕불공을 올리고 있다. 이에 비해 미타사는 경내에 전통 공양간이 없으니, 대부분 사찰처럼 각 암자의 주방에 모신 조왕 앞에서 불공을 올린다. 보문사 사례에서 알 수 있듯이, 암자마다 따로 조왕을 모시고 있더라도 전통 공양간이 있을 경우 이곳에서 불공을 올리는 것을 법도로 삼았다. 아울러 여러 가지 곡식으로 '조왕편'이라는 떡을 만들어 시루째 올리는 사찰이 많았다. 승가사에서는 매달 불공을 할 때 조왕편을 해서 올렸지만, 떡을 하기가 쉽지 않아 지금은 과일·나물·마지 중심으로 차리고 있다.

해인사 홍제암에서도 예전부터 조왕불공을 중요하게 여겼다. 이에 매달 그믐마다 공양간을 깨끗이 청소하고 머리를 감은 뒤, 저녁을 짓기 전에 조왕단에 마지를 올려놓고 「조왕청」으로 조촐하게 불공을 드리는 것이 공양주의 주요 소임이었다. 섣달그믐에는 떡과 과일 등 재물을 차려 놓고 주지와 승려들이 함께 모여 사중의 행사로 불공을 올렸다. 이처럼 매달 그믐이면 원주나 공양주가 정성을 들이고, 섣달그믐에는 사중의 모든 대중이 동참하여 불공을 올리며 조왕을 섬기는 곳이 많았다.

동대문 청룡사에서는 섣달그믐 저녁에 떡과 여러 재물을 차려 놓고 대중이 모여 조왕불공을 올리는데, 이때 반드시 관음불공도 함께하는 전통이 있다. 한 승려는 관음불공, 한 승려는 조왕불공을 한 다음 마지막에 모두 조왕단으로 모여 조왕청과 재주齋主 축원을 하면서 절을 올리는 것이다. 만약 불공할 인원이 없으면 관음불공을 먼저 한 다음에 조왕불공을 올린다. 한국불교의 관음신앙이 깊어, 조왕이 내리는 가피와 관음보살의 자비에 함께 의지하려는 마음을 살필 수 있다.

범어사의 경우 신도들과 함께 하기 위해 날짜를 앞당겨 섣달 보름에 조왕불공을 올린다. 이날 저녁 천왕문에서 사천왕재를 올리고 나면, 사부대중이 함께 공양간으로 이동해 후원을 지키는 조왕을 모시고 기도와 축원이 이어진다. 승려들의 공양간인 상후원과 신도들의 공양간인 하후원에 빠짐없이 공양물을 차려 놓고「조왕청」을 염송하며 차례로 올리는 기도이다. 특히 많은 대중이 공양하는 하후원에는 커다란 조왕탱과 재단을 갖추어, 이곳에서 기도를 마치면 떡국을 나눠 먹으며 회향하고 있다. 외곽과 후방에 자리한 천왕문과 공양간은 자칫 소홀하기 쉬운 곳이지만, 한 해를 마무리하는 시점에 영역과 생명을 지켜 주는 존재들에게 감사함을 새기며 회향하는 여법한 의례라 하겠다.

진관사에서는 매달 그믐마다 전통 공양간에서 조왕불공을 올

사진 7-5. 진관사 조왕불공 ⓒ김성헌

사진 7-6. 조왕단에 올리는 조왕편 (진관사)

리는 전통이 깊다. 중창주 진관_{眞觀}이 오대산 월정사 지장암에 머물 때 섣달그믐에 조왕불공을 크게 모셨기에, 진관사 조왕불공은 오대산에서 봉행하던 전통을 이어 온 것이라 한다.[512] 따라서 매달의 조왕불공은 원주나 총무가 부뚜막에 공양물을 차려 놓고 조왕의 덕과 은혜를 찬탄하며 올리는 조촐한 기도이지만, 사중의 중요한 행사로 잡혀 있다. 재물로는 조왕이 기름진 음식을 좋아한다고 하여 부각·두부부침·녹두전·과일·나물 등을 차린다.

섣달그믐에는 일 년에 단 한 번 만드는 조왕편과 함께 많은 재물이 오른다. 조왕편은 쌀·보리·수수·팥·콩·조 등을 켜켜이 쌓아서 찌는데, 부엌의 신에게 오곡을 바침으로써 풍요와 오행_{五行}

512 면담내용 : 진관사 주지(계호)·총무(법해). 2020. 7. 31. 진관사 주지실, 9. 12. 진관사 주지실

의 조화를 기원하는 떡이다. 사중의 모든 승려가 동참해「조왕청」
을 염송하며 공양을 올리고 나면, 대웅전에서 섣달그믐의 묵은 제
사를 마친 주지가 참여하여 동참 재자들과 사부대중을 위한 축원
을 이어 간다. 시루째 부뚜막에 올렸던 조왕편은 나중에 고루 나
누어서 공양하는데, 특히 몸이 아픈 이가 있으면 약으로 챙겨 보
내기도 한다.

　이처럼 조왕은 전각이 아닌 후원에 자리하기에 소홀하기 쉬운
신격이지만, 대중의 생명과 건강을 지켜 주는 존재로 감사함을 새
기는 의례가 끊이지 않고 전승되었다. 사찰마다 조왕을 모시는 모
습이 조금씩 다르고, 큰스님의 성향에 따라 불공의 양상이 달라지
기도 한다. 사중의 중요한 행사로 다루지 않는 사찰이 있는가 하
면, '대중을 먹여 살리는 조왕님'으로 섬기며 조왕불공에 조실祖室
이 직접 나와서 절하기도 하는 것이다. 특히 공양간 소임자들이
조왕 섬기기에 정성을 들이며 따로 불공을 올리는 곳이 많았다. 일
상의 공양에 감사하고 무사하기를 바라는 마음이 더 절실하기 때
문일 것이다.

후원을 둘러싼 민속

식생활이 전개되는 사찰 후원은 다양한 민속과 담론이 함께하는
곳이기도 하다. 사부대중의 신앙과 수행이 음식문화와 결합하여
불교 특유의 풍습이 생겨난 것이다. 아울러 후원의 중심을 이루는

곳이 공양간이듯, 후원을 둘러싼 민속 또한 공양간과 밀접한 관련을 지닌다.

백양사·선암사 등 호남지역 사찰에서는 예로부터 공양간의 부뚜막 위로 기다란 천을 쳐 두는 풍습[513]이 있었다. 천장 위쪽은 그을음과 먼지가 많이 끼고 청소도 힘드니, 부처님의 마지와 음식에 그을음이 떨어질까 염려했기 때문이다. 이에 광목으로 막을 쳐 두었다가 주기적으로 갈아 주었는데, 신도들은 이 천을 '조왕보竈王褓'라 불렀다. 조왕이 관장하는 부뚜막을 보호해 준다고 하여 생긴 이름으로, 조왕도 흡족해할 명칭인 셈이다. 조왕보 또한 갈아 주지 않으면 그을음이 올라와 금세 더러워지기 때문에 일 년에 한 번, 조왕불공을 올리는 연말이나 초파일에 새 광목으로 교체하곤 하였다.

이처럼 청결과 위생을 목적으로 한 광목에 '조왕'의 명칭이 붙으면서 주술적 의미가 부여되기 시작했다. 민간에 "보를 쓰고 나오면 보를 해 준다."는 속신이 있어, 아기가 태어날 때 머리에 막을 쓰고 나왔으니 조왕보를 갈아 주고 불공을 올리면 자식이 무탈하게 큰다고 여긴 것이다. 아기를 보호하는 양수의 막을 '보를 쓰고 나온 것'이라 본 유감주술有感呪術인 셈이다. 따라서 신도들 가운데 섣달그믐·초파일 등에 자식의 이름으로 불공을 올리며 조왕보를 갈아 주는 이들이 있었다. 가정에서도 주부가 조왕을 섬기며 아이들과 가족의 평안을 빌어 왔듯이, 조왕을 삼신처럼 자식을 보

---

513 김광언, 앞의 책, p. 28.

호해 주는 존재라 여겨 생겨난 민간의 풍습이다.

또한 조왕은 이른 시기부터 생활 속에서 재앙을 막기 위한 기도처의 신위神位로서 위상을 확보하고 있었다. 불을 다루고 음식을 만드는 부엌은 생명력과 부귀를 상징하는 공간이기에, 조왕에게 기도하고 섬기면 복을 받을 것이고 자칫 나쁜 기운이 깃들면 이를 해칠 수 있다고 보았기 때문이다. 이에 유학자들도 '토지신과 조왕신을 섬기는 일이 예서禮書에 수록되어 옛 선비도 이를 행하였으니… 질병이나 우환이 있을 때 사당에서 기도드리거나 이들 두 신에게 빌어도 좋을 것'[514]이라 하였다.

사찰에서도 이러한 풍습을 찾아볼 수 있다. 공양간을 지켜 대중의 생명과 건강을 보호해 주는 데 대한 감사뿐만 아니라, 재앙을 막고 질병을 치유하기 위한 적극적 의미를 담기도 한 것이다. 이는 구병시식救病施食을 할 때 관음보살과 조왕에게 먼저 정성을 들이는 데서 잘 나타난다. 구병시식은 원인 모를 병으로 고통받는 이를 불교적으로 치유하는 의례이다. 병의 원인이 천도薦度되지 못한 채 떠돌며 인간에게 영향을 미치는 책주귀신嘖主鬼神 영가에 있다고 여겨질 때, 불교의 가르침으로 영가를 제도濟度함으로써 문제를 해결하는 방식을 취한다.

따라서 동대문 청룡사에서는 구병시식을 하기 전에 반드시 관음불공과 조왕불공을 올리고 있다. 평소 청룡사에서 조왕불공을 올릴 때와 마찬가지로, 늦은 오후에 두 승려가 법당과 공양간에서

----

514 『澤堂集』別集 권16 雜著 '家誡'

각각 관음불공·조왕불공을 동시에 올린 다음, 날이 좀 더 어두워 지기를 기다렸다가 구병시식을 하는 것이다. 봉원사에서도 구병 시식에 조왕을 섬기는 풍습이 있어, 환자를 위해 관음보살에게 축 원하고 조왕불공을 올리기도 하였다. 이처럼 구병시식에 관음보 살과 조왕이 조합을 이루는 이유에 주목해 볼 수 있다. 관음보살 은 천수천안千手千眼을 지녀 중생의 고통을 낱낱이 살피고 아픔을 치유해 주는 대자비의 보살로서 상징성을 지녔다. 이와 함께 조왕 은 일상의 삶을 함께하며 가족의 건강을 지켜 주는 신격이기에, 두 존재를 치병기도의 신앙 대상으로 삼은 것이라 하겠다.

이러한 조왕의 기능은 조왕탱을 조성할 때부터 중요하게 다루 어지기도 한다. 현재까지 알려진 가장 오래된 조왕탱은 1899년경 에 제작된 서울 백련사의 조왕탱 두 점으로, 모두 무장武將의 모습 으로 그려졌다. 그림 속 조왕이 든 문서에는 "소원 지닌 사람들이 정성으로 축원하면 병과 재앙 사라지고 많은 복록 내려 주네[人間有 願來誠祝 除病消災降福多]."라는 글귀가 적혀 있다. 약사전과 공양간에 각각 봉안된 이들 조왕탱은 건강과 장수를 바라는 목적으로 조성 되었음을 보여 주는 사례[515]이다.

한편 사찰 후원에 광범위하게 전승되는 담론의 하나로 '제석천 帝釋天의 눈물'을 꼽을 수 있다. 스님들이 음식을 조금이라도 소홀 히 대하면, 은사나 노스님에게 어김없이 들어야 했던 경책이다.

---

515 신은미, 「19세기말~20세기초 조왕신앙과 조왕도」, 진관사산사음식연구소, 『제4회 사찰음 식 학술세미나: 서울지역 사찰의 전통공양간과 음식문화』(2021), pp. 105~106.

- 한 톨의 쌀이 버려지면 그 쌀이 다 썩을 때까지 제석천이
  합장한 채 눈물을 흘린다.
- 쌀 한 톨이 시궁창에 들어가면 그 죄를 사해 주려고 제석
  천이 일주일간 선 채로 눈물 흘리며 기도한다.

제석천은 수미산 정상의 도리천忉利天을 다스리는 왕으로, 불교의 대표적인 호법신이다. 제석帝釋을 중심으로 한 신앙은 이른 시기부터 민간에 널리 확산하여 농사와 곡식을 다루는 농신農神에서부터, 출산을 담당하는 산신産神과 인간의 수명을 관장하는 수신壽神, 마을을 지키는 마을수호신에 이르기까지 다양한 변용이 이루어졌다.[516] 민간에서 제석천을 생산신·삼신 등 다양한 신격으로 수용하여 곡식 넣은 제석단지를 모셨듯이, 사찰에서도 곡식을 다루는 역할로 제석천이 수용된 셈이다.

따라서 버려진 쌀 한 톨이 다 썩을 때까지 제석천이 합장한 채 눈물을 흘린다는 이야기는 상상만으로도 수행자를 황송하고 부끄럽게 만든다. 제석천이 벌을 내리는 것보다 그를 슬픔과 안타까움에 빠지게 하는 일임을 일깨움으로써 오히려 더욱 '해서는 안 될 일'로 가슴에 새겨지는 셈이다. 시주에 의지하는 출가자라면 한 톨의 쌀에도 소홀함도 없어야 한다는 승려들의 철두철미함이 '제석천의 눈물'과 같은 새로운 담론을 만들어 낸 것이다.

한때 출가자의 삶을 살았던 시인 고은高銀은, 승려 효봉曉峰과 잠

---

516 구미래, 『한국불교의 일생의례』(민족사, 2012), pp. 87~88.

시 인연을 맺은 적이 있었다. 어느 날 공양주가 병이 들어 대신 밥을 짓던 중, 쌀을 일다가 낟알 두어 개를 흘렸는데 때마침 효봉이 그것을 보았다. 이에 효봉은 걸음을 멈추고 엉엉 울면서 "내가 우는 것이 아니라 제석천이 운다. 이 쌀 낟알이 썩을 때까지 울리라."고 했다는 것이다.[517] 고은은 이 경책에 온몸의 터럭이 일어났고, 후일 이러한 출가 경험을 바탕으로 〈환봉노장의 밥〉이라는 시를 지었다. 시구 가운데 '수챗구멍 공양밥'이라는 표현이 나오듯이, 옛 승려들의 실천적 삶이 제자들에게 일상의 가르침이 되었음을 알게 한다.

제석천 담론에 대응하듯 사찰 후원에는 '일미칠근一米七斤'이라 하여 '쌀 한 톨에 농부의 피땀이 일곱 근'이라는 말이 지침으로 내려온다. 승려 만공滿空이 20세기 초반에 세운 최초의 비구니선원 수덕사 견성암見性庵에는, 법당 입구에 만공의 글씨로 '칠근루七斤樓'라는 현판이 걸려 있다. '한 톨의 쌀'이 상징하는 시주의 무거움을 시시때때로 새기도록 하기 위함이다. 이와 관련해 냇가에서 시래기 한 줄기를 놓친 어느 노스님의 '시래기 간수'에 대한 이야기는 모르는 승려가 없을 정도이다.

　　젊은 두 승려가 훌륭한 도인이 살고 있다는 토굴을 찾아 인적이 없는 깊은 산길을 걷고 있었다. 토굴 못 미쳐 십 리쯤에서 개울을 만나 건너려고 하는데, 토굴 쪽 상류에서 시래기

---

517 고은, "나의 山河 나의 삶", 「경향신문」(1992. 4. 12)

한 줄기가 떠내려 오고 있었다. 이를 본 두 승려는 발길을 멈춘 채 서로 쳐다보았다.

"흥, 도인은 무슨 도인! 시래기 이파리 하나 간수 못하는 주제에 도는 어떻게 간수하겠나. 공연히 짚신만 닳았네 그려."

투덜거리면서 막 발길을 돌리려는데 개울 위쪽에서 숨이 차게 외치는 소리가 들려왔다.

"스님네들! 그 시래기 좀 건져 주시오. 이 늙은이가 그만 시래기를 씻다가 놓쳐 십 리를 쫓아오는 길이라오."

실제 노스님들이 남긴 이러한 맥락의 일화가 무수히 전한다. 특히 오대산 상원사에 머물던 한암漢巖의 청빈함과 관련된 일화들은 유명하다. 어느 날 한암이 사라져 대중 모두가 종일 찾았으나 저녁공양 때까지 모습이 보이지 않았다. 이에 대중들이 먼저 공양하고 누군가 양치질을 하다가 밑을 내려다보니, 노스님이 언덕 밑 수채에 엎드려 있었다. 수학여행을 온 학생들이 도시락을 먹고 밥풀을 그냥 버린 것을 줍느라 온종일 수채에 엎드려 있었던 것이다. 한암은 밥풀을 남김없이 주위서 씻은 뒤 대중과 함께 먹었다.[518]

제자들이 들려주는 도선사 청담青潭의 이야기도 무수하다. 예전에 공양주 소임을 보던 행자가 눌은밥이 먹기 싫어서 몰래 수채통에다 버린 적이 있었다. 수시로 후원을 다니며 점검하던 큰스님이 그걸 보고, 건더기만 걸러 깨끗이 씻은 뒤 기름 몇 방울을 넣고

---

518 유근자, 앞의 책(2008), p. 173.

볶아서 발우공양 찬상에 놓으라고 지시하였다. 여름날 수채통에 들어갔으니 상했을 수 있어 볶아 내도록 하였고, 다음 끼니에 청담을 비롯해 모든 대중은 어김없이 수채통에 담겼던 음식을 나누어 먹어야 했다.

아울러 '시주물을 낭비하고 수행을 게을리하다 죽으면 시주 집의 소로 태어난다.'는 유형의 담론 또한 나란히 강조되어 왔다. 그집의 곡식을 축냈으니 소가 되어 열심히 일해 줌으로써 죄를 씻을수 있다는 것이다. 업보業報를 다룬 수많은 설화에서 볼 수 있듯이, 이러한 담론은 전생의 업에 따라 내생을 받는 윤회관이 작용해 승속의 구분 없이 자연스럽게 생겨난 것이기도 하였다. 특히 후원의일은 먹는 데 필요한 물자를 다루는 곳이기에 이러한 경책이 구체적으로 따른 것이다.[519]

그뿐 아니라 한국불교에서는 조왕이 섣달그믐에 하늘로 올라가서 대중의 선악 행위를 보고하는 대상이, 옥황상제가 아닌 제석천으로 설정되어 있다. 불교의 우주관으로 볼 때 제석천은 세계의중심인 수미산 정상의 도리천을 다스리는 우두머리이기 때문이다. 아울러 곡식을 다루는 존재이기도 하니, 부엌을 다스리는 조왕이 섣달그믐 도리천에 올라 제석천께 보고하는 것은 타당한 설정이라 하겠다.

공양간을 지키는 조왕은 꾸밈없이 소박한 부뚜막 위에 머물고있어, 크고 작은 바람을 기도하기에 더없이 의지가 되고 편안한

---

519 구미래, 앞의 논문(2021), pp.95~96.

신격神格이었다. 이에 승려들은 수시로 조왕에게 크고 작은 바람을 의지했다. 갱두를 맡았을 때는 국이 시원하고 깊은 맛이 나도록 잘 끓여지길 빌었고, 공양주 소임이 돌아오면 밥에 돌 없이 고루 잘 익기를 간절히 빌었다. 이러한 바람을 기도할 때 조왕단 앞에서 염송하는 것은 한결같이 '천수다라니'였고, 승려들은 이를 "천수千手 친다."고 표현하였다.

노스님들은 행자 시절, 아궁이 앞에서 초발심자의 마음을 다지고 또 다졌다. '신심이 끝도 없던 때'라 부지깽이로 부뚜막을 두드리며 염불을 익히는가 하면, 서러울 땐 아궁이 앞에 쪼그리고 앉아 타오르는 불길에 빠져들면 어느새 무념무상이 찾아들곤 했다. 깨어진 수박을 불전에는 올릴 수 없었지만, 그냥 먹지도 못하였다. 깨진 수박이라도 귀한 것이니 조왕에게 먼저 올려야 했기 때문이다. 반듯하지 않은 공양물이라 하더라도 대중들이 먼저 손대는 법 없이 조왕께 먼저 올렸으니, 조왕은 엄하고 두려운 신격이 아니라 출가수행자들과 일상을 함께하는 정겨운 신격이었음을 느끼게 한다.

또한 "뒷산에 가서 단단하고 곧은 나무로 부지깽이를 만들어 부뚜막 옆에 세워 놓고, 새 행자를 좀 보내 달라고 조왕님께 기도 드렸다"[520]는 말처럼, 대중이 부족할 때도 조왕을 찾았다. 이때 막내 승려가 첫눈에 들어오는 단단하고 미끈한 나뭇가지로 부지깽이를 만들어 올리고 기도하면, 신기하게도 참신하고 진발심眞發心

---

520 진관사산사음식연구소, 앞의 책(2020), p.66.

한 행자가 들어오곤 했다는 것이다. 새 행자가 들어오면 조왕에게 함께 절을 올려 보고하고, 아무 장애 없이 식구가 될 수 있도록 빌었다. 이렇듯 조왕과 함께하는 후원의 삶은 더없이 든든했을 법하다.

불교와 세시

세시歲時는 1년을 주기로 하는 특정한 때를 뜻한다. 자연의 순환에 따라 각 계절에 펼쳐지는 세시 문화는 인간의 삶에 적절한 활기와 리듬을 부여한다. 이처럼 자연력自然曆을 반영한 명절과 절기 등의 특정한 세시에 전승되는 문화를 세시풍속이라 부른다.

누구나 연례적 삶을 살아가는 것이기에 불교에서도 해마다 돌아오는 세시는 한 해를 구성하는 중요한 틀이다. 이에 더하여 석가모니의 탄생 · 출가 · 성도 · 열반을 기리는 4대 명절, 우란분절盂蘭盆節, 하안거 · 동안거 등 불교력佛敎曆 또는 불교적 배경에 따라 정립된 '불교세시'가 있다. 따라서 사찰에서는 자연의 운행에 따르는 '자연세시'의 풍속과 '불교세시'를 기념하는 다채로운 문화를 이어 가고 있다.

특히 정초의 설 · 입춘 · 대보름에서부터 연말의 동지와 섣달그믐에 이르기까지, 명절과 주요 절기마다 절식節食을 만들어 불공을 올리고, 신도들과 함께 나누며 다양한 전통 풍습을 함께해 왔다.

설날의 가래떡·절편과 떡국, 대보름의 오곡밥·나물과 부럼, 동지의 팥죽과 시루떡 등을 장만해 현대인들이 접하기 힘든 명절 절식을 사찰에서 맛보는 기쁨을 주고 있다.

예로부터 명절음식은 함께 나누는 뜻이 가장 컸다. 따라서 사찰을 비롯해 뜻있는 이들은, 함께 기쁨을 누려야 할 명절에 소외된 이는 없는지 살펴 이웃과 음식을 나누며 따뜻한 명절을 이어 왔다. 그러나 산업화·도시화로 삶의 기반이 달라지고 양력 중심으로 살아가는 현대사회에서, 음력에 따른 세시 인식은 설과 추석 정도로 대폭 축소되었다. 명절문화는 음식과 함께 전승되게 마련인데, 민간에서는 점차 명절의 의미가 사라지고 사찰에 가서야 명절음식을 맛볼 수 있게 된 것이다.

민간에 세시풍속의 전승 맥락이 사라져 가는 반면, 사찰은 음력문화를 근간으로 한 전통문화의 전승 주체가 되어 다양한 세시풍속을 계승해 오고 있다. 달의 운행을 기준으로 한 음력은 전통문화에 국한되는 것이 아니라, 오늘날에도 여전히 시간을 인식하는 또 하나의 기준이다. 아울러 해당 풍속의 성격에 따라 양력과 주말을 적용하면서 당대의 현실과 상호작용하는 유기적 가변성 또한 사찰 세시의 지속성을 담보하는 주요 요인으로 보인다.[521]

이처럼 사찰은 한국인의 연례적·종교적 삶에 깊은 관련을 맺으며 지역공동체와 함께 세시풍속을 전승해 오고 있다. 중생과 소

---

521 구미래, 「사찰전승 세시풍속의 유형별 전승양상과 특성」, 『佛敎學報』 80(東國大學校 佛敎文化硏究院, 2017), p.214.

통하고 그들의 바람을 불교적으로 수용하는 의미를 무엇보다 중
요하게 여기기 때문이다.

아울러 사찰에서는 명절·절기에 장만하는 음식뿐만 아니라,
계절에 따라 대중생활에 필요한 음식을 준비하며 다채로운 후원
문화를 이어 오고 있다. 이에 봄·여름·가을·겨울의 계절별로
나누어 음식과 관련이 깊은 주요 명절과 함께 전반적인 음식문화
를 살펴본다.

봄의 의례와 음식문화

봄철 세시와 음식

봄은 계절의 시작이자 한 해를 출발하는 시기로, 음력 1월 · 2월 · 3월을 말한다. 봄에는 설 · 대보름을 비롯하여 영등날 · 삼짇날 · 한식 등의 명절이 있고, 24절기로 입춘 · 우수, 경칩 · 춘분, 청명 · 곡우가 포함된다.

설날에는 사찰에서도 신년하례이자 세배에 해당하는 통알通謁 의식을 행한다. 통알은 삼보와 각단과 노소의 위계질서에 따라 '두루두루[通] 인사드린다[謁].'는 뜻을 담고 있다. 승려들은 통알을 마치면 떡국 공양을 한 뒤 인근 사찰의 어른들을 찾아뵙고 세배를 드리고, 신도들의 세배 발걸음 또한 이어진다. 세배를 받는 승려는 세뱃돈을 넣은 봉투를 준비해 놓고 '부적'이라며 주거나, 세뱃돈과 함께 다라니 등을 넣어 주기도 한다. 신도들은 이때 받은 다라니를 부적처럼 간직하며 한 해를 보내게 된다.

신도들은 며칠간에 걸친 정초불공과 합동차례에 동참하여 소망을 발원하는 가운데 새해를 맞는다. 정초불공은 대개 정월 초3일부터 3일간 또는 일주일간 이어진다. 설날은 흩어진 가족들이 만나는 혈연 중심의 명절로 보내고 3일경부터 기도를 올리는 것이다. 천왕문을 갖춘 절에서는 새해의 벽사초복을 빌며 정초에 사천왕재四天王齋를 지내는 곳이 많다.

대보름에는 동안거 해제 법회를 하며, 이날 방생법회放生法會를 열어 뭇 생명을 구속에서 풀어 주는 공덕을 쌓기도 한다. 전통적으로 정초는 설부터 대보름까지로 보면서 풍농을 기원하는 축제의 기간으로 열려 있었다. 이러한 대보름의 개방적·공동체적 특성을 살려 주민과 승려들이 달집을 태우며 한 해 소망을 빌기도 하고, 성불도놀이를 비롯해 윷놀이·줄다리기·연날리기 등 다양한 풍속을 누리기도 하였다.

2월에는 불교의 4대 명절 가운데 출가절과 열반절이 있다. 이에 음력 8일 출가절에서 15일 열반절에 이르는 8일간은 부처님을 따르는 정진 기간으로 자리 잡아 다양한 신행이 이어진다. 3월의 명절로는 음력 3월 3일의 삼짇날(중삼일)이 꼽힌다. 삼짇날은 9월 9일 중양절과 짝을 이루어 봄·가을의 양기가 충만한 날로 여기며, 불교에서도 다례茶禮를 올리는 봄·가을의 주요 행사로 정착되어 있다. 또한 음력 3월 16일은 '산신 하강일'이라 하여, 산신신앙의 전통이 깊은 산사에서는 이날 산신기도를 올린다.

24절기 가운데는 입춘立春을 중요하게 여긴다. 입춘은 봄이 시작되는 날이자 절기를 기준으로 보면 새해의 시작이기 때문이다.

따라서 이날 불자들은 절을 찾아 입춘불공을 올리면서 한 해가 원만하고 무탈하기를 기원한다. 이때 입춘방立春榜과 부적에 해당하는 다라니를 나누어 주는 풍습도 성행하고 있다.

봄은 부식거리가 풍성한 계절이다. 땅이 풀리기 시작하면 사찰마다 밭을 갈아 각종 씨앗을 뿌렸다. 시금치·근대·아욱·상추·쑥갓·봄배추·봄무 등을 심고, 늦은 봄에는 한 해의 소중한 반찬으로 삼을 씨감자를 심었다. 특히 아욱과 근대를 많이 길렀는데, 승려들이 좋아하고 더위에도 잘 무르지 않아 국거리 채소로 으뜸이었기 때문이다.

봄철 후원의 가장 중요한 자산은 산나물이었다. 예전에는 냉이·달래·씀바귀·쑥·취나물·곰취·두릅·머위·돌나물·참나물·원추리·돌미나리·봄동·홑잎나물·더덕 등 봄철에만 먹을 수 있는 귀한 나물이 산과 들에 지천으로 돋아났다. 이에 선방 승려도 노스님도 아침공양을 마치면 산나물 뜯기 울력에 나섰다. 제철 산나물은 여리고 신선하여 다른 양념 없이 된장이나 간장만으로 버무려도 꿀맛이었다.

이른 봄에 가장 먼저 나는 홑잎나물 새순을 따서 무쳐 먹고, 쑥을 뜯으면 여유 있는 절에서는 모처럼 쑥버무리를 쪄 먹기도 했다. 봄나물의 일부는 먹고, 대부분은 가마솥에 삶아 멍석 위에 잘 말려 갈무리해 두었다가 겨울철까지 요긴한 묵나물로 두고 먹었다. 따라서 봄철의 국은 입맛을 돋우는 쑥국·냉잇국·시금치국·아욱국·근대국을 주로 먹었고, 궁핍한 사찰에서는 곡식을 조금

사진 7-7. 봄나물 말리기 (진관사)

넣은 나물죽이 일상으로 올랐다. 그런가 하면 원주를 잘 만나 냉잇국과 쑥국에 콩가루를 넣어 주면 '일 년에 한두 번 먹을 수 있는 별미'를 맛보기도 했다.

사찰의 기본 반찬은 예나 지금이나 저장하여 두고 먹는 김치와 장아찌이다. 따라서 후원에서는 봄부터 가을·겨울까지 계절마다 나는 산나물과 채소로 장아찌를 담그는 것이 무엇보다 중요하다. "봄에 나는 모든 나물로 백 종류의 장아찌를 만들 수 있다."는 승려들의 말처럼, 사찰마다 각종 재료를 간장·된장·고추장 등에 절여 두고 사계절 내내 먹을 수 있는 밑반찬으로 삼았다. 특히 승려들이 좋아하는 가죽나무 잎을 따서 장아찌를 만들고, 봄철에 동치미가 남으면 말렸다가 된장이나 고추장에 넣으면 맛있는 장아찌가 되었다.

봄나물 채취 때는 부각 장만거리도 염두에 둬야 한다. 부각은 만드는 데 손이 많이 가고 기름을 써서 튀겨야 하니, 주로 명절이나 손님이 왔을 때 내는 고급 음식이다. 재료에 따라 부각을 하는 철이 있어, 봄에는 주로 산동백나무(생강나무)와 가죽나무 잎을 따서 찹쌀풀을 발라 말려 뒀다가 필요할 때 기름에 튀겨 먹었다. 나중에 먹을 것들은 잎으로 보관했다가 가을에 장만하였다. 부각은 민가에서 하기 힘든 것이기에, 가죽·산동백·다시마·김 부각 등을 신도들에게 정초 선물로 보내기도 하였다. 양식이 부족한 절에서는 섣달에 부각을 만들어 한 소쿠리씩 돌리면, 정초불공 때 시주 쌀이 돌아오곤 했다. 부각과 함께 절에서 만든 장아찌도 인기가 높았다. 철철이 나는 산나물로 담그는 장아찌는 산중사찰에서나 체계적으로 장만할 수 있어, 마을에서 흉내 내기 힘든 사찰음식이었기 때문이다.

소나무는 꽃가루에서부터 솔잎·솔가지에 이르기까지 많은 것을 내주었다. 늦봄이면 송화松花를 따서 꽃가루를 채취해 밀수蜜水와 다식을 만들었고, 봄에 새순이 돋아난 여린 솔잎을 따서 향긋한 솔차를 만들어 두고 음료로 썼다. 그런가 하면 냉장고가 없던 시절, 정초에 많은 밥을 오래 저장해 두고 먹을 수 있었던 것도 솔잎 물을 붓고 솔가지로 덮어 두었기에 가능한 일이었다.

초겨울의 큰일이 김장이었다면, 초봄의 대사는 장 담그기이다. 예로부터 정월 말날[午日]에 장을 담그면 장맛이 좋다 하여, 이날 겨우내 매달아 놓았던 메주를 씻어서 간장·된장을 담갔다. 날씨가 좋을 때 뚜껑을 열고 햇볕을 쬐어 가며 정성을 들이면, 몇 달간 숙성을 거쳐 맛있는 된장과 간장이 완성된다. 장은 모든 음식의 맛을 좌우하는 것이기에 장을 담글 때면 큰스님들도 모두 나와서 함께 정성을 들였고, 대중이 장독간에 모여 무탈을 기원하며 천수다라니를 외기도 하였다.

일반 된장 외에 급히 띄워 먹는 '삼일장'과 '막장'을 담그는 사찰도 더러 있었다. 삼일장은 메주에 물이나 동치미 국물을 부어 부뚜막에 두었다가, 조금 우러나면 고춧가루를 타서 먹는 장이다. 막장은 보리쌀을 삶아서 며칠 띄운 다음, 메줏가루와 고추씨 간 것을 섞어 먹었다. 삼일장·막장 등은 대개 노스님들이 좋아하여 특별히 담갔고, 모두 짧은 기간 안에 먹는 귀한 장들이었다. 또한 예전에는 간장이 귀하여 된장에서 순수 간장을 뽑아낸 다음, 다시 소금물을 부어서 허드레 간장을 만들어 쓰기도 하였다.

김장김치는 봄까지 먹는 것이었고, 여유 있는 절에서는 봄에도 따로 김치를 만들어 먹었다. 햇배추로 포기김치를 담그거나, 돈나물·무 등으로 만든 물김치와 나박김치, 지금은 거의 사라진 상추김치도 봄철의 중요한 밑반찬이었다. 진달래 꽃잎을 따서 담그는 진달래차, 찹쌀부꾸미에 꽃잎을 얹어 부친 화전도 특별한 날의 별식이었다.

큰절의 정초맞이는 명절음식·제사음식 준비로 민간의 큰집 못지않게 바빴다. 많은 신도가 찾아와 함께 정초불공과 차례를 올리며 명절을 치르는 데 필요한 모든 음식을 직접 만들었기 때문이다. 이에 설이 가까워지면 조청과 엿을 고아 강정·약과·산자·유과·다식 등을 만들고 절편·인절미·시루떡 등의 떡과 만두를 빚어 음식을 장만했다. 강정과 다식도 콩·깨·율무·들깨 등 종류별로 만들고, 여러 색으로 층층이 떡을 쪄 내어 공을 많이 들이는 '백편·꿀편'을 만들기도 하였다. 떡을 괴고 나면 장엄으로 웃기떡을 덮었고, 밤·대추·잣·은행·과일 등의 고임음식도 전통 법식대로 괴어 올렸다.

설날 차례를 비롯해 크고 작은 재는 수시로 드는 것이기에, 이때 올리는 재물은 일상화된 의례음식이라 할 수 있다. 승려들은 이를 '제사음식'이라 통칭하면서 '영가는 기름을 좋아한다.'고 하여 반드시 전과 튀김류를 올렸다. 따라서 의례음식의 기본인 떡·과일과 함께 다양한 전과 부각이 영단에 올랐고, 사찰마다 녹두전을 빠뜨리지 않았다. 명절에 귀한 손님을 접대할 때면 느타리버섯·미나리·무·당근·밤·잣·은행 등 오색을 갖춘 재료들로 '오색두부전골'을 내거나, 만두를 만들어 두었다가 떡국을 함께 넣고 만둣국을 끓여 손님들에게 대접하고 대중들과도 나누어 먹었다.

이러한 모습은 여유 있는 사찰에서나 가능한 것이었지만, 형편이 어려운 곳에서도 정초에는 떡과 최소한의 명절음식을 장만했다. 먹을 게 귀했던 시절, 질박한 삶일수록 명절을 명절답게 쇠고자 했던 분위기가 지금보다 컸다. 신도들 또한 명절 전후에 자신의 집으로 승려들을 모시거나 절을 찾아 공양을 올리는 문화가 활발하였다. 신도들은 식량이 부족한 사찰 사정을 파악해 정초불공에 시주를 넉넉히 하였고, 마을에서는 봄·가을마다 곡식을 거두어 '건대 곡식'이라는 이름으로 주기적인 시주를 하기도 했다. 가을에는 쌀이었고, 봄에는 보리쌀이었다.

정초음식, 나눔음식

민간과 마찬가지로 예전에는 절에서도 지금보다 명절 분위기가 더 흠뻑 났다. 평소 보리밥에 김치와 시래깃국이 주된 공양이었다 하더라도, 정초 무렵이면 만두도 빚고 떡과 강정을 만들며 후원이 분주하게 돌아갔다. 설음식으로 불공을 올리고 어른들께 세배 오는 손님 맞이도 하면서, 사부대중이 함께 새해를 복되게 맞고자 한 것이다.

수십 년 전까지만 해도 절에서 직접 떡을 만들었다. 규모 있는 절에서는 사중에 간이방앗간을 두었고, 대개는 마을 방앗간에서 빻아 온 가루를 시루에 찌고 떡메로 쳐서 만드는 떡이었다. 방앗간을 오가기 힘든 경우 쌀을 물에 불렸다가 절구에 찧고 체로 걸러 가루를 내면서, 처음부터 끝까지 자급자족하는 곳도 많았다.

그렇다 보니 쫄깃함이 생명인 가래떡도 손으로 주물러서 만들곤 했다. 멥쌀가루를 반죽하여 시루에 찐 뒤 떡판에다 둥글게 주물러 가래떡을 만들고, 약간 꾸덕꾸덕해졌을 때 썰어서 떡국을 끓이는 것이다. 기계로 뽑은 가래떡이 매끈하고 쫄깃한 데 비해, 손떡국은 찰기가 떨어져서 끓이면 풀어지곤 하였다. 묘관음사 시절,

떡국을 즐겼던 승려 향곡香谷은 정초에 가래떡을 빼 오면 일주일 내내 떡국을 내어도 그만두라는 말이 없었다. 제자들이 떡국을 어찌 그리 좋아하는지 물어보면, "손으로 떡국 떡을 만들어서 숭숭 썰어 넣고 끓이면 다 풀어지곤 했지만, 그 맛이 얼마나 좋았는지 너희는 모를 것이다."라며 예전 이야기를 들려주었다.[522] 동대문 청량사에서도 가래떡을 직접 만들어 먹었지만 풀어지지 않았다. 절 마당에 남아 있는 커다란 돌 안반에 떡메로 수없이 쳐서 차지게 만들면, 방앗간 가래떡보다 더 차진 떡국을 끓일 수 있었다는 것이다.

사찰마다 갖가지 떡과 함께, 밤새 묵은쌀로 엿을 고아 콩도 볶고 쌀도 튀겨 강정을 만드는가 하면, 삭힌 찹쌀을 치대고 잘라 뜨끈뜨끈한 방에 말렸다가 기름에 튀긴 뒤 조청과 튀밥 가루에 굴려서 유과를 만들었다. 어른에게 세배 오는 손님 다과상에는 이렇게 만든 한과에다 살얼음과 밥알이 뜨는 시원한 식혜, 곶감과 잣을 띄운 수정과를 내었다.

궁중 의례음식과 교류가 많았던 서울의 미타사·진관사·청룡사 등에서는, 정초에 공을 많이 들이는 '백편·꿀편'을 만들었다. 백설탕을 넣은 백편白片은 흰 떡가루 사이마다 노란 밤, 검은 석이버섯, 붉은 대추를 채 썰어 층층이 얇게 뿌려 쪄 내고, 흑설탕으로 떡 색깔을 검게 만든 꿀편은 밤과 대추를 넣어 적·흑·황색이 강한 대비를 이루었다. 떡을 괴고 나면 찹쌀로 동그랗게 지진 국화

---

522 법념스님, "향곡 큰스님 일화: 떡국", 「불교신문」 3273호(2017. 2. 15)

잎이나 대추로 만든 꽃 모양의 '웃기'까지 덮어 부처님께 올렸다.

이처럼 재가 많이 드는 사찰에서는 명절이나 큰 재에서 떡을 괴고 나면 반드시 장엄으로 웃기떡을 덮었다. 찹쌀로 동그랗게 지진 국화잎이나 대추로 만든 꽃 모양을 여러 개 만들어 덮기도 하고, 큰 찹쌀편을 뾰족뾰족하게 썰어서 늘어뜨린 뒤 맨 위에 오색 재료로 동그랗게 수를 놓으며 고임 떡의 화려한 위용을 갖추었다. 고임 음식으로 밤·대추·잣·은행·과일 등을 괼 때는 복지를 사용하거나 잣·은행처럼 잔 과실은 쌀을 넣어 만든 우리를 사용하는 등 전통 법식에 따랐다. 지금은 이를 제대로 이어 가는 곳이 국가 무형문화재로 지정되어 수륙재水陸齋·영산재靈山齋 등을 전승하고 있는 몇몇 사찰에 불과하다.

예전에 방앗간이 있었던 북한산 승가사에서는 흰 인절미를 뽑으면 그대로 둥글게 말아 불단에 올리는 전통이 있었다. 불기 크기에 맞춰 끊이지 않게 둥글게 돌려 올리고 맨 위를 뾰족하게 만들면 탑처럼 장엄한 위용이 있었다. 한 말 넘는 분량이라 들기도 힘들었는데, 신도들이 이 떡을 좋아하여 의례를 마치면 줄을 서서 잘라 주는 대로 가져가곤 하였다.

명절 분위기가 끝나고 일상으로 넘어오면 떡 말리기가 시작되었다. 예전 노스님들 방에는 누런 포대종이가 하나씩 있었는데, 방에 들여온 시루떡이나 백설기를 잘라 그 위에 펼쳐 놓고 바짝 말린 다음 오래 두고 먹을 간식으로 삼은 것이다. 행자생활을 마치고 강원으로 떠나는 제자에게는 "배고플 때 먹으라."며 떡 봉지를 쥐어 주었다. 떡 봉지를 걸망에 잘 챙긴 채 씩씩하게 강원을 향했던 그 승려에게, 당시의 말린 시루떡은 자신이 기억하는 가장 귀한 떡이었다.

절에서는 어른들을 찾아뵐 때 세찬歲饌으로 떡과 한과를 가져가는 것은 물론, 인근 암자의 승려들을 챙기는 일에도 빠뜨림이 없었다. 따라서 명절음식은 가능하면 넉넉히 준비해서 밖으로 많이 내어 나누는 것이 기본이었다. 특히 큰절과 산내암자의 관계는 명절에 더욱 돈독해졌다. 명절을 앞두고 암자의 젊은 승려들이 큰절에서 함께 음식을 장만하였고, 정월 초하루가 되면 모두 큰절로 내려와 서로 세배하며 정초 인사를 나누었다. 떡국과 명절음식으로 공양을 하고 나면, 큰절과 암자의 노스님들이 큰방에 둘러앉아 윷놀이 등으로 흥거운 2부 무대가 펼쳐지는 것도 명절에 볼 수 있는 풍경이었다.

이렇게 정초의 명절음식을 넉넉하게 만들어, 평소 힘이 되어준 신도 집에 답례로 보냈다. 연말 연초에 보내는 나눔음식은 떡·부각·두부·만두 등이 주를 이루었다. 예나 지금이나 재가자들은 사찰음식을 제일로 여겼다. 특별한 조리법이 있는 것이 아니지만, 오랜 전승 속에서 청정한 재료로 건강하고 담백한 맛을 이어왔을뿐더러 음식은 한꺼번에 많이 만들어야 맛도 좋기 때문이다.

이와 관련해 1930년대 기록이 남아 있어 주목된다. 당시 진관사에서는 섣달그믐이면 오색두부전골을 만들어, 경내에 탑을 시주했던 삼각동의 이벽동 댁으로 지게에 실어 보내곤 했다는 것이다. 당시 그 집 며느리가 절에서 보내 온 두부전골을 기억했다가 그대로 만든 사진과 조리법이,『서울의 한옥: 홍문섯골 이벽동댁』

이라는 책에 실려 있다. 두부전골을 받고 그 집에서는 다시 옷감 · 종이 · 양초 등을 답례로 보냈다고 한다. [523] 지금도 진관사에서는 명절마다 공동체와 절식을 나누고 있으니 그 전통의 뿌리가 깊다.

그런가 하면 1960~1970년대의 도선사는 농사지을 땅도 없었던 조그마한 암자였고, 오로지 승려 교육에 힘써 절 살림이 어려웠다. 따라서 절 형편을 잘 아는 신도들이 정초에 떡을 만들어 와서 불공을 드리고 승려들에게 대중공양을 올리곤 했다. 노스님이 계신 절에는 솜씨 좋은 신도 집에서 석이단자, 송화다식 같은 귀한 음식을 장만해 오던 시절이기도 했다. 서로의 형편 따라 솜씨 따라 승속 간에 명절음식이 오가면서, 따뜻하고 넉넉한 마음을 함께한 것이다.

—

독불공과 송죽

불자들은 한 해를 복되고 무탈하게 보내기 위해 사찰을 찾아 정초 불공을 올렸다. 1980년대까지는 합동불공의 개념이 없었고, 각자 가져온 쌀로 마지를 지어 집집이 따로 올리는 독불공獨佛供이 사찰마다 줄을 이었다. 정월 초이튿날 새벽부터 저녁까지 순서대로 끊이지 않고 올리는 독불공은 대개 보름까지 계속되었다. 염불하는 승려들은 잠시의 쉴 틈도 없이, 한 자리를 마치면 순서를 기다리는 다음 자리에 서면서 끊임없이 이어지는 불공이었다. 신도들은

---

523 이상억 편저, 『서울의 韓屋: 홍문섯골 이벽동댁』(한림출판사, 1998), p. 110, pp. 118~120.

불단에서부터 독성각·산신각·칠성각에 이르기까지 승려와 함께 기도를 올린 다음, 자신들의 쌀로 지은 마지 밥을 내려서 먹고 갔다.

그렇게 보름씩 독불공을 하노라면 승려들도, 후원에서 밥을 짓고 음식을 준비하는 소임자들도 모두 지치게 마련이었다. 승려 고산은 "학인시절에 울산 문수암에 백일기도를 하러 갔다가 정초를 만나서, 독불공을 수백 자리씩 하며 헛바늘이 돋고 입안이 부르터 밥도 먹지 못했다."[524]며 그 시절을 회상했다. 경기권의 승려들 사이에는 3천 자리씩 들었던 어느 사찰의 정월 독불공이 지금까지 회자되기도 한다. 그 뒤 여러 승려의 노력과 의식의 변화로 소모적인 명절 독불공은 점차 합동불공으로 바뀌어 갔다. 아울러 하루한 차례 마지 외에는, 불단을 포함해 모든 각단에 올리는 공양물 또한 밥으로 짓지 않고 백미로 대체되었다.

이처럼 독불공을 하던 시절에 정초불공을 마치고 나면 엄청난 양의 밥이 남았다. 식량 걱정이 덜한 절에서는 조청·강정·식혜나 누룽지를 만들기도 했지만, 남은 밥을 주식으로 삼아야 하는 곳이 더 많았다. 따라서 한 톨의 곡식도 귀하게 다루는 것이 승가의 규범이기에 잔반殘飯을 보관하기 위한 다양한 방법이 생겨났다. 가장 손쉬운 것은 말렸다가 다시 밥을 해 먹는 것이다. 방이나 야외에 돗자리를 깔고 밥을 말려서 딱딱해지면 쌀처럼 독에 보관해두고 밥을 지었다. 생쌀로 지은 밥보다는 맛이 떨어졌지만 보리밥

---

524 고산스님, 앞의 책, p.372.

을 먹던 시절이라 먹을 만했다고 노스님들은 말한다.

또 하나는 솔잎 물에 담가 보관하는 방법이다. 커다란 항아리에 밥을 넣고, 솔잎 찧은 물을 부어 두면 자연 방부가 되니 오래 지나도 상하거나 붇지 않았다. 중간중간에 솔가지를 넣어 두는 사찰도 있었다. 먹을 때는 밥을 건져서 씻은 다음 주로 죽을 쑤었기에 그 이름을 '송죽松粥'이라 불렀다. 다시 쪄서 밥으로 먹기도 했는데 그때는 '솔잎밥'이라 하였다.

> 맨날 밥을 말려야 돼. 정월에 밥 말린 걸 초파일까지 먹고, 초파일날 말리면 칠석까지 먹고. 밥이 지천이야. 온 산꼭대기 바위마다 밥을 말리는 게 일이야. 여름 겨울 없이. 또 새가 와서 밥을 가져가니까 새 쫓는 일이 큰 일이야. 그걸 독에 넣어 놨다가 쪄 먹는 거지.
>
> 밥을 말리는 것도 너무 많으니까, 봄에 솔잎을 뽑아다가 그걸 갈아. 그러면 즙이 나오잖아. 그렇게 밥을 한 켜 놓고 그걸 한 켜 놓고 하면 밥이 붇지를 않아. 그걸 꺼내서 씻어서 밥을 해 먹었거든. 난 어릴 때 그 솔잎 냄새가 정말 싫은 거야, 떫은맛. 독에다가 그렇게 해 놓은 걸 꺼내다 씻어서 밥을 깔고 불을 때면, 솥이 달 때 바가지로 물을 확 끼얹으면 김이 촥 올라오잖아. 뚜껑 딱 덮으면, 그러면 밥이 쪄지지.[525]

---

525 면담내용 : 청량사 중실 회주(동희). 2021. 9. 26. 청량사 요사

"정초에 밥 말려서 초파일까지 먹고, 초파일에 말려서 칠석까지 먹었다."는 청량사 노스님의 말처럼, 큰 명절을 치르고 나면 매일 쌓이는 엄청난 양의 밥을 보관하는 것이 최대의 관건이었다. 솔잎 물에 보관했을 때 송진 냄새나 떫은맛이 심하면 강된장과 함께 먹었는데, 진한 맛으로 냄새를 잡아 주니 궁합이 맞기 때문이다. 특히 솔잎 물을 이용하는 방법은 사찰을 중심으로 전승된 것으로 보인다. 민가에서는 한꺼번에 많은 양의 잔반이 남는 경우가 거의 없기 때문이다.

이처럼 1960~1970년대까지 송죽·솔잎밥을 먹었던 사찰은 전국적이었다. 그뿐 아니라 1920년대의 월간지『불교佛敎』에도, "스님은 松粥거리 논을 팔아 南長寺에 萬日會를 차렸을 때, 나는 그 뒷방에서 논어를 읽었다."[526]는 표현이 있다. '송죽거리 논을 판다.'는 표현으로 보아, 최소한의 생계 수단을 나타내는 말로 '송죽거리'가 쓰였음을 알 수 있다.

그런가 하면 서울 백련사의 경우, 밥을 할 때 끓이기만 하고 뜸을 들이지 않은 채 마지를 푸는 방법을 쓰기도 했다. 이렇게 지은 밥은 찰기가 거의 없어 쏟으면 쌀알이 낱개로 흩어질 정도였고, 말려서 보관했다가 다시 밥을 하면 쌀과 거의 차이가 없었다.

내가 가져온 쌀로 오롯이 마지를 지어 부처님께 올리며 발원하고 싶은 마음은 귀한 것이다. 그러나 전체를 봤을 때 독불공은 불법에도 맞지 않고 폐해가 깊으니 자연스럽게 바뀐 대표적인 불교

---

526 城東痴人,「恩師의 一週忌」,『佛敎』11호(佛敎社, 1925. 5), p.44.

세시풍속이다. 오늘날의 관점에서 보자면 참으로 비합리적인 불공이었지만, 하나의 관습이 바뀌기까지는 어느 정도의 시간과 자연스러운 수용이 필요하였다. 당시에는 승려들도, "신도들이 가져온 공양미는 모두 부처님께 올려야 하고 남기면 안 되는 줄 알았다."는 것이다. 그러한 관습 속에서 송죽과 같은 놀라운 지혜식_智慧食이 생겨나기도 했던 셈이다.

—

사천왕재

사찰을 드나들 때마다 만나는 사천왕은 삿된 기운을 물리치는 든든한 외호자이다. 특히 악의 무리를 향한 위협적인 표정과 몸짓을 지녀 새해의 무탈함과 평안을 비는 데 더없이 적합한 존재인 셈이

사진 7-8. 마곡사 사천왕재

사진 7-9. 송광사 사천왕재

사진 7-10. 범어사 사천왕재

다. 이에 천왕문을 갖춘 사찰에서는 정초 또는 섣달에 사천왕재[四
天王齋]를 지내고 있다. 마곡사·백양사·범어사·불갑사·송광사
를 비롯해 많은 사찰에서, 한 해의 무탈함에 대한 감사와 다음 해
의 안녕을 빌며 올리는 재이다.

마곡사에서는 정초기도의 시작을 사천왕재로 열어 간다. 정월

초3일에 사천왕재를 올리고 나서 7일간의 정초기도 입재에 들기 때문이다. 이날 아침 천왕문 앞 재단齋壇에 갖가지 떡과 과일 등 재물을 차려 놓고 승려와 신도들이 함께 사천왕에게 공양을 올린다. 이에 비해 송광사에서는 정초 칠일기도의 마지막을 사천왕재로 마무리한다. 이날 저녁에 사중의 노스님과 주지 등 사부대중이 참여한 가운데 중요한 연중기도로 사천왕재를 지내고 있다.

사천왕재를 봉행한 지 45년이 넘은 송광사의 경우 의례 공간 구성이 독특하다. 마곡사처럼 대개 천왕문을 중심으로 바깥에 단을 차리고 천왕문을 향해 재를 지내는 데 비해, 이곳에서는 천왕문 안에 승려들이 자리하여 대웅전을 향하기 때문이다. 따라서 재단은 법당을 향한 안쪽에 차리고, 신도들은 천왕문 바깥에 서며, 승려들이 좌우의 사천왕과 함께 도량을 향하는 구도를 이룬다. 이는 사천왕의 임무가 불법 옹호에 있기 때문일 것이다. 사천왕을 대상으로 한 의례이지만, 그 또한 삼보의 범주 속에서 이루어지는 것임을 명확하게 드러내고 있다.

백양사는 매달 음력 초하루와 보름 새벽에 사천왕 기도를 올리는 사찰로 알려져 있다. 새벽예불이 끝난 뒤 승려들이 모여 간단한 공양물을 차려 놓고 올리는 기도이다. 백양사 승가대학의 학장은 소임이 바뀔 때 사천왕 기도가 끊기지 않도록 인계하는 것을 소중한 임무의 하나로 삼고 있다.

범어사에서는 섣달 보름 저녁에 사천왕 기도를 올린다. 범어사의 경우 천왕문 안에 설단設壇하여 공양물을 차리고 재단 앞에 흰 천을 드리워 둔다. 따라서 의식을 집전하는 승려들이 천왕문 안에서 법당을 향하는 점이 송광사와 같지만, 재단을 천왕문 안에 차리고 앞을 가림으로써 천왕문 공간이 의례의 중심영역을 이룬다는 점에서 차이가 있다.

천왕문은 일자형의 문이 아니라 입체적 건물에 사천왕을 모시고 있어, 이러한 공간 특성을 활용해 재를 지내는 양상이 저마다 달라 흥미롭다. 재단을 천왕문 앞쪽에 차리는 보편적 구도에서부터, 천왕문 안과 천왕문을 지나서까지 다양한 경향을 보여, 이에 대한 해석도 사찰마다 전승되어 올 법하다. 특히 백양사 사천왕기도처럼 승려들이 주체가 되어 초하루·보름의 새벽기도로 전승되는 유형은 매우 드문 사례라 하겠다.

대보름과 산신기도

―

대보름의 풍습

대보름이면 사찰에서도 옛 전통 풍습과 절식을 오롯이 따라 오곡밥에 갖은 묵나물을 먹었다. 오곡밥은 찰밥에 여러 곡식을 넣어 지었는데, 멥쌀·보리쌀·좁쌀·수수쌀·기장·팥·콩 등으로 다양하다. 특히 흰 찹쌀, 검은 콩, 붉은 팥, 노란 좁쌀, 갈색 수수 등 오행五行의 기운을 두루 지닌 다섯 색깔의 곡식으로 한 해의 평안과 풍요를 기원하는 뜻을 담고 있다.

묵나물은 봄과 초여름에 채취한 산나물을 잘 말려 두었다가 채소가 없는 겨울에 조금씩 먹게 되는데, 대보름을 위해 아껴 두었던 갖은 나물을 삶고 볶아서 간장 · 들기름으로 무쳐 먹었다. 예전에 주로 먹었던 나물은 도라지 · 고사리 · 참나물 · 취나물 · 아주까리 잎 · 피마자 잎 · 다래 순 · 애호박 말린 것 등이다. 대보름날 불단과 각단에 올리는 마지 또한 정성껏 지은 오곡밥과 나물이었다.

여유 있는 절에서는 대보름 풍습을 중요하게 여겨 호두 · 땅콩 · 밤 등의 부럼을 준비하였다. 모두 딱딱한 겉껍질을 까지 않은 것으로, 대보름에 부럼을 깨물어 치아를 튼튼히 하고 부스럼을 막는 풍습을 따른 것이다. 진관사에서는 대보름 전날 각 대중에게 부럼을 미리 나누어 주었다. 승려들은 이를 머리맡에 두었다가 다음날 아침 부럼을 깨었고, 주지는 새벽예불을 올리기 전에 장독대 근처로 나가 부럼을 깨서 동서남북에 뿌리는 전통을 이어 간다. 부럼 뿌리기는 도량과 사부대중의 평안을 위해 행하는 의식으로, 예전에는 승려들 각자가 행하던 것을 주지가 대표로 맡고 있다.

이처럼 사찰에서도 다양한 풍습이 전승되어, 1960~1970년대에 승려 서운瑞雲은 대보름 저녁이면 사중의 대중을 이끌고 잣점을 치곤 하였다. 큰 바늘에 잣을 꽂아서 불을 붙인 다음, 불붙는 모습을 보고 "올해는 비가 많겠다.", "올해는 가물겠다."며 농점農占을 치는 것이다. 다음에는 승려들이 차례로 잣을 끼워 불을 붙이고 달을 보며 한 해 운수를 점쳐 보는 즐거운 명절놀이가 이어졌다. 서운은 잣점을 이끌며 "농촌뿐만 아니라 서울에서도 잣점을 많이 봤다."며 각자의 운수를 해석해 주었다.[527] 산사에서는 대보름날

---

527 면담내용 : 진관사 총무(법해). 2018. 1. 10. 진관사 요시

승려들이 아랫마을에 내려가 오곡밥을 탁발해 오기도 했는데, 이 날 여러 집의 오곡밥을 얻어 먹으면 좋다는 백가반百家飯의 풍습을 따른 것이다.

또한 불교에서는 해와 달을 일광보살日光菩薩·월광보살月光菩薩 이라 하여 불보살의 화신이나 불법을 수호하는 자연신으로 받아들이고 있다. 이에 해인사 삼선암 등에서는 대보름 저녁에 만월滿月이 떠오르면, 떡·과일 등을 차려 놓고 월광보살에게 기도하였다. 자비롭고 원융한 달을 닮고자 하는 바람을 담아, 모든 중생을 남김없이 비추어 보살펴 주기를 바라는 기도이다.

개방성·공동체성을 지닌 대보름의 특성에 따라 주민들과 함께하는 풍습도 나란히 전승되었다. 마을에서는 대보름날 볏짚·솔가지 등으로 커다란 달집을 지어 놓은 공터에 모여, 달이 떠오를 무렵 한 해의 풍농과 복을 빌며 달집을 태웠다. 달집태우기를 할 때면 승려들도 공동체 일원으로 동참해 마을의 평안을 빌었고, 신년운세가 좋지 않거나 삼재가 든 주민들은 부적·머리카락 등을 던져 넣으며 액땜을 했다. 지금은 달집태우기 풍습이 대부분 사라졌으나, 봉선사에서는 사찰에서 직접 달집을 만들고 풍물놀이패도 청하여 옛 풍습을 이어 가고 있다. 이때 달집에 각자의 소원지所願紙를 꽂도록 하여 날이 어두워지면 함성과 함께 달집에 불을 붙이며 새해의 소망을 기원한다.

대보름은 동안거 해제일이기도 하다. 해제를 앞둔 14일 저녁이면 그간의 긴장된 수행 정진에서 벗어나, 수좌들이 모두 둘러앉아 성불도놀이나 윷놀이로 이완하는 시간을 가지기도 하였다. 평소에는 생사일대사를 해결하고자 말없이 정진하던 이들도 나이에 상관없이 천진하게 손뼉을 치고 박장대소하는 날이었다. 또한 해제 전날 찰밥에 김과 미역국 등의 대중공양이 들어오는 전통이 있어, 발우공양 때면 짓궂은 풍습이 따랐다. 찰밥을 김에 싸서 큰스님들이 보지 않을 때 도반끼리 서로 던지기를 하는 것이다. 함부로 웃을 수 없는 상황이었기에 더 즐겁게 여겼던 듯하다. 묵언정진의 선방에서도 숨통을 틔우는 정중동靜中動의 일이 펼쳐지면서 윤활유와 같은 역할을 하였다.

산신 하강일의 기도

국토의 70%가 산으로 이루어진 우리나라는 산을 끼고 마을이 형성되면서 산악신앙의 역사가 깊다. 불교 또한 산과 자연의 기운 속에서 법등을 밝혀 왔기에, 자연신의 성격을 지닌 산신은 산사와 뗄 수 없는 관계로 결합되어 있다.

이에 산신의 외호를 중요하게 여기는 사찰에서는 '산신 하강일下降日'인 음력 3월 16일이면 빠짐없이 산신기도를 올리고 있다. 아울러 3일간의 기도로 자리 잡아 3일째 되는 16일에 회향하는 경우가 대부분이다. 이날 올리는 재물은 산신의 기호를 전적으로 반영하는 것들이다. 산신은 생채소를 좋아한다고 하여 생미나리·당근·오이 등을 재물로 쓰며, 메밀·호박·당귀·과일과 백설기 등을 함께 올리기도 한다.

특히 산신은 비린 것을 즐겨 "가재가 상에 오르면 두건을 벗어

사진 7-11. 진관사 산신기도 ⓒ김성헌

놓고 드실 정도"라는 담론이 전한다. 따라서 예전에는 맑은 물에 사는 산가재를 건져 산신단에 올리기도 하였다. 개울에 된장을 푼 양푼을 두었다가 자그마한 산가재 몇 마리가 들어오면, 산신단에 올린 뒤 기도를 마치고 다시 놓아 주었다는 것이다. 이러한 경우는 특별한 사례이고, 대개 비린 것은 동참 신도들이 개인적으로 준비해 왔다. 바닷가 절에서는 오징어·게·북어를 가져와서 산신단에 올렸다가 가져가는 이들이 많았다.

반면에 "산치성은 부정不淨을 몹시 가리고 특히 비린 것을 사용하지 않는다."는 담론도 있다. 따라서 산제山祭를 올릴 때는 육고기는 물론 어물도 마른 포를 올린다[528]고 하니, 정반대의 담론이 나란히 전승되는 셈이다. 민간에서 풍수지리상 육산肉山인 경우 산신제에 돼지고기를 삶아 올리기도 했듯이, 저마다의 해석에 따라 산신이 좋아하는 음식을 올리면서 기도의 위력을 크게 하기 위한 시도인 셈이다.

528 황루시, "산치성", 『한국민속신앙사전: 가정신앙』(국립민속박물관, 2011)

산신기도는 초하루부터 초3일까지 매달 올려요. 3월 16일
산신불공도 따로 하죠. 다른 사찰도 대개 할 걸요? 산신불공
때 진수는 똑같이 하고, 도토리묵·메밀묵을 많이 끓여서
올려요. 이만 한 양푼에다가. 생 거는 박스 통째로 올려요.
미나리도 박스, 야채도 박스, 오이도 당근도 박스.[529]

산신기도의 전통이 깊은 삼각산 승가사의 사례로, 산신 하강일
만이 아니라 매달 초하루부터 3일간 산신기도를 올리고 있다. 이
처럼 산신기도는 지역의 구분 없이 전국의 사찰에서 많이 올리며,
산신신앙이 깊은 수도권에서 더욱 활성화되어 있다. 산신은 특히
사업하는 이들에게 빠른 가피를 준다고 여기기 때문이라 한다.

낙산 청룡사의 경우 1960~1970년대에 매달 초3일마다 산신기
도를 올렸다. 당시 주지는 전날에 직접 모든 그릇을 깨끗이 닦으
며 정성을 들였다. 청룡사는 기도방식이 독특하여 당일에 주지는
독성각에서 독성기도를 올리고, 한 승려는 산신각에서 산신기도
를 올리고, 또 다른 승려는 대웅전 신중단에서 동시에 기도를 올
렸다. 그러다가 독성각·산신각에서 기도 올리던 주지와 승려가
대웅전으로 내려와서, 신중단 승려의 염불에 합세해 신중불공을
올리며 기도를 마쳤다는 것이다. 당시에도 3월 산신기도는 5~7일
간에 걸쳐 올렸는데, 근래에는 산신 하강일에 맞추어 14일부터

---

529 면담내용 : 승가사 기획국장. 2021. 6. 5. 승가사 요사

3일간 올리고 있다.[530]

　울진 불영사에서도 매달 각단 기도가 이어졌다. 초하루부터 초 3일까지는 신중기도, 4일부터 6일까지는 산신기도, 7일은 칠성기도, 13일부터 16일까지는 나한기도, 18일은 지장기도를 올린 것이다. 이들 각단 불공은 따로 밥을 지어 늦은 오후에 마지를 올렸고, 바닷가 신도들이라 산신각에 오징어를 올리기도 하였다. 청룡사와 불영사 등의 사례는 한국불교의 신중신앙이 매우 깊다는 사실을 잘 보여 주고 있다.

　연례적으로는 삼짇날과 중양절의 산신기도, 마을 주민들과 함께 치르는 산신제에 이르기까지 다양하다. 그 외에 기도를 청하는 이들이 있으면 산신각에서 재물을 차리고 「산신청山神請」을 염송하며 재자를 위한 발원이 일상적으로 이어지고 있다.

530 면담내용 : 청룡사 주지(진홍). 2021. 5. 25. 청룡사 대방

여름의 의례와 음식문화

여름철 세시와 음식

여름은 만물을 생장시키는 기운이 왕성한 시기로, 음력 4월·5월·
6월을 말한다. 주요 명절로는 4월의 부처님오신날, 5월의 단오,
6월의 유두를 들 수 있다. 절기로는 입하·소만, 망종·하지, 소서·
대서가 포함된다.

부처님오신날인 4월 초파일은 삼국시대 이래 나라의 주요 명
절이었다. 조선시대에 들어와 초파일은 광범위한 민간의 축제일
로 자리매김하고, 연등회燃燈會 또한 정월·2월에서 4월의 초파일
풍습으로 정착되었다. 따라서 부처님오신날이면 집집이 마을마다
등을 달고 강에 띄우기도 하면서 다양한 연등놀이를 즐겼고, 호기
놀이·탑돌이 등으로 공동체 축제를 펼쳤다. 불자들은 이날 사찰
을 찾아 자신의 등을 밝히고 불공을 올리며 부처님께 저마다의 소
원을 빌었다.

음력 5월 5일의 단오端午는 여름 기운이 왕성한 데다 양수 5가 겹쳐 연중 양기陽氣가 가장 강한 날로 여긴다. 설·한식·추석과 함께 4대 명절의 하나로, 마을마다 단오제를 지내고 그네·씨름 등의 놀이를 하며 즐겼다. 이날 부정을 물리치고자 쑥과 익모초를 뜯어 대문에 걸어 두거나 떡을 만들어 먹었고, 화재를 막기 위해 소금을 처방하고 물을 다스리는 용신龍神을 섬겼다. 사찰에서도 이 러한 풍습을 함께하면서 주민들과 함께 단오를 공동체의 명절로 삼아 왔다.

음력 6월 15일의 유두流頭는 더위가 절정에 이르는 시기로, 시 원한 계곡을 찾아 물맞이로 하루를 즐기는 풍속이 성행하였다. 고 려시대에는 이날 국사·왕사와 고승 대덕이 주재하는 가운데 국 왕이 보살계를 받는 보살계 도량菩薩戒道場을 개설하였다. 유두날 보 살계 도량을 연 것은, 유두에 머리와 몸을 씻는 풍습이 몸과 마음 을 청정하게 하는 재계齋戒 의식과 통하기 때문으로 보인다.

초여름은 춘궁기春窮期에 해당하였다. 하곡夏穀인 보리 수확을 마치고 나면 사찰마다 보리를 많이 섞은 밥을 주식으로 삼는 가운 데, 밭일도 적지 않았다. 여름작물은 오이·가지·호박·감자· 상추·근대·고추 등이었고, 물을 대어 만든 미나리꽝에 파종하 여 미나리도 요긴하게 먹었다. 늦여름 초가을에 배추·무 등의 씨 를 뿌리고, 콩 농사도 된장을 담글 만큼 지어야 했기에 이른 여름 에 콩을 파종하였다. 하지 무렵에 캐는 하지감자는 여름철 주식과 부식의 으뜸이었으며, 가지·호박 등은 잘 말려 뒀다가 겨울철 묵나물로 썼다.

예전에는 상추의 용도가 다양하였다. 쌈이나 겉절이뿐 아니라 봄·여름에 시원한 상추김치를 담그고, 많은 승려가 '가장 맛있는 부침개'로 꼽았던 상추전을 부쳤다. 단오가 지날 무렵이면 상추에 대가 올라오는데, 상추전은 대를 꺾어서 약간 두드린 다음 밀가루를 묻혀 부치는 전이다. 한창때의 학인들은 배가 고플 때면 상추에 된장을 발라 먹으며 배를 채우기도 하였다.

여름철 구황식물이었던 감자는 사찰마다 가능하면 많이 심어 오랫동안 주식으로 삼았고, 각종 반찬과 떡으로도 만들었다. 승가에는 "감자 중이 되어라."는 말이 있는데, 이는 버릴 것이 하나도 없는 감자처럼 수행자의 생활도 그리하라는 뜻일 것[531]이다. 감자국·감자찌개·감자볶음은 물론 감자전도 모든 대중이 좋아하는 별식이었다. 상하거나 흠이 난 감자를 따로 모아 썩힌 다음 감자떡을 해 먹기도 하였다. 감자떡은 강원·영남지역 사찰에서 주로 만든 떡으로, 상한 감자를 항아리에 모아서 더 썩힌 다음 앙금을 걸러 만들었다.

그런가 하면 감자튀각은 많은 양을 했기에 더운 여름철 대표적인 울력의 하나였고, 산동백잎부각도 함께 만들어 초파일에 썼다. 감자튀각과 산동백잎부각을 담아 놓으면, 파란 산동백과 하얀 감자가 어우러져 참으로 예뻤다. 그뿐 아니라 아카시아꽃이 필 때면 활짝 피지 않은 봉오리를 따서 부각·튀각을 만들었다. 찹쌀가루

---

531 일운, 앞의 책, p. 133.

를 바른 다음 말려서 튀기면 부각이고, 가루를 입히지 않은 채 튀기면 튀각이라 했다. 특히 아카시아꽃에 찹쌀가루를 묻혀 튀기면 눈처럼 희고 맛있는 부각을 만들 수 있었다.

여름철에도 참나물·참취·곤달비·당귀·비름 등의 산나물을 뜯을 수 있었다. 여름철 비가 내린 뒤에는 산에 표고버섯·싸리버섯이 많이 자라나니 잘 말려 두었다가 요긴하게 썼고, 제철에 먹을 때는 주로 호박과 함께 볶아 먹었다.

김장김치는 냉장고가 없던 시절에도 초파일까지 먹었으며, 다음 김장 때까지 먹는 사찰도 많았다. 봄·여름에 먹을 김치는 서늘한 창고 안에 땅을 파서 묻고, 뚜껑 위에 흙을 덮어 보관하였다. 오래 두고 먹으려면 소금을 아주 많이 넣어 짜게 담그고, 찹쌀·밀가루 풀을 일절 쓰지 않아야 했다. 그렇게 담그면 여름이 지나도 군내가 나지 않고 개운하게 먹을 수 있었다.

사찰에서는 김장할 때 고춧가루를 쓰지 않는 무짠지(짠무)를 많이 담근다. 주로 발우를 닦아 먹기 위한 용도이지만 승려들이 여름에 즐겨 먹는 김치 가운데 하나이고, 서울·경기권의 전통 김치이기도 하다. 크지 않은 통무를 소금물에 짜게 담그면 여름이 돼도 아삭하게 식감이 좋았다. 물에 우려내어 짠맛을 뺀 다음에 먹거나, 곱게 썰어서 물을 부어 먹기도 한다. 여름에 짠 무 우린 물에 소면을 말아서 담백하게 먹는가 하면, 소금물을 우려낸 다음 채를 쳐서 고춧가루에 무쳐 먹기도 하였다.

봄·여름에 새로 담그는 열무김치는 지역에 따라 밀가루 풀, 감자 삶은 물, 보리쌀 삶은 물 등을 다양하게 넣었다. 특히 보리쌀이나 감자 삶은 물을 써서 잘 삭혀 놓으면 숭늉처럼 구수한 맛이 났다. 호남권 사찰에서는 열무겉절이를 많이 담갔는데, 겨울 김치에 비해 짜지 않게 담그기 때문인지 이를 '싱건지'라 불렀다.

영남권에서는 여름이면 순식간에 자라나는 콩잎을 따서 콩잎 김치를 많이 담갔다. 된장을 풀어서 담그는 독특한 물김치로, 익었을 때 콩잎과 된장이 어우러지는 풍미가 있다. 콩잎이 부드러울 때 따서 손질한 뒤, 된장을 갠 물에 실로 묶은 콩잎을 차곡차곡 재어 삭히면 하루만 지나도 맛이 좋았다. 여름철 콩잎으로 밥을 싸서 먹으면 별미라서 이를 '콩잎 쌈'이라 부르기도 한다.

여름철 반찬으로는 장아찌가 으뜸이었다. 주로 다른 철에 담가 둔 무장아찌, 된장에 묻어 둔 고추장아찌 등을 먹었고, 여름에 새로 담그는 장아찌는 깻잎장아찌 · 오이장아찌 · 참외장아찌 · 콩잎장아찌 등이다. 참외장아찌는 참외를 다 따 먹고 늦여름에 남은 끝물참외로 담그는데, 고추씨를 넣고 소금에 절여 눌러 뒀다가 쭈글쭈글해지면 된장에 넣거나 그냥 먹었다. 어쩌다 수박이 들어오면 속은 먹고 흰 껍질 부분으로 장아찌를 담그기도 했다.

음력 4월이면 송화가 한창인 시절이라 꽃가루를 따서 잘 보관해 뒀다가, 여름철 귀한 손님이 오면 가루를 물에 풀고 꿀을 탄 밀수로 내었다. 밀수가 특별한 음료라면, 솔차는 사찰마다 손님 접대에 빠지지 않는 대중음료였다. 사계절 내내 솔차를 담글 수 있으니, 많이 만들어 두고 시원하게 식히거나 물과 얼음을 타서 내면 환영을 받았다.

또한 여름철은 더위로 기력이 쇠하기 쉬운 계절이라, 건강에도 신경을 써야 했다. 노스님들은 상추대를 쪄서 찹쌀·들깨를 넣고 끓인 것을 여름철 소중한 보양식으로 여겼다. 콩은 단백질이 풍부하고 여름과 궁합이 맞는 식품이다. 이에 불린 콩을 맷돌에 갈아서 콩국수를 해 먹고, 몸이 허약한 승려에게는 콩물을 만들어 기력을 보충하게 했다. 여유 있는 절에서는 여름에 특별히 참기름 찰밥을 보약처럼 해 먹었다. 찰밥은 '골을 메운다.'고 하여 승려들을 기운 나게 하는 음식이었다. 이에 한여름 무더위로 지칠 때, 하얀 찹쌀에 참기름과 소금을 넣고 지은 깔끔한 찰밥에 장아찌를 곁들이면 더없이 든든한 한 끼가 되었다.

초파일의 절식과 손님 치르기

4월 8일 초파일은 부처님오신날로 연중 가장 많은 신도가 사찰을 찾는 날이다. 부처님의 탄생에 감사드리며 불단에 떡과 과일 등을 올리고 신도들을 위해 반찬을 준비했지만, 정초처럼 많은 음식을 하지는 않았다. 초파일에 쓸 등을 직접 만들고 하루에 몰리는 신도들의 공양 준비를 해야 하니, 떡과 같은 명절음식은 엄두조차 내지 못한 사찰도 많았다. 인원도 물자도 여유 있는 큰 절에서는 여러 가지 떡을 해서 신도들에게 나눠 주기도 하고 '가장 음식이 풍부한 날'로 기억했으니, 초파일의 음식 장만에는 사찰마다 편차가 컸다.

불공과 시주를 쌀로 올렸던 1960~1970년대까지, 초파일이면 신도들이 쌀 한 되를 가져와서 등을 달고 기도 올리며 공양을 하고 갔다. 초파일에도 독불공을 하는 이들이 있었지만, 대개는 집안의 등을 달면서 법회 때 부처님께 기도 올리는 것이 핵심이었다. 사찰에 따라서는 초파일을 앞두고 주지가 마을로 내려가 집집을 방문하면, 각자 불공 때 올려 줄 발원을 부탁하면서 곡식과 농사지은 작물을 내기도 하였다.

그런가 하면 초파일에도 절식이 있어, 『동국세시기』에는 다음과 같이 기록하였다.

> 아이들은 석남石楠나무의 잎을 넣어서 만든 증편과 볶은 검정콩, 삶은 미나리나물을 등간燈竿 밑에 벌여 놓는다. 이것은 석가탄신일에 고기 없는 간소한 음식으로 손님을 청해 즐기는 풍속이 변한 것이라 한다. …송나라『오지陳志』를 보면 "서울 풍속에 염불하는 이가 콩을 가지고 외운 수를 헤아렸는데, 그 콩에 소금을 뿌리고 볶아서 길 가는 이에게 먹게 하여 서로 인연을 맺는다."고 했다. 오늘날 초파일에 콩을 볶아 먹는 풍습은 여기서부터 비롯된 것이다. [532]

이처럼 초파일에는 석남나무 잎으로 만든 떡과 볶은 콩을 먹는 풍습이 있었다. 석남나무는 느티나무를 말하며, 이후『열양세시기』·『경도잡지』에는 석남엽石楠葉 대신 유엽楡葉으로 표기하여 '느

---

532 『東國歲時記』四月條 '八日'

티떡'이었음을 알 수 있다. 〈농가월령가〉 사월령에도 초파일이면 '느티떡·콩찐이'가 별미라고 노래하였다. 이때의 콩찐이는 콩을 찌거나 볶은 것을 말한다.

초파일 무렵에 느티나무 잎의 연한 새순이 나오는데, 독이 없고 향이 좋아 느티떡을 해 먹는 풍습이 생긴 것이다. 초파일이 일러 느티나무 잎을 구할 수 없을 때는 쑥으로 대신하기도 했다. 볶은 콩을 먹는 것 또한 초파일이 지나면 농번기가 시작되니 단백질을 섭취해 기운을 돋우기 위함이라 보고 있다.[533] 근래에도 옥수동 미타사에서는 초파일에 느티떡을 해 먹었다. 경내에 커다란 느티나무가 몇 그루 있어 여린 잎을 따서 느티떡을 했는데, 새순을 뜯어 멥쌀가루와 함께 쑥버무리하듯이 찌면 색깔도 예쁘고 맛도 좋았다고 한다.[534]

초파일에는 한꺼번에 많은 신도가 몰리니, 수백에서 수천 명에 이르는 이들의 공양을 준비하는 일이 후원의 가장 큰 임무였다. 예전에는 목욕재계하고 깨끗한 옷으로 갈아입은 신도들이, 초파일 전날 절에 와서 하룻밤을 묵는 일이 많았다.

당시에는 법당등法堂燈의 개념이 없었고 전기로 등을 켜던 시절이 아니었다. 따라서 법당 마당에 등을 달고 그 안에 초를 꽂아 등을 켰기에, 등 아래 돗자리를 깔아 놓고 바람이 불면 두 손으로 불이 꺼지지 않도록 막으면서 자신의 등을 지켰던 것이다.[535] 대개 신

533 "면역력을 높이는 사찰음식: 선재스님 느티떡", 「법보신문」 1540호(2020. 6. 3)
534 면담내용 : 미타사 정수암 주지(상덕). 2021. 6. 23. 정수암 승방
535 면담내용 : 봉정사 신도회장(길상행). 2015. 9. 13. 봉정사

도들은 저녁에 와서 미리 잠을 자고, 자정에 등을 켜면서부터 밤을 새웠다. 승려들은 자신의 방을 노인들에게 기꺼이 내주고 마당에서 젊은 신도들과 함께 밤을 새우기도 하였다. 이때 새벽이면 죽이나 간단한 음식을 신도들에게 대접했다.

절에서는 초파일 며칠 전부터 신도들을 위한 음식 준비로 바빴다. 지금은 대부분 비빔밥을 내고 있지만, 1970년대 무렵까지 사찰 살림이 넉넉지 않고 다양한 식재료 준비가 어려워, 밥·국·무김치 정도의 소박한 상차림이었다.[536] 공간이 부족하면 밥그릇·국그릇을 하나씩 받아 들고 마당이나 산기슭에 앉아 먹었고, 수천 명의 신도를 감당하기 힘든 절에서는 주먹밥·도시락을 준비하기도 했다. 밥과 김치·단무지·콩장 정도였지만 수천 개의 나무 도시락을 싸려면 공양간에서는 밤을 꼬박 새워야 했고, 소금과 기름만 조금 넣어 뭉친 주먹밥도 힘들기는 마찬가지였다. 여유 있는 절에서는 반찬과 음식이 좀 더 다양했음은 물론이다. 초파일을 위해 미리 장아찌를 많이 준비하고, 날짜가 가까워지면 새 김치로 열무김치를 담그기도 하였다. 전을 부쳐 밥 위에 하나씩 얹어 주는 곳, 백설기 등 떡을 해서 공양 때 함께 나눠 주는 곳도 많았다.

1980년대 무렵이면, 사찰마다 신도들에게 비빔밥을 내는 문화가 성행하게 된다. 각각의 나물을 장만하는 것이 힘들었지만 간편하게 그릇 하나에 담아 고추장과 비벼 먹으니 편리했고, 신도들 또한 맛있는 나물을 고루 맛볼 수 있어 크게 환영했다. 따라서 정

---

536 임충선, 앞의 논문, p.20.

초를 지나면서부터 초파일을 비롯해 여름철 명절을 위한 나물을 염두에 두고 채소밭 작물을 기르고 산나물을 갈무리해야 했다. 초파일 비빔밥에 주로 쓴 것은 취나물·고사리·콩나물·호박·무채 등이다.

초파일의 특식으로 부각을 꼽는 승려들이 많았듯이, 살림이 조금씩 나아지면서 신도들이 평소 먹기 힘든 튀각·부각을 초파일에 선보이기 시작하였다. 감자·미역·다시마·고추 등을 손질해 말려 두었다가 초파일이면 기름에 튀겨 내었다. 특히 신도들은 비빔밥 위에 튀각을 부숴 올려 주는 것을 가장 좋아하였다. 많은 신도에게 고루 맛보이기 위해 비빔밥 위에 올리는 튀각은 주로 미역과 다시마를 튀긴 것이었다. 이처럼 부각·튀각·부침개 등을 만들어 기름 냄새로 명절 분위기를 내며 신도들을 맞이하였다.

그런가 하면 1970년대 무렵까지 초파일이나 명절을 며칠 앞두고 마을 노인들이 사찰로 놀러 오는 문화가 있었다. 장구 등을 가지고 절 앞 계곡에서 노래와 춤으로 놀다가 절에서 해 주는 밥을 먹고 하룻밤 묵어 가는 것이다. 이때도 어김없이 쌀 한 되씩을 절에 내놓았고, 며칠 뒤 초파일이면 다시 절을 찾았다. 송광사를 찾았던 신도들의 경우 쌀 두 되를 가지고 와서 송광사에 한 되를 주고, 다음 날은 나머지 한 되를 머리에 이고 선암사로 넘어가곤 하였다. 놀이문화가 부족하니 명절 분위기와 함께 사찰을 의지해 신명을 풀었고, 사찰에서는 이들을 넉넉하고 자연스럽게 받아들이면서 공동체로 함께 살던 시절이다.

단오의 소금과 쑥개떡

5월 5일 단오는 양기가 왕성한 날이라 불기운도 강하다고 보아, 이를 잠재우는 의식이 사찰에 전승되고 있다. 전통 건물은 나무나 흙과 같은 자연 재료로 짓기에 화재가 잦아 소금단지를 묻거나 들보에 올려 놓음으로써 불기운을 눌렀다. 소금은 바다

사진 7-12. 통도사 소금단지 올리기

를 상징하니 능히 불을 제압할 수 있다고 보기 때문이다. 사찰 공양간에 '물 수水' 자를 거꾸로 붙여 놓아 물이 쏟아지는 모습을 나타낸 것과 같은 맥락이다. 이러한 의식은 여러 사찰에서 전승되지만, 역사성을 지닌 대표 사례로 통도사와 해인사를 꼽을 수 있다.

통도사에서는 단옷날 용왕재龍王齋를 지내고 전각마다 소금단지를 얹는 전통이 깊다. 용왕재는 단옷날 이른 아침, 적멸보궁 옆의 구룡지九龍池에서 수백 명의 사부대중이 모인 가운데 치른다. 구룡지는 통도사 창건주인 자장慈藏과 아홉 마리 용의 전설이 깃든 곳으로, 지금도 한 마리의 용이 연못에 남아 통도사를 지켜 주고 있다고 한다. 따라서 창건주와 관련된 용이 머무는 연못에서, 물을 다스리는 용왕에게 공양을 올리며 화재를 막고 한 해의 무사 안녕을 기원하는 의식이다.

재단에는 떡과 과일 등의 각종 공양물을 풍성하게 차리고, 크

사진 7-13. 통도사 단오용왕재

사진 7-14. 해인사 단옷날 소금 묻기 ⓒ서종원

고 작은 60여 개의 소금단지를 함께 진설한다. 화재와 재앙으로부터 가람과 대중을 지켜 주는 호법선신 용왕에게 「용왕청龍王請」으로 감사의 불공을 올리고 나면, 주지는 신도들에게 소금 봉투를 나눠 주며 복덕이 가득하기를 축원한다. 이어 학인들이 대웅전에서부터 공양간에 이르기까지, 각 전각의 들보 머리에 60여 개의 소금단지를 얹는 의식이 따른다. 소금단지는 전날, 들보에 올려 두었던 것을 모두 내려서 묵은 소금을 비우고 새 소금을 넣은 다음 항화마진언을 새긴 한지로 밀봉해 둔 것이다.

이 항화마진언抗火魔眞言은 통도사 대광명전 내부의 동·남·서쪽 천장 밑에 묵서로 적혀 있는 진언이다. 대광명전은 1756년 화재로 전소되었다가 2년 뒤 중건한 건물로, 이때 화재를 막고자 일종의 방화防火 부적을 써 놓은 것이다. 따라서 사찰에서는 이 무렵부터 소금단지를 올리는 풍습이 시작되었다고 한다.

해인사에서는 단옷날이면 사찰 경내와 남산에 소금을 묻는 오랜 전통을 이어 오고 있다. 『해인사지』에 따르면, 조선 중·후기에 180여 년간 일곱 차례의 화재가 발생하여 이에 대한 방책으로 1871년부터 소금 묻기가 시작되었다고 한다. 따라서 화마火魔로부터 팔만대장경을 비롯한 삼보를 지키는 소중한 의식으로 전승되고 있다.

단옷날 이른 아침이면 본·말사 사부대중이 모여 불공을 올린 뒤 소금 묻기가 이어진다. 경내 곳곳에 홈이 파인 염주석鹽柱石이 있어 그곳에 소금을 넣고 물을 부어 바닷물을 만드는 것이다. 이어 승려들은 남산제일봉에 오르고 신도들은 사찰 외곽인 용탑·

원당암 등에 소금 묻기를 이어 간다. 경내에서 외곽으로, 외곽에서 산으로 영역을 넓혀 가며 불기운을 누르는 의식을 행하는 셈이다.

남산제일봉은 해인사가 자리한 가야산과 마주하고 있는데, 그 형상이 불꽃처럼 날카로워 풍수적으로 화산火山에 해당한다. 이에 소금으로써 화기를 제압하는 풍수비보風水裨補를 하는 것이다. 수많은 사부대중이 해발 1000m가 넘는 산길을 오르는 것 또한 불기운을 밟고 잠재우는 과정이기도 하다. 정상에 오른 대중은 공양물과 다섯 개의 소금단지를 차려 놓고 불공을 올린 다음, 동서남북과 중앙의 오방五方에 소금단지를 묻게 된다. 미리 파 놓은 구덩이마다 소금단지를 넣고 물을 부은 다음 뚜껑과 흙을 차례로 덮는다. 마지막으로 한지에 싼 소금을 바위 사이마다 끼워 넣는 것으로 의식을 마친다. 하산한 승려들은 이날 오후에 다시 모여 단오체육대회를 열며 심신을 단련하고 있다.

강릉단오제에 다양한 놀이가 전승되듯이, 예로부터 단오는 마을 사람들이 함께 모여 갖가지 놀이로 심신을 단련하는 축제날이기도 했다. 이에 사찰마다 주민들과 단오를 즐겼는데, 대표적인 사례로 법주사를 꼽을 수 있다. 법주사는 아랫마을 사내리 주민들과 함께 단오 체육대회를 열어 온 지 반세기 가까운 역사를 지녔다. 승속이 팀을 짜서 씨름·윷놀이·탁구·축구 등으로 경기를 벌이는데, 많을 때는 스무 팀을 웃돌았다고 한다. 강원과 선원으로 나누어 팀을 짜고, 종무소를 비롯해 파출소·방범대·소방대와 신도단체에 이르기까지 팀이 꾸려졌다. 주민들도 구경거리를 놓칠 수 없어 절로 올라갔기에 이날 마을은 텅 비게 마련이고, 절마당이 떠들썩하도록 승속이 하나 된 축제를 펼쳐 온 것이다.

예전에는 단오를 큰 명절로 여겨, 사찰에서도 쑥으로 떡을 해 먹고 산에 오르는 문화가 있었다. '단오에 산행한다.'는 것은 곧 심신을 단련하며 하루를 즐겁게 보낸다는 것을 뜻했다. 따라서 뒷산에 그네를 매어 타거나, 본채·선방 승려들이 함께 물가로 나가 수제비도 끓이고 감자전·호박전을 부치며 즐거운 한때를 보냈다. 또한 익모초를 뜯어 쓴 물을 돌리며 더위와 나쁜 액을 쫓기도 했으니, 사찰에서도 단오 풍습은 예외 없이 전승되었음을 알 수 있다.

전통적으로 단옷날의 강한 양기와 함께, 부정을 물리치는 쑥을 뜯어 떡을 만들어 먹는 풍습이 민간에 성행하였다. 실제 이 무렵은 쑥이 많이 나는 철이기도 하여, 사찰에서도 단오 무렵이면 쑥을 캐어 '쑥개떡'을 만들어 먹었다. 쑥뿐만 아니라 취나물의 일종인 수리취도 뜯어 떡을 했는데, 향은 없어도 쑥보다 더 쫄깃한 식감이 있었다. 이에 단옷날 쑥개떡·쑥버무리·수리취떡 등을 하는 사찰이 많았다. 쑥개떡·수리취떡을 만들 때면, 뜯어 온 나물을 삶아 멥쌀과 함께 방앗간에서 갈아 온 뒤 직접 찧어야 했다. 오랫동안 찧어서 쫄깃하게 만드는 것이 가장 중요했고, 모두 둘러앉아 손바닥으로 두드려 얇게 떡을 빚었다.

특히 해인사와 주변 암자·말사에서는 이러한 풍습이 활성화되어 있었다. "단오 무렵이면 무조건 산에 올랐다.", "의무적이다시피 쑥을 캐어 쑥개떡을 만들어 먹었다."는 승려들의 말처럼, 단오가 가까워지면 강원·선방 구분 없이 모든 대중이 나와서 쑥을 뜯는 즐거운 울력이 이어졌다. 쑥개떡을 만들고 나면, 김밥이나 주먹밥을 싸서 각자 분배받은 쑥개떡을 가지고 산에 올랐다. 이때 사이다·오이를 챙겨 가기도 했으니 단오는 일종의 소풍날이었던 셈이다.

그런가 하면 여름철 가뭄이 심하게 들 때 사찰에서도 부처님의 위신력에 의지해 비를 청하는 법회를 열었다. 이러한 '엄숙형 기우법회祈雨法會'뿐만 아니라 '소란형 기우제'를 지내기도 하였다. 운문사 승려들은 절 옆의 이목소璃目沼에서 다채로운 기우제를 올렸다. 가뭄이 심하게 들면 용띠 학인들이 제관祭官이 되어 기우제를 지내는데, 숫자가 모자라면 뱀띠 스님들도 포함되었다. 이들 스님이 제물을 장만해 제상을 차리는 일부터 법주와 바라지에 이르기까지 의식을 도맡아 진행하였다.[537]

기우제를 지내는 날이면 목욕재계하고 저녁예불을 마친 다음, 모든 대중이 이목소로 향한다. 정성껏 차린 제상에 촛불을 밝혀 놓고 '국태민안 우순풍조國泰民安 雨順風調'를 발원하는 기우법회를 올리는 것이다. 한 승려는 강원일지에, "대중스님들은 한결같이 용왕대신을 부르며 마음속으로 '옴 주룩주룩 사바하…' 폭우진언 108편을 외웠다."고 적었으니, 스님들의 유머에 절로 미소를 짓게 된다. 염불을 마치면서 기우제는 역동적인 방식으로 전환된다. 용띠·뱀띠 승려들이 준비해 온 솥뚜껑을 두드리며 일제히 이목소

---

537 면담내용 : 운문사 회주(명성). 2018. 1. 6. 운문사 요사

608

에 뛰어들어 한바탕 소란을 연출하는 것이다. 쇳소리를 내며 비를 주관하는 용왕에게 한목소리로 호소하니, 어지간하면 용왕이 비를 내려줄 만하다.

이목소에서 기우제를 지내게 된 내력은 『삼국유사』에 실려 있다. 신라 말의 승려 보양寶壤이 당나라에서 불법을 공부하고 돌아오는 바닷길에, 서해 용궁에 가서 불경을 설하였다. 이에 용왕은 금란가사를 시주하고 아들 이목璃目을 함께 보내어 승려를 모시도록 했다. 이목은 운문사를 중창한 보양과 함께 절에 살면서 남몰래 법의 교화를 돕고 단비를 내리는 일도 맡았다.[538] 1천 년이 넘도록 도량을 지키니 소의 이름도 '이목소'라 부르며 가뭄이 들면 이곳에서 기우제를 지내게 된 것이다.

몇 해 전에는 인근의 은해사 백홍암에서도 소란형의 약식 기우제를 지냈다. 그해 심한 가뭄이 들자 용띠 승려들이 공양간의 그릇 뚜껑을 들고 나와 두들기고, 다른 승려들도 그 뒤를 따르면서 도량을 돌았다는 것이다. 모두 공동체에 위기가 닥쳤을 때 속수무책으로 바라만 볼 수 없다는 적극적 사고에서 나온 풍습들이다. 축제적 종교의식으로써 위기감을 완화하려는 심리적 대처의 의미도 크다.

---

538 『三國遺事』권4 義解 '寶壤梨木'

가을의 의례와 음식문화

가을철 세시와 음식

결실의 계절인 가을에는 수확과 관련된 세시풍속이 많다. 음력 7월·8월·9월이 가을에 해당하고, 중요한 명절로는 칠석·백중·한가위·중양절이 있다. 절기로는 입추·처서, 백로·추분, 한로·상강이 포함된다.

만월은 풍요와 생명력을 상징하기에 수확철에는 보름의 의미가 더욱 커지게 마련이다. 따라서 이 시기에 7월 보름 백중과 8월 보름 추석의 보름 명절이 두 차례 들어 있고, 7월 7일 칠석과 9월 9일 중양절은 모두 홀수가 겹쳐 양陽의 기운이 강한 명절이다. 아울러 백중과 추석은 새로 거둔 수확물을 조상에게 올리며 제사 지내는 칠팔월의 명절로서 짝을 이룬다.

7월 7일의 칠석七夕은 북두칠성을 신격화한 칠성[七星神]을 섬기는 날이다. 예로부터 민간에서는 집안의 평안과 자손의 수명장수를 비는 칠성기도가 성행하였고, 특히 아이를 바라거나 자식을 위한 정성을 들이고자 할 때 칠성각을 찾아 기도를 올렸다. 7월 보름의 백중百中은 민간과 불교에서 모두 중요한 날이다. 이 시기는 고된 여름 농사를 마무리하고 가을 추수를 앞둔 농한기의 축제일이요, 승려들의 하안거가 끝나는 날이기 때문이다. 따라서 농가에서는 이날을 호미씻이·머슴날·풋굿 등이라 부르면서 대대적인 농민들의 잔치를 벌였다. 불교에서는 백중을 우란분절盂蘭盆節이라 하여, 하안거를 마치는 날 승려들을 공양함으로써 그 공덕으로 조상의 극락왕생을 기원하는 천도재가 활성화되어 있다.

8월 보름의 추석秋夕은 설과 함께 우리 민족의 양대 명절로, 사찰에서도 절식으로 송편을 만들어 불단에 올리고 신도들과 나누었다. 아울러 신도들은 이날 절을 찾아 합동차례를 지내기도 한다. 9월 9일 중양절重陽節은 삼짇날과 함께 봄·가을의 양기가 강한 날로 짝을 이루는 풍습이 많다. 이에 사찰에서도 불보살과 선대 조사들에게 다례를 올리고, 이 무렵 가을 산신제를 지내는 전통이 이어지고 있다.

가을이면 쌀을 비롯해 깨·콩·팥 등 주요 곡물과 고추·고구마·호박, 땅의 기운을 듬뿍 받은 우엉·연근 등의 뿌리채소를 수확하는 시절이다. 이에 가을 탁발은 가장 인심이 좋아, 쌀뿐만 아니라 농사지은 다양한 작물을 얻을 수 있었다. 또한 가을 추수와 나란히 무·배추 등을 파종하여 김장거리를 준비하게 된다. 고구마 농사를 많이 지은 절에서는 여름철의 감자처럼 고구마로 점심 한 끼를 해결하고, 줄기는 좋은 반찬거리로 삼았다. 애호박은 썰어서 실에 끼워 말리고, 늙은 호박도 씨를 빼고 썰어서 말리면 훌륭한 묵나물이 되었다.

가을 산의 나물은 꽃이 피면서부터 먹는 시기가 지나고, 밤·도토리·다래·머루·으름 등의 열매를 많이 얻을 수 있었다. 또한 싸리버섯·표고버섯·느타리버섯·능이버섯·송이버섯 같은 귀한 버섯을 딸 수 있는 계절이기도 하다.

칠석·백중·추석·중양절 등 제사음식을 많이 차리게 되니, 떡은 물론 약과·다식·두부·전 등 평소에 자주 접할 수 없는 음식도 상대적으로 풍요로운 편이었다. 우엉 뿌리와 연근을 캐서 만든 조림 반찬 또한 이 무렵에 맛볼 수 있는 귀한 반찬이었다. 감나무에서 딴 감으로 곶감이나 감말랭이를 만들어 두면 가을·겨울 행사에 요긴하게 사용할 수 있었다. 특히 감은 사찰의 유일하다시피 한 과일이기에, 젊은 승려들이 호시탐탐 노리는 간식거리이기도 하였다.

깨와 콩과 팥은 가을철에 수확하는 더없이 소중한 작물이다. 여름에 파종한 깨와 팥을 수확하고, 감자를 캔 밭에 골을 내어 심었던 메주콩을 비롯해 서리태 등도 늦가을에 거두었다. 늦어도 서리가 내리기 전에 수확해야 하는 작물들이다.

들깨는 가루로 빻거나 기름을 짜서 쓰는 고급 양념이자 보양식의 하나였다. "출가자는 들깨를 안 먹으면 영양실조에 걸린다." 하여 노스님들은 특별한 날에 들깨를 갈아 넣고 끓인 미역국·토란국을 더없는 보양식으로 여겼다. 깨 농사를 짓더라도 깻잎만 따서 먹을 뿐, 귀한 곡식이라 시장에 내어 파는 절도 많았다. 이에 비해 여유 있는 절에서는 가을에 거둔 깨로 들기름을 많이 짜 두었다가, 공양 때 돌려서 한 숟갈씩 먹기도 했다. 들깨를 털기 전에 따는 깻잎은 사찰음식에 빠질 수 없는 재료이다. 깻잎장아찌는 누구든 좋아하여 연중 떨어지지 않는 밑반찬이었고, 살짝 쪄서 먹는 깻잎찜 또한 별미였다.

메주콩은 장을 담그기 위해 필수적이었지만, 콩 농사를 본격적으로 지을 수 없어 사서 먹는 사찰이 많았다. 콩잎은 누렇게 된 다음에 따서 장아찌를 담그거나, 된장을 넣고 콩잎김치를 담그기도 하였다. 불린 콩을 맷돌에 갈아서 죽과 함께 끓이는 가을 콩죽도 고소한 별미였고, 서리태 또한 가을에 거두어 송편을 만들 때 소로 넣었다.

팥은 명절에 빠질 수 없는 곡물이다. 각종 떡을 만들 때 소로 쓰는가 하면, 동짓날 팥죽을 쑤는 데 한 해 팥 농사의 대부분이 소요되었다. 사찰에 따라서는 서리가 내리고 나서 우수수 떨어진 팥잎을 긁어모아 콩가루에 무쳐 먹기도 했는데, 이를 '팥잎 무침'이라 불렀다. 이슬 맞은 팥잎을 꾹꾹 눌러 담아 메주처럼 만들어 매달아 놨다가, 겨울철 콩가루에 무쳐 먹는 음식이다.

가을은 부각을 만들기에 가장 좋은 철이라, 감자부각·깻잎부각·들깨송이부각·고추부각·김부각 등을 만들었다. 부각은 사찰마다 중요한 행사나 손님을 접대할 때 쓰기 위해 가능하면 장만하는 음식이다. 김부각은 직접 농사지은 것이 아니라 구입해야 해서 살림이 넉넉한 사찰에서나 준비할 수 있었는데, 잘 말라야 하니 바람이 선선하게 부는 가을에 주로 만들었다.

사찰에서 많이 담그는 가을 무렵의 장아찌로는 깻잎장아찌와 고추장아찌·산초장아찌·제피장아찌 등이 있다. 특히 승려들은 고수와 함께 산초·제피를 좋아하여, 추석 무렵이면 잎과 열매를 따는 울력을 많이 했다. 산초는 북쪽, 제피는 남쪽 지방에 많이 자라는데 알싸하게 매운맛은 제피가 훨씬 강하다. 승려들은 흰죽을 먹을 때 가장 잘 어울리는 반찬으로 산초와 제피를 꼽았다. 산초·제피에 간장을 부어 독특한 향을 지닌 간장을 만들기도 하고, 가루로 내어 국에 타서 먹는가 하면, 기름을 짜서 귀한 양념으로 쓰기도 하였다. 특히 남쪽에서는 제피가루를 양념으로 많이 사용했는데, 된장이 들어가는 음식에 넣으면 향이 좋고 알싸한 맛을 주어 양념 중에 최고로 여기기도 한다.

그 외에 익은 감을 된장 속에 통째로 넣어 두었다가 숙성이 되면 감장아찌로 먹었다. 껍질을 깎지 않아도 된장이 배어 짭짤한 장아찌가 되니, 그대로 썰어서 단무지처럼 먹을 수 있다. 또한 발우공양에 요긴한 단무지를 만들기 위해, 가을이면 긴 무(왜무)로 장아찌를 담그는 사찰이 많았다. 무를 꼬들꼬들하게 말린 다음 치자물에 쌀 등겨를 반죽해 소금과 켜켜이 담아 숙성시키면, 이듬해 봄에 노란 색깔의 맛있는 단무지가 되었다.

가을철이면 산에 온갖 종류의 버섯이 자라났고, 송이든 능이든 자유롭게 따 먹을 수 있었다. 예전에도 송이버섯과 능이버섯은 귀한 것이었지만 본격적인 판매는 하지 않던 시절이라, 즉시 먹거나 장아찌·건나물로 만들었다. 마을 사람들이 산을 넘어 능이 등 귀

614

한 버섯을 따서 사찰에 가져다주는 경우도 많았다. 그런 날은 호박잎에 싸서 구워 먹거나, 국을 끓이고 버섯볶음도 만들어 먹을 수 있었다.

추석을 전후한 가을 산에는 도토리가 지천이라, 대중이 종일 도토리를 주워 오면 몇 가마니씩 모였다. 떫은맛을 없애기 위해 물에 많이 우려낸 뒤 묵을 쑤어 먹기도 하고, 껍질을 까서 말려 두었다가 팥과 함께 끓여 먹으면 든든한 한 끼가 되었다. 그런가 하면 감을 깨끗이 씻어 단지에 넣어 놓으면 저절로 감식초가 되었다. 가을에 담그면 이듬해 봄부터 먹을 수 있었고, 그렇게 만든 자연식초는 오래될수록 맛이 좋았다. 또한 봄에는 진달래, 초여름에는 찔레꽃, 가을에는 구절초로 차를 만들었다. 구절초 차는 뿌리째 고아 만드는 약용 차였다.

가을의 가장 중요한 일은 월동 준비이다. 날씨가 차가워져 서리가 내리는 가을의 마지막 절기 상강霜降은, 추수를 마무리하고 겨울 준비에 들어가라는 신호이다. 겨울은 먹을 것이 나지 않는 데다 교통이 좋지 않아 밖으로 다니기 힘드니, 곡식과 찬거리는 물론 땔감도 마련해 두어야 한다. 가을에 고사목枯死木과 삭정이, 간벌한 소나무의 솔가지 등을 매일 조금씩 모아서 쌓아 두어야 겨울을 날 수 있다.

무병장수를 비는 칠석

수십 년 전까지만 해도 칠성신七星神을 섬기는 칠성불공이 지금보다 성행하였다. 칠성신은 북두칠성을 신격화한 것으로, 인간의 수명과 길흉화복을 관장하는 존재로 여긴다. 칠성신을 모시는 칠성각은 우리나라 사찰에만 있다. 초기에는 칠성신을 신중의 한 존재로 수용하다가, 조선 중기부터 칠성각을 세워 독립된 신앙 대상으로 모신 것이다. 임진·병자 양난을 치르고 민중의 삶이 극도로 피폐할 무렵, 가족의 안위를 바라는 그들의 마음을 포용하고 위무하기 위함이었다. 이처럼 104위 호법성중의 한 분인 칠성신을 독립전각에 모시게 된 것은 그만큼 칠성신앙의 기능이 강화되었음을 뜻한다.

사찰의 칠성각에는 칠성을 불교적으로 수용한 일곱 분의 여래가 칠성신과 함께 모셔져 있다. 이는 칠성신이 여래의 증명을 거친 존재이자, 칠성여래七星如來의 화현化現이기도 함을 드러내는 것이다. 따라서 불자들은 칠성각에 가면 환희심이 더욱 커질 수밖에 없다. 인간의 수복壽福을 관장하는 칠성신만이 아니라, 칠여래의 자비와 위력이 함께하는 곳이기 때문이다.

칠성불공은 연중 이루어지지만, 음력 7월 7일 칠석七夕이면 칠성신을 찾아 가족과 자식을 위해 기도하는 전통이 깊다. 예전에는 칠성각이 있는 사찰의 경우, 칠석이면 초파일 못지않게 많은 신도가 찾았다. 전날 저녁부터 밤새워 기도하기도 하면서, 저마다 가져온 공양물을 칠성단에 차려 놓고 독불공을 올린 것이다. 그들의 기원은 두 가지가 주를 이루었는데, 아이를 갖고자 하는 것과 자식·가족의 무병장수를 바라는 것이었다.

기도할 때 올리는 공양물은 국수, 명달이 실타래, 무명천으로 끊어 오는 소창, 마른미역 등이었다. 모두 가족, 특히 자식의 건강과 장수를 바라는 공양물들이다. 마른미역의 경우 자르지 않은 것을 통째로 접어 올리면서, 명이 끊어지지 않고 길게 이어지라는 바람을 담았다. 이러한 공양물과 함께, 떡·과일 등의 재물을 차려 놓고 가족의 이름과 생년월일을 호명하며 수명장수·지혜총명·부귀영화를 발원하는 축원기도가 이어졌다.

법주사 아랫마을에서 만난 칠십 대의 한 할머니는 50년 전 이곳으로 시집왔을 때, "시어머니가 '칠성 위한다'며 열심히 빌고 다녔지만 난 그런 것 할 줄 몰랐다."고 하였다. 그러던 그녀는 시모가 세상을 떠나자 농사지은 쌀 한 말을 이고 절에 올라, 칠성각·산신각에 자식들 잘되라며 기도를 이어 왔다. 그곳의 이장 또한, 사찰에 자주 가지 못해도 칠석날과 아이가 아플 때면 어김없이 칠성각에 올랐다.[539]

불공을 드릴 줄도 모르고 자신과 무관하다고 여겼던 젊은 시절의 그들이, 자신을 위해 기도하던 부모가 곁을 떠나자 자연스레 절을 찾아 자식을 위해 기도하는 대물림이 이어지고 있었다. 어머니에서 아들·며느리로 이어지며 칠성신을 섬기는 것은 자식을

---

539 면담내용 : 충북 보은군 속리산면 사내3구 주민(이정환. 여). 2011. 8. 26. 사내리 노인회관 ; 사내1구 이장(백영한, 남). 2011. 8. 26. 사내리 노인회관

향한 마음이 그만큼 절실했기 때문일 것이다.

민속신앙에서도 칠성신은 수명을 관장하는 신격이자, 기자祈子의 대상으로서 아이를 점지해 주는 역할을 하였다. 일상의 기도는 물론, 아이가 태어날 때 얼굴에 피가 묻거나 탯줄을 뒤집어쓰고 나오면 액막이로 칠석날 마을의 칠성신에게 기도하였고, 칠성바위에 공들여 아들을 낳으면 아이 이름을 '칠성七星'이라 지어 주기도 하였다.[540]

이러한 민간의 칠성신이 거의 자취를 감추었다면, 사찰에서는 오늘날에도 칠성각을 찾는 이들이 끊이지 않는다. 칠석날보다는 가족의 생일에 직접 시루떡이나 백설기를 해 와서 칠성기도를 올리거나, 수시로 자식의 평안을 위해 치성을 드리는 이들이 많다. 민속신앙의 대상은 점차 마을에서 사라져 갔지만, 가족의 행복을 위해 영험한 신에게 발원하는 인간의 심성은 그대로 이어지기 때문이다.

7수數가 겹친 이날을 칠석七夕이라 부르게 된 유래는, 견우성牽牛星 · 직녀성織女星의 두 별자리로 인한 것이다. 이 무렵이면 은하수를 사이에 둔 두 별이 가깝게 보여, 옥황상제의 노여움으로 헤어지게 된 견우 · 직녀가 일 년에 한 번 만나는 날이라는 상상력을 펼친 셈이다. 고구려 덕흥리 고분에도 견우와 직녀의 안타까운 만남이 벽화로 그려져 있다. 이날 민간에서 칠석제七夕祭를 올리는가 하면, 바느질감과 과일을 차려 놓고 길쌈 · 바느질 솜씨가 좋아지길

---

540 표인주, "칠성(七星)",『한국민속신앙사전: 가정신앙』(국립민속박물관, 2011)

바라는 걸교乞巧 풍습이 이어져, 견우·직녀를 둘러싼 문화와 신앙
또한 다채로웠다.

이렇듯 견우·직녀를 기리는 칠석의 민간 풍습은 흔적을 찾기
힘들지만, 사찰에서는 국적 불명의 밸런타인데이를 대신해 칠석
법회로 미혼남녀의 인연을 맺어 주기도 한다. '북두칠성의 수복'과
'견우성·직녀성의 만남'이라는 의미가 자연스레 결합하여 칠석은
수복壽福과 남녀 인연을 모두 비는 날이 되었다. 이처럼 사찰의 칠
성각은 인간 근원의 소망을 풀어 내는, 작지만 큰 신성 공간이라
하겠다.

조상을 기리는 백중과 추석

—

하안거 해제와 조상 천도의 결합

7월 보름 백중百中은 승려들이 석 달 하안거를 마치는 날이요, 선
망 부모·조상과 먼저 떠난 이들을 위해 기도하는 날이다. 불교에
서는 백중을 우란분절盂蘭盆節이라 하고 이날 치르는 재를 우란분재
盂蘭盆齋·백중천도재百中薦度齋라 부른다.

이날의 기원은 부처님의 십대제자 중 한 분인 목련존자目連尊者
의 간절한 효심에서 비롯되었다. 목련은 어느 날 천안통으로 돌아
가신 어머니가 아귀 지옥에서 고통받는 장면을 목격하고, 부처님
께 어머니를 구할 방도를 간절히 여쭈었다. 이에 안거가 끝나는
날 승려들을 청해 공양을 올리고 그 도력을 빌리면, 7대 부모까지

천도하여 삼계고해三界苦海에서 벗어나게 될 것이라 하였다. 목련은 정성을 다해 승려들께 공양을 올렸고, 어머니는 한 단계씩 고통에서 벗어나 마침내 천상에 나게 되었다는 것이다.

이에 하안거 해제 날 조상의 지옥고를 풀어 주기 위해 매년 승려들에게 반승飯僧하는 재의식이 자리 잡게 되었다. '부모·조상에 대한 효심'과 '수행에 힘쓴 출가수행자의 법력'이 합쳐지면 삼악도三惡道의 중생도 구할 수 있음을 말해 준다. 15세기의『용재총화慵齋叢話』에 "절에서 백 가지 꽃과 과일을 모아 우란분재를 베풀었다. 장안에 있는 비구니사찰에서는 더욱 성행하여 부녀자들이 곡식을 올리며 돌아가신 부모의 혼령을 위로하는 제사를 지냈다."고 했으니 조선시대에도 여전히 성행했음을 알 수 있다.

민간에서도 백중은 설·대보름·단오·추석과 함께 5대 명절의 하나로 여겨, 집집이 새로 나온 과일과 수확물을 차려 놓고 조상에게 천신薦新을 드렸다.『동국세시기』에 "백중날을 망혼일亡魂日이라 한다. 이날 밤 달이 뜨면 채소·과일·술·밥 등을 차려 놓고 망친의 혼을 불러들여 제사 지낸다."[541]고 한 기록은, 가정에서 지낸 명절 제사를 의미한다.

이처럼 우란분절과 백중은 7월 보름이라는 의미 깊은 시기에 새로 거둔 수확물을 올리며 조상을 기리는 공통점을 지녔다. 오늘날 민간의 백중 풍습은 사라졌지만, 우란분절의 천도재는 '하안거 해제'와 '조상 천도'가 결합된 당위성을 기반으로 조상을 섬기는 대

541『東國歲時記』七月條 '中元'

사진 7-15. 통도사 백중천도재

표적인 불교 세시의례로 전승되고 있다. 근래에는 '백중천도재'라 부르면서, 이날 사찰마다 풍성한 재물을 차려 놓고 수많은 동참재 자가 선망 부모·조상을 위해 기도하는 합동천도재를 이어 간다. 사찰에 따라 하루나 3일간 하기도 하나, 7월 보름을 회향일로 정 해 49일 이전에 입재入齋에 들어가 7일마다 칠칠재로 치르는 곳이 많다.

1970~1980년대까지만 해도 7월 보름은 조상을 위한 천도재보 다 하안거 해제에 초점이 맞추어져 있었다. 이에 부처님께 공양 올리며 해제 법회를 하고, 수행 정진에 힘쓴 승려들이 찰밥·미역 국 등을 공양하며 보내는 사찰이 많았다. 이처럼 백중천도재가 보

편화되지 않았을뿐더러, 옛 전통을 이어 가는 사찰의 경우도 하루 이틀에 재를 마쳤다. 그뿐 아니라 1960년대에는 사중의 윗대 스승을 주로 모시면서, 승려들이 동참기도비를 내어 음식을 차리는 사찰도 있었다. 그만큼 일제강점기·근현대를 거치면서, 민간에 "사찰에서 백중날 조상을 위한 재를 지낸다."는 인식이 단절되었던 것이다.

1990년대 이후 백중천도재가 활성화되기 시작하면서 사찰마다 떡을 하고 갖가지 과일과 나물을 장만하는 것은 물론, 제사에 빠질 수 없는 전을 부치고 부각을 튀겨 영단에 올렸다. 보문사 남별당에서는 노스님 당시부터, 백중날 신도들에게 대접하는 '하얀 찌개'가 일품이었다. 채 썬 무와 양배추를 볶아 두부·표고버섯·은행·잣 등 흰색 재료를 넣고 소금으로 간해서 끓이기에 하얀 찌개라 부른 것[542]이다.

진관사에서는 이날 빠지지 않고 영단에 호박전을 올린다. 애호박을 둥글게 썰어 밀가루를 묻히지 않고 부친 것으로 이를 '원앙전'이라 부르고 있다. '극락왕생 발원'의 원왕願往을 뜻하는 말이 '원앙'으로 바뀐 것이다. 민간에 전하기를 "명부계에는 모든 게 있지만 다산을 상징하는 호박만 없어, 염라대왕이 호박을 가장 좋아한다."고 하였다. 이에 제사 때 호박을 뇌물로 바치는 풍습을 반영한 것이다.[543] 예전에는 호박이 없으면 제사를 지내지 않는 집도 있었

---

542 면담내용 : 보문사 남별당 주지(금주). 2021. 6. 25. 보문사 찻집
543 진관사산사음식연구소, 앞의 책(2020), p.77.

다고 하니, 망자의 선처를 바라는 핵심 품목이었던 셈이다.

신촌 봉원사에서는 전통적으로 14일·15일 이틀간 백중천도재를 지내고 있다. 그런데 1970년대까지만 해도 설행 양상이 지금과 크게 달랐다. 14일에는 각 신도의 조상 위패를 모시는 독불공 방식의 개별 기도가 법당마다 새벽부터 종일 이어졌다. 그러다가 저녁이 되면 모든 사부대중이 대방에 모여 사중 전체의 재로 올렸다. 이때는 시련侍輦에서부터 시작해 국혼·승혼·고혼을 차례로 청하는 '사명일 대령四名日 大靈'으로 진행하는데, 모든 선대 조사들까지 모시고 치르는 의례이다. 야간 법문이 따르는 가운데 밤새워 재가 이어졌고, 새벽 도량석을 할 무렵에 봉송奉送이 시작되었다. 모든 위패를 연輦에 모시고 소대로 가서 태움으로써 회향한 것이다.[544] 그러다가 1980년대부터 밤새워 치르는 사중 의례가 사라지고, 14일·15일 이틀간 각 승려가 시간을 정해 신도들과 함께 천도재를 치르고 있다.

오늘날 사찰마다 백중천도재는 부처님오신날 다음으로 중요하고 규모가 큰 행사로 꼽힌다. 부모·조상의 극락왕생을 기원하며 효를 실천하는 대표적인 불교의례로 소중한 의미를 지니게 되었기 때문이다.

---

544 면담내용 : 봉원사 큰스님(구해). 2021. 10. 17. 봉원사 찻집

추석의 나눔 음식, 송편

음력 8월 보름 추석은 수확의 기쁨을 함께하는 명절로, 우리말로는 '한가위'라 부른다. 만월滿月은 풍요와 생명력을 상징하니 농경 사회에서는 보름의 의미가 더욱 크게 마련이다. 이에 햇곡식과 갖가지 과실을 차려 놓고 조상에게 차례를 지내며, 마을 사람들이 함께 모여 강강술래·줄다리기 등의 축제와 놀이로써 명절을 즐겼다.

　이러한 한가위의 축제성은 오랜 역사를 지녔다.『삼국사기』에는 한가위의 기원으로 고대 신라의 명절 '가배嘉俳'에 대한 기록이 있다. 신라 유리왕 9년(32)에 육부六部의 여성들이 편을 갈라 7월 16일부터 한 달간 길쌈대회를 열고, 8월 보름에 승패를 가려서 진 편이 음식을 대접하며 하루를 즐겁게 보냈다는 것이다.[545] 이를 '가배'라 불렀는데, 학계에서는 '가운데 날'이라는 뜻의 'ᄀᆞ비'가 음운변화를 거쳐 '가위'가 되었고, '크다'는 뜻의 접두사 '한'이 붙어 '한가위'가 된 것이라 보고 있다. 가배는 'ᄀᆞ비'의 이두식 표기이다. 고려 속요〈동동動動〉에도 8월의 노랫말에 가배가 등장하듯이, 이른 시기부터 우리의 중요한 명절로 정착되어 왔음을 알 수 있다. 오늘날 한가위를 뜻하는 '추석秋夕'이란 말은, 한자어대로 풀이하면 '가을 저녁'을 뜻한다. 가을 '추秋'는 벼[禾]가 익는[火] 시절이고 저녁은 달이 떴음을 나타내니, '오곡백과가 무르익는 가을의 보름날'임을 유추

---

545 『三國史記』권1 儒理尼師今 9년

할 수 있다. 아울러 8월 보름을 나타낼 때 중국과 일본에서는 '중추仲秋'라 하고, '추석'은 한국에서만 쓰는 말이다.

사찰에서는 추석에 사부대중이 함께 조상을 기리고 절식을 나누며, 이웃을 돌아보는 전통을 이어 가고 있다. 이날 아침 가장 먼저 부처님을 비롯해 각단에 송편과 마지를 올리고, 승려들이 대웅전에 모여 사중의 조사들께 차례를 올린다. 이어 명절 제사를 올리고자 사찰을 찾은 신도들과 함께 차례를 지내게 된다. 추석 제사는 대개 가정에서 지내지만, 제사를 모실 형편이 안 되거나 독실한 불자들이 사찰을 찾아 합동으로 또는 각자 형편 따라 차례를 올리는 것이다.

추석에는 어느 사찰이든 명절 음식으로 송편을 만들었다. 송편의 속은 햇곡식으로 콩·밤·깨·팥·녹두 등이 들어가는데, 콩 송편이 가장 보편적이다. 깨와 밤이 비싸기도 하지만, 승려들은 설탕과 함께 섞어 넣는 깨 송편보다 콩 송편을 더 좋아하였다. 콩은 동부콩·서리태 등을 주로 넣고, 팥을 쓸 때는 약간 으깨어서 넣었다. 녹두를 갈아서 넣는 송편은 특별히 제자들이 노스님을 위해 따로 만드는 송편이었다.

1960년대 어렵던 시절에는 추석에 송기 송편을 만들기도 했다. 소나무의 속껍질을 벗겨 소금에 절였다가 부드럽게 두드려, 쌀과 섞은 반죽으로 만드는 송편이다. 명절을 쇠어야 하지만 식량이 부족하니 쌀을 아끼려는 방편이었다. 암자별로 살림을 사는 보문사 등에서는, 설과 추석에 쌀을 모아서 떡국·송편을 함께 만들어 먹고 있다. 큰일을 할 때는 같이 하고 작은 일은 각자 하면서, 슬기롭게 암자 살림을 운영해 나갔다.

> 가마솥 안에 솔잎 가지를 넣고 물을 부은 뒤, 채반 위에 보자
> 기를 펴서 송편을 올리고, 아궁이에 솔가지로 불을 지펴서
> 쪄 내죠. 익은 송편을 조금 식힌 다음 양푼에 꺼내서 참기름
> 을 고루 바르고 큰 나무 함지박에 담아 두죠. 진관사의 큰 함
> 지박은 송편 할 때와 조왕편 할 때만 고방에서 나와요. …추
> 석 차례상에 송편과 과일·진수를 올리고, 원서동 할머니 댁
> 과 초당 보살님, 안암동 등 몇몇 집에는 송편, 빈대떡, 두부
> 를 직접 만들어서 보내 드렸어요.[546]

1980년대 초 진관사의 추석 풍경은, 전형적인 우리의 옛 명절
을 보여 주는 듯하다. 가마솥에 불을 지펴 송편을 찌고, 솔향이 은
은하게 배어 쉬이 상하지 않도록 솔잎을 이용하며, 명절음식을 가
까운 이들에게 보내는 문화를 살필 수 있기 때문이다.

그런가 하면 사찰에서도 지역마다 송편의 모양이 다르고 이에
대한 담론도 다양하다. 추석 전이면 다 같이 둘러앉아 각자의 솜
씨로 송편 빚는 울력이 펼쳐지는데, 그때면 송편 크기를 둘러싼
이야기가 늘 흥미롭게 펼쳐졌다. "서울 송편은 요만하고, 경상도
송편은 이만하다."며, 서울 송편의 크기가 다른 지역 승려들에게
자주 회자되었다. 서울 승려들은 '겉 먹자 송편, 속 먹자 만두'라

---

546 진관사산사음식연구소, 앞의 책(2020), p.77.

하여, 만두는 속에 든 것이 중요하지만 송편은 모양이 작고 예뻐야 한다고 보았다. 그뿐 아니라 "송편을 예쁘게 빚으면 예쁜 상좌를 둔다."고 하여, "송편을 예쁘게 빚으면 예쁜 딸을 낳는다."는 민간의 담론을 차용하기도 하였다.

서울 출생의 어느 승려는 학인 시절 봉녕사에서 송편 빚는 울력을 하면서, 한입에 들어갈 크기로 떡을 빚었다. 그런데 그것을 본 영남 출생의 은사로부터 "그렇게 작고 속이 알차지 않으면 복이 나간다."는 꾸지람을 듣게 된다. 그때부터 지금껏 그 승려는 터지지 않을 만큼 속을 가득 채워 큼직한 송편을 만든다고 하였다. 강원도 송편은 빚지 않고 손가락으로 꽉 눌러서 만들어 '짐떡'이라 부르기도 했으니, 모두 명절음식을 둘러싼 즐거운 담론들이다.

주로 잘라 먹는 다른 떡에 비해 송편은 하나하나 직접 만들어야 하는 떡이다. 그런 만큼 집어 먹기도 좋고 나누어 먹기도 좋다. 특히 추석은 "더도 말도 덜도 말고 한가위만 하여라."는 옛 덕담처럼, 수확의 기쁨도 크고 날씨도 더없이 좋은 명절이다. 이러한 분위기와 함께 예로부터 떡 가운데 가장 많이 나누는 것이 송편이고, 추석에 음식을 서로 챙기는 문화도 풍성하였다. 인근에 송편을 빚지 않는 암자가 있는지 빠짐없이 살폈고, 신도들도 수행만 하는 암자에 송편을 만들어 올렸다. 지금도 사찰마다 모든 승려와 신도들이 며칠 전부터 많은 송편을 빚어, 명절에 더욱 소외되기 쉬운 공동체의 이웃과 나누고 있다.

겨울의 의례와 음식문화

겨울철 세시와 음식

겨울은 수확을 갈무리하고 다가오는 한 해를 준비하는 시절이다. 음력 10월·11월·12월이 겨울에 해당하고, 절기로는 입동·소설, 대설·동지, 소한·대한이 포함된다.

예로부터 10월은 '상달'이라 하여 새로 난 곡식을 신에게 올리기 가장 좋은 신성한 달이라 여겼다. 이에 신도들은 상달 불공을 올리러 사찰을 찾기도 하고, 민간에서는 민속신앙의 대상을 모신 신주단지·조상단지를 제석단지·세존단지라 부르며 섬겼다. 단지에는 쌀·나락 등 곡물을 담아 놓았다가 10월에 추수한 새 곡식을 갈아 넣었는데, 이 곡식은 복이 담긴 신성한 것이라 하여 밖으로 내지 않고 가족들만 먹었다.

10월 보름은 동안거가 시작되는 날로, 이 무렵에는 찹쌀·미역·김·떡 등의 대중공양이 많이 들어와 석 달간의 정진을 응원하였다. 또한 결제結制를 앞둔 선방마다 방부 들인 수좌들이 김장에 동참하였고, 곧이어 메주를 만들었으니 안거 무렵은 후원 채비와 함께 하는 작은 명절 분위기였음을 알 수 있다.

11월에는 24절기 가운데 명절처럼 중요하게 여기는 동지冬至가 든다. 양력 12월 22일경의 동지는 불교에서도 중요한 날로, 신도들은 절을 찾아 불공을 올리고 절에서는 팥죽을 대대적으로 끓여 이웃과 나누고 있다. 또한 봄을 맞는 입춘의 입춘부적 · 삼재부적처럼, 이날 절에서 나누어 주는 동지부적을 영험하게 여긴다.

12월 8일은 부처님이 깨달음을 얻은 성도절成道節로, 전국의 사찰에서는 출가 · 재가의 구분 없이 섣달 초하루부터 성도절까지 부처님의 용맹심을 본받는 다양한 방식의 정진이 이어졌다. 선방에서는 일주일간 철야 용맹정진이 이어져, 후원에서는 이른 새벽에 용맹정진 죽을 내었다. 한 해의 마지막 날인 섣달그믐에는 송구영신법회, 제야도량, 포살법회 등으로 지난해를 성찰하며 새해를 맞는 법회를 열고, 곳곳에서 사찰을 지키는 조왕 · 사천왕 · 가람신 등에게 공양과 함께 감사의 기도를 올린다.

겨울의 대사大事는 김장하기와 메주 쑤기이다. 콩은 사서 쓰는 사찰이 많았지만, 김장거리는 최우선으로 기르는 작물이어서 대부분 절에서는 직접 수확한 배추와 무로 김치를 담갔다. 승려들이 "쌀과 김치 · 된장만 있으면 겨울 나는 데 걱정이 없다."고 했듯이, 김치에 된장국을 먹을 수 있으면 충분하였다. 이에 겨울철에는 배추 · 무 등으로 여러 종류의 김치를 담그고, 김장 뒤에 남은 시래기를 말려 잘 갈무리하는 일이 무엇보다 중요했다.

동짓달이면 팥과 찹쌀을 준비해 대대적인 울력으로 새알심을 빚어 팥죽을 끓이고, 섣달이 되면 봄부터 가을 수확물에 이르기까지 갈무리해 둔 재료들로 형편 따라 정초음식 장만이 시작되었다. 묵은쌀로 조청을 만들고 엿을 고며 각종 떡과 한과 만들 준비를 차근차근 해 나간 것이다.

일상의 주된 반찬은 김치였다. 시원한 김칫국을 끓이기도 하고, 김치를 넣은 청국장찌개 또한 특별한 맛이었다. 후원 대중이 모자랄 때는 김치를 미리 잘게 썰어서 단지에 가득 담아 놓고, 먹을 때 국자로 떠서 찬그릇에다 담아 내는 사찰도 있었다.

특히 무는 활용도가 높은 채소 가운데 하나이다. 승려들은 "무하나로 백 가지 반찬을 만들 수 있어야 한다."는 말과 함께, "가을 무로는 무얼 해 놔도 맛있다."고 하였다. 이에 생무를 쪼개어 선방에 간식으로 들여보내면 환영을 받았다. 김장할 때 담근 동치미와 무김치는 누구나 좋아하는 맛이었고, 꼬들꼬들한 식감의 무말랭이, 김치를 담그고 남은 무청 시래기는 일년 내내 요긴한 반찬으로 삼았다. 무로 만든 음식 가운데 승려들이 으뜸으로 꼽는 것은 '무왁저지'이다. 무를 큼지막하게 썰어서 가마솥에 깔고 양념을 얹은 뒤 한두 시간 정도 푹 고아 국물을 짜글짜글하게 만들어 먹는 조림이다. 그 외에도 무를 썰어 부치는 무전, 언 무로 구운 무 고추장구이 등도 훌륭한 맛이었다.

일상적으로 가장 많이 먹는 국은 우거짓국·시래깃국이다. 김장 후에 남은 배춧잎과 무청을 말리거나 소금에 절여 놓았다가 삶아서 된장을 풀어 끓였고, 삶은 시래기를 잘게 썰어 얹은 무시래기밥도 빠질 수 없다. 또한 사찰마다 가능하면 감자 농사를 많이 지어, 큰 것은 국·찌개를 끓이고 작은 것은 껍질째 가마솥에 넣고 소금물에 졸여 두었다. 이렇게 졸이면 겨울에 한 달 정도 먹을 수 있고, 불에 익히면 쫀득한 맛이 있었다.

그런가 하면 겨울철 승려들에게 가장 힘든 것 중의 하나가 감기에 걸릴 때였다. 대중생활을 하니 누군가 감기에 걸리면 쉽게 주변으로 옮겨 가기 때문이다. 따라서 사찰에는 감기에 걸렸을 때 먹는 음식이 발달하였다. 대표적으로 가을·겨울에 많이 나는 능이버섯으로 끓이는 국을 꼽을 수 있다. 능이에 콩나물·무·홍고추 등을 넣고 칼칼하게 끓이는 국으로, 승려들은 이를 '감기국'이라 부른다. 능이가 귀하니 대개는 쌀에 콩나물·김치·무 등을 넣고 고춧가루를 풀어 얼큰하게 끓이는 '갱죽', 콩나물·버섯·무·건고추 등으로 시원하게 끓이는 콩나물국 등을 먹었다.

또한 진달래잎으로 청을 만들어 기침이 날 때 먹었고, 모과·생강·더덕으로 차를 끓여 먹으며 감기를 예방하였다. 독감으로 심하게 아플 때면 배 속을 파서 꿀을 넣고 중탕하거나, 신도들에게 파 뿌리를 구해 끓여 먹기도 하였다.

김장과 메주 쑤기

반찬이 없던 시절에 김장은 한 해의 가장 소중한 양식이었다. 예전에는 대중이 많은 큰 절의 김장 규모가 어마어마하였다. 이에 모든 대중과 함께 신도들도 울력에 동참하여 며칠에 걸쳐 배추와 무를 뽑아 나르고, 소금에 절인 다음 속을 넣는 과정이 이어졌다. 김장에 밝은 중진 가운데 '김장 도감都監'을 두어, 그 지휘 아래 모든 일이 진행되었다. 사중의 노스님들도 모두 나와서 동참 겸 감독을 철저히 하였다.

김장김치의 종류로는 배추김치를 기본으로 하여 동치미, 백김치, 알타리무김치, 무짠지(짠무), 깍두기, 갓김치 등을 사찰 형편에 따라 담갔다. 김치 양념은 지방마다 사찰마다 조금씩 다르고, 먹는 시기에 따라서도 달라졌다.

정초까지 일찍 먹을 김치에는 주로 찹쌀풀을 쑤어 고춧가루·생강을 넣고, 청각이나 갓을 넣어 시원한 맛을 내거나 무채와 고추 삭힌 것을 넣기도 하였다. 영호남 사찰에서는 찹쌀풀 대신 늙은 호박을 고아서 밭친 물을 쓰기도 했고, 호박이 없으면 다시마·무 우린 물을 내어 썼다. 또한 호박의 우린 물을 내지 않고 속을 파내어 삶은 것을 그대로 넣기도 했다.

초파일 지나서까지 먹을 김치는 풀을 쓰지 않고 소금을 많이 넣어 더 짜게 만들었다. 여름에 배추가 무르지 않도록 청각이나 망개잎 등을 챙겨 넣었고, 소금 외에는 양념을 많이 넣지 않고 맑게 담가야 오랫동안 시원한 맛을 낼 수 있었다. 사찰에 따라 가장 빨리 먹는 것은 찹쌀풀, 그다음에 먹는 것은 삶은 호박, 마지막까지 먹는 것은 맹물에 소금과 고추 씨앗만 넣고 담그기도 하였다.

사찰음식 또한 지역 특성을 따르게 마련이라, 호남지역 사찰의 경우 김치에 들어가는 내용물이 상대적으로 많고 맛도 더 좋았다. 찹쌀풀에 무를 갈아 넣고, 형편이 좋은 절에서는 콩을 삶아서 넣거나, 민가에서 넣는 젓갈 대신 간장을 쓰기도 했다. 간장에 찹쌀가루를 풀어 다시마·표고버섯·무 등을 넣고 큰 솥에 고아서 담그는 방식이다. 특별한 김치에는 삶은 호박에 홍시·배, 들깨·참깨 간 것을 넣기도 하였다.

그러나 지역과 무관하게 궁핍한 대부분 사찰에서는 고춧가루는 적고 소금은 많이 넣어 짜디짠 김치로 담갔다. "상원사 김치가 짜냐, 주안 염전의 소금이 짜냐."고 할 정도로 1970년대 상원사 김치는 짜기로 유명했고, 그런 김치를 식욕이 왕성한 젊은 승려들은 나물 먹듯이 먹었다.[547] 이에 노스님들은 김장할 때면 소금을 들고 다니며 뿌렸고, 밤중에 대중 몰래 김칫독마다 소금을 한 바가지씩 붓곤 하였다. 김치를 헤프게 먹지 않도록 짜게 만들어 오래 먹기 위한 궁여지책이었는데, 학인들은 그러한 김치를 '소금 할배, 염조鹽祖'라 부르기도 했다.

사찰에서 외출이 허락되지 않는 시기는 김장할 때와 메주 쑬 때였다. 큰일에는 빠짐없이 동참하라는 의미였고, 이를 어기면 콩 한 말을 벌금으로 내기도 했다. 선방 수좌들도 김장 울력에는 빠

---

547 지허스님, 앞의 책(2010), p.51.

짐없이 동참했다. 수행에 방해되지 않도록 선방의 김장은 결제 전에 하는 것이 원칙이라, 수좌들은 자신이 방부 들인 선방의 김장 날짜를 파악해서 결제 전에 미리 들어왔다. 김장 울력에 동참해야 함께 수행할 자격이 있다고 본 것은 선방에도 예외 없는 불문율이었던 것이다. 냉장고가 없던 시절이라, 일반 절에서는 날씨가 추워지는 음력 10월 말이나 11월 초쯤 김장을 하는 경우가 많았다. 고무장갑도 없이 수백 수천 포기의 김치를 담그는 일은 참으로 힘들었을 것이다.

따라서 독특한 방식으로 김장하는 사찰도 있었다. 많은 양의 배추에 일일이 양념을 넣을 인력이 없어, 커다란 항아리에 절인 배추를 한 줄씩 넣고 그 위에 양념을 끼얹어 담그는 것이다. 그렇게 담가도 신도들은 "마을 김치보다 절 김치가 훨씬 맛있다."고 했다. 승려들은 커다란 항아리에 많은 양을 담그니 서로 어우러져 발효되면서 감칠맛이 나는 것이라 한다. 또한 많은 신도가 몰리면 포기김치로 감당이 되지 않아 보쌈김치처럼 담그는 사찰도 있었다. 배추를 썰어서 막김치로 양념을 버무린 다음 마지막에 큰 배춧잎으로 싸는 방식이다. 이렇게 담그면 일일이 썰지 않아도 되고, 한 상에 하나씩 꺼내 놓기도 좋았다.

근래의 통도사 김장 풍경을 보면, 2015년 김장은 양력 11월 말부터 3일간 이어졌다. 예전에는 경내 작은 연못의 물을 비우고 깨끗이 청소한 다음 소금물에 절였으나, 이후 위생을 고려하고 일손도 덜기 위해 새배한 배추를 외부에 보내어 절여 오는 일을 맡기고 있다. 첫째 날 이른 아침에 사부대중이 배추밭으로 향해 1만2천

포기의 배추를 뽑아, 절이는 곳에 실어 보내었다. 다음 날부터 설법전 앞에 작업대가 펼쳐져 절인 배추를 씻어서 다듬고 시래기를 가리는 일, 양념을 만들고 속을 채우는 일까지 순조롭게 진행되었다. 마지막으로 구덩이를 파고 김칫독을 차곡차곡 묻음으로써 3일간의 대장정을 마쳤다. 저장 무는 저온창고에 보관하고 일찍 먹을 김치는 대형 김치냉장고에 빠짐없이 채웠다.

절인 배추를 씻을 장소가 마땅하지 않은 산사에서는 인근 계곡을 이용하기도 했다. 계곡의 낙엽을 깨끗이 청소한 다음, 비닐을 깔고 그 위에서 흐르는 물로 배추를 씻는 것이다. 김치를 많이 담그지 못한 절에서는 겨울이 끝나기도 전에 떨어지는 곳이 많아, 양동이를 들고 인근 사찰로 김치를 얻으러 다니기도 하였다. 학인들이 반마다 호시탐탐 동치미를 훔쳐 먹고 나중에는 국물만 남아, 대중공사가 벌어지는 일도 사찰마다 흔한 일이었다.

김장을 마치고 나면 다시 날을 받아 메주를 쑤었다. 대개 음력으로 10월에 하고, 늦어도 동지 전에 마쳐야 하는 일이다. 콩을 삶아 절구에 찧고 메주를 만들어 온돌방에 매달아 두는데, 평소에 쓰는 방이라 숙성되는 동안 특유의 메주 뜨는 냄새와 함께 생활하였다. 날씨가 좋을 무렵에는 햇볕 잘 드는 곳에 매달아 두었다가, 정월 무렵 간장과 된장을 만들게 된다. 메주를 쑬 때 청국장도 함께 담갔다. 청국장은 삶은 콩을 찧지 않은 채 커다란 옹기 등에 담아 따로 온돌방에 두었다. 며칠 뒤 발효하여 끈끈한 점액질이 나오면 절구통에 넣고 소금과 함께 찧어 단지에 담아 두고 숙성시키게 된다.

사진 7-16. 후원의 메주 (통도사)

이 무렵은 고추장을 담그기에도 좋은 시기이다. 메줏가루를 사용해야 하니 봄에 담그기도 하지만, 겨우내 고추장을 발효시킨 뒤 봄 햇빛을 쬐면 곰팡이가 생기지 않고 맛도 뛰어나기 때문이다. 고추장은 지역에 따라 찹쌀·멥쌀·보리쌀 등을 쓰기도 하나 찹쌀이 일반적이며, 엿기름과 조청을 만들어 고춧가루·메줏가루와 섞어서 담근다. 귀한 고춧가루를 많이 써야 하니 예전에는 고추장이 참으로 귀했다. 학인들은 고추장에 밥을 비벼 먹고 싶어 고추장 서리를 하는가 하면, 고추장 탁발을 했다가 대중공사를 당하기도 하던 시절이었다.

동지팥죽의 문화

불교에서는 동지를 중요하게 여겨, 이날 신도들은 절을 찾아 동지 불공을 올린다. 절에서는 달력을 만들어 나누어 주고, 먹거리가 부족하던 시절에 절기음식인 팥죽을 끓여서 누구든 먹을 수 있도록 무차대회無遮大會를 열어 공동체 이웃과 나누었다.

짧아지기만 하던 낮의 길이가 동지를 기점으로 다시 길어지기 시작하니, 동서양을 막론하고 고대에는 동지를 새해의 시작으로 여겨 태양의 재생을 축하하는 동지축제가 성행했다. 이에 음陰의 기운 속에 양陽이 싹튼다는 동지의 '일양래복一陽來復'은 어려움 속에도 반드시 희망이 움튼다는 이치를 말하는 데 즐겨 쓰인다. 가장 어두운 정점에 양이 생겨나니, 자연은 하나의 기운이 극에 달하면 반드시 다른 기운이 움트고 있음을 우리에게 알려 준다.

아울러 동지는 연중 밤이 가장 길어 음의 속성을 지닌 잡귀가 들끓을 수 있다고 보았다. 이에 팥이 지닌 붉은색으로 삿된 기운을 물리치고자 팥죽을 끓여 먹고, 집안 곳곳에 뿌리는 풍습이 성행했다. 동짓날 팥죽은 지금도 설의 떡국, 추석의 송편과 함께 대표적인 절식으로 전승되면서 "동지팥죽을 먹어야 한 살 더 먹는다."는 담론을 이어 가고 있다.

절에서 동지팥죽을 끓여 나눠 먹는 풍습은 고려 때의 기록에도 등장한다. 고려 후기 이곡李穀은 영원사 주지를 역임한 의선義旋과 친분이 깊어, 절에서 내준 새벽의 동지팥죽을 먹으며 "감우紺宇에서 나눠 받아 맛보는 이 향적香積이여."라고 감탄한 글을 지었다.[548] 이 시의 제목을 '순암順菴의 동지팥죽에 감사하며 아울러 박경헌에게도 증정하다'라 했으니, 사찰에서 동지팥죽을 나누는 풍습은 700년을 훌쩍 뛰어넘는 셈이다. '순암'은 의선스님의 호이고, '감우'는 사찰이며, '향적'은 출가자의 음식을 뜻한다.

팥죽만큼 다양하게 활용되는 명절음식도 드물다. 음기가 성한 동짓날에 붉은 팥죽을 끓여 먹음으로써 이에 대응했고, 대문·마당·부엌 등 집안 곳곳에 팥죽을 놓거나 뿌려 적극적으로 액을 쫓았다. 초상이 났을 때 팥죽을 쑤어 부조하고 이사·개업 때 팥죽이나 시루떡을 돌리는 것도 팥의 붉은색이 지닌 벽사辟邪의 뜻을 취한 것이다. 팥죽을 쑤어 사당의 조상과 가신家神에게 동지고사冬至告祀를 지낸 뒤 나누어 먹는 것도 민간의 오랜 풍습이었다. 동지고사 풍습은 사라졌지만, 사찰에서는 불단과 각단에 팥죽 공양을 올리고 대중이 함께 나누며 전통 세시풍속을 전승해 가고 있다.

동지 무렵이면 모든 대중과 신도들이 대대적으로 새알심을 빚었고, 동지팥죽에 함께 먹을 동치미도 빠뜨리지 않고 일찌감치 담갔다. 동지기도 또한 3일 또는 7일간 올리면서 마지막 동짓날 회향하는 사찰이 많다. 팥죽은 이 기간에 매일 새로 끓여 신도들은 물론 이웃과 나누는 것이 오랜 풍습이다. 근래에는 이러한 구분이

---

548 『稼亭集』권16 "謝順菴冬至豆粥兼呈朴敬軒"

무의미해졌으나, 예전에는 "위쪽 지방은 입춘기도, 아래쪽 지방은 동지기도를 더 중요하게 여긴다."는 말이 있었다. 추운 지역일수록 겨울의 한가운데 있는 동지보다 봄기운이 도는 입춘의 의미가 더 컸음을 추측해 볼 수 있다.

사진 7-17. 동지 새알심 빚기 울력 (진관사)

안동 봉정사의 경우 동짓날 불공을 올리고 신도들과 팥죽을 나눈 다음, 매표소에서부터 마을로 내려가면서 집집이 팥죽을 돌리는 전통이 있다. 이어 오후에는 시내로 나가서 일반 시민들과 사찰 팥죽을 나누었다. 마곡사에서는 3일기도로 동짓날 회향하면서, 팥죽과 함께 팥시루떡을 쪄서 신도들과 공양하고 달력을 나눈 뒤 시내에서 팥시루떡을 나눠 주며 함께 동지를 체감하고 있다. 통도사에서는 2015년 동짓날에 팥 여섯 가마, 멥쌀 여섯 가마, 찹쌀 두 가마가 소요되었다. 또한 5만 부의 달력을 일주문 밖에서 나누며, 동지팥죽과 동지책력으로 송구영신의 마음가짐을 다졌다.

불자들 또한 동지를 '공덕 쌓는 날'로 삼아 왔다. 동지 무렵 민가에서는 '동지건대'라 부르는 주머니에 곡식을 담아서 절에 보시하는 풍습이 있었다. 평소 불공을 드릴 때도 곡식이나 불전을 올리지만, 특히 이 무렵의 보시에 따로 이름을 붙인 것은 그만큼 동지의 의미를 중요하게 여겼기 때문이다. 이날 낸 동지건대로 부처님과 승려들에게 공양을 올리면 그 공덕은 더욱 커지리라는 믿음이 있었다. 그런가 하면 음력 11월 초하루에 그해 추수한 팥과 찹쌀을 저마다 불단에 공양 올리고, 이를 모아 팥죽을 끓이기도 하였다. 진관사에서도 동지팥죽을 공덕의 매개물로 삼아 왔다. 중창주 진관은 살아가면서 좋지 않은 때를 만나거나 새 마음으로 정진하려 할 때면, 승속의 구분 없이 기도를 올린 다음 동지건대로 팥·찹쌀·멥쌀 공양을 내거나 정진봉투를 내도록 이끌었다. 이것을 모두 모아서 동짓날 팥죽을 쑤어 남김없이 나눔으로써 서로에게 공덕을 짓도록 하는 것이다.

팥죽을 불단과 각단에 올린 뒤 온 도량에 조금씩 뿌리는 풍습도 이어졌다. 해인사·월정사·진관사 등 많은 사찰에서는 동짓날 동지가 드는 시時에 맞추어 연하게 탄 팥물을 주지가 직접 곳곳에 고루 뿌리면서 사부대중과 가람의 평안을 빌었다.

동짓날 팥죽을 끓이지 않는 절은 거의 없다. 아무리 작은 절이라도 팥죽을 대접했기에, 사람들은 이날 "팥죽 먹으러 절에 간다."고들 말한다. 많은 사찰에서는 동짓날 거리로 나가서 포장한 팥죽을 시민들에게 나눠 주고, 취약계층과 소방서·경찰서 등에서 명절 없이 일하는 이들과도 나눈다. 이처럼 동지팥죽은 불교의 대표적인 보시 음식으로 자리 잡은 지 오래다. 부처님오신날의 연등이 종교를 넘어 환희로운 축제가 되고, 구세군의 자선냄비가 연말 이웃돕기의 대명사가 되었듯이, 동지의 팥죽 나눔도 현대인들에게 따뜻한 세시풍속으로 기억되는 것이다.

성도절과 섣달그믐

음력 12월인 섣달은 여러 가지로 의미 깊은 시기이다. 한 해를 마무리하는 달이요, 10월 보름부터 삼동결제에 든 승려들이 정진의 반을 마치고 나머지 반 살림을 시작하는 날이다. 무엇보다 이달 8일은 부처님의 치열한 구도행과 깨달음을 새기는 성도절成道節이라, 사찰마다 섣달 초하루부터 8일까지 다양한 방식으로 부처님의 용맹심을 본받는 정진이 이어진다.

수십 년 전까지 전국의 수많은 선방에서는 초하루부터 일주일간 용맹정진勇猛精進에 들었다. 이때는 자정에서 1시 사이에 묽게 끓인 미음이나 잣죽·깨죽·땅콩죽과 같은 '용맹정진 죽'을 내어, 석가모니가 깨달음 전후에 공양한 유미죽의 의미를 새기며 정진에 힘을 더하였다. 용맹정진은 한국 선원의 가장 자랑하는 수행법이지만 워낙 힘든 데다 전체 대중이 함께하지 않으면 화합을 해칠 수 있어, 아예 이를 불허하는 선원도 있었다.[549] 오늘날에도 선방의 전통과 수좌들의 의견에 따라 용맹정진을 이어 가기도 한다.

큰절의 선원에서 성도절 용맹정진에 들 때면 비구·비구니 구분 없이 산내암자 대중들이 모두 동참하였다. 이때는 멀리서 큰스님들이 산중 대방에 동참하러 와서 승려들은 신심이 절로 났고, 형형한 눈빛의 수좌들과 함께 열심히 정진하면 무언가 이룰 것 같은 환희심이 들곤 했다. 조는 수좌의 어깨를 내리치는 큰스님의 장군

---

549 박부영, 앞의 책, p.95.

죽비 소리는 졸음을 다스리는 유일한 외부 자극이었고, 자정을 지나 어김없이 나오는 묽은 죽은 수행을 위한 공양의 참의미를 새겨 보게 했다.

재가불자들의 성도절 정진은 주로 전날 저녁부터 철야로 이루어졌는데, 성도절에는 팥죽을 끓여 내는 곳이 많았다. 『석문의범』 '성도재산림식成道齋山林式'에는 하루 철야로 정진하는 성도절의 의식이 상세히 기록되어 있다. 이러한 성도절 팥죽은 중국의 납팔죽臘八粥과 관련이 깊다. 중국에서는 이날 사찰마다 납팔죽을 끓여 널리 나누는 전통이 있다. 납팔죽은 여러 곡식과 과일을 넣은 죽으로, 백성들은 이를 불죽佛粥이라 부르며 새해를 건강하고 복되게 해 주는 음식으로 즐겨 먹었다. 동지팥죽이 연상되지만, 어디까지나 '성도절 정진죽'의 의미 속에서 자리 잡은 절식이다.

오늘날 선원이 아닌 일반 사찰에서는 성도절 전날 승려와 신도들이 함께 철야정진에 들며, 성도절 아침 공양으로 사찰마다 죽을 많이 내고 있다. 서울지역 전통사찰의 경우, 미타사 · 승가사 · 청룡사에서는 팥죽을, 진관사 · 홍천사에서는 흰죽이나 잣죽, 백련사에서는 떡국 등을 먹는다. 그 외에 호박죽, 콩나물갱죽 등 사찰과 계절 따라 다양한 죽을 내고 있다. 잠을 자지 않고 정진했기에 밥보다 죽이 적합하기도 했으나, 성도절에 죽을 먹는 것은 부처님을 닮고자 하는 뜻이 가장 컸다.

한 해의 마지막 날인 섣달그믐에는 조왕 · 가람신伽藍神 등에게 감사의 공양을 올린다. 조왕은 후원을 지키고 가람신은 사찰 입구에서 가람을 수호하니, 각각 안채와 전체 결계도량結界道場 영역을 지키는 상징성을 지니고 있다.

가람신은 도량을 지키는 사찰 토지신으로, 한국 불자들에게 익숙지 않으나 「신중청」에 '하계당처 토지가람下界當處土地伽藍'으로 빠짐없이 등장하는 신격이다. 송대 선종사원에서는 가람당伽藍堂과 조사당祖師堂을 법당의 동서에 배치하고 가람당을 토지당이라 불렀다. 중심법당의 양쪽에 물리적·정신적 외호를 맡을 존재들을 모신 것이다. 우리나라 사찰에서도 가람신을 모신 전각이 더러 남아 있다.

통도사의 가람각은 천왕문을 들어서서 담장 안쪽에 자리한 한 칸짜리 자그마한 전각이다. 1706년에 건립된 이래, 삿된 기운이 침범하기 쉬운 안과 밖의 경계 지점에서 도량을 지키고 있다. 이곳에서 섣달그믐 밤 가람기도를 올리는 오랜 전통이 있어 주목된다. 이날 밤 11시 반경에 주지 혼자서 「가람청」을 염송하며 올리는 기도이다. 이 시간은 묵은해와 새해가 교차하는 시기로, 사찰의 대표로서 가람신에게 지난해의 옹호에 감사드리고 새해의 안녕을 기원하는 것이다.

가람을 수호해 주는 든든한 존재이기에, 찾는 이 없을 법한 이곳에도 신도들의 일상적인 기도가 이어져 가람단에는 늘 갖가지 과일이 차려져 있다. 저마다의 소망으로 가람신을 찾아와 불공을 청하는 불자들이 끊이지 않고, 사찰에서도 매일 사시에 가람각에 빠짐없이 마지를 올린다.

해인사 국사단局司壇에 모신 국사대신局司大神 또한 가람신과 성격이 같다. '국局'은 사찰의 경내를 말하니 이를 맡아 보는 소임의 신을 뜻한다. 국사단의 위치는 통도사 가람각처럼 천왕문을 들어선 사역寺域 경계 지점이다. 그런데 원래 대적광전 동쪽에 있던 것을 2007년 대비로전을 세우며 옮긴 것이어서, '가람당은 법당 동쪽'에 세우는 선종사상의 사원 구조를 지녔음을 알 수 있다. 옆에 커다란 느티나무가 있는 현재의 자리 또한 의미심장하다. 많은 이들이 그곳에 본래 마을의 성황당이 있었을 것이라 보고 있기 때문이다.

이곳에서 대보름마다 대중 전체가 국사대신에게 기도를 올리는 전통이 있었다. 일제강점기 말에 중단됐다가, 1973년부터 해인사 홍제암의 승려 종성이 매달 그믐 국사단에서 다시 기도를 시작하여 지금까지 이어지고 있다. 그믐날의 술시나 해시를 '국사대신의 공양 시간'이라 하여, 이때 마지와 함께 술·당근·묵·떡·과일·나물을 차려 놓고 기도를 올린다.

가람신·조왕은 산신·칠성신과 마찬가지로 민간에 뿌리를 둔 토속신이지만, 이들을 대상으로 한 의식에 소홀한 경우가 많다. 외곽과 후방의 소홀하기 쉬운 곳도 전체를 흔들 수 있는 소중한 영역임을 알아 선조들은 빠짐없이 감사의 기도를 올려 왔으니, '참된 시작은 마무리를 잘하는 것'이라는 사실을 일깨워 주는 듯하다.

○

불교 후원문화의 방향성

○

불교 후원문화의 방향성

출가수행자들의 일상이 담긴 후원문화는 불교를 넘어서서 한국의 소중한 전통 유산이다. 독자성을 지닌 승려들의 대중생활 가운데서도 크고 작은 규범을 정해 생산과 조리와 공양을 함께해 온 후원의 삶은 가장 빛을 발하는 영역이라 할 만하다.

이러한 대중생활 속에서 사찰마다 '수행 정신에 맞는 건강한 음식'을 추구하는 관점을 견지해 왔다. 후원문화의 역사를 살펴보면 한국의 불교 환경과 여건에 맞는 규범을 분명히 설정하고, 수행자에게 맞지 않은 음식을 멀리하였을뿐더러 고행을 자초하지도 않았다. 경제적 여건으로 궁핍한 경우를 제외하고 건강한 몸으로 수행할 수 있는 적절한 음식을 추구해 온 것이다. 이는 초기불교 당시부터 여타 수행집단과 달리 극단의 고행식을 고집하지 않았던 율장의 정신과도 일치한다.

이러한 정신을 잃지 않았기에 오늘날 발우공양과 사찰음식 등 불교 음식문화는 영양에 뒤지지 않으면서도 환경과 건강 문제를 해결하는 인류 보편의 식생활 가치로 주목받고 있다. 따라서 사찰 음식 또한 단지 '절에서 만든 채식 위주의 음식'으로 보거나 결과물로서 음식에만 초점을 맞추어서는 안 되며, 승가 공동체의 식생활 전승 맥락을 함께 이해할 때 참된 의미와 가치를 파악할 수 있을 것이다.

문화의 지속과 변화는 사찰 식생활에도 예외 없이 적용되게 마련이어서, 수십 년 사이에 후원의 물리적 기반과 전승 모습은 많이 달라졌다. 식량의 공급 방식과 후원의 구조는 물론 음식을 담당하는 소임이 출가자에서 재가자 중심으로 이동하고, 발우공양을 이어 가는 사찰 또한 급격히 줄어들었다. 시대의 흐름과 함께 사찰의 식생활 환경이 개선된 것은 환영할 일이며, 이와 더불어 전승의 문제에 대해 불교 안팎에서 그 어느 때보다 큰 관심을 기울이고 있는 것 또한 사실이다. 사찰 후원문화는 수행자의 영역인 동시에 고유의 전승문화로서 소중한 가치를 지녔기 때문일 것이다.

따라서 사찰 후원문화를 둘러싼 전승의 문제를 염두에 둘 때, 크게 연구자의 관점과 사찰의 관점으로 나누어 방향성을 생각해 볼 수 있다.

먼저 연구자 관점의 경우, 이전 시대의 역사를 구축해 나가는 연구가 활성화되어야 한다는 점이다. 전통과 현대를 잇는 20세기 중후반의 기록되지 않은 역사의 축적은 이 시대에만 가능한 과제이다. 이 책에 담긴 내용이 주제에 따라 전반적인 흐름을 분석한 것이라면, 후원문화와 사찰음식의 세부 주제별로 다양하고 심층적인 자료 구축과 분석이 필요하다. 이는 그 자체로 역사·문화적 가치가 매우 클뿐더러, 분야별 심층 연구는 이전 시대의 체계적인 이해와 함께해야 가능하기 때문이다.

전국 사찰의 원로 승려 등을 대상으로 한 꾸준한 구술 채록과 함께, 현재 전승되는 후원의 물적 기반에 대한 면밀한 조사 또한 필요하다. 후원의 물리적 변화에도 불구하고 한옥의 특성상 대방을 비롯해 공양간과 전통 요소를 보존하고 있는 사찰이 적지 않지만, 사찰의 정비와 함께 점차 사라져 가는 과정에 있다. 지금까지 대방·공양간 연구는 전통건축 분야에서 일부 이루어져, 이에 대한 연구조사의 활성화와 함께 물리적 공간을 무형의 삶과 함께 읽어 내는 작업이 꾸준히 이루어져야 할 것이다.

이와 관련해 원로 승려의 일대기는 후원문화 연구에 더없이 훌륭한 자료이다. 오랜 기간에 걸쳐 구술자는 삶의 기억을 하나하나 풀어 내게 되니, 방대한 자료는 그 자체로 근현대의 여백을 메우는 역사라 하겠다. 다만 일대기는 저명한 원로를 대상으로 이루어져 사상과 업적이 부각되는 만큼 대중생활과 일상에 대한 부분은 상대적으로 소홀하게 마련이다. 이에 비해 대부분 승려의 삶은 그 자체로 소중한 수행자의 삶을 오롯이 담고 있다. 출가수행자의 일상사日常史·미시사微視史에 대한 지속적인 관심과 기록의 필요성을 일깨우는 대목이다.

후원문화의 전승 주체인 사찰의 경우, 전승 방향성에 대한 논의는 수행자의 입장을 고려하여 신중하게 다루어져야 할 것이다. 무엇보다 수행자의 일상식으로서 '사찰음식'과 식사법으로서 '발우공양'이 전승의 중심에 놓인 것은 분명하다. 후원의 물리적·인적 기반과 관련된 문제는 시대와 여건에 따라 자연스럽게 변할 수밖에 없지만, 사찰음식과 발우공양은 출가자의 수행정신이 담긴 것이자 한국불교 식생활의 정체성과 특성이 집약되어 있기 때문이다. 따라서 시대의 변화 속에 지켜 나가야 할 부분을 뚜렷이 설정하고, 그 전승 기반을 마련하는 일이 무엇보다 중요하다.

승가의 식생활은 수행자의 일상과 직결되는 문제로, 단순히 전통의 계승만을 내세울 수 없을 것이다. 특히 발우공양은 일정한 의식에 따라야 하는 번거롭고 불편한 식사법이어서, 많은 승려가 이를 꺼리는 점도 간과할 수 없다. 모든 전통의식의 전승에는 이러한 문제가 따르게 마련이지만, 특히 발우공양은 일상의 식사라는 점에서 간편하기를 원하는 것은 당연한 이치이다. 따라서 지나치게 형식에 얽매이지 않으면서 전통법식을 이어 갈 방안 마련이 필요하다. 이러한 방안은 '의식의 축소'보다는 '시기의 탄력적 운용'이 바람직한 전승 방향이라 하겠다. 이를테면 일주일에 한 번씩, 전체 대중이 모이는 시간을 겸하여 발우공양을 끊이지 않고 이어 가게 하는 방안을 생각해 볼 수 있다.

또한 많은 노스님과 면담한 내용을 참조했을 때, 오늘날 사찰음식에 대한 정립이 어느 정도 필요한 것으로 여겨진다. 근래 일부 사찰음식이 서구화된 입맛에 따라 달고 자극적인 맛을 강조하거나 외양에 치중하는 경향이 드러난다는 것이다. 특히 모든 음식의 간을 맞추는 장 담그기, 저장음식의 근간이 되는 '김치·장아찌'에 대한 체계적인 정립이 필요해 보인다. 이를테면 한국인은 밥

과 함께 공양하기에 짭조름함으로 맛을 잡아 주는 전통 저장음식
이 매우 중요하다. 그런데 이러한 음식들이 변하거나 사라지면서
점차 밥과 무관하게 먹을 수 있는 샐러드처럼 되어 가는 경향을 꼽
을 수 있다. "제철 수확물로 재료 본연의 맛을 중시했던 검박한 수
행자의 음식을 회복해야 한다."는 것이 노스님들의 중론이다. 새
로운 식재료·조리법에 관심을 기울이는 재가자의 관점과 반대
로, 사라져 가는 옛 음식을 발굴하고 정립해 나가는 것이 출가자
에게 기대하는 과제로 보인다.

참고문헌

●
고문헌
『稼亭集』, 『京都雜誌』, 『高麗史』, 『高僧法顯傳』, 『高僧傳』, 『過去現在因果經』, 『廣弘明集』, 『敎誡新學比丘行護律儀』,
『敎團制規』, 『根本薩婆多部律攝』, 『東國歲時記』, 『東國李相國集』, 『東師列傳』, 『摩訶僧祇律』, 『牧民心書』, 『牧隱集』,
『方廣大莊嚴經』, 『保閑齋集』, 『佛說十二頭陀經』, 『佛說仁王般若波羅蜜經』, 『佛說竈王經』, 『佛說處處經』,
『佛說歡喜竈王經』, 『四禮便覽』, 『三國史記』, 『三國遺事』, 『三國志』, 『常變通攷』, 『禪門規式』, 『禪苑淸規』, 『續高僧傳』,
『宋高僧傳』, 『新增東國輿地勝覽』, 『十誦律』, 『列陽歲時記』, 『林下筆記』, 『日省錄』, 『入唐求法巡禮行記』, 『作法龜鑑』,
『朝鮮王朝實錄』, 『天地冥陽水陸齋儀梵音刪補集』, 『太古和尙語錄』, 『澤堂集』, 『抱朴子』, 『韓國佛敎儀禮資料叢書』,
『韓國佛敎全書』, 『海東高僧傳』.

●
일반도서
杲山, 『茶道儀範』, 성보문화재연구원, 2008.
고산스님, 『지리산의 무쇠소』, 조계종출판사, 2009.
高橋亨, 『李朝佛敎』, 豊島: 國書刊行會, 昭和48(1973).
고익진, 『한국고대불교사상사』, 동국대학교출판부, 1991.
공만식, 『불교음식학: 음식과 욕망』, 불광출판사, 2018.
곽철환, 『시공불교사전』, 시공사, 2003.
구미래, 『한국 불교의 일생의례』, 민족사, 2012.
구미래, 『존엄한 죽음의 문화사』, 모시는 사람들, 2015.
국립민속박물관, 『한국민속신앙사전: 가정신앙』, 2011.
金甲周, 『朝鮮時代 寺院經濟硏究』, 同和出版公社, 1983.
김광식, 『韓國 近代佛敎史 硏究』, 민족사, 1996.
김광식, 『근현대불교의 재조명』, 민족사, 2000.
김광언, 『한국의 부엌』, 대원사, 1997.
김미영, 『유교의례의 전통과 상징』, 민속원, 2010.
김봉렬, 『김봉렬의 한국건축 이야기 2』, 돌베개, 2006.
김성도, 『사찰대방건축』, 도서출판 고려, 2007.
김순석, 『일제시대 조선총독부의 불교정책과 불교계의 대응』, 景仁文化社, 2003.
김용선, 『역주 고려 묘지명집성: 상』, 한림대학교 출판부, 2012.
김월운 옮김, 『증일아함경 4』, 동국역경원, 2007.
김현준, 『이야기 한국불교사 I』, 효림, 1994.
김현준, 『애 일타 큰스님』, 효림, 2001.
김호성, 『계초심학인문 새로 읽기』, 정우서적, 2005.
남지심, 『명성』, 불광출판사, 2016.
대림스님 옮김, 『맛지마 니까야』, 초기불전연구소, 2012.
대한불교조계종 교육원, 『습의교육(習儀敎育)』, 2018(개정 3판).
묘엄스님, 『회색 고무신』, 시공사, 2002.
바이화원 지음, 배진달 옮김, 『중국사원 문화기행』, 예경, 2001.
박부영, 『불교풍속고금기』, 은행나무, 2005.
박원자, 『나의 행자시절』, 다할미디어, 2001.
박원자, 『인홍스님 일대기: 길 찾아 길 떠나다』, 김영사, 2007.
박원자, 『나의 행자시절 2』, 다할미디어, 2008.
법광스님, 『선객』, 주류성, 2016.
법전, 『백척간두에서 한 걸음 더』, 조계종출판사, 2003.
법정, 『아름다운 마무리』, 문학의숲, 2008.
붓다고사 지음, 대림 옮김, 『청정도론 1』, 초기불전연구원, 2004.

선원청규편찬위원회, 「대한불교조계종 선원청규」, 조계종출판사, 2010.

孫昌武 지음, 禹在鎬 책임번역, 「중국불교문화」, 중문, 2001.

심상현, 「불교의식각론 III: 日用儀範 上」, 한국불교출판부, 2001.

안지원, 「고려의 국가 불교의례와 문화」, 서울대학교출판부, 2005.

安震湖, 「釋門儀範」, 卍商會, 1935.

오진탁 옮김, 「楞嚴經」, 시공사, 2000.

耘虛龍夏 編, 「佛敎辭典」, 동국역경원, 1961.

원영스님, 「부처님과 제자들은 어떻게 살았을까」, 불광출판사, 2011.

원택, 「성철스님 시봉이야기 1」, 김영사, 2001.

원택, 「성철스님 시봉이야기 2」, 김영사, 2001.

윤창화, 「당송시대 선종사원의 생활과 철학」, 민족사, 2017.

이능화 저, 조선불교통사역주편찬위원회 역, 「역주 조선불교통사: 6」, 동국대학교출판부, 2010.

이봉춘, 「조선시대 불교사 연구」, 민족사, 2015.

이상억 편저, 「서울의 韓屋: 홍문섯골 이벽동댁」, 한림출판사, 1998.

이응묵, 「요사채」, 대원사, 1989.

李載昌, 「韓國佛敎 寺院經濟硏究」, 불교시대사, 1993.

일운, 「불영이 감춘 스님의 비밀레시피」, 담앤북스, 2011.

자현, 「스님의 비밀」, 조계종출판사, 2016.

전재성 역주, 「마하박가: 율장대품」, 한국빠알리성전협회, 2014.

전재성 역주, 「빅쿠비방가: 율장비구계」, 한국빠알리성전협회, 2015.

전재성 역주, 「쌍윳따니까야」, 한국빠알리성전협회, 2014.

전재성 역주, 「쭐라박가: 율장소품」, 한국빠알리성전협회, 2014.

정각(문상련), 「한국의 불교의례」, 운주사, 2001.

정광호, 「일본침략시기의 한일 불교관계사」, 아름다운 세상, 2001.

鄭性本 譯註, 「돈황본 육조단경」, 2002(증보판).

정진백, 「성자의 삶」, 사회문화원, 2004.

정찬주, 「선방 가는 길」, 열림원, 2004.

정찬주, 「암자로 가는 길 3」, 열림원, 2015.

조흥윤, 「민속에 대한 기산의 지극한 관심」, 민속원, 2005.

중국사회과학원 세계종교연구소 불교연구실 편, 남현옥 옮김, 「중국불교와 불교문화」, 우리출판사, 1993.

지명(智明) 스님, 「발우」, 생각의 나무, 2002.

지허, 「사벽의 대화」, 도피안사, 2016(개정판).

지허스님, 「지허스님의 차」, 김영사, 2003.

지허스님, 「선방일기」, 불광출판사, 2010.

진관사산사음식연구소, 「진관사 산사음식: 戊戌本」, 2018.

최법혜 역주, 「고려판 선원청규 역주」, 伽山佛敎文化硏究院, 2001.

태경, 「고려 옹기와 청자에 음식을 담다」, 양사재, 2020.

韓國佛敎大辭典編纂委員會, 「韓國佛敎大辭典」, 寶蓮閣, 1982.

한국학중앙연구원, 「한국민족문화대백과사전」, 1991.

韓普光, 「龍城禪師硏究」, 甘露堂, 1981.

한상길, 「조선후기 불교와 寺刹契」, 景仁文化社, 2006.

韓龍雲, 「朝鮮佛敎維新論」, 佛敎書館, 1913.

홍법원 편집부 엮음, 「불교학대사전」, 홍법원, 1988.

휴봉 보각, 「스님, 바랑 속에 무엇이 들어있습니까?」, 효림, 2005.

●
논문

강경중, 「신행의 삼계교에 대한 고찰」, 「인문학연구」 106, 충남대학교 인문과학연구소, 2017.

강문선, 「근대기 한국선원의 芳啣錄에 나타난 수행문화」, 「선문화연구」 19, 한국불교선리연구원, 2015.

강호선, 「한국불교의 계율전통」, 「불교평론」 53, 만해사상실천선양회, 2013.

계호, 「진관사의 의례음식: 마지와 발우공양」, 진관사산사음식연구소, 「제3회 사찰음식 학술세미나 자료집: 진관사 공양음식 문화」, 2020.

계호, 「1960년대 진관사 공양간 살림: 지출결의서를 중심으로」, 진관사산사음식연구소, 「제4회 사찰음식 학술세미나 자료집: 서울지역 사찰의 전통공양간과 음식문화」, 2021.

구미래, 「우물의 상징적 의미와 사회적 기능」, 「比較民俗學」 23, 比較民俗學會, 2002.

구미래, 「사하촌의 변모양상과 경제적 삶: 속리산법주사 사하촌을 중심으로」, 「佛敎學報」, 東國大學校 佛敎文化硏究院, 2012.

구미래, 「팔관회의 현대적 계승과 복원」, 「불교학 연구」 35, 불교학연구회, 2013.

구미래, 「사찰전승 세시풍속의 유형별 전승양상과 특성」, 「佛敎學報」 80, 東國大學校 佛敎文化硏究院, 2017.

구미래, 「산사 무형유산의 가치와 특성」, 「산사, 한국의 산지승원 학술총서: 무형유산 II」, 산사세계유산등재추진위원회, 2017.

구미래, 「근대 진관사 사찰음식과 계호스님」, 진관사산사음식연구소, 「제1회 사찰음식 학술세미나 자료집: 서울 진관사 사찰음식」, 2018.

구미래, 「진관사의 일상음식: 수행과 나눔의 공양문화」, 진관사산사음식연구소, 「제3회 사찰음식 학술세미나 자료집: 진관사 공양음식 문화」, 2020.

구미래, 「출가자의 통과의례적 삶에 투영된 불교 후원문화」, 「무형유산」 8, 국립무형유산원, 2020.

구미래, 「불교 후원생활의 수행이야기」, 「종교민속학과 이야기」, 민속원, 2021.

구미래, 「서울지역 전통사찰의 음식문화 전승양상과 특성」, 「佛敎學報」 99, 東國大學校 佛敎文化硏究院, 2022.

권영오, 「신라 말 해인사와 주변 지역정세」, 「한국고대사연구」 82, 한국고대사학회, 2016.

金敬執, 「鏡虛의 禪敎觀 硏究」, 「韓國思想史學」 9, 한국사상사학회, 1997.

김광식, 「식민지(1910~1945)시대의 불교와 국가권력」, 「大覺思想」 13, 대각사상연구원, 2010.

김광식, 「만암의 禪農一致 사상」, 「禪學」 30, 한국선학회, 2011.

金杜珍, 「王建의 僧侶結合과 그 意圖」, 「韓國學論叢」 4, 국민대학교 한국학연구소, 1981.

김미숙, 「동아시아 불교의 음식 특징 비교: 한국·중국·일본, 3국을 중심으로」, 「동아시아불교문화」 28, 동아시아불교문화학회, 2016.

김방룡, 「玄則과 「산중일지」」, 「한국불교학」 78, 한국불교학회, 2016.

김보과, 「廬山 慧遠의 大乘敎團 硏究」, 동국대학교 대학원 석사학위 논문, 2018.

김보과, 「서위시대 불교교단의 일면(一面): 교단제규(敎團制規)의 분석을 중심으로」, 「한국불교학」 92, 한국불교학회, 2019.

金奉烈, 「近世期 佛敎寺刹의 建築計劃과 構成要素 硏究」, 「建築歷史硏究」 4권 2, 통권 8, 韓國建築歷史學會, 1995.

김성도·주남철, 「19世紀 以來 20世紀 前半期의 서울·경기 일원에 건립된 寺刹 大方建築의 平面計劃 特性에 관한 硏究」, 「大韓建築學會論文集 計劃系」 18권 7, 통권 165, 大韓建築學會, 2002.

金聲振, 「瑣尾錄을 통해 본 士族의 生活文化: 음식문화를 중심으로」, 「東洋漢文學硏究」 24, 東洋漢文學會, 2007.

김신영, 「19세기 근기지역 불교사찰의 대방건축 연구」, 「회당학보」 10, 한국회당학회, 2005.

김일권, 「19세기 도교 언해서 「조군영적지」 구성과 조왕신의 도교신격 고찰」, 「道敎文化硏究」 53, 한국도교문화학회, 2020.

김재호, 「산간농촌 수리(水利) 관행을 통해 본 물에 대한 인식」, 「韓國民俗學」 44, 한국민속학회, 2006.

김재호, 「식수문화의 변화과정: 우물에서 상수도까지」, 「韓國民俗學」 47, 한국민속학회, 2008.

김혜정·류성룡, 「서울 사찰 대방건축 배치와 평면 분석」, 대한건축학회 춘계학술발표대회 논문집 39-1, 대한건축학회, 2019.

김호귀, 「중국불교의 계율과 청규의 출현」, 「불교평론」 53, 만해사상실천선양회, 2013.

김호성, 「봉암사결사의 윤리적 성격과 그 정신」, 대한불교조계종 교육원 불학연구소 편, 「봉암사결사와 현대 한국불교」, 조계종출판사, 2008.

김호성, 「근대 인도의 '노동의 철학(karma-yoga)'과 근대 한국불교의 선농일치(禪農一致) 사상 비교: 간디와 학명(鶴鳴)을 중심으로」, 「남아시아연구」 17-1, 한국외국어대학교 인도연구소, 2011.

노명호 외, 「修禪社形止案」, 「韓國古代中世古文書硏究」 상, 서울대학교출판부, 2000.

대한불교조계종 교육원 불학연구소 편, 「梵魚寺 鷄鳴庵 修禪社 芳啣 淸規文」, 「근대 선원 방함록」, 대한불교조계종 교육원, 2006.

渡邊彰 纂集, 「朝鮮僧侶修善提要」, 「韓國近現代佛敎資料全集」 65, 民族社, 1996.

문순회(퇴휴스님), 「조계총림선원 안거수행에 관한 고찰: 2020년 선원 하안거를 중심으로」, 「남도문화연구」 42, 남도문화연구소, 2021.

朴芙子, 「三階敎의 實踐修行思想 硏究」, 동국대학교 대학원 박사학위 논문, 2018.

박재현, 「현대 한국사회의 당면문제와 경허(鏡虛)의 사상: 사회윤리적 맥락을 중심으로」, 「禪學」 34, 한국선학회, 2013.

배상현, 「松廣寺 소장 古文書에 비친 高麗 寺院의 모습: 「修禪社形止記」를 중심으로」, 「한국중세사연구」 17, 한국중세사학회, 2004.

법진스님, 「선학원 중앙선원 《安居芳啣錄》과 선종부흥」, 한국불교선리연구원 제1차 월례발표회 자료집, 2007. 4.

宋宰鏞, 「임란 전 의례연구」, 「東아시아古代學」 20, 東아시아古代學會, 2009.

신은미, 「19세기말~20세기초 조왕신앙과 조왕도」, 진관사산사음식연구소, 「제4회 사찰음식 학술세미나: 서울지역 사찰의 전통공양간과 음식문화」, 2021.

沈祥鉉,「靈山齋 成立과 作法儀禮에 關한 硏究」, 威德大學校 佛敎學科 博士論文, 2011.

심승구,「조선시대 조포사와 진관사」, 진관사산사음식연구소,『제2회 사찰음식 학술세미나 자료집: 두부의 역사문화와 진관사 두부』, 2019.

안필섭,「마하박가(Mahāvagga)에 나타난 육군비구의 재검토」,『불교문화연구』 11, 동국대학교 불교사회문화연구원, 2010.

양보인,「승주 선암사에서의 생활과 공간: 육방살림의 공간사용과 그 변천」, 연세대학교 석사논문, 1996.

오경후,「朝鮮後期 碧松寺의 修行傳統과 佛敎史的 價値」,『한국학연구』 36, 인하대학교 한국학연구소, 2015.

원영만,「北魏 僧官制 성립과 변천에 관한 연구」,『한국불교학』 55, 한국불교학회, 2009.

윤창화,「도겐(道元)의『영평청규』의 의의(意義)」,『일본불교사연구』 10, 일본불교사연구소, 2014.

이동하(동하),「해방 후 한국불교 총림과 결사의 특징 비교 연구: 해방공간기 총림과 결사를 중심으로」,『동아시아불교문화』 44, 동아시아불교문화학회, 2020.

이상호,「붓다는 왜 걸식을 했는가 : 탁발의 수행적 · 사회적 의미」,『불교평론』 39, 만해사상실천선양회, 2009.

이인재,「통도사지(通度寺誌)《사지사방산천비보편(寺之四方山川神補篇)》의 분석」,『역사와 현실』 8, 한국역사연구회, 1992.

이자랑,「초기불교 교단의 종교의식과 생활」,『불교평론』 14, 만해사상실천선양회, 2003.

이자랑,「『선원청규』로부터 본 총림의 식생활: 율장과의 비교를 중심으로」,『동아시아불교문화』 32, 동아시아불교문화학회, 2017.

이종수,「朝鮮後期 念佛契 硏究」, 동국대학교 대학원 석사학위 논문, 2002.

임충선,「사찰의 식생활 문화에 관한 연구: 1950년대부터 1970년대까지」, 동국대학교 대학원 석사논문, 2016.

자넷윤선리,「부뚜막 신에 대한 재고:『규합총서』를 통해 본 조선 지식인의 조왕 인식」,『한국학논집』 79, 계명대학교 한국학연구원, 2020.

정연학,「중국의 가정신앙: 조왕신과 뒷간신을 중심으로」,『한국의 가정신앙: 상』, 민속원, 2005.

鄭在逸(寂滅),「慈覺宗蹟의『禪苑淸規』硏究」, 동국대학교 대학원 박사학위 논문, 2006.

정재일(적멸),「근현대 한국선종교단에서 제정된 청규에 관한 고찰」,『大覺思想』 10, 대각사상연구원, 2007.

조항범,「'거지' 관련 어휘의 語源과 意味」,『우리말글』 61, 우리말글학회, 2014.

차차석,「선문청규(禪門淸規)」의 교단사적 의의(意義)와 승려의 역할」,『선문화연구』 20, 한국불교선리연구원, 2016.

최건업,「선원건축의 공간미학: 해인사 상선원(上禪院)을 중심으로」,『불교불예연구』 6, 동방문화대학원대학교 불교문화예술연구소, 2015.

최연식,「高麗 寺院形止案의 復元과 禪宗寺院의 공간구성 검토」,『불교연구』 38, 한국불교연구원, 2013.

최영성,「崇嚴山聖住寺事蹟記」,『保寧文化』 14, 保寧文化研究會, 2005.

최응천,「水多寺址 出土 고려시대 금속공예품의 성격과 명문」,『강좌미술사』 47, 한국불교미술사학회, 2016.

탁효정,「廟殿宮陵園墓造泡寺調를 통해 본 조선후기 능침사의 실태」,『조선시대사학보』 61, 조선시대사학회, 2012.

한국불교문화사업단 · (재)불교문화재연구소,『전통 공양구 제작사업 완료보고서』, 2015.

한수진,「한국불교 공양의례의 연원과 실제」,『동아시아불교문화』 40, 동아시아불교문화학회, 2019.

한수진,「律藏 戒律에 나타난 食文化 硏究: 인도 · 중국 · 한국에서 전개양상을 중심으로」, 동국대학교 대학원 박사학위 논문, 2020.

漢陽大學校 韓國生活科學研究所,「우리나라 傳統的인 生活樣式의 硏究: 운문사 여승의 의 · 식 · 주생활을 중심으로」,『韓國生活科學研究』 5, 1987.

한정호,「백제 석조의 성격과 미륵신앙」,『미술사학연구』 306, 한국미술사학회, 2020.

한지만,「회암사지 고원 영역의 전각 배치에 대하여」,『대한건축학회 논문집』 30–7, 대한건축학회, 2014.

한지만,「북송대 선종사원의 가람구성 특징에 관한 연구」,『건축역사연구』 25–3, 한국건축역사학회, 2016.

한지만,「송대 선종사원의 승당과 고원 배치 전통」,『건축역사연구』 25–4, 한국건축역사학회, 2016.

허훈,「唐代 禪宗寺院에 대한 考察:『禪門規式』을 中心으로」,『韓國禪學』 7, 한국선학회, 2004.

許勳(信空),「淸規에서의 生活文化研究: 衣食住를 中心으로」, 동국대학교 대학원 박사논문, 2006.

허훈,「淸規에서의 生活文化研究: 衣食住를 中心으로」, 동국대학교 대학원 박사학위 논문, 2007.

許興植,「龍門寺重修碑」,『韓國金石全文: 中世 下』, 아세아문화사, 1984.

홍병화 · 김성우,「조선후기 대형요사 형성배경과 분류」,『대한건축학회 논문집』 25–4, 대한건축학회, 2009.

●
잡지 · 신문

「경향신문」,「법보신문」,「불교신문」,「세계일보」,「중앙일보」,「충북일보」,「한겨레」,「한국경제」,「佛敎」,「신동아」,「월간 불광」,「월간 해인」

공양간의
수행자들

초판 1쇄 발행 2022년 11월 17일

지은이   구미래
펴낸이   오세룡
편집   박성화 손미숙 정연주
기획   최은영 곽은영 김희재 최윤정
디자인   최지혜 고혜정 김효선 박소영
홍보·마케팅   이주하

펴낸곳   담앤북스
             서울특별시 종로구 새문안로3길 23 경희궁의 아침 4단지 805호
             대표전화 02)765-1250(편집부) 02)765-1251(영업부)
             전송 02)764-1251
             전자우편 damnbooks@daum.net

출판등록 제300-2011-115호

ISBN   979-11-6201-345-8 (93910)
정가   38,000원

이 저서는 2017년 정부(교육부)의 재원으로 한국연구재단의 지원을 받아 수행된 연구임
(NRF-2017S1A6A4A01021360)